北大版普通高等教育"十四五"规划教材

21世纪教师教育系列教材·语文课程与教学论系列

# 语文名师名课案例研究

(第二版)

主　编／武玉鹏　郭治锋
副主编／白花丽　黄金丽　孙贞锴

北京大学出版社
PEKING UNIVERSITY PRESS

图书在版编目(CIP)数据

语文名师名课案例研究/武玉鹏等主编. -- 2版. -- 北京：北京大学出版社，2025.5. --（21世纪教师教育系列教材）. -- ISBN 978-7-301-35944-0

Ⅰ.G633.302

中国国家版本馆CIP数据核字第2025B2K861号

| | |
|---|---|
| 书　　　名 | 语文名师名课案例研究（第二版）<br>YUWEN MINGSHI MINGKE ANLI YANJIU（DI-ER BAN） |
| 著作责任者 | 武玉鹏　郭治锋　主编 |
| 责任编辑 | 陈　静 |
| 标准书号 | ISBN 978-7-301-35944-0 |
| 出版发行 | 北京大学出版社 |
| 地　　　址 | 北京市海淀区成府路205号　100871 |
| 网　　　址 | http://www.pup.cn　新浪微博：@北京大学出版社 |
| 电子邮箱 | 编辑部 jyzx@pup.cn　总编室 zpup@pup.cn |
| 电　　　话 | 邮购部 010-62752015　发行部 010-62750672　编辑部 010-62767857 |
| 印刷者 | 河北文福旺印刷有限公司 |
| 经销者 | 新华书店 |
| | 787毫米×1092毫米　16开本　22.5印张　450千字<br>2018年8月第1版<br>2025年5月第2版　2025年5月第1次印刷 |
| 定　　　价 | 69.00元 |

未经许可，不得以任何方式复制或抄袭本书之部分或全部内容。
版权所有，侵权必究
举报电话：010-62752024　电子邮箱：fd@pup.cn
图书如有印装质量问题，请与出版部联系，电话：010-62756370

# 主编简介

**武玉鹏** 男,甘肃会宁人。鲁东大学文学院教授,硕士研究生导师。曾兼任中国教育学会语文教学论专业委员会理事,全国语文学习科学委员会学术委员会副主任。主要从事语文学科教学论及现当代语文教育史的教学和研究工作。在《教育研究》《课程教材教法》《中国教育科学》《教育史研究》等刊物发表学术研究论文50余篇;出版《名师研究》《现代语文教育思想研究》《语文课程教学问题史论》等学术著作多部;主编《语文教师专业技能训练与教育实习》(高等教育出版社)、《语文课程与教学发展简史》《语文名师名课案例研究》等高校语文课程与教学论系列教材多部。主持完成全国教育科学规划教育部重点项目和教育部人文社会科学规划项目各一项。

**郭治锋** 男,甘肃环县人。天水师范学院文学与文化传播学院副教授、硕士研究生导师、语文教育研究所所长,甘肃省教育学会中学语文教学专业委员会常务理事兼学术委员会副主任。先后在《语文教学之友》《中学语文教学》《中学语文教学参考》《语文教学通讯》以及《中国教育报》等专业报刊发表论文40篇。参与编写和主编语文教学类教材、著作6部,出版文集《从QQ到微信——我的另一间教室》(兰州大学出版社2021年版);获"甘肃省教学成果奖""甘肃省社会科学成果奖""甘肃省成人教育优秀教师"等奖励多次;参与完成全国教育科学规划教育部重点课题1项。

# 副主编简介

**白花丽** 女,山东航空学院副教授,天津师范大学在读博士。2016—2017年美国北卡罗来纳大学教堂山分校访问学者。主要从事中学语文教学论、国际中文教育的教学和研究工作。主持省部级科研课题3项、市厅级教科研课题6项,出版专著1部,发表论文十余篇,获省级优秀教学成果奖一等奖1项,市级社科成果奖二等奖1项、三等奖2项。

**黄金丽** 女,杭州师范大学中国教育现代化研究院副教授,语文课程与教学论博士,硕士生导师,研究方向为图表式、支架式、功能性写作教学,教材分析与学习活动设计,教研活动设计与实施等。获得"杭州市人文社科优秀人才"荣誉称号,主持国家社科基金、教育部人文社科课题、浙江省教育规划重点课题等纵向项目十余项,论文多篇被人大复印报刊资料全文转载。

**孙贞锴** 教育硕士、齐鲁名师、正高级教师、山东省特级教师,山东师范大学、鲁东大学文学院硕士研究生导师。以"追寻有根基的语文"为教学思想理念,致力于问题导学、图式作文、红色经典课文教学、整本书阅读等层面实践探索,多次执教省市级公开课、优质课,在烟台等地作专题讲座和报告四十多场。在省级以上报刊发表教育教学论文、案例等150多篇,并有多篇被人大复印报刊资料中心载录,出版《妙在这一问——让思维动起来的语文问题导学艺术》等专著多部,另有主编、编著、参编著作若干。主持完成全国教育科学规划教育部重点课题1项,以及多项省市级教育科研重点课题。有关成果获烟台市社会科学优秀成果奖一等奖、山东省基础教育教学成果二等奖等多种奖项。

# 内容简介

本书设"导论"和"教育理念""教改经验""课堂教学艺术""成长之路"4编(16章),另加一附录。

"导论"部分总论语文名师的时代特色和群体特征,以及教学思想、教改经验和专业成长的价值,学习与研究语文名师的意义、途径和方法等。

每编均设4章,每章评介一位语文名师,即:第一编(1~4章)重点评介四位名师的语文教育理念;第二编(5~8章)重点评介四位名师的教改经验;第三编(9~12章)重点评介四位名师的课堂教学艺术);第四编(13~16章)重点评介四位名师的成长之路。同时,每章除了评介特定内容之外,还选录一篇该名师的课堂教学案例进行评析。

"附录"部分作为开放性教材,另外选择并简要介绍了80位语文名师。

教材主体内容贯彻思政教育的要求,在案例选择和评析方面,较多融入了思政教育的元素或素材。

本书内容丰富,结构新颖;注重案例分析是本书比较突出的特点。

# 目 录

导 论 ····································································································· (1)
  一、语文名师的时代特色和群体特征 ··········································· (1)
  二、语文名师之名课 ······································································ (4)
  三、语文名师名课作为教师教育资源 ··········································· (6)
  四、如何学习和研究语文名师名课 ··············································· (9)
  五、结构和内容的几点说明 ························································ (11)

## 第一编 语文名师的教育理念 ······················································· (13)

### 第一章 于漪：把"教文"纳入"育人"的大目标 ················· (14)
  一、教育理念述要 ······································································ (15)
  二、教学案例简析 ······································································ (20)

### 第二章 魏书生：培养学生做学习的主人 ······························· (35)
  一、教育理念述要 ······································································ (35)
  二、教学案例简析 ······································································ (39)

### 第三章 李镇西：倡导语文民主教育 ······································· (56)
  一、教育理念述要 ······································································ (57)
  二、教学案例简析 ······································································ (62)

### 第四章 窦桂梅："为生命奠基""为聪慧与高尚的人生奠基" ··· (75)
  一、教育理念述要 ······································································ (75)
  二、教学案例简析 ······································································ (80)

## 第二编 语文名师的教改经验 ······················································· (95)

### 第五章 钱梦龙：语文导读法 ··················································· (96)
  一、"语文导读法"述要 ····························································· (96)
  二、教学案例简析 ···································································· (101)

### 第六章 洪镇涛："学习语言"语文教学新体系 ····················· (117)
  一、"'学习语言'语文教学新体系"述要 ································ (118)
  二、教学案例简析 ···································································· (126)

### 第七章 李吉林：语文"情境教学法" ··································· (132)
  一、语文"情境教学法"述要 ··················································· (133)

二、教学案例简析 ……………………………………………………（140）
　第八章　于永正："五重"教学法 ………………………………………（147）
　　一、"五重"教学法述要 ………………………………………………（148）
　　二、教学案例简析 ……………………………………………………（152）

第三编　语文名师的课堂教学艺术 ………………………………………（165）
　第九章　欧阳代娜的课堂教学艺术 ……………………………………（166）
　　一、教学艺术述要 ……………………………………………………（167）
　　二、教学案例简析 ……………………………………………………（170）
　第十章　宁鸿彬的课堂教学艺术 ………………………………………（183）
　　一、教学艺术述要 ……………………………………………………（183）
　　二、教学案例简析 ……………………………………………………（187）
　第十一章　余映潮的课堂教学艺术 ……………………………………（202）
　　一、教学艺术述要 ……………………………………………………（203）
　　二、教学案例简析 ……………………………………………………（208）
　第十二章　王崧舟的课堂教学艺术 ……………………………………（221）
　　一、教学艺术述要 ……………………………………………………（222）
　　二、教学案例简析 ……………………………………………………（225）

第四编　语文名师的成长之路 ……………………………………………（243）
　第十三章　赵谦翔的成长之路 …………………………………………（244）
　　一、成长经历述要 ……………………………………………………（245）
　　二、教学案例简析 ……………………………………………………（253）
　第十四章　程翔的成长之路 ……………………………………………（267）
　　一、成长经历述要 ……………………………………………………（268）
　　二、教学案例简析 ……………………………………………………（277）
　第十五章　孙双金的成长之路 …………………………………………（288）
　　一、成长经历述要 ……………………………………………………（289）
　　二、教学案例简析 ……………………………………………………（299）
　第十六章　薛法根的成长之路 …………………………………………（309）
　　一、成长经历述要 ……………………………………………………（310）
　　二、教学案例简析 ……………………………………………………（320）

附录　更多卓有成就的语文名师简介 ……………………………………（330）
第二版后记 …………………………………………………………………（350）

# 导　　论

## 一、语文名师的时代特色和群体特征

"名师"是一个普通概念，大家都能理解，但是其内涵和外延比较模糊，较难用科学的方法对其做出明晰的界定。一般认为，在教学领域里取得卓越成绩、具有一定名望的教师就是名师。国家对评选中小学特级教师曾制定过一个标准，叫作"师德的表率，育人的模范，教学的专家"。名师理应符合并高于这个标准。

每一个时代都有名师。从根本上看，名师不是靠谁指定的，也不是靠官方选出来的，而是靠教书育人的成绩和名气自己"树立"起来的。不同时代的名师，往往带有不同时代的印记。即使在同一时代，不同时期的名师也有其不同的历史底色。李海林教授曾经把现代教育史上的语文教师划分为五代：第一代，主要活动在20世纪前20年，代表人物有梁启超、胡适等；第二代，主要活动在20世纪20—40年代，代表人物有叶圣陶、夏丏尊等；第三代，主要活动在20世纪50—80年代，代表人物有于漪、钱梦龙等；第四代，主要活动在20世纪80年代末期至今，代表人物有程红兵、李镇西等；第五代，从世纪之交已经出现，目前还没有产生强有力的代表人物。① 这一划分从语文教师代际传承的角度看，有一定的道理。依据这一代际区别，本书研究的中小学名师，是从前述的第三代和第四代名师，即新中国成立以后的第一代和第二代名师中选取，主要选自20世纪80年代以来在全国范围内有较大影响的著名特级教师。

新中国的第一代语文名师，大多数是在20世纪50—60年代参加工作（也有个别是1949年以前参加工作的），经历了"文化大革命"，人生道路比较坎坷，之后的改革开放激发了他们的教学改革热情。他们大都具有极强的事业心和坚韧不拔的探索精神，很快就在70年代末到80年代初的短短数年间集体成名了（也有个别在此前已经成名）。而且，成名的人数之多，教学改革的业绩之突出，都是前所未有的。例如，像霍懋征、斯霞、于

---

① 参阅李海林. 论语文教师的代际传承——简论历史叠影下的"第五代"[J]. 语文教学通讯. 2007（29）：4-9.

漪、李吉林、钱梦龙、魏书生、宁鸿彬、欧阳代娜这样在当时赫赫有名的语文教师可以列出一大串。由原国家教委副主任柳斌主编、江苏教育出版社 1996 年出版的《中国著名特级教师教学思想录》之《中学语文卷》（刘国正主编）共收录 13 位语文名师：于漪、宁鸿彬、朱永焱、时雁行、张富、林炜彤、欧阳代娜、洪宗礼、钱梦龙、徐振维、顾德希、蔡澄清、魏书生；其《小学语文卷》（杨再隋主编）共收录 11 位语文名师：丁有宽、王企贤、曲卫英、李吉林、张玉洁、郑祖读、袁瑢、斯霞、靳家彦、藤昭蓉、霍懋征。这些人，大致上可以看作这一时期中小学语文名师的杰出代表。

由于时代的关系，这一代语文名师中有不少人学历偏低。例如，在中学语文名师中，著名的"南钱北魏"（南方的钱梦龙和北方的魏书生），都只是初中毕业；宁鸿彬、蔡澄清等人是中师毕业。另外，还有一些人是高中毕业。有些人虽然是大学毕业，但学的并不是语言文学专业。例如，于漪是复旦大学教育专业毕业，欧阳代娜是中国人民大学历史档案专业毕业，等等。不过，这些名师通过长期不懈地自学和进修，都具有扎实的语文基本功和高超的教学技艺，在语文教学水平上达到了一个至今也很难逾越的高度。

这一代语文名师在教学思想上有一个共同的特点，就是都深受叶圣陶语文教育思想的影响。这是因为，20 世纪 50—80 年代我国的语文教育（"文化大革命"十年除外），基本上是以叶圣陶语文教学思想为指导的。特别是 1980 年 8 月，由中央教育科学研究所编辑的《叶圣陶语文教育论集》出版，语文教育界出现了一股学习、研究和应用叶圣陶语文教育思想的热潮。所以，在整个 80 年代，叶圣陶论述语文教育的许多观点，如"语文是工具""教是为了达到不需要教""教材无非是例子""学生须能读书，须能作文，故特设语文课以训练之"等，都成了大家耳熟能详的语文教育名言。

进入 20 世纪 90 年代以后，一批年轻语文名师，即新中国的第二代语文名师逐渐成熟起来。例如程翔、程红兵、陈军、韩军、王崧舟、窦桂梅、李镇西、高万祥、严华银等。这一批名师大都出生于 20 世纪 60 年代以后，并于 80 年代参加工作，有着本科、专科以上学历。他们继承了上一代语文名师的许多教学传统和优良作风。同时，他们也显露出一些不同于前代语文名师的特点，主要表现在对现代语文教育思想的深刻反思和批判精神上。他们质疑叶圣陶的语文"工具论"和"训练论"，反对语文教学的"伪圣化"，倡导"文化语文"和语文教育的人文精神。不过，这一代名师在教学经验的创造和积累方面，似乎尚未达到前代语文名师的高度。

另外，进入新世纪之后又有一批更为年轻的优秀语文教师，即新中国的第三代语文名师崭露头角，例如郭初阳、王开东等。有人称这些年轻的语文教师为语文名师的新生代。这一批年轻语文教师，虽然在今天看来，他们正在成长之中，或许还不够成熟。但是，我们有必要对他们给予特别的关注，进行必要的跟踪研究。因为他们的成长将关系到我国语文教育的未来。

尽管不同时代、不同历史时期的语文名师各有特点，但是，只要是名师，他们身上就有一些共同的特征。就新中国的第一代和第二代语文名师来说，他们身上的共性特征可以概括归纳如下：

（1）都是能力型教师。这里指的能力型教师并不是只看重能力，不看重知识，或者能力强但知识较差，而是就他们与一般语文教师比较而言，能力尤为突出。对于语文名师来说，虽然他们的知识和能力都强于一般普通教师，但是他们的成功，更多的是凭借他们各方面超常的能力。他们的语文教学能力（包括文本解读能力、教学设计能力和课堂教学能力）和教学研究能力都是一流的。正是凭借这些超强的能力，他们赢得了学生的信任，也赢得了同行教师和社会各界的承认。

（2）都是事业型教师。所谓事业型教师，就是把教育事业当作一项终生为之奋斗的神圣事业，能够为此倾注全部的心血和精力。事业型教师有远大的理想和志向，绝不浑浑噩噩地混日子；事业型教师有长远的规划和设想，绝不被动消极地被世俗的应试教育所裹挟，毫无自己的主见；事业型教师能够为语文教育事业无私奉献，辛勤耕耘，绝不斤斤计较个人得失。从第一代的斯霞、霍懋征、于漪到第二代的李镇西、窦桂梅等，无不是这样一批具有高度事业心的教师。

（3）都是研究型教师。研究型教师的表现有三个特征。其一，重视理论学习。作为语文名师，他们既重视语言学理论和文学理论的学习，也重视教育学理论、心理学理论和语文学科教学论的学习。其二，具有研究意识。他们善于在教学实践中寻找问题，发现问题，探索和研究问题。其三，注重著述表达。语文名师不但长期坚持语文教学实践，而且善于研究语文教学实践，并且把自己的研究心得用文字表达出来。几乎所有的语文名师，都发表过较多论文和论著。

（4）都是创新型教师。首先，语文名师都有创新意识。面对语文教学的各种问题，他们总愿意多问几个为什么，思考是否有更好的解决渠道和方法。其次，他们都具有探索的精神、创新的魄力和勇气。一旦有了新的认识和想法，他们就勇于教学实验，探索新的方法和路径，而且不怕失败，坚持不懈。最后，他们都是改革的能手，在历次语文课程与教学改革中，他们总能走在最前面。

除了以上特征之外，他们还有其他一些比较突出的特征。例如，他们都是极具爱心的民主型教师，非常关心和爱护学生，善于和学生交流，课堂上从不"一言堂"；他们一贯坚持以生为本，而不是以书为本；等等。

## 二、语文名师之名课

　　一个好老师常常会给学生留下一些记忆深刻的课,语文名师尤其如此。当我们谈到一个语文名师时,脑海中总会涌现出他的许多名课。例如,谈到于漪,就会想到她的课《春》《背影》《晋祠》《往事依依》等;谈到钱梦龙,就会想到他的课《愚公移山》《中国石拱桥》《死海不死》《故乡》等;谈到程翔,就会想到他的课《再别康桥》《将进酒》等。这样的名师名课不胜枚举。名师和名课往往就是这样被紧密地连接在一起:名师因名课而精彩,名课因名师而长久远播。

　　什么是名课?其实很难给它下一个确切的定义。简单地说,名课就是一堂长期流传、被公认具有示范性和影响力的好课。名课一般包含三个要素:一是示范性,凡名课都是对一堂好课的示范。二是沉淀性,凡名课总要经过一定时间的流传,在时光的淘洗和沉淀中得到较多业内人士的公认。如果刚上完一堂课,就说它是一堂名课,恐怕言之过早。三是传播性,凡名课都要得到业内人士广泛的认同和传播。如果只有少数人说它是好课,难以在更大的范围内流传,也就不能算作一堂名课。名课的地位就是通过长久的流传和广泛的认同来确定的。

　　既然将名课说成是一堂长期流传、被公认具有示范性和影响力的好课,我们就有必要进一步讨论什么样的语文课算是一堂好课。

　　语文教育界曾就怎样评价一堂好课有过广泛的讨论。网上流传着一篇《十位名家看一堂好语文课的标准》[①]的文章,被引用的名家有支玉恒、靳家彦、贾志敏、薛法根、王崧舟、孙双金、孙建锋、窦桂梅、游彩云、张伟,都是语文名师。这里择要摘录其中几人提出的看法:

　　支玉恒认为,一堂语文课是不是好课,应该从五个方面看:①从学科性质上看,好的语文课首先要符合学科性质,既要注重语文实践和积累,又要有情感、有审美、有文化积淀,能提高语文学习的文化品位。②从课堂形态上看,语文课堂应该是学生的课堂,是学生充分施展和表现才能、取得学习成果的时空。③从学生发展上看,好的课堂,应能反映出学生由不懂到懂、由不会到会、由不熟练到熟练、由不喜欢到喜欢的发展过程;同时,这种发展要以科学而又艺术化的方法,实现知识与能力、情感态度价值观的全面发展。④从学习氛围上看,在好的课堂上,老师与学生应该是平等的,应该是心与心的交流。⑤

---

[①] 支玉恒,等. 十位名家看一堂好语文课的标准[EB/OL][2017-12-28]. https://www.sohu.com/a/123850534_565380,访问日期:2024-12-10.

从教学个性上看，语文教学也特别注重教师教学的个性化。不同的课文，应该采用不同的教学方法；每篇课文都应该选择最适合教材的个性化的方法；不同的老师、不同的学生，也应该有不同的教学设计。

靳家彦认为，评价一堂好的语文课的标准是：①目标明确。②重点突出。③以生为本。④流程科学。⑤注重内化。靳老师对这一点的解释是：全面提高语文素养，课堂充满文化气息；内化、积淀、裂变、生成，文而不野，雅而不俗，活而不乱，情趣盎然。⑥体现沟通。靳老师对这一点的解释是：课内外、校内外、学科间、知行间相互沟通，有机整合。⑦启迪创造。⑧媒体得当。⑨讲求实效。⑩多元评价。靳老师对这一点的解释是：对一堂课的评价应根据目标达成的要求，抓住关键，突出重点，综合评价。量化和客观化不能成为课堂评价的主要方式，应该是教师评价、学生评价、家长评价与领导及专家评价相结合。

薛法根认为，一堂好的语文课应该教学目标简明；教学内容简约；教学环节简化；教学方法简便；教学媒介简单；教学用语简要。

王崧舟认为，一堂好的语文课要有三味：语文味、人情味、书卷味。"语文味"就是守住语文本体的一亩三分地。表现在"动情诵读、静心默读"的"读味"，"圈点批注、摘抄书作"的"写味"，"品词品句、咬文嚼字"的"品味"。"人情味"一是指语文课要有情趣，二是指语文课要注重情感熏陶、价值引领，三是指语文课要以人为本，充满人文关怀。对于"书卷味"，王老师说：有"书卷味"的语文课，初听时可能不觉得怎样，但往往越嚼越有味道；有"书卷味"的语文课，充满浓浓的文化气息，内含丰厚的文化底蕴；有"书卷味"的语文课，儒雅、从容、含蓄、纯正；有"书卷味"的语文课，常常灵气勃发、灵光闪现，或在教学设计上别出心裁，或在文本感悟上独具慧眼，或在课堂操作上另辟蹊径。

高校研究语文教学论的专家中，也有许多人谈过对一堂好课的看法。例如，王荣生主张要从教学内容角度观课评教，并提出了评价一堂语文课的九级累进标准：[①]

(1) 教师对所教内容有自觉的意识；

(2) 教的是"语文"的内容；

(3) 教学内容相对集中；

(4) 教学内容与听说读写的常态一致；

(5) 教学内容与学术界认识一致；

(6) 想教的内容与实际在教的内容一致；

(7) 教的内容与学的内容趋向一致；

(8) 教学内容与语文课程目标一致；

---

① 王荣生．语文教学内容重构[M]．上海：上海教育出版社．2007：97．

（9）教学内容切合学生的实际需要。

总之，对于评价一堂好课的标准，见仁见智，众说纷纭。不过，虽然大家的看法五花八门，但有些方面却是大多数人都提到了，那就是教学内容、教学方法和教学效果等。我们认为，抓住了教学内容、教学方法和教学效果，其实就是抓住了评价一堂语文课的关键。道理很简单，我们通常在谈论一堂课的好坏时，无非就是这三个方面：教的内容怎么样，好不好？是怎么教的，用的方法好不好？教这样的内容，用这样的方法，教学效果好不好？内容、方法和效果就是评价一堂课的三要素。不过，这三要素不是并列关系，而是先后关系，先有内容，才有方法；有了内容和方法，才有效果。

首先要看教学内容。教学内容是第一位的，它决定所上的课是语文课而不是别的什么课，是地道的语文课而不是掺了假的语文课。如果把语文课上成别的什么课，或者许多教学内容越了界，"荒自家的地，种别家的田"，当然就不能算作是一堂好的语文课了。教学内容不达标，可以一票否决。在保证教的是语文的内容的前提下，还要看教学内容是否与课程目标一致，是否是学生实际需要的内容，教学内容的组织是否符合学生学习的心理过程，目标是否明确，重点是否突出，等等。

其次是看教学方法。这里的教学方法取其宽泛的含义，包括教学组织形式、教学媒体的运用及各种具体的教学方法。看教学方法，就是要看教学关系的处理是否得当，教学过程的安排是否科学和巧妙，教学媒体的使用是否有助于教学，各种具体的教学方法是否巧妙灵活和有效，等等。

最后是看教学效果，包括学生在教学过程中的参与情况，对教学内容的掌握情况，教学目标的达成情况，等等。

语文名师的课，大多数都符合一堂好课的要求，但是能否成为一堂名课，还不一定。名课比一般的好课有着更高的要求，它除了满足一堂好课的所有要求之外，还更多地体现了名师个人的教学思想、教学艺术和教学风格。名课往往是语文名师教学思想和教学技能的艺术外化，体现的是他的能力、素养和文化底蕴。

## 三、语文名师名课作为教师教育资源

语文名师是从广大语文教师中走出来的佼佼者，语文名师的职业追求是全体语文教师的共同追求。他们之所以能成功，是因为他们具有比一般语文教师更为优秀的品质、更强的能力和更为科学的教学方法。正因为如此，语文名师的成功对于广大中小学语文教师来说，具有最普遍的示范意义和引领价值。

有了名师名课，在同行中就有了对名师名课的模仿和学习。这种学习，首先是从模仿身边的名师开始。接着,报纸杂志上就有了对名师的宣传介绍,有人将名师的教学经验和思想写成文章,或者编成教学实录,供广大教师学习和研究。有的名师名课还被编进教师教育的教材,直接用于教师培养。20世纪80年代初,我国最早出版的一部《中学语文教学法》教材中,就收录有于漪老师的课堂教学实录、章熊老师设计的语文练习和沈蘅仲老师的考试经验介绍等。现在,不但运用名师的教学经验和视频作为教师教育的教材已经成为一种常态,而且,还出现了独立的以语文名师为教学内容的教师教育课程。诸如"语文名师研究""语文名师课例研究""语文名师成长研究"等课程。

语文名师的教学经验和成长经验中,确实蕴藏着丰富的教师教育资源。或者说,每一位名师就是一部活的教师成功学。语文名师身上蕴藏的教师教育资源主要包括以下几个方面:

1. 先进的教育思想和理念

思想指导实践。语文名师一般都具有比较先进的教育思想和理念,这是支撑他们取得成绩的重要基础。当下语文教育中的许多先进教育理念,大多源自语文教育实践,其中有一些就是从语文名师的教学实践中提炼出来的。例如,于漪老师倡导的"教文育人",钱梦龙老师倡导的"以学生为主体",都是今天语文教学的主流理念。当然,有些语文名师可能并没有用语言文字把他的某一教学理念明确地表达出来,但在他们的思想深处,还是有这样的认知,他们的好多做法,都受这一思想的支配。例如,宁鸿彬老师当时虽然没有明确说过"以人为本"的话,但是,在他的教学过程中,实际上时时处处都体现出了"以人为本"的教育理念。首先,宁老师把学生看作是学习的主人,非常重视学生学习语文的自主性。他提出,要"教会学生学习""引导学生自己探索知识"。在教学过程中,宁老师特别重视总结学习语文的方法,并把这些方法作为教学内容的重点传授给学生。其次,宁老师非常注意调动和保护学生在学习过程中的积极性和主动性。为了做到这一点,他强调语文教学必须放开学生的手脚。他说:"教学是师生的双边活动,因此,要提高教学质量,仅有教师的积极性是不够的,必须调动起学生学习的主动性和积极性。调动起来的主动性和积极性,能否达到理想的状态,能否保持住,都与教师如何对待学生有着密切的关系。如果要求学生一切以课本为限,一切以教师为准,用一系列清规戒律把学生束缚起来,那么,学生的学习主动性和积极性就要受到压抑。只有摆脱'唯书''唯上'的思想桎梏,抛弃封闭学生思想的条条框框,鼓励学生独立思考,畅所欲言,放开学生的手脚,才有利于学生学习主动性和积极性的充分发挥。"① 为了放开学生的手脚,调动学生学习的主动性和积极性,宁老师常采取的措施是:"三个不迷信"——要求学生不迷信古人,不迷信名家,不迷信老师;"三个欢迎"——欢迎学生质疑,欢迎学生发表与教材不同的见解,欢

---

① 宁鸿彬. 宁鸿彬文选[M]. 桂林:漓江出版社. 1996:30-31.

迎学生发表与教师不同的见解;"三个允许"——允许学生说错做错,允许学生改变观点,允许学生保留意见。此外,宁老师一贯主张语文教学要"变苦学为乐学"。他认为,学生良好素质的形成,没有一个使其全面发展的良好教育环境是不行的。如果学生终日在课堂上高度紧张,繁忙劳碌,这不利于他们的健康成长。相反,如果学生在课堂上学得兴致勃勃,轻松愉快,课后又能自由发展,则有利于他们多方面良好素质的形成。以上做法,都充分反映了以人为本的思想。据此可以断定,"以人为本"是宁鸿彬老师的重要教学理念之一。

2. 丰富的教学经验和方法

由于条件的限制,有些语文名师可能尚未形成系统的教育思想,或者虽已形成,但还不够成熟。但是,由于他们长期工作在教学第一线,积累了大量宝贵的教学经验。就教学经验本身来说,它具有个人性和偶然性,并不一定符合普遍的教学规律。然而,教学经验是形成教学理论的源泉和基础,这是教学经验的最宝贵之处。许多语文名师就是在积累了大量教学经验的基础上,进而通过对经验的提炼加工和实践检验,最后上升为具有普遍意义的教学理论。例如,钱梦龙的"三主四式语文导读法",李吉林的"情境教学法",都是他们在各自教学经验的基础上,通过一步步提炼加工,最终形成了在全国具有很大影响的语文教学法理论。对于年轻的语文教师来说,通过学习语文名师的教学经验,一方面可以借鉴名师的经验;另一方面可以丰富自己的感性认识,并进一步促进自己对语文教学的认识从感性认识上升为理性认识。

3. 高超的教学技艺

最让我们叹服的,还有语文名师高超的教学技艺。有些经典性的名课,长时间地被广大语文教师翻录和传看,百看不厌。听名师讲课,他们的一次课前导入、一组提问、一番文本解读、一段讲解、一幅板书设计,常常令我们拍案叫绝。这种教学技艺,最能反映一个教师的教学基本功,也往往是我们年轻语文教师的短板,要尽快提高。教学技艺既是长期教学实践的结晶,也反映了教师的教学智慧和个人风格,它对我们年轻的语文教师具有极大的吸引力。另一方面,教学技艺往往具有直观性和示范性,容易为我们年轻语文教师观摩和学习。

4. 高尚的师德

名师之所以为名师,不仅在于他们是"育人的模范""教学的专家",还在于他们是"师德的表率"。这体现在他们为师的方方面面。概括归纳语文名师的师德,有这样几点:首先表现为爱岗敬业,无私奉献。他们永远都把教书育人的本职工作放在自己一切工作的第一位,勤勤恳恳,兢兢业业,甚至不惜牺牲自己的个人利益。其次是关心和爱护学生。他们视学生如自己的孩子,不但关心他们的学习,还关心他们的生活和健康,时时处处都

能为学生着想。最后是以身作则，率先垂范。无论是工作上，还是生活上，也无论是在集体场合，还是独处的时候，他们都能严格要求自己，为学生作表率。当然，还有其他很多方面的表现，这里不再赘述。

5. 可资研究借鉴的成长经历

每一位名师都有自己独特的成长道路，而每一位名师的成长之路，都能给年轻的老师以启迪。他们有的靠坚持不懈地自学提高了自己的教育教学本领；有的靠反复地实验和探索，积累了大量成功的经验；有的靠团队的力量，合作攻关，取得了教学改革的实绩；有的发扬民主精神，和学生一起学习，一起成长，最终取得了骄人的成绩。这一切，都是值得我们借鉴的经验。钱梦龙老师在介绍自己如何走上语文教学之路时说，他在20世纪50年代初走上语文教学岗位之时，由于不懂教学法，只能从自己学习语文的经验中去寻找教好语文的门径。通过回顾，他总结出自己当年在中学学习语文的三条经验：一是重视自己钻研，自求理解；二是坚持不懈地读写实践；三是探索一点学习方法。于是，他就按照这样三条教自己的学生，重视给学生指点学习方法，让学生自己阅读，自求理解，通过多读多写提高学生的语文能力。后来，他果然成功了。钱老师这种用自己如何学习语文的方法教语文的经历，无疑对我们青年教师具有重要的启示意义。

## 四、如何学习和研究语文名师名课

要学习和研究语文名师，有必要先了解国内学习和研究语文名师的大体情况，以便掌握更多的学习资讯。

20世纪80年代初，我国刚开始评选特级教师，就开始了对著名特级教师教学经验的宣传和介绍。1981年和1989年，国家教委师范司先后编辑出版了《全国特级教师经验选》第一集、第二集和第三集，共选录70位特级教师的先进经验。同时，全国各地的许多报刊上都陆续介绍过大量特级教师的教学经验、课堂教学实况和由特级教师本人亲自编写的教案。就对语文名师的介绍情况看，《语文教学通讯》编辑部从1981年4月开始，到1986年4月，开设了一个"封面人物"专栏，每一期介绍一位在教学改革中取得优异成绩的优秀语文教师，共介绍了全国21个省、自治区、直辖市的44位语文教师。其中，大部分是特级教师。安徽教育出版社1986年6月出版了一本由特级教师蔡澄清编选的《全国语文特级教师教学经验选》，书中选了34位中学语文名师的39篇教学经验介绍。

从20世纪90年代开始，我国在继续宣传介绍特级教师教学经验的同时，还开始了对特级教师的研究。1991年，广西师范大学出版社出版了由黄麟生和倪文锦主编的《先进教育思想，高超教学艺术——著名语文特级教师研究》一书，对17位著名语文特级教师的教学经验和思想进行了全面的研究。1992年，教育科学出版社出版了由王伟主编的《当代中学语文教学专家》一书，对9位著名中学语文特级教师进行了比较深入的研究。1996年江苏教育出版社出版的《中国著名特级教师教学思想录》是一套由时任国家教委副主任柳斌主编，涵盖中小学各学科名师的大型丛书。这套丛书的特点是均由各学科名师自己撰文，介绍自己的教学思想和经验，其中的《中学语文卷》（刘国正主编）共收录13位语文名师的经验介绍，《小学语文卷》（杨再隋主编）共收录11位名师的经验介绍。1997年，山东教育出版社出版了一套由中央教育科学研究所课程研究中心主持的大型丛书《全国著名特级教师教学艺术与研究》，既有对著名中学语文特级教师蔡澄清、魏书生、宁鸿彬、张富、欧阳代娜、钟德赣等人的研究专集，也有对著名小学语文特级教师李吉林、于永正、丁有宽等人的研究专集。1999年，语文出版社出版了由张定远主编的《中学著名语文特级教师教育思想精粹》一书，选录中学语文特级教师57人的教学经验，选录和介绍的名师之多前所未有，所选范围也几乎覆盖了全国所有的省、自治区、直辖市。

2000年之前的介绍和研究，主要针对的是第一代名师。进入21世纪以后，宣传研究的对象就逐步扩展到第二代名师，出版的研究论著也更多了。例如，邹贤敏主编、湖北教育出版社出版的"中国语文素质教育名家丛书"；人民教育出版社出版的《中国特级教师文库》；国际文化出版社2003年出版的"中国当代著名教学流派丛书"；北京师范大学出版社出版的"中学语文素质教育名家丛书"；雷玲主编、华东师范大学出版社出版的《中学语文名师教学艺术》；张蕾、林雨风主编，首都师范大学出版社出版的《中国语文人》多辑；张文质、窦桂梅、姚春杰等主编，华东师范大学出版社出版的"大夏书系"之"名师课堂"多辑；于永正主编、江苏人民出版社出版的《名师课堂经典细节（小学语文卷）》等。另外，还有以语文名师群体为研究对象进行综合研究的《名师研究——中学语文特级教师的教学实践和思想》（武玉鹏著，中国文联出版社2001年出版）、《名师成功论》（董菊初著，科学出版社2003年出版）等。

怎样学习和研究语文名师名课？我们的建议是：凭借两个抓手，注重四个方面，运用多种方法。

所谓两个抓手，就是著述和课例。语文名师大多发表过自己在语文教学方面的著述（包括文字和语音讲话）与课例（包括教学视频和课堂教学实录）。我们要学习和研究语文名师，就要千方百计地搜集并占有以上两种资料，牢牢抓住这两个抓手。如果没有这两个抓手，无所依凭，就无从学习和研究。如果只凭借一个抓手，学习和研究的效果就会受影响。因为这两个抓手，一个是语言的，一个是画面的，一个比较抽象，一个比较形象。两方面互相配合，才能更为全面、准确地理解名师的教学思想，感悟名师的教学技艺。

所谓四个方面，就是思想、经验、技艺和师德。这四个方面，前文在介绍语文名师作

为教师教育资源时,已有介绍,这里从略。

学习和研究语文名师名课的方法是多种多样的,除了常用的阅读名师著作、观摩其课堂教学之外,这里再介绍几种比较实用的方法。

(1) 对照法,即拿名师的教学观念或主张跟他的教学实践相对照。如果只是学习名师的教学思想,往往理解不深不透,如果拿他的课堂教学和他的教学思想一对照,就会促进对其教学思想的深入认识。单看名师的课堂教学实践,有时候不明白他为什么会这样处理教学内容,运用这样的教学方法,如果对照他的教学理念或教学主张进一步学习,常常会感觉豁然开朗,理解得深刻而透彻。同样,还可以拿教育教学的一般理论对照名师的教学思想或教学实践,既在对照中理解名师的教学经验和方法,也在对照中学习教育教学理论。

(2) 比较法,即拿两个以上的名师或两个以上的课例进行比较。无论是人和人的比较,还是课与课的比较,都能同中见异,异中见同,易于鉴别,促进理解和认识。有一种叫作"同课异构"的教研活动,就是拿相同的教材内容,由不同老师根据自己的理解,自己备课并上课。江苏有位高校教师还用这种同课异构的方法组织了一次"十位名师教《老王》"的活动,并把活动结果编成一本书《十位名师教〈老王〉》,由上海教育出版社出版。这个活动和这本书在语文教育界引起了较大反响。很多人认为,通过同课异构活动,让我们对不同老师的教学理念、教学风格和教学艺术有了深刻的感受。这就是一种比较的学习和研究方法。用这种方法学习和研究语文名师,显然是很有成效的。

(3) 实践法。有实践条件的学习者,还可以将名师的教学思想或经验直接用于自己的教学实践,既在实践中检验,也在实践中学习。实践是最好的学习和研究,通过实践,可以触发自己的感受,加深对名师教学经验的理解和体会。

当然,所有的学习方法都是相对的,没有哪一种方法绝对有效。究竟哪种方法对自己有效,则是因人而异,因时而异,因学习内容而异,我们应该在学习和研究的过程中自己摸索和总结。

## 五、结构和内容的几点说明

1. 关于本书的结构设置

本教材从语文名师自身具备的教师教育资源出发,分为"教育理念""教改经验""教学艺术""成长经历"4编,每编4章,每章研究一位名师及他的名课。如此结构,只是出于分类编排的方便,并不意味着语文名师本可以分为这样四种类型。事实上,名师的教学理念、经验、课堂艺术和成长经历是作为一个整体集于一人一身的,很难、也不应该将它们割裂地理解。

### 2. 关于名师的选择

全书共选 16 位名师，这些名师的选择，主要考虑了以下因素：一是在全国范围内有较大影响；二是兼顾老一代名师和相对年轻一代的名师；三是兼顾中学和小学两个学段；四是侧重选择长期坚守在中小学语文教学第一线的名师。

我国语文教育界名师众多，怎么选，都难免挂一漏万，也难免漏选一些非常著名的名师。因此，我们又在书后加一附录《更多卓有成就的语文名师简介》，希望能稍微弥补一下缺憾。

### 3. 关于课例的选择

关于每位名师课例的选择，我们尽可能选择该位名师最具代表性的一个完整课例，但是，因为我们掌握的资料有限，有些章节未能选出该名师最具代表性的名课；又因有些课例字数太多，编写时只能节选或作适当的压缩。凡节选或进行适当压缩的，在正文前都有标注。

### 4. 关于思政教育

遵照加强课程思政教育的要求，本教材在选材方面，特别注意渗透思政教育内容。例如，推介名师教育理念时，突出了"教书育人""民主教育""为人生奠基"等理念，选择和评点名师的教学案例时，特别关注到课堂教学的育人价值。在介绍名师的成长道路时，既关注他的业务成长，也关注他的师德与师魂的铸造。选用本教材教学时，可主要通过以上几个渠道加强思政教育。

### ◆ 思考讨论

1. 你认为形成语文名师代际差异的主要原因是什么？
2. 语文名师作为课程资源，我们应该如何开发和利用？
3. 我们今天学习语文名师，应该怎样处理传承和创新的关系？

### ◆ 扩展阅读

1. 刘国正. 中国著名特级教师教学思想录（中学语文卷）[M]. 南京：江苏教育出版社，1996.
2. 杨再隋. 中国著名特级教师教学思想录（小学语文卷）[M]. 南京：江苏教育出版社，1996.
3. 张定远. 中学著名语文特级教师教育思想精粹 [M]. 北京：语文出版社，1999.
4. 雷玲. 中学语文名师教学艺术 [M]. 上海：华东师范大学出版社，2008.
5. 于永正. 名师课堂经典细节·小学语文卷 [M]. 南京：江苏人民出版社，2007.
6. 武玉鹏. 名师研究——中学语文特级教师的教学实践和思想 [M]. 北京：中国文联出版社，2001.
7. 董菊初. 名师成功论 [M]. 北京：科学出版社，2003.

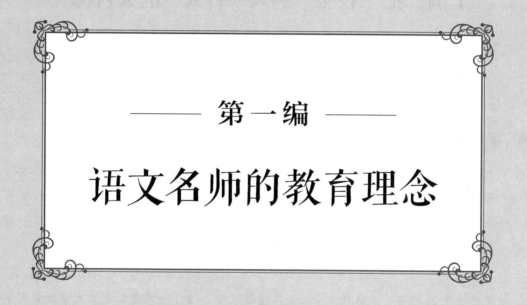

# 第一编

# 语文名师的教育理念

# 第一章

# 于漪：把"教文"纳入"育人"的大目标

### 导　读

　　于漪，这是一个在谈到新中国语文教育时不得不提的名字，她是无数中国教师心中的偶像。于漪语文教育思想及其经验的核心是"教文育人"。在"教文"和"育人"的关系上，她主张，"教文"要纳入"育人"的大目标。于漪老师是如何论述和实践她的这一教育理念的呢？让我们带着这个问题进入本章的学习。

　　于漪生于1929年，江苏镇江人，著名特级教师。1951年，她从复旦大学教育系毕业后，先后在华东人民革命大学附属工农速成中学、杨浦中学、上海市第二师范学校任教。1978年被评选为特级教师，1979年获全国"三八红旗手"称号，1983年被评为全国"五讲四美、为人师表"优秀教师。1984年起担任上海市第二师范学校校长，直到退休。2019年9月，在新中国成立70周年之际，于漪老师荣获"人民教育家"国家勋章和国家荣誉称号，这在新中国基础教育的历史上是绝无仅有的荣耀。

　　于漪老师曾在《课程·教材·教法》《人民教育》《上海教育》《语文学习》等期刊上发表教学研究和经验介绍的文章数百篇，结集出版的著作主要有：《于漪语文教育论集》《语文教苑耕耘录》《语文园地拾穗集》《学海探珠》《教你学作文》《语文教学谈艺录》《于漪文集》《于漪教育文丛》等。另外，她在上海电视台、上海教育电视台等分别制作过一系列教育专题节目，如《于漪教学艺术菁华录》《奉献——教师的天职》《一代名师》等。

## 一、教育理念述要

于漪老师曾这样说过:"如果有人问我在语文教学实践中最主要的体会是什么,我的回答是:既教文,又教人,把思想教育渗透在语文训练之中,使学生的思想水平和理解、运用祖国语言文字的能力获得双提高。"① 她还说:"教文是语文教师的天职,须千方百计教会学生正确使用祖国的语言文字,提高他们听、读、说、写的能力。但教学生的'文'是为育学生的'人'服务的,只见'文'不见'人',工作就失去了大目标。"② 综观于漪几十年的语文教育实践和论述,"既教文,又育人""把教文纳入育人的大目标",是她一以贯之的主张,是她的语文教育思想的核心。

(一)为什么要把"教文"纳入"育人"的大目标?

于漪老师"教文育人"思想的理论基础,主要来自她对教育本质和语文课程性质的正确认识和把握。

首先,是对教育本质的正确认识和把握。在于漪看来,"教育,就是培养人"。教师是履行教育教学职责的专业人员,承担教书育人、培养社会主义事业建设者和接班人、提高民族素质的使命。她曾这样说:"国家把青春年少、风华正茂的学生交给我们教师培养,这意味着对教师极大的信任,我们如果不尽心不尽力,岂不是浪费学生的青春,对国家、对人民的大不敬?为此,我经常警诫自己、鞭策自己兢兢业业,考虑任何工作都不能忘记培养学生的大目标。"③ 既然教育的本质就是育人,把"教文"纳入"育人"这个大目标就是语文教育的必然选择。这是由教育的上位目标决定的。

其次,是对语文课程性质的正确认识和把握。于老师对于语文课程性质的认识,虽然也在不断发展,但是,她始终认为语文学科具有很强的育人功能。20世纪70年代末,作为对"文化大革命"期间把语文课上成政治课的一种否定,语文教育界出现了一种工具论的倾向。于老师对此不以为然,她指出:"语文学科的基本特点是工具性和思想性。语言文字是表情达意、交流思想的工具,既要表情达意,那么,用它组成的作品,都离不开一定的思想情感。思想情感为里,语言文字为表。课文是思想内容和语言形式的统一体,内容决定形式,形式表现内容,教学中完全可以发挥课文本身所固有的德育、智育两种作用。"④ 20世纪90年代,于老师进一步论述了语文学科的"人文性"本质,认为语文学科

---

① 于漪. 于漪语文教育论集 [M]. 北京:人民教育出版社,1996:93.
② 于漪. 于漪文集(第6卷)[M]. 济南:山东教育出版社,2001:161.
③ 于漪. 于漪语文教育论集 [M]. 北京:人民教育出版社,1996:709.
④ 于漪. 于漪语文教育论集 [M]. 北京:人民教育出版社,1996:85.

的本质属性是工具性和人文性的统一。她特别指出："忽略语文的人文性，必然只强调语文工具而看不到使用语文工具的人。学语文不是只学雕虫小技，而是从学语文中学习做人。语文教育就是教文育人。语言文字是文化的载体与结晶，教学生学语文，伴随着语言文字的读、写、听、说训练，须进行认知教育、情感教育和人格教育。"[①] 无论从语文课程固有的德育和智育两种功能来看，还是从语文课程具有工具性和人文性的统一这一性质来看，都决定了语文教育就是"教文育人"。"教文"要纳入并服从于"育人"这个大目标，这是由语文课程的内在本质决定的。

(二) 把"教文"纳入"育人"之后的语文课程内容

于老师心目中的教文育人绝不是一个笼统的目标或者一个空洞的口号，而是落实在实实在在的教学内容上。她曾说过：育人不是泛泛而谈，而是应放在特定的历史条件和社会环境中来认识，有针对性，有时代的特征。教在今天，想到明天，以明日建设者所需要的素质与能力，促进今日语文教学的实践和语文教学改革的深入。她通过分析明日建设者所应具备的思想道德素质和科学文化素养，结合语文学科的特点，认为语文教文育人就是要引导学生在素质、能力、智力等方面得到全面发展。她多次强调，语文教学要讲求综合效应。所谓的综合效应，也就是要引导学生在素质、能力、智力等方面扎下深根。

这里的素质，主要指思想素质。她说："现代人应该是文明的人，有良好的习惯，有奋发的精神，有追求真知的旺盛的求知欲，有克服困难、锲而不舍的意志与毅力。这些素质均可通过语文训练有意识地进行培养。"[②] 于老师还联系语文教学的实际，详细分析了如何培养这些素质。培养良好的素质，要从习惯的养成抓起。语文教学中要着力培养学生良好的学习习惯。"读书、写字、说话、作文，均要严格要求。认认真真、踏踏实实、仔仔细细地去读去写，绝非一日之功，这既是良好习惯的培养，也是坚强意志的锻炼。培养学生自己读书，培养他们从阅读中发现问题、积极思维的习惯，引导他们阅读时口到、眼到、心到，既可增强他们做学习上主人的意识，又可激发他们不断进取的求知欲。"教师要反复宣传语文学习积累与实践的重要性和必要性，培养他们学习语文的韧性，培养他们孜孜以求、锲而不舍的精神。"在训练语文基本功的同时，塑造做人的素质。教师教学生学文，也在教学生做人。"[③]

这里的能力，指语文能力，也即"读、写、听、说的真本领"。于老师说："学生青春年少，学得的知识往往熟记在心，储存在自己的头脑仓库里，一旦需要，会立即显现，脱

---

[①] 于漪. 弘扬人文，改革弊端 [J]. 语文学习，1995 (6)：2-5.
[②] 刘国正. 中国著名特级教师教学思想录（中学语文卷）[M]. 南京：江苏教育出版社，1996：4.
[③] 同上.

口而出；技能也是如此，小时候练就的读写听说能力犹如自己身体的有机部分，用起来得心应手，后劲很足。"她还反复强调，"训练能力要树立全面培养的观念，不能以偏概全，以局部代整体。""进行语文能力训练时，应把握读写听说四种能力相辅相成的关系，全面培养。"①

这里的智力，就是培养学生的思维力、想象力、观察力、记忆力，通过"点拨，开窍，把学生教得聪明起来"。于老师说："学生在学习期间不可能学会他在日后投入社会生活、参加现代化建设的全部知识和能力，要紧的是培养他们会学习、会思考的本领。有了这些'基因'，将来就能举一反三，有所创造，有所前进。培养学生读写听说能力的同时，须有意识地在思维力、想象力、观察力、记忆力，尤其是思维力的锻炼上下功夫。"②

于老师说："语文教学在学生素质、能力、智力方面发挥重要的培育作用，实质上是力求'能力形成'和'人格形成'的统一，也就是在教学过程中既有形成语文能力的侧面，又有形成个人思想情操、思维品质和行为方式的侧面，二者有机地和谐地统一，教学就能获得综合效应，学生就能得到多方面培养。"③

后来，于老师根据自己对语文学科具有"人文性"的进一步认识，在阐发语文学科教文育人的内容时，还特别强调语文学科的文化内涵。她认为，"文化内涵本是语文的固有根基，教材中的任何课文都是思想内容和语言形式的统一体，不可分割。只讲形式，就架空内容，语言形式就失去灵气，失去光泽，变成任意排列组合的僵死的符号。"④"语文教学，语文研究切不可忽视中华民族文化背景，否则，讲出来、写出来的东西苍白无灵气，单薄无支撑。"⑤

以上论述，形成了于漪老师把"教文"纳入"育人"大目标之后的语文课程内容论。

（三）把"教文"纳入"育人"大目标之后的语文教学方法

如何把"教文"纳入"育人"的大目标，做到既教文又育人？考察于漪老师的相关论述和具体做法，主要体现在两个方面：

一是寓"育人"于"教文"的过程之中。于漪认为，一篇好的课文必然是作者情动于中、言溢于表的产物。佳作之所以佳，不外乎或思想深邃，见解精辟；或感情真挚，掷地有声；或绘景状物，巧夺天工。凡此种种，都离不开遣词造句、布局谋篇的功力。语言文字是表情达意的工具，一篇佳作，除了以思想内容取胜以外，在语言文字的运用上必然有

---

① 刘国正. 中国著名特级教师教学思想录（中学语文卷）[M]. 南京：江苏教育出版社，1996：5.
② 同上.
③ 刘国正. 中国著名特级教师教学思想录（中学语文卷）[M]. 南京：江苏教育出版社，1996：6.
④ 于漪. 弘扬人文，改革弊端[J] 语文学习，1995（6）：2-5.
⑤ 于漪. 于漪语文教育论集[M]. 北京：人民教育出版社，1996：76.

独到的地方。教学这样的课文，要有思想内容与表达形式辩证统一的整体观念。"如果把思想内容置之一旁，仅就词论词，就句论句，看起来似乎重视了语文基础知识，实际上鸡零狗碎，语言文字表情达意的生命力受到极大损害。这恰恰是削弱了语文知识的表现。"①于老师坚决反对把教文和育人对立起来或割裂开来的做法，主张必须在语文训练的过程中进行思想品德的教育。她还多次讲到：要善于缘文释道，因道解文，既废除离开字词句篇的架空分析，又力戒置思想内容于一旁的支离破碎的词句诠释，力求把思想教育与语文训练有机地结合起来，水乳交融，使学生思想上受教育，感情上受熏陶，语文能力获得有效的提高。

二是注重熏陶感染。于老师常说，语文教学要趁学生青春年少之时，帮助他们打好使用祖国语言文字的基础和做人的基础。语文教师要怀着春风化雨的热情，在培养学生理解和运用祖国语言文字能力的同时，以美好的事物、高尚的情操熏陶感染他们，在他们心灵深处撒播美的种子，使他们对人类的光明前途坚信不疑，对生活中的善与恶、美与丑爱憎分明，激励他们勤奋学习，勇往直前，为建设社会主义新生活不懈奋斗。

如何在教学中做到熏陶感染学生，于老师在不同场合从不同角度介绍过许多具体的方法。例如，她在《熏陶感染塑心灵》一文中介绍了"娱目""动情""激思""励志"四种做法。②

娱目，就是教师有计划地以文学艺术的精品让学生赏心悦目，带领他们进入作品的优美意境，领略无限美妙的风光。于老师教《泰山极顶》一文时，针对此文诗情浓郁、结构精巧的特点，采用了"三个结合"和"三个调动"的做法。三个结合是，把文章和诗、画结合起来；三个调动是，调动学生的视觉、听觉和思维器官，启发他们开展想象。文中有这样一句话："我觉得呈现在眼前的不是五岳独尊的泰山，却是一幅规模惊人的青绿山水画的长轴，从下面倒展开来。"于老师抓住这个关键性的比喻，绘制了一幅彩图，引导学生读文看画，跟随作者足迹步入画境，移步观赏沿途美景。在这一赏心悦目的过程中，于老师又引用杜甫的《望岳》一诗，激发学生"会当凌绝顶"的志趣和"一览众山小"的胸怀。

动情，就是教师努力运用课文佳作中所包含的真挚感情，叩击学生的心弦，激起他们感情上的共鸣。于老师在课堂上针对范文的学习，主要采取三种做法：一是在关键词句上动情讲解。《茶花赋》是一首歌颂祖国的赞歌，但学生对写"童子面"茶花一节理解不深。于老师就启发学生注意"看""仰""笑""叫"四个动词，对课文的中心思想作了深情的

---

① 于漪. 于漪语文教育论集 [M]. 北京：人民教育出版社，1996：94.
② 于漪. 于漪语文教育论集 [M]. 北京：人民教育出版社，1996：87.

讲述，所谓"牵一发而动全身"。二是在重要场景上动情讲述。如《刑场上的婚礼》一文，于老师抓住刑场这一重要场面动情地进行讲述和分析（见下文）。三是对深刻的思想内容动情讲析。如《阿房宫赋》，见解精辟，思想深邃，给人以启迪。于老师引导学生多读、多思，仔细咀嚼、品味。特别是"灭六国者六国也，非秦也；族秦者秦也，非天下也。""秦人不暇自哀，而后人哀之；后人哀之而不鉴之，亦使后人而复哀后人也。"这两句绝妙，将天下兴亡的道理阐述得入木三分。让学生深刻地理解，如果不以史为鉴，悲剧将一幕幕不断发生。

激思，就是从学生的思想感情、知识能力的实际出发，运用文章精要之处，开启学生思维的窍门，激发他们生疑、质疑、探索生活的道路和人生的真谛。于老师认为，塑造学生心灵，不能停留在对文章所写的人、物、事的表面理解上，而要由表及里，深入到事物的本质，进行分析、解剖、比较、辨别，在理性认识上达到一定的深度。她在教《刑场上的婚礼》一文时，为了深入说明周文雍、陈铁军二位烈士的崇高革命精神，把激发学生的思考贯穿在教学的全过程。首先，她抓住起笔的不寻常发问生疑："'刑场上怎样举行婚礼？婚礼又怎能在刑场上举行？'这是作者揣测读者必然会生疑的问题。'刑场'是死亡的场所，意味着生命的结束，是悲凉的气氛；'婚礼'是欢乐的事情，意味着幸福，是喜庆的气氛。然而，如此矛盾的事确实发生了，这究竟是怎么一回事呢？"当学生急于要知晓事情的真相时，于老师进一步紧扣课文第二节文字中的四个句子提出一系列的问题，激起学生思想的浪花。接着，围绕着课文中的"生命诚可贵，爱情价更高，若为革命故，二者皆可抛"，要求学生与裴多菲的原诗作比较，体会共产党人崇高的精神境界。整个教学就这样在一步步深入的思考之中，对学生进行了生动的理想和信念的教育。

励志，就是充分利用教材中卓有建树的人物的思想言行，给学生施以良好影响，激励他们树立远大的志向，启迪他们培养坚韧不拔的意志和奋斗不息的精神。例如，于老师教《七根火柴》时，举出凝聚着卢进勇感情的词语"数"，在激励斗志上做文章。抓住"数"，要求学生通观文中描写火的词句，理解在长征途中火柴的意义与价值；抓住"数"，要求学生想象无名战士的语言动作，理解他为革命事业把生的希望送给同志，把死亡留给自己的伟大品格；抓住"数"，要求学生体会卢进勇对战友壮烈牺牲的无限哀思，对战友崇高品质的敬仰，体会卢进勇忠诚于党的事业，革命到底的坚强决心。最后，于老师让学生思考，应当怎样继承先烈遗志，学习革命前辈的榜样，树立雄心壮志，在人生的道路上勇往直前。

在《渗透与滋润》一文中，于老师又介绍了 7 种熏陶感染的方法，分别是：① 挖掘文章内在的思想性，揭示其寓含的深意；② 重锤敲打关键词句，使它们溅出耀眼的火花；③ 变换提问的角度，选择最佳入口处，激荡学生的感情；④ 创设情境，带领学生置身于情境之中，使他们耳濡目染，受到熏陶；⑤ 联系、扩展，增添感情浓度，形成余音缭绕的气氛；⑥ 进行反馈，在检验知识和能力的过程中，强化思想感受；⑦ 鉴别信息，加强指导，培养和提高学生的识别能力。①

以上论述，基本上反映了于漪老师把"教文"纳入"育人"大目标之后的教学方法论。

## 二、教学案例简析

（一）案例展示

### 《晋祠》课堂教学实录② （第二课时）

（第一课时，上课伊始，先引导学生每人说出自己熟悉的一处中国名胜古迹，有44位同学发言，说了44处名胜古迹。然后出示《中国名胜词典》，说明祖国的名胜古迹非常多，并介绍其中的词条《晋祠》，教师读，学生听写。听写后师生核对。之后要求学生快速浏览课文，把词典上的内容和课文的有关段落对照阅读，从课文中找出与词条介绍对应的段落。学生在对照阅读的过程中，既全部找到了课文中与词典对应的内容，也发现了课文内容与词典介绍不尽一致的地方，教师就这些不一致的地方引导学生一一讨论。最后要求学生回答：课文的写法和词典的写法哪个更好?）

### 第二课时

师：上节课我们懂得了文章的第1自然段揭示了晋祠的特征，晋祠的特征两个方面浑然融为一体，什么叫"浑然"?

生（部分）：完整的。

师："然"什么意思?

生（集体）：样子。

师：对，浑然融为一体，完整不可分割。（板书：浑然融为一体）浑然融为一体的是两个方面，第一个方面是优美的自然风景（板书：优美的自然风景），第二个方面是悠久的历史文物（板书：悠久的历史文物）。××同学的意思是，要是他来写的话，既然是悠久的历史文物是重点，那么，就应该先写悠久的历史文物，再写优美的自然风景，刚才××同学准备发表意见，现在请你发言。

---

① 于漪. 于漪语文教育论集［M］. 北京：人民教育出版社，1996：113-116.
② 刘国正. 中国著名特级教师教学思想录（中学语文卷）［M］. 南京：江苏教育出版社，1996：44-59.

生1：我觉得我能回答这个问题。这篇文章主要突出的是悠久历史文物的美，可是它没有先写悠久历史文物的美，而是先写优美的自然环境。这样可使我们先领略晋祠的环境美。晋祠的美在山，在树，在水，古老苍劲的树，多、清、静、柔的水，还有巍巍的山。在这里作者既作说明又有描述，使我们领会到晋祠的美。在第140页第6自然段中写道："然而，最美的还是祖先留给我们的古代文化，这里保存着我国古建筑的'三绝'。""最美"，把悠久的历史文物和优美的自然环境作了一个对比，自然环境美，但是悠久的历史文物更美。所以，先写自然环境的美，再写历史文物的美，能更加突出地表达作者所要表达的主题。

师：这个问题××同学作了一些分析，但看来一下子答不清楚，先放一放好不好？这篇文章先用一句话来揭示说明对象的特征。先是总的说明，然后从两个方面来说。（指板书"优美的自然风景，悠久的历史文物"）刚才不是××（指生61）讲吗，这篇文章的结构是总分式。怎么分的？一个一个说明对象是怎样合起来的？我请一位同学上讲台来写，边看课文边写。比如说，优美的自然风景（板书"优美的自然风景"），从哪几个方面说明的？它的特征如何？悠久的历史文物（板书"悠久的历史文物"），作者介绍了哪些？它们的特征如何？一位同学上来写，其他同学写在笔记本上，然后我们再细读课文核对。××，请你上来写。

（生2板书）

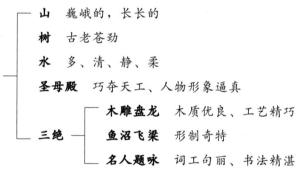

师：按课文的顺序写，字写端正，写好了跟黑板上对一对，看看黑板上写的是不是完全正确。（学生举手）×××。

生3：他漏掉了两点。

师：漏掉了两点？我们看"优美的自然风景"。（手指板书"优美的自然风景"）

生3："优美的自然风景"中的树，除了"古老苍劲"，还有"造型奇特"。

师：好，这个内容在第几自然段？

生（集体）：第4自然段。

师：除了古老苍劲之外，还有什么？

生（集体）：造型奇特。

师：（在板书"古老苍劲"后面，用红粉笔写"造型奇特"）请同学们想一想，××怎么会忽略这一点的呢？什么原因？（学生举手）×××说。

生4：因为"造型奇特见长"在一段的当中。

师：对。晋祠的美在山，在水，在树。山的特征抓得对不对？巍巍的，长长的。树，细读一下，就知既以古老苍劲见长，又以造型奇特见长，这里表达的方式跟前面写法不完全一样，所以粗看时容易漏掉。

生4：（继续说）在名人题咏上面，应该还有小品。

师：什么小品？

生（部分）：园中小品。

师：好，还有园中小品，第几自然段？

生（集体）：第11自然段。

师：园中小品（板书：用红粉笔写"园中小品"）。还有吗？（学生举手）×××。

生5：还有其他建筑。

师：在什么地方？

生5：第10自然段。"以圣母殿为主体的建筑群还包括献殿、牌坊、钟鼓楼、金人台、水镜台等。"

师：应该写在什么地方啊？（指"园中小品"处）对不对？

生（集体）：对。

师：因此又要改了（擦去"园中小品"）。应该是其他建筑（板书：其他建筑），再是园中小品（板书：园中小品）。阅读要仔细，不能遗漏。要把这个怎样？（指"名人题咏"处）全部挪到下面（板书：将"名人题咏 词工句丽、书法精湛"圈起来，用箭头标到"园中小品"下方）。大家校对一下，再看一看，这里列出的说明对象是不是周全了？

生（集体）：周全了。

师：文章首先说明优美的自然环境。晋祠的美在山，在树，在水，这是——

生（集体）：总说。

师：晋祠的美在山、树、水，可以不可以？

生（部分）：可以。

师：为什么要写"在山，在树，在水"？为什么？（学生议论纷纷，举手）

师：×××。

生6：排比的方法写，加强了语气。

师：加强了语气，在山，在树，在水。（学生举手）×××。

生7：这样写有气势，读起来上口。

师：有气势，读起来上口。（学生继续举手）×××。

生8：给作者的印象比较深。

生：（笑）怎么是作者？

师：作者？

生（集体）：读者。

师：给读者的印象比较深。（学生举手）××。

生9：我还要补充一句，晋祠的美在山，在树，在水，有一定的顺序，是由高到低的。

师：对不对？说明的顺序很清楚，由高到低。还有补充吗？山怎样？

生（集体）：巍巍的。

师：再看课文，把晋祠——

师、生（集体）：抱在怀中。（师做了一个"抱"的姿势）

师：因此它的顺序是什么？

生（集体）：由外到内。

师：在山，在树，在水，读起来有气势，而且上口，用排比的写法是好的。刚才几位同学讲得很好。（指部分板书）这些是说明对象。这些说明对象的特征抓得对不对呢？（手指板书）说明文要"明"，就得把说明对象的特征抓准。（学生举手）××。

生10：我认为还有一点写得不对，就是圣母殿应该是气势十分雄伟，不应该是"巧夺天工、人物形态逼真"，这几点是写侍女像的特点，而不是写圣母殿的特点（指学生的板书）。

师：对不对？

（部分学生点头）

师：对，巧夺天工并不是圣母殿的特点，圣母殿的特点文中是怎么说的？

生（集体）：气势雄伟。

师：气势雄伟。（板书：用红粉笔将"巧夺天工、人物形态逼真"划掉，写上"气势雄伟"）"人物形态逼真"是指宋代彩塑而言，××同学说得很好。别的地方还有没有问题？（学生举手）××。

生11：我认为在写三绝的时候，应该写出它的绝妙之处，圣母殿应该是"我国古建筑中现存最早的带围廊的宫殿"；木雕盘龙是"我国现存最早的盘龙殿柱"，鱼沼飞梁是"我国古建筑中罕见的"。应该写这三点。

师：应该写这三点。绝在何处？三绝？（学生举手）××。

生12：我认为三绝不应该像××（指生11）讲的圣母殿是我国建筑中现存最早的，

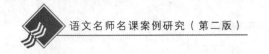

这里应是圣母殿的稀有。

（学生议论纷纷）

师：最早与稀有是两个概念。

生12：罕见，而不是"绝"，"绝"只能是后面一句"殿宽七间，深六间，极为宽敞，却无一根柱子"。

师：好，这是"绝"。关于悠久的历史文物，作者着力写了四个方面，一是三绝，二是其他建筑，就是以圣母殿为主体的建筑群，还有其他建筑，文中列举了很多，然后写园中小品，最后写名人题咏（边指板书边讲）。这些被说明的对象各具有什么特征呢？刚才××（指生10）讲得对不对（指板书"气势雄伟"）？

生（部分）：对的。

师：木雕盘龙对不对（指板书）？

生（部分）：对的。

师：也是对的。鱼沼飞梁呢（指板书）？

生（集体）：对的。

师：这个"梁"什么意思（指板书"梁"）？

生：（议论）桥梁。

师：对，"梁"是桥梁，鱼沼上面架着飞梁，一般的桥是怎样的？从南到北，从东到西，鱼沼飞梁怎样呢？四面都通。这里都是抓住特征来写的。同学们刚才读课文，要点抓得很准确。现在请同学们再推敲一下这篇文章写法上的特点。一开始××同学不是说了吗（指第一课中生57）？他说这篇文章的写法和词典上的介绍不一样，它是说明结合——

师、生（集体）：描写。

师：这是说明的骨架（指板书）。先总后分（指板书：浑然融为一体"总"，优美的自然风景和悠久的历史文物"分"）。先总后分（指板书：悠久的历史文物"总"，三绝等"分"），一目了然，说得非常明白，非常清楚。说明时夹入描写，使我们有身临其境之感。在说明的骨架上面，作者进行了艺术的渲染。有些我们一看就清楚了，比如写山，一看就清楚（指板书"山"处），它春天怎样？

生（集体）：黄花满山。

师：秋天怎样？

生（集体）：草木萧疏。

师：用对偶句进行形象的对照。现在读一读第4自然段，作者是怎样对树进行艺术渲染的？（学生举手）××，你说。

生13：作者写树的时候，运用了大量的比喻。

师：哪些比喻？

生13：在写水边殿外松柏等的时候，写它们造型奇特见长，有的偃如老妪负水，有的挺如壮士托天。

师：这是不是比喻？"偃"什么意思？

生（部分）：躺卧。

师：躺卧。

生13：还有写圣母殿前的左扭柏，把它比喻成像地下旋起了一股烟，又似天上垂下一根绳。

师：是不是进行艺术渲染？

生（集体）：是的。

师：好，请坐。因此除了说明外，还进行描写。比喻是其中之一。有的偃如老妪负水，"负"什么意思？

生（集体）：背。

师：有的如什么？

师、生（集体）：挺如壮士托天（师：手向上示意）。

师：我说写得最妙的是下面几句，我们一起读。请你们看看这里抓住了一个什么关键词来写的？"圣母殿前的左扭柏"，预备，读。

生（齐）：圣母殿前的左扭柏，拔地而起，直冲云霄，它的树皮上纹理一齐向左边拧去，一圈一圈，丝纹不乱，像地下旋起了一股烟，又似天上垂下了一根绳。

师：抓住什么特征来写的？

生（集体）：扭。

师："扭"，而且是从不同角度，你们看怎么写的？

生：（议论）从下到上，从上到下。

师：第一句是什么（食指竖起，示1）？四个字——（食指、中指、无名指、小指竖起，示4）

师、生（集体）：拔地而起。

师：拔地而起（手从下而上示意）。气势怎样？哪个动词用得好？

生（集体）：冲。

师：冲！直冲云霄。

它的树皮上纹理一齐向左拧去，一圈一圈——

师、生（集体）：丝纹不乱。

师：像地下旋起了一股烟，又像天上垂下了一根绳。哪两个动词用得好？

生（集体）：旋、垂。

师：由地下到天上（手从下而上示意），又从天上写到地下（手从上而下示意），天上地下结合起来，从不同角度描写，因此能够使读者如见其态（板书：比喻 多角度）。不仅是说明，而且用比喻进行多角度描写，这样就寓艺术魅力于说明之中。清楚了没有？我们再来看写水，特征抓得对不对（指板书）？多、清、静、柔。请你们说说作者怎样来写"多"的。（学生举手）××说。

生14："石间细流脉脉（mài），如线如缕；林中碧波闪闪，如锦如缎"，还有"桥下有河，亭中有井，路边有溪"。

师：除了这些还有吗？（学生举手）×××。

生15：还有"但见这里一泓深潭，那里一条小渠（误读作 xī）"。

师、生（集体）：小渠（qú）。

师：对不对？（学生举手）还有补充，×××。

生16：还有就是："这么多的水长流不息，日日夜夜发出叮叮咚咚的响声。"

师：这是从什么角度来写的呢？

师、生（集体）：听觉。

师：叮叮咚咚悦耳的响声。好，请坐。（学生举手）××。

生17："石间细流脉脉"，应该读"细流脉脉（mò mò）"，不应该读"细流 mài mài"。

师：我们学生理卫生的时候，"脉"读 mài。

生（部分）：静脉。

师：对，静脉（mài）。这里读（mò）。多音字。（学生举手）××。

生18：还有最后一句话："当你沿着流水去观赏那亭台楼阁时，也许会这样问：这几百间建筑怕都是在水上漂着的吧！"

师：这句话也看出来了，好。

生18：这是通过人的幻觉来写水的"多"。

师：通过人的幻觉来写水的多。这晋祠几百间房子好像都是在水上漂着的，所以水怎样？

生（集体）：多。

师：几位同学讲得对。这里水很多：有的是深潭，有的是小渠，有的是河，有的是井，有的是溪，这是按什么来说明的？

生（部分）：视觉。

师：按类别，对吗？写"石间细流脉脉，如线如缕；林中碧波闪闪，如锦如缎"。连打几个比喻，说水的美姿。总之，从水的声音、美姿，水的类别来具体描写水的"多"。

这个"多"字落实了没有?

师、生（集体）：落实了。

师：写"清"，写"静"，写法类似，就不一一说了。现在请你们思考回答，"柔"怎么写的？怎么一句话就把"柔"写出来了。（学生举手）×××。

生19：写"柔"在这里，139页。

生：（议论）"柔"在这里？（哄笑）

师：你说。

生19：139页的倒数第1行，"织成一条条大飘带，穿亭绕——"（讲不下去了）。

师：这字怎么读啊？

生（部分）：榭 xiè。

师：穿亭绕榭。"榭"这个字怎么读？（正确的读音：x—iè，xiè；板书：榭 xiè）

生（部分）：第三声。

师：第三声？xiè，第四声（指板书：榭 xiè）。

生19：穿亭绕榭，冉冉不绝，从这里就可以看出水的柔。

师：对不对？

生（集体）：对。

师：讲对了。这里运用什么手法来写的？

生（部分）：比喻。

师：写水像一条条大飘带，飘带风一吹就会怎么样？

生（部分）：飘。

师：飘拂不停。写水的"柔"只用了一个比喻，因为用得非常精当，就把"柔"写出来了。穿亭绕榭，有几个动词？

生（集体）：两个。

师：两个动词，一个"穿"，一个——

师、生（集体）："绕"。

师：冉冉不绝，讲什么东西"冉冉"？

生（部分）：飘带。

生（部分）：太阳。

师：（笑）太阳冉冉？水如飘带，冉冉不绝。清楚了没有？

现在讨论"三绝"。刚才有同学讲"绝"应该是指最早，"绝"究竟是什么意思？我问的不是特征。"绝"就是绝无——

师、生（集体）：仅有。

师：对了，绝无仅有。哪些句子最能够准确地说明晋祠中有些历史文物是绝无仅有的？找到没有？（学生举手）××。

生20：140页第7自然段里写道："圣母殿是我国古建筑中现存最早的带围廊的宫殿。"这里面的"最早"，还有——

（学生纷纷议论）

师：请你说下去，有不同意见待会儿讨论。

生20：还有："殿宽七间，深六间，极为宽敞，却无一根柱子。"

师：好，这是一绝。

生20：廊柱略向内倾，四角高挑，形成飞檐。还有写宋代泥塑圣母像及42个侍女像时写这些塑像巧夺天工，还有——

师：第二个"绝"。

生20：第二个"绝"就是"殿前柱上的木雕盘龙，这是我国现存最早的盘龙殿柱"。第三个"绝"，就是鱼沼飞梁，这里的鱼沼飞梁写出了"桥边的栏杆和望柱形，望柱形——"

师：形制奇特。（纠正）

生20：形制奇特，人行桥上，可以随意左右。

师：他刚才讲的几点有不同意见吗？（学生举手）×××。

生21：他说的第二个"绝"我不同意。第二个"绝"我认为应该是"距今虽近千年，鳞甲须髯仍然像要飞动"。（髯rǎn，读错了）应该是这个"绝"。

师：应该是这个绝。（学生举手）××。

生22：我认为××（指生20）刚才说的，宋代泥塑圣母像及42个侍女，他认为巧夺天工是"绝"，我认为不是的。

师：为什么？

生22：因为在许多——（讲不下去了）

师：（提示）名胜古迹中——

生22：名胜古迹中都有这种形态的。

师：都有这种形态？应该说都有这种特点。（学生举手）×××。

生23：还有一点，就是"这是我国古建筑中现存最早的带围廊的宫殿"，这一句也不是的，这仅写出了它的历史悠久。（学生举手）

（教师示意学生讲）

生24：我认为历史悠久也是"绝"的一个方面。

师："绝"的一个方面。（学生继续举手）×××。

生25：××（指生20）把圣母殿的"绝"讲得太多了。我觉得只要突出一点，就是

"殿宽七间,深六间,极为宽敞,却无一根柱子"。只突出这一句就可以了。

师:只要突出这一句就可以了。那么,历史悠久,"最早",要不要?(学生争论,有的讲要,有的讲不要)

师:××讲要的,"最早的,却无一根柱子"。第二也一样,是我国现存最早的盘龙殿柱,从历史的情况看,距今近千年,仍然是鳞甲须什么?刚才字音读错了(指生21),髯rán,读——

生(部分):髯rán。

师:髯rán,第二声。须髯,周身风从云生。第三找准了。介绍三绝,其他建筑物一笔带过。三绝写得很具体,在说明的同时,描写得很细致,进行了艺术渲染。我曾有机会去晋祠,亲眼观赏过,跟这篇文章里讲的一样,看了不得不令人叹服。如木雕盘龙虽然距今近千年,但是怎样啊?

师、生(集体):鳞甲须髯,仍然像要飞动。

师:这是不是描写啊?

(学生点头)

师:仍然像要飞动,这不得不惊叹我们祖先巧夺天工的技艺。鱼沼飞梁也介绍得很清楚,其他建筑一笔带过。请同学们看,第11自然段介绍得非常有趣的是什么?

生:(议论)园中小品。

师:园中小品写了两个,第一个是什么?

生(集体):小和尚。

师:小和尚,我看这样好吗?请一位同学把作品中描述的样子做一做,好不好?就请你(指第一排调皮的学生),作者是怎样描绘的?

(生26高兴地站起来,对着老师)

师:(笑)对着大家。看他描绘得怎么样。

(生26双手托着,肘关节在下方,而且与肋骨靠得很拢)

生:(哄笑)不完全对。

师:应该怎么样?我们一起读,让他纠正。"山上一挂细泉垂下",预备,读。

生(集体):山上一挂细泉垂下,就在下面立着一个汉白玉的石雕小和尚,光光的脑门,笑眯眯的眼神,双手齐肩,托着一个石碗接水。

师:双手齐肩,对吗?手还要高一些(将生26手向上抬一些),稍微开一点(将生26肘关节部拉开一些)。很好。你们看,这里写得出神入化。水注在碗中,又溅到脚下的潭里,总不能盛满碗,什么道理啊?(学生纷纷议论)一挂细泉(手势),哪个词用得很好?

生（集体）：挂。

师：对，一挂细泉，向下面滴水，滴到小和尚托的碗里去，水就溅到深潭，碗始终盛不满，什么道理？

生（部分）：物理性能，力学原理。

师：噢，物理的力学原理，今天就不讨论了，下节课再问你们，一定要解答得正确。这里写得十分有趣，描述得栩栩如生。（板书：形容、描述）下面还写了什么？

生（部分）：石雕大老虎。

师：呀！我看这里又矛盾了，"小品"怎么又是"石雕大老虎"呢？谁能解答这个问题？既然是小品，怎么又是大老虎呢？（学生举手）×××。

生27：这个"大"是相对而言的。

师：相对而言的，对不对？

生（部分）：对的。

师：小和大怎样？

师、生（集体）：相对而言。

师：在这里是大的，可是在整个建筑群里面是——

师、生：小的。

师：跟整个圣母殿好比吗？

生（部分）：不好比。

师：不好比。这里描写得很有趣，增添了这篇文章的情趣。现在我们再回过头来解答课开始时××同学提的问题。为什么不先写悠久的历史文物（指板书），再写优美的自然风景呢？刚才××（指生1）作了一些分析，没有完全说清楚，它们本来就是并列的，两者浑然融为一体，那么为什么要先写自然风景？（学生举手）××。

生28：因为这篇文章第6自然段写了"然而，最美的还是祖先留给我们的古代文化"。从这"最美"就可以看出，悠久的历史文物和优美的自然风景相比较，悠久的历史文物比优美的自然风景还美，先写优美的自然风景就能更衬托出悠久的历史文物美。

师：对不对？

生（集体）：对。

师：对，我们把前后内容联系起来看就清楚了，最美的还是祖先留给我们的古代文化，风景美，文物美——（学生举手）你还有意见吗？（示意学生讲）

生29：我认为还有一点。因为作者是按照他参观顺序写的，所以就先写自然风景，然后走到里面，看到悠久的历史文物。

师：同不同意？

生（部分）：同意。

师：这是记叙文？游记？（笑）

生（部分）：不同意。

师：噢，这是什么啊？

师、生（集体）：说明文。

师：是说明文，两者都美，风景美，文物美，但是作者在这里更要突出什么啊？

生（集体）：文物美。

师：先写自然风景美比较容易，如果一开始就写"最美的"是什么，那么跟谁比啊？那就显得很突然了。风景美，文物美，确实使我们真切地感受到晋祠美不——

生（集体）：胜收。

师：有人说："看景不如听景。"因为你看景是看自然的原形，同学们游览过一些地方，看的是自然的风景。而听景，就是听人家介绍，读人家描写的，这个时候你还可以享受到艺术加工的佳妙。我们现在读《晋祠》这篇文章，除了认识所介绍的优美的自然风景和悠久的历史文物这些对象之外（手指板书），还领略到作者进行的艺术加工，进行的艺术的渲染，领略到艺术美，这就美上加美了。所以，文章的最后一句话："晋祠，真不愧为我国锦绣河山中一颗——

生（集体）：璀璨——

师："璀璨的明珠"。什么叫"璀璨"？

生（部分）：形容——

师：形容什么？都是什么偏旁？

生（集体）："王"字偏旁。

师：什么意思？（手势画"王"）查字典。（学生举手）××查出来了，你说。

生30："璀璨"是形容玉石的光泽。

师：形容玉石的光泽。在这里是什么意思？

生（部分）：形容晋祠的美。

师：（学生举手）×××你说。

生31：形容晋祠像明珠一样发出亮光。

师：像明珠一样发出亮光，闪闪发光，对。所以最后一句话是由衷的赞叹。介绍了自然风景，晋祠的美，在山，在树，在水；介绍了悠久的历史文物，三绝，其他建筑、园中小品，以及名人题咏等等（指板书），最后赞叹"晋祠，真不愧为我国锦绣河山中一颗璀璨的明珠"。

开头我们说了，晋祠只是《中国名胜词典》（展示书）中山西省太原市的一个条目，而这本词典有一千几百页，晋祠只是一个小小条目。由此可推知，我们祖国的名胜古迹星罗棋布，在世界上罕见，是首屈——（师、生集体）一指的。

我们祖国历史悠久，中华民族数千年深厚的文化平铺在（手势：平铺）我们祖国的大地上，你无论走到哪儿，都可以看到名胜，都可以看到古迹。刚才你们讲到的故宫、颐和园、秀美的西湖等，讲到的西藏、新疆无不有我们祖先的文化遗迹。这些历史文化哺育着我们世世代代的中华儿女，我们世世代代中华儿女从祖国深厚的文化中汲取了大量的精神养料。今天，我们同样要从中汲取精神养料，不能愧对（食指向上）——（师生同声）我们的祖先。今天学《晋祠》，领略它的风景美、历史文物美，长大以后，不仅要读万卷书，还要力求——

生（集体）：行万里路。

师：对，行万里路，有机会到祖国各地考察，放眼观看我们的壮丽山川，从中汲取丰富的养料，滋养自己，成为精神丰富的人。

今天这堂课就学到这里。下课！

（二）案例点评

《晋祠》教学是于漪老师的一个经典课例。这个课例1985年由上海师范大学电化科录制视频，一经发行，就立刻受到了语文教育界的热捧，不但一些刊物和书籍争相发表、转载其教学实录，许多研究者也争相撰文，研究它的教学意义及成功的原因。即使在新世纪基础教育课程改革深入推进的今天，这个课例仍有它的研究价值。

我们认为，作为一堂名课，这个课例除了具备一堂好课应该具备的大多数要素之外，还有两大亮点：

1. 充分显示了说明文教学的育人功能

20世纪80年代，中学语文教学中对说明文的教学，强调的是说明文的文体特征及相关读写知识。于老师教这篇说明文，虽然也抓住了说明文的文体特征，例如，说明事物要抓住事物的特点、用比喻的方法说明、在说明中结合描写等。但是，她并没有局限于这些说明文知识的教学，而是抓住《晋祠》这篇艺术性很强的说明文，在教学过程中渗透了美育和爱国主义教育，把一篇相对枯燥的说明文教得文采飞扬、灵动感人，充分发挥了它的育人功能。教学伊始，她使用了这样的导入语："我们伟大祖国历史悠久，名胜古迹星罗棋布，在世界上可以说是首屈一指。"接着，让每个学生说一处自己熟悉的名胜古迹。不到2分钟的时间，40多个学生介绍了40多处名胜古迹。用于老师的话来讲，"初步检阅了一下，已经巍巍乎壮哉！我们祖国无处没有名胜古迹，真是美不胜收。"这样，一开始就激发了学生对美的兴趣和向往，使学生生发出祖国处处有美景的自豪感。在接下来的教学中，于老师出示《中国名胜词典》，介绍其中的一个条目——晋祠，要求学生与课文《晋祠》对照阅读。在指导学生学习课文的过程中，无论是分析"优美的自然风景"，还是"悠久的历史文物"，她都引导学生抓住课文中景物的特点和关键词语，极尽熏陶感染，寓美育于教学之中，用美的景物和美的语言浸润学生的心灵。结课的时候，于老师抓住课文末尾一句"晋祠，真不愧为我国锦绣河山中一颗璀璨的明珠"，再次渲染铺陈，强化了美育和爱国主义教育。她首先呼应开头，再次提到《中国名胜词典》，说晋祠只是这部词典中的一个条目，而这部词典有一千多页，晋祠只是一个小小的条目。由此可推知，我们祖国的名胜古迹星罗棋布，在世界上罕见，是首屈一指的。然后告诉学生，"我们祖国的历史悠久，中华民族数千年深厚的文化平铺在祖国的大地上，你无论走到哪里，都可以看到名胜，都可以看到古迹……我们要从中吸取精神养料，不能愧对我们的祖先。"将这种美育和爱国主义教育推向高潮。这堂课就像一篇优美的散文，在育人方面有点题，有照应，有寓理于文的分析，有浓墨重彩的告白，把感染熏陶做到了极致。而这一切，又都是结合课文的学习自然而然地体现出来的，不是外加的。

2. 巧妙运用阅读补充材料

课前导入之后，于老师拿出《中国名胜词典》让学生听写了其中介绍晋祠的一段内容，然后要求学生就这一内容与课文对照阅读，并在阅读中思考三个问题："会发现哪些问题、二者有哪些不同之处？判断是文章写得好还是词典上说明得好？"这一教学设计是这堂课中最为精妙的地方，在教学中起到了非常重要的作用：

其一，促进学生进一步细读课文。通过比较，发现两者内容上的相似之处和不同之处，从而加深了对课文的理解。

其二，帮助学生认识不同文体存在的价值。学生通过比较阅读，发现两者各有长处。就内容看，一个比较全面，一个重点介绍；就说明方法来讲，词典主要是说明，课文则说明中有描写；从语言特点来看，词典比较平实，课文则比较优美；从说明顺序来讲，词典是横式结构，课文是总分结构。文章好不好，要根据作者的写作意图判断，词典是给人翻检的，介绍应该要言不烦；文章则需要具体地说明描述，给人以美的享受，让读者有身临其境之感。所以，除了说明之外，还需要描写。由此可见，通过比较阅读，教师不仅帮助学生读懂了课文，还帮助学生确立了语境写作意识，不同的写作意图和读者需求对文体写作有不同的要求。不同的文体样式就有不同的存在价值，不宜随意否定。

其三，渗透训练，让课文学习充满语文味。于老师充分发挥补充材料的价值，将阅读材料变为听写材料，在帮助学生理解课文的同时，还训练了学生的听写能力；接着，紧密结合材料，指导学生比较、概括、归纳、阅读、思考，既帮助学生熟悉课文，又锻炼学生的思维能力。一段简短的补充阅读材料，真可谓一举多得。同时，这种种训练，又始终围绕语文活动展开，充满课堂教学的语文味。①

总之，引导学生用《辞典》中"晋祠"这一词条的表述与课文对照阅读，是这堂课的神来之笔。正是这一教学设计，把这堂课教活了，也教实了，教出了新内容，也教出了新境界。

### ◆ 思考讨论

1. 结合于漪老师的语文课程性质观，谈如何在语文教学中落实工具性与人文性的统一？

2. 将"教文"纳入"育人"这一总目标，对于促进学生的全面发展有什么意义？

### ◆ 扩展阅读

1. 于漪. 于漪文集[M]. 济南：山东教育出版社，2001.
2. 于漪. 于漪教案选——特级教师教案选[M]. 上海：上海教育出版社，1984.
3. 教育部师范教育司. 于漪与教育教学求索[M]. 北京：北京师范大学出版社，2006.
4. 于漪. 于漪语文教育论集[M]. 北京：人民教育出版社，1996.
5. 于漪. 涌动生命的课堂[M]. 太原：山西人民出版社，2011.

---

① 孔凡成. 阅读语境教学的典范——评于漪《晋祠》教学实录[J]语文学习，2015（6）：44-49.

# 魏书生：培养学生做学习的主人

### 导 读

魏书生是我国语文教育界一位极具传奇色彩的人物。他走上语文教学岗位不久，就一举成名，其语文教学成绩和经验轰动了语文教育界，全国各地众多语文教师像追星一样追捧他。今天，"魏书生热"虽然不再像当初那么火爆了，但是，魏书生的教育思想、教学经验、他创造的那些教改奇迹以及"魏书生现象"，却给我们留下了许多值得思考的地方，需要继续学习和研究。

> 魏书生，1950 年生于河北省交河县，1956 年随父母迁居沈阳。1966 年初中毕业。1978 年走上中学语文教学岗位。1984 年被评为特级教师。先后被评为全国劳动模范、国家级有突出贡献的专家、首届中国十大杰出青年等，连续当选为中共十三大、十四大、十五大、十六大、十七大代表。曾兼任全国教育科学规划领导小组成员、全国中学学习科学研究会理事长、全国中学语文教学研究会学术委员会副主任等 30 多项职务。著作有《语文教学探索》《思维能力测验与引发》《班主任工作漫谈》《魏书生文选》《中国特级教师教案精选》等数十种。

## 一、教育理念述要

（一）魏书生的语文教改探索简述

魏书生当语文教师不久，便开始了以培养学生自学能力和自我教育能力为主要目标的教学改革探索。从 1979 年 3 月到 1985 年 7 月，魏书生共进行了两轮半的教改实验。探索的核心问题是如何培养学生的自学能力。为什么要培养学生的自学能力呢？魏书生在《培养学生的自学能力》一文，开篇就用莱辛（G. E. Lessing）的话做了回答："如果上帝一手拿着真理，一手拿着寻找真理的能力，任凭选择一个的话，我宁要寻找真理的能力。"实验过程中，魏老师从"知""情""行""恒"四个方面培养学生的自学能力。所谓"知"，就是让学生认识到自学能力的重要性，知道为什么要自学。所谓"情"，就是使学生从感情上体验到自学的快乐。所谓"行"，就是指导学生自学实践，包括教学生学什么和怎样学。所谓"恒"，就是让学生坚持不懈，持之以恒，养成自学的习惯。经过两轮半的教改实验，学生的自学能力得到了普遍提高，语文成绩也大幅度提高。

从 1985 年下半年开始，魏书生把改革探索的重点转向语文教学的民主化和科学化。他在《教学要民主化科学化》一文中说，这里的关键是培养学生的自学能力，而培养学生自学能力的关键是依靠民主和科学。这些年来，我确实"努力朝着语文教学民主化科学化的方向迈进。民主化，主要解决学生愿学的问题，调动了学生的积极性、主动性；科学化，主要解决学生会学的问题，使语文学习制度化、自动化。"①

所谓民主化，就是千方百计使学生成为学习的主人。对此魏老师从以下五个方面入手：（1）树立为学生服务的思想；（2）建立互助的师生关系；（3）发展学生的人性与个性，帮助学生认识到自己内心世界的广阔，学会用自己的能源照亮自己的内心世界，用自己的积极、乐观、实干、豁达、好学去战胜自己的消极、悲观、空谈、狭隘、厌学；（4）决策过程多商量；（5）给学生参与教学管理的机会。

所谓科学化，就是从管理的角度组织语文教学，减少无效劳动。为此，魏老师在语文教学方面建立了三个系统：计划系统、监督检查系统和反馈系统。计划系统是将学生在语文教学中需要做的事情纳入预先设定的计划。魏书生和学生一起商量，设定了必须要做的 34 件事情，其中有 6 件是每个人每天都要做的，有 3 件是每天按学号轮流做的，有 3 件是每周做一次的，有 9 件是每学期做一次的，有 6 件是不定期做的，还有 7 件是渗透在语文教学之中的。监督检查系统包括 5 种监督、检查的方式：自检、互检、班干部检查、班集体检查和语文教师抽查。他们还规定了每类检查的具体方法。反馈系统包括 4 种反馈方式：个别讨论反馈、班干部反馈、班集体反馈和家长反馈。魏书生认为，这三个系统的建立，"就使语文教学走上了法治的轨道，就初步实现了语文教学管理的科学化、自动化。"这一教改探索，取得了奇迹般的效果。在他的实验班里，学生都学会了自己教育自己、自己管理自己，培养了很强的自学语文的能力。魏书生每年都有三分之一左右的时间外出开

---

① 魏书生. 魏书生文选（第二卷）[M]. 桂林：漓江出版社，1995：236.

会和讲学,当他不在学校的时候,他不用另外安排班主任,也不用找别的语文老师替他上课,都是学生自己管理自己、自己学语文。学生在德、智、体各方面照样得到了全面和充分的发展。

从1995年开始,魏书生兼任盘锦市教委副主任。1997年10月,他又被任命为盘锦市教育局局长兼党组书记,一直到2010年退休。在教育局任职的15年时间里,魏书生仍然兼做语文教师,始终没有脱离教学岗位。

(二)培养学生做语文学习的主人

提到魏书生的语文教育理念,很多人自然就会想到他所倡导的语文教学民主化和科学化。分析魏书生的全部语文教学经验,我们认为,"培育学生成为学习的主人",也是他的一个重要的教育理念。而且,这一教育理念往往容易被人们所忽略。

魏书生常常从"育人"和"教书"两个方面来介绍他的语文教学经验。他所说的育人,一个重要的目的就是"培育学生成为学习的主人"。他在一篇《自强、育人、教书》①的长文中,用了三个小标题来对应"自强""育人"和"教书"这三个方面。其中,对应"育人"的小标题就是"培育学生成为学习的主人"。他还在这篇文章中说:"培养学生爱祖国、爱人民、爱劳动、爱科学,有理想、有道德、有文化、守纪律,和他们成为语文学习的主人是一致的。学生理想远大,品德高尚,意志坚强,也就容易成为语文学习的主人。"如前所述,魏书生倡导语文教学民主化,其目的也是千方百计使学生成为学习的主人。可见,在魏书生的心目中,把学生培养成学习语文的主人,是他在语文教学方面的一项重要追求,是他最重要的语文教育理念。

"培育学生成为学习的主人"又是一个容易被忽略的教育理念。这是因为,学生是学习的主人,这基本上是大多数教育者的共识。正因为是共识,魏老师的主张便不易引起大家的注意。事实上,承认学生是学习的主人,并不等于在教学中就把学生当主人来对待。同时,承认学生是学习的主人,不见得在教学中学生就真正做了学习的主人。不愿做、不会做学习"主人"的学生在教学中屡见不鲜。魏书生说:"有这样两部分中学生,一部分是学习的主人,一部分是学习的奴隶。""是学习的主人的中学生主要表现为:学习目的明确,有的理想还比较远大,学习积极性、主动性强……是学习的奴隶的中学生主要表现为:为避免父母的指责或老师的批评而学习。他们缺少或没有学习的积极性、主动性,父母或老师推一推,他们动一动。有时候他们想学习,可又不知道从何处学起,用什么方法学,上课时经常为不能集中注意力而苦恼,自习或无事可做,或明知有事却尽可能拖拉……"在这里,魏老师说得很明确,那就是,本来应该是学习的主

---

① 刘国正.中国著名特级教师教学思想录(中学语文卷)[M].南京:江苏教育出版社,1996:799-857.

人的学生，在教学过程中不一定都是学习的主人。有的学生不愿意学，放弃了做主人的权利；有的学生虽然愿意学，但是不知道学什么，怎么学，那也不是学习的真正主人。由此可见，培育学生成为学习的真正主人，是教育活动中一项极其重要的工作。正因为如此，魏书生才说："我们当教师的有责任、有义务帮助学习被动的同学得到解放，成为学习的主人。"

培育学生做学习的主人和"以学生为主体"基本上是一致的，但它更强调教师的培育意识，即不但要把学生作为教学的主体，还要教会学生做主体。不但要把学生当作自在的主体，还要当作自为的主体。这对于语文教学具有十分重要的意义。

如何培育学生成为学习的主人，分析魏书生的做法，可以归纳为三点：励志、授法和管理。

励志是和育人紧密结合在一起的。魏书生一走上教学工作岗位，就从教育的全局和根本目的出发，高瞻远瞩，面向未来。他先培养学生高尚的学习动机，培养学生无畏的胆略和坚强的意志。他所说的"育人"，包含着浓厚的励志成分。正是因为魏书生在语文教学中非常注意育人励志这一关键性工作，所以，学生的思想觉悟都提高了，道德品质和心理素质都得到了发展。学习动机明确了，心胸开阔了，意志坚强了，学生在学习过程中就能非常自觉，非常认真和刻苦，这进而也就促进了语文教学质量的迅速提高。

授法，就是教给学生学习的方法。魏书生对于教师"教"的全部着力点，几乎都在"授法"。例如，他教学生如何画语文知识树，如何自学整册教材，如何自学一类文章，如何自学一篇文章，如何划分文章的层次、归纳文章的中心思想和写作特点，如何自学文学常识，如何互相批改作文，如何给自己留作业，如何出题评卷检测自己，等等。教给学生这些方法之后，所有的教学活动，几乎都是由学生自学。

魏书生主张的管理，主要是为了解决学生不知道学什么和没有良好自学习惯的问题。比如，指导学生画语文知识树，就是帮助学生明确学语文学什么的问题；建立教学中的三个系统，则是为了督促和规范学生的学习行为，培育良好的学习习惯，最终把学习变成一种自觉、自愿、自主的学习活动。

总之，励志，是解决学生愿意学的问题；授法，是解决学生怎么学的问题；管理，是为了养成学生自学的良好习惯，进而增强自学语文的能力。通过励志、授法和管理，就能有效培育学生学习中的自主意识和能力，使学生成为语文学习的主人。

## 二、教学案例简析

(一) 案例展示

### 《人生的境界》教学实录

时间：2004年5月1日

地点：银川市××体育中心

(两个班一起，下午2：30开始上课，师生问好、口头作文、"抢"教材，共10分钟。略)

师：咱们现在正在读几年级？

生(齐)：初二。

师：这是第几册教材？

生(杂)：高三下册，第5册……

师：那是有点跨度。能学好吗？

生(齐)：能。

师：不能全学，还不能学一部分吗？是不？面对什么事都要有这个心态。那么能猜着魏老师给大家讲哪一课书吗？

(猜教材，2分钟。略)

师：正确！到前面写课题。(生1到黑板写课题：人生的境界)

师：谁写字最好？(生推荐)请到前面来。

(被推荐学生到讲台黑板前)

师：写这么几个字——(板书：一、二、三、四。然后要求该生依次写"作者""三个词""几种境界怎样达到""课后练习")

师：好，咱们说这四件事要用学多长时间呢？(生：两节课。)今天呢，咱们就用一节课把主要的内容和课后题学会了。以后大家如果有兴趣呢，再细点。其实，这篇课文你要是再学两节课、三节课、四节课或者再往宽处延伸也有内容，是不？今天咱就上一节课，好吗？做这四件事。一节课四十五分钟，找一个同学管时间，好吗？

(找管时间的学生，2分钟。略)

师：好了，咱们做这么四件事。第一件事，什么？用老师说吗？

生(齐)：不用。

师：作者是谁呀？

生（齐）：冯友兰。

师：他是干什么的？

生（齐）：哲学家。

师：哲学家，他是哪儿的人呢？

生（齐）：河南唐河人。

师：低着头知道，抬起头来就不知道了吧？

生（齐）：知道。

师：好，抬起头来。老师问一遍：作者是谁？

生（齐）：冯友兰。

师：干什么的？

生（齐）：哲学家。

师：哪儿的人？

生（齐）：河南唐河人。

师：还有没有不知道的了？（无生举手）我问一人看她会吗？（指向生A）

生A：我确实有点不清楚。

师：她确实有点不清楚。我一看她，她就有点低头了。（转向生A）那么你看清楚了，需要用多长时间？

生A：看一下课题，然后，扫一遍课文下面的注解，就知道了。

师：看清楚了到前面来写，好吗？（生A上前黑板上写作者信息，师转向众生）咱是等着她看清楚了，还是做第二件事？

生（齐）：第二件事。

师：好，第二件事是什么事？

生（齐）：三个词。

师：掌握三个词。第4页，哪个词啊？

生（齐）：觉解。

师：声音大一些！

生（齐）：觉解。

师：第5页，这几个词看一看就行了，不用掌握。第6页，大家说哪个呢？

生（齐）：入世，出世。

师：再说一遍。

生（齐）：入世，出世。

师：咱们两个班的同学真的很聪明，因为第6页三个词，大家一下子就把"禅宗"给删掉了。一看它,一般了解就行了,是不?好了,抬起头来说,要准确掌握哪几个词?一是?

生(齐):觉解。

师:二是?

生(齐):入世。

师:三是?

生(齐):出世。

师:好。老师想知道,这三个词,大家会准确地解释,得用多长时间?

生(杂):20分钟……。

师:20分钟?这样,现在不许看,待会儿老师说"各就各位,预备起",你们就开始看。看会了,就举手。我看,咱们用多长时间,好吗?我就再不解释了。现在就开始——各就各位,预备,开始!

(生看教材注释,然后陆续举手)

师:呀!最快的5秒;10秒的时候,一多半了;15秒,20秒,22秒,停!不会的请举手!(无生举手)

师:咱班学生有点儿什么?有点太什么了?

生(齐):聪明了!(师生笑)

师:真是,这学生没法教了,老师一点就透,22秒,全会了。我怀疑会不会有人是假装会了吧?有没有?

生(众):没有。

(师生谈话间选出一不爱发言的学生到黑板写三个词)

师:是看着他写呀,还是往下做事?

生(众):往下做事。

师:第三件事是什么?

生(众):几种境界怎样达到?

师:好,课题是?

生(齐):人生的境界。

师:人生的境界分成?

生(齐):四种。

师:你们怎么知道?

生(众):书里有。

师:你看,咱班同学真的是非常聪明!老师点一个问题,大家就能迅速地在教材里找到答案,根本不指望着老师告诉大家,是不?自学能力很强。好了,哪四种境界?

生(众):自然境界,功利境界,道德境界,天地境界。

师:低着头说的。挺胸抬头再说一遍。预备起——

生(齐):自然境界,功利境界,道德境界,天地境界。

师:好嘞,都会了?角落的同学,最后边的,会了吗?

生(众):会了。

师:(指一学生)到前面写这几种境界。(该生在黑板上写四种境界)

师:这回咱不看书,猜一猜自然境界是个什么状态。(环顾四周、无生举手)瞎说一气,瞎想一气,可能是个什么样的状态呢?

生1:我觉得是非常原始的状态。

师:非常原始的状态。

生2:我觉得用现代的话说,就是纯天然境界,不加任何防腐剂的。

师:不加任何防腐剂的、纯天然的境界,生下来就这样,没有污染的,自自然然的。要是举个例子,像谁呢?

生3:我觉得像刚出生的小婴儿一样。

师:像婴儿,像孩子。还有呢?教材里还举了一个例子,像什么?

生(众):原始人。

师:对了,这就是自然境界。接下来到什么境界了?

生(齐):功利境界。

师:功利境界是个什么境界?

生1:我认为是功名利禄的境界。

师:功名利禄的境界,能举个例子吗?

生2:我觉得就是追求物质生活的境界。

师:追求物质生活的境界。功名利禄的境界,追求物质生活的境界。对劲儿!那么举个例子呢?

生3:比如说像官场上的人,和那些未当官,但是特别特别想当官的人。

师:官场上的人,特别特别想当官的人。

生4:就像我妈挣钱,她自己挣钱实际上是为了养我。(生笑)

师:她在功利境界,是吧?为了挣钱,挣钱养家。

生5:我认为就像我们现在的学生,就像我们有的时候为了考大学,考一个重点大学,考一个好大学,完了毕业再去找一个好工作。实际上找一个好工作的目的就是为了挣钱。这就是说我们现在学习也就是为了挣钱,为了以后的挣钱。

师：那就是我们大家都在功利境界。好了，现在来汇总一下刚举的例子：特别想当官的人；官场上的人；妈妈为了我们读书，她去赚钱；我们呢？为了工作，将来也找一个好的工作多赚钱，也是在功利境界。大家觉得是这样吗？

生（齐）：是。

师：是，好了。那接下来就到什么境界了？

生（齐）：道德境界。

师：咱们是愿意看书还是愿意想一想？愿意看书的举手。（一生举手）

师：愿意想一想的举手。（其余学生举手）

师：一个想看书，其余人都愿意想一想。好，那就实实在在想一想，道德境界是个什么样的境界？

生1：我觉得就是说社会里面人人都是和谐相处的，还有就是尊老爱幼，人们之间的交往非常有礼貌，这就是道德境界。

师：一个人想着自己还想着他人，为了他人。

生2：我觉得道德境界就是把道德当作第一位，凡事都想着道德，就是在做一件事时先考虑一下这符不符合道德，是这样的。

师：把道德标准作为自己为人处世、安身立命的最要紧的标准。

生3：我认为这个道德境界就是儒家学说里面的仁、义、礼、智、信、忠恕、孝悌，能把这七项做得非常好的人，就是一个道德境界非常高的人。

师：他这一套一套的，是吧？那么举例子能举出来吗？

生4：孔子。

师：孔子是在道德境界，对。

生5：我想举一个反例，比如说就是现在制造假冒伪劣品的那些商家，他们就处于一种非常不道德的境界。

师：他们在不道德境界，这是肯定了。

生6：我觉得还有雷锋，他不但自己生活在道德境界，还用他的道德去感化别人，影响我们，让我们也能生存在这种道德境界中。

师：说得好！雷锋、孔子。

生7：我觉得还有就是，"非典"期间，战斗在第一线的护士也在这种道德境界中。

师：是这样吧？确实是。

生8：还有就是1998年抗洪期间，那些战斗在抗洪第一线的全体官兵也是在这种道德境界中的人。

师：咱们周围有没有：或者街上，有没有？实际上道德境界的人有很多，有了这些人咱们这个社会才能这么稳定，才能不断地发展和进步，具体的例子咱不说了。（略停）最后这个天地境界咱就得看书了。看书怎么看呢？读一读课文。怎样读呢？是两个班的同学一起读，还是组织两个班竞赛？

生（众）：竞赛。

（通过师生问答，大家一起商量竞赛办法，确定两个班相互比）

师：好了，一班先读。开始——

生（1班）："最后，一个人可能了解到超乎社会整体之上，还有一个更大的整体，即宇宙。他不仅是社会的一员，同时还是宇宙的一员。他是社会组织的公民，同时还是孟子所说的'天民'。有这种觉解，他就为宇宙的利益而做各种事。他了解他所做的事的意义，自觉他正在做他所做的事。这种觉解为他构成了最高的人生境界，就是我所说的天地境界。"

师：好。2班同学，准备好，齐读。预备，起——

2班读：（同1班"最后……就是我所说的天地境界。"）

师：好。公正地讲，哪班赢了？

生（杂）：1班。

师：认为1班赢了的，请举手。

师：我就发现，咱2班同学，真的很公正。这些举手的，咱们读的水平也很高，但是你有急于求成的成分，是不？所以就语速快了一些，快了一些整体就快，是不？（略停）第一个回合结束。好了，接下来的问题就是什么了？

生（众）：怎样达到四种境界？

师：怎样达到？老师想问第一种境界怎样达到？

生（众）：顺其自然。

师：哎，再说一遍。

生（齐）：顺其自然。

师：顺其自然，生下来就这样了，就达到了。你看，按作者的说法，自然境界、功利境界的人是什么人？

生（众）：是人现在就是的人。

师：齐说一遍。

生（齐）：是人现在就是的人。

师：这是什么意思呢？

生1：我觉得就是说，我们现在的人就是属于自然境界和功利境界的人。

师：所有的人都在这个境界，不用教育，不用提升，是不？也不用努力，也不用太奋斗，随着年龄的增长，人们自然就知道为自己的功名利禄去奋斗。那么，后两种境界的人是什么人？

生（众）：是人应该成为的人。

师：什么意思？

生2：我觉得这是一种理想化的境界，就是说我们现在的人都应该努力使自己成为道德境界和天地境界的人。

师：嗯，请坐。

生3：我觉得是应该把它看成自己的一种目标，然后为之去努力奋斗，最后达到这种境界。

师：就是说前两种境界不用提升，而"应该成为的人"呢？像他们俩说的，应该是真正的人的奋斗目标。追求目标，到了这两种境界才是一个什么人呢？

生（众）：真正的人。

师：真正的人、大写的人、堂堂正正的人，是不？这是人应该追求的一种理想的境界。好了，那么，前两种不用说了，后两种怎样达到啊？老师倒过来问，先说怎样达到天地境界？

生1：我想说的是怎样达到道德境界。

师：好，你说。

生1：我觉得应该是良好的品行和崇高的思想乘以13亿。

师：就达到道德的境界了？请坐。他还乘以13亿，13亿人都要达到这个境界，这是他的想法。那么怎样具有良好的品行？

生2：天地境界。作者文中说，"一个人可能了解到超乎社会整体之上，还有一个更大的整体，即宇宙，他不仅是社会的一员，同时还是宇宙的一员。"就是作者的总体看法，把它说是一种觉解。有了这种觉解才能成为天地境界的人。

师：要有这种觉解。那么这种觉解怎样才会有呢？这样吧，答案在教材里，大家先分别读，然后再一块儿读，我看大家能不能在读的过程中统一了，行吗？怎样到达天地境界？开始读吧。

（学生读课文）

师：好了，我听着有点意思了。这回两班同学齐读，预备起——

生（齐）：照中国哲学的传统，哲学的任务是帮助人达到道德境界和天地境界，特别是达到天地境界。天地境界又可以叫作哲学境界，因为只有通过哲学，获得对宇宙的某些觉解，才能达到天地境界。

师：非常好，但还是长了点，读短一点儿。

生（众）：因为只有通过哲学，获得对宇宙的某些了解，才能达到天地境界。

师：好，再来一遍，起——

生（齐）：因为只有通过哲学，获得对宇宙的某些了解，才能达到天地境界。

师：这回变成自己的话，坐直了，挺胸抬头再说一遍，好不好？预备起——

生（齐）：因为只有通过哲学，获得对宇宙的某些了解，才能达到天地境界。

师：眉头一皱，计上心来。这是一种思考问题的方式。还有的人呢，一抬头就能想出一个点子来。老师希望大家更多的是挺胸抬头想事儿。再说一遍，怎样到达天地境界？起——

生（众）：因为只有通过哲学，获得对宇宙的某些了解，才能达到天地境界。

师：非常好。再找个同学写一写。一班——（师手指最后排角上学生）边远地区的那个同学，你写"怎样到达天地境界？"（后排学生到黑板前写）

师：接下来研究怎样到达——？

生（众）：道德境界。

师：大家这次默读，我看谁找答案找得快。怎样到达道德境界呢？按照作者的说法——

生（众）："他行动和生活，都必须觉解其中的道德原理，哲学的任务正是给予他这种觉解"。

师：他说得对吗？对了。那一块儿把他说的再说一遍，好吗？

生（众）：他的行动和生活，都必须觉解其中的道德原理，哲学的任务正是给予他这种觉解。

师：嗯，通过学习哲学，觉解道德原理，就达到了什么？

生：道德境界。

师：好嘞。（看面前一学生）那你到黑板上去写。（转向全班）到现在，几个问题解决了？

生：三个。

师：嗯。回家后如果家长问今天到哪儿上课去了？

生：体育中心。

师：学的哪课书？

生：《人生的境界》。

师：谁写的？

（作者相关信息如前面一开始那样问答。略）

师：嗯。学了几个词？

("觉解""入世""出世"三个词及相关信息如前面一样问答。略)

师：接下来，家长就得问"人生的境界分几种境界？"

(四种境界以及如何达到，如前面一样问答。略)

师：看来哲学真好。作者是哲学家，他十分敬业，宣传自己学说的巨大作用。将来咱们长大了好好学哲学，是不？这回该干什么了？

生（众）：做课后练习。

师：好。几道题？

生（众）：三道题。

师：先读第三题。齐读，预备，起——

生（齐）：你认为作者的见解有没有道理？你的看法如何？哪些地方你表示赞同？哪些地方你有所质疑？联系自己的知识和经验，写一则读书笔记，不少于300字。

师：这是一道什么题？

生（众）：写作。

师：有没有统一答案？

生（众）：没有。

师：这是一道开放题。你认为作者有道理，你就写他为什么有道理；你认为没道理，你就找出一些论据来，证明他没道理。认为作者说得有道理的请举手。

（学生举手）

师：认为没道理的请举手。

（学生举手）

师：这么多人认为没道理。为什么认为没道理呢？（话筒交给过道处的一位学生）

生1：我认为达到天地境界和道德境界，也不一定通过哲学学习，可以通过生活中的点点滴滴来总结出一些经验教训。条条大路通罗马，各种道路都可以达到天地境界和道德境界。

师：他说的也是一种看法。好啦，咱不细究了。还有的同学说，作者说的四种境界，我不同意。这有的还是大学者说的，说人生没有第四种境界，哪有为宇宙利益活着的？人生就三种境界：自然、功利、道德。这也是一种看法。是不是呀？总之，这道题写起来有没有话可说？

生（众）：有。

师：那好，随随便便地写。算了，哪有魏老师上完课给你们留篇作文的？一定挺烦魏老师的，是不？哪还有给我们上课，还给我们留作业的？不留了，愿说就说，愿看就看，愿想就想。第三题，就这么处理？（稍停）接下来，咱研究第一题和第二题。第一题有几道小题？

生（众）：两道。

师：两道题。老师想这样，第一题由一班读题，二班回答。行吗？

生（众）：行。

师：好啦，该读的读——

一班：作者所说人生境界是根据什么来划分的？用自己的话说说四种境界的内涵。

师：两个问题，二班回答。（指向后排左侧）

生1：我觉得作者所说的人生境界是根据他的人生生活的着眼点来划分的。我把第二个问题也说了：这四种境界，它的内涵，我觉得就是着眼点的不同。首先就是自然的境界，它就是顺其自然的一种着眼点；功利境界，它的着眼点就是特别为自己着想；道德境界，就是为整个社会着想；最后的天地境界，就是为整个宇宙着想。人生的境界就是根据它的着眼点来划分的。

师：根据着眼点来划分的。

生2：我觉得，还可以根据人的经历来划分，因为作者是一个哲学家，他专门研究哲学。他在文中提到，我们可以通过哲学来达到道德境界和天地境界。像作者这样的人，可以通过学习哲学来达到这两种更高的境界。但是，像我们这样的平庸之辈，可能更容易达到的是自然境界和功利境界。

师：嗯，平庸之辈。

生3：我觉得作者对人生境界的划分是根据不同的人做不同的事的觉解来划分的，而且是根据觉解的程度来划分的。

师：这三位同学谁说得对？

生（众）：第三个。

师：根据什么来划分的？

生（众）：觉解。

师：好了，第一题完了。第一题的第二小题谁读谁答？还要我说吗？

生（众）：不用。

师：该读的读——

2班：作者认为哲学的任务是提高人的精神境界，这种任务的具体内容是什么？

师：一班答，具体内容是什么？

生1：我觉得具体任务就是遵循道德的行为，还有就是养成某种道德习惯，给予他们这种觉解，使他们在自己的精神上得以提高，就是达到道德境界以及天地境界。

师：好，他说了这么多，谁能更简洁一点？

生2：我觉得具体的内容是谁能够在生活中发挥自身的价值，能够对人的生活有明确的认识。

师：好。语文课代表？

生3：我觉得哲学的主要任务就是要提高人的觉解，从而提高人的精神境界。

师：哲学的具体任务就是什么？就是帮助人们通过哲学获得——？

生（众）：觉解。

师：达到——？

生（众）：提升人生的境界。

师：这些就是哲学任务的具体内容。好答吗？是不是也挺好答呀！这回该第几题了？

生（众）：第二大题。

师：几道小题？

生（众）：三道。

师：第一小题谁读？还是一班读吧。我这人特懒，他说让我读，你说凡是学生能干的事，老师再去干，老师做的劳动是有效劳动还是无效劳动？

生（众）：无效。

师：对吧？好嘞，一班读题。预备，起——

一班：正是这种觉解，使他正在做的事对于他有了意义……禅宗有人说，"觉"字乃万妙之源。由觉产生的意义，构成了他的最高的人生境界。联系全文看，作者所说的"觉解"是什么意思？禅宗所说的"觉"又有什么特定的含义？

师：两个问题，先说第一个问题。什么意思？

生（众）：觉解和自觉。

师：好了，就这么简单呢。大家可能想深了。第二个问题，我敢保证没有人能答上来了。不光咱班同学答不上来，对禅宗和佛学有兴趣的人，你去查典籍，你发现，禅宗六位老祖宗从达摩开始到慧可、僧璨、道信、弘忍、慧能，他们对"觉"这个字，也是解释不同，说法不同。那么这些老祖宗说法都不一样，你让现在的学生们归纳出一个什么，可能吗？不可能的事儿。不可能的事还做不做了？

生（众）：不做了。

师：嗯，他们六个人都统一不了，你说咱怎么做呢？是不？哎，万一考试出来这么一道题怎么办呢？

生（众）：根据自己的理解来答这道题。

师：对，根据自己的理解，坦坦然然、轻轻松松、随随便便回答一气，是不？就得这样的。如果判卷的那个人非说你答错了，实际他也没对，但是就这么回事儿，是吧？好了，该第几小题了？

生（众）：第二小题。

师：第二题，该读题的同学读题，预备起——

二班：这四种人生境界之中，自然境界、功利境界的人，是人现在就是的人；道德境界、天地境界的人，是人应该成为的人。前两者是自然的产物，后两者是精神的创造。"是人现在就是的人"一句是什么意思？"后两者是精神的创造"又是什么意思？

师：一班，请回答。（学生举手）啊，这么多！请说——

生1：我认为"是人现在就是的人"，跟我们班说的一样，就是顺其自然嘛，不需要太多的点缀，不需要太多的加工，很普通、很朴实的一个人。

师：是人现在就是的人。嗯，然后——

生2：我觉得这种人只有一种生存的意识，没有对理想、道德之类的追求。

师：嗯，这就是"是人现在就是的人"。那"后两者是精神的创造"是什么意思？

师：好，你不想说，是不？

生2：我觉得这个"后两者是精神的创造"就是我们现在经常提倡的终身学习。就是在你不断学习的时候，灵魂受到了知识的洗礼，然后你在生活还有书本上面获得的一些精华，使你灵魂得到了升华。这样子就能够使你达到另一种更高的境界。

师：嗯。特别是不要忘记学习哲学，是不？觉解道德原理，觉解宇宙原理，然后进入一种更高的境界。好了，最后那道题老师想着不做了。为什么呢？要不大家读一读。最后一道题，预备，起——

生（齐）：所以中国的圣人是既入世而又出世的，中国的哲学也是既入世而又出世的。你怎样理解"既入世而又出世"？

师：为什么说老师不想答这个题呢？

生（众）：因为这个题是灵活性的，它答案有很多，各自有各自的看法。

师：各自有各自的看法，是这样吗？它是一道开放题。最要紧的呢，魏老师觉得既入世又出世，这样的课题离我们初中二年级的学生来说有点太深了，是不？是不答了好，还是七嘴八舌地瞎说一顿好？

生（众）：瞎说一遍好。

师：愿瞎说一遍的请举手？（生皆举手）还愿意答，愿意答那咱就瞎说一气吧！反正还没到下课时间。那么怎样理解"既入世而又出世"？哦，这么多人想说！

生1：我觉得就是那种虽然身在社会中，但是不受社会的影响，自己有自己对道德、宇宙的理解的那些人。虽然在这种环境中，但是他不同于别人的那种。

师：都生活在现实社会中，但是境界、精神不同于别人的人，是既入世又出世。

生2：觉得这种人主要就是一点，平凡之中见与众不同。

师：平凡之中见与众不同。

生3：我觉得"入世"指的是他生在这个社会中，而且为这个社会服务；"出世"指的是，他的精神早已超出了这个社会，就是说为这个宇宙、为另外一种事物而思考。

师：嗯。

生4：我觉得先要从这个字面意思来理解一下，这个入世是投身到社会里，出世是超出人世。我想举一个例子，就是孔子，他是一个大圣人。出世是说超脱人世，达到非常高的境界，而他所投身的那个社会并不是像他一样也是非常不平凡、非常高境界的那种。社会是平常无奇的，他就是在普通的社会中具有非常高境界的人。

师：他生活在普普通通的社会中，或者说不理想的社会中，但孔夫子一辈子还在为他的理想在——

生5：我觉得，人出生到这个社会中，他首先要投入到这个社会中，然后随着他在这个社会中不断地做事，积累自己的经验，继续学习而达到超凡脱俗的境界，他就超脱了人世。比如说陶渊明，我记得我们在学习《五柳先生传》的时候，老师讲了许多故事，通过这些故事，我们可以发现陶渊明与这个社会世俗格格不入，他看出了这个社会的黑暗，他就超脱了人世。

师：哦，他超脱了人世，他是出世的，他没有入世。

生6：我觉得他这里说的就像一个门槛，一面投身到社会中，一面又超脱人世。我觉得这种人就像是跨在门槛两边的人，就像生活在一个大都市里的人。他的理想境界非常高，也就是说他与旁人不同，出类拔萃，但是它生存的环境与旁人一样，指自然环境和功利环境。

师：好了，她让我下课了。大家课后随随便便地讨论吧？也有的说，出世入世，就是用出世的态度做入世的事情，在远大理想的激励下，做普普通通的凡人会做的事情，这就是既入世又出世。大家觉得合适吗？随便讨论一下啊。

师：那课就上到这儿，就算下课了。老师想知道，咱们两班的同学正处在什么样的境界？我是要求盘锦市的老师都要这样做，不光语文老师，数理化、政语外、史地生老师，上完了课，不要铃声一响，教案一夹，就扬长而去，而是课间十分钟尽可能地深入到学生中。学生活动就和学生一起活动。学生做操，我们盘锦市城市、农村各个县（区）的老师，就都与学生一块儿站排做操，每天如此。不活动的时候呢，老师走到学生中间与大家谈谈心、聊聊天、拉拉家常，了解一下对老师上课的意见和建议。这样经常沟通，老师和学生之间心与心的距离就——（生：拉近了）拉近了。那么，老师所做的一些事情，老师提出的要求，就容易被学生接受，学习效率、教学效率就高一点儿。那么现在，老师跟同学们聊天谈心的第一个话题就是,我想知道咱们班同学在哪种境界?这样行不?把眼睛闭上,自己感觉现在在自然境界的请举手——

生:(举手)

师:(数"……十四,十五,十六")好,把手放下。每人只举一次手!说我现在进入了功利境界的请举手——

生:(举手)

师:(点数)好,请放下。说现在我觉得在道德境界的请举手——

生:(举手)

师:(查看)嗯,有两个人想举手,举了一半又缩回去了,只剩一个人了。说现在我觉得进入了"天地境界"的请举手——

生:(无人举手)

师:(查看)哦,没人。眼睛睁开!十六个人在自然境界,一个人在道德境界,天地境界无人,其余都在功利境界。老师这么看,看大家能不能接受老师这个观点?我觉得在座的每位同学,天地境界暂且不论吧,前三种境界咱们都同时在脑子里占一点,是吧?说呀,今天也不知道干什么,大伙儿都干这件事,我就跟着干了;不知道为什么,大伙儿都上街,我就去了。这是什么境界啊?

生(齐):自然境界。

师:说我得上学,我得奋斗,我得努力,将来考大学,找一个好的工作,是吧?还有说,咱真的这么想过,父母养育了我,我将来得有作为,报答他们;老师、学校培养了我们,我们要为老师、学校争光啊;看了一本好的电影,看了一本好的伟人传记,你也想到我们要像先进的人那样为国家、为民族、为社会作贡献。想没想过?

生(齐):想过。

师:这么想过的请举手?真事吧?

生(齐):真的。

师:真的,好,手放下。说明什么呢?说明我们每个人脑子里,既有自然境界成分,也有功利境界成分,还有道德境界成分,那么我们应该扩大哪个地盘呢?

生(齐):扩大道德境界。

师:应该扩大道德境界地盘。如果这个地盘扩大,成为你的主体、主大陆,那么你这个人就到哪儿了?(生:道德境界)当然,如果你总想宇宙之间的利益,那么你就进入了什么?(生:天地境界)天地境界了。祝同学们在自己今后的学习中,不断地扩大什么地盘?

生(齐):道德境界。

师：使自己进入？

生（齐）：道德境界。

师：好啊！那同学们这节课就没有白上，一辈子在追求着进入那个境界。人生确实是非常美好的。下课吧？下课，同学们再见！

生（齐）：老师再见！

师：谢谢同学们！

生（齐）：谢谢老师！

[本课例由天水师范学院学科教学（语文）硕士研究生王醒醒、董雨虹、王丽丽、陈变红根据课堂录像记录整理]

（二）案例点评

吕叔湘先生1983年在全国中学语文教学研究会第三届年会上看了魏书生的教改实验报告《发展差生智力问题初探》后由衷赞叹，魏书生"教语文很有办法，是个好语文教师，令人佩服"。[1] 魏书生2004年"五一"期间在银川市执教的这节课就能说明这一点。《人生的境界》在当时的教材里是高中第五册的课文，而这堂课的教学对象是从银川市两所中学抽调来的60名初二学生。一篇本属高三学生才学的课文，在公开课上给初中二年级的学生讲，这是有难度的，也是有风险的，但整堂课的教学过程如行云流水，而且一开始所设定的教学目标都得到了很好的实现，这不能不令人佩服。

这堂课是很成功的，尽管也有异议。比如，有人就将它跟也是名师的魏智渊（笔名铁皮鼓）教《人生的境界》进行比较，认为"两相比较，发现真不属于一个境界"，[2] 魏书生本人也在很多场合公开说他教语文课不及做班主任轻松，甚至在他的报告会上也说台下听他报告的每一位语文老师的课都比他教得好。但平心而论，尤其是如果从课堂实际取得的效果来看，这节《人生的境界》的教学无疑是一堂优质、高效的课，一堂"有效"的课。当教学目标确定以后，只用45分钟的时间，便将一篇高三学生也不一定能读得懂的课文轻松、自如地教了下来，学生也是学得高高兴兴、快快乐乐，这足以令人称奇。用吕叔湘先生的话说就是"不是一般人所能做到的"[3]。

《人生的境界》是著名哲学家冯友兰的一篇哲学论文。这样一篇内容上有高度、阅读上有难度的课文，究竟让学生学什么，不同的教师会有不同的选择。魏书生给学生的任务一共四条：① 作者；② 三个词；③ 几种境界、怎样达到；④ 课后练习。这样的目标设

---

[1] 朱新平，赵立东. 特级教师魏书生和欧阳代娜的教书育人之道 [M]. 桂林：漓江出版社，1992：1.
[2] 铁皮鼓. 语文课 [M]. 上海：华东师范大学出版社，2006：212.
[3] 朱新平，赵立东. 特级教师魏书生和欧阳代娜的教书育人之道 [M]. 桂林：漓江出版社，1992：1.

置,按一般的教学惯例,确实低了浅了、"境界"不够。但课都是上给学生的,当知道面对的不是高三学生而是初二学生时,应该就能理解了。何况,就这样的要求,在较多高三年级的语文课堂上是否做到了也值得怀疑。实际情况也正是如此。笔者曾经向几届高中时期学过这篇课文的师范中文本科生做过调查,结果是有较多的学生不能按照冯友兰这篇文章说出"人生的境界"有哪几种,对"觉解"这个词很陌生,甚至对是否学过这篇课文都不能确定,只留下一个"好像学过"的模糊印象。

四项教学任务最后一项的"课后练习"是这节课上用力最多的,这个安排也是恰当的。"阅读教学是学生、教师、教科书编者、文本之间对话的过程",[①] 课文教学教什么,要依据文本的个性,要关顾学生的学情,但也一定要了解教材编者的意图,跟着编者教课文。一般情况下,一篇课文教学要做哪些事、怎样才算完成教学的基本任务,教材编者通常在教材中都有明确的提示,这些就存在于每个单元的单元说明、每篇课文的预习提示以及课后练习题等助读材料之中。其中的课后练习,既是为了促进课文学习实现知行合一,给学生布置的作业,也是对整个教学活动最终实绩的检测。如果一篇课文教学结束,教材后的研讨与练习题学生都能基本回答得上,那么这篇课文的教学就算是成功的。这节《人生的境界》课,从确定教学篇目开始到完成前三个教学任务一共用时33分钟,而课后习题这一个任务的讨论就用了17分钟。不仅用时多,而且取得的效果也很明显,每一道练习题,包括教师明确说过可以不做的第二大题下的第三小题(你怎样理解"既入世而又出世"),学生都争先恐后地作答了。这就是说,课文最基本的学习内容也即最主要的学习任务,学生都掌握了。所以,这是一堂卓有成效的语文课。

合宜的教学内容、卓越的教学实效之外,魏书生这堂《人生的境界》更大的亮点或看点,还是教学过程。只要看过这堂课,都会发现它与通常的课堂有很大的不一样:师生活动不一样,教学推进不一样。课堂上自始至终教师讲得很少,一切都和学生商量;不仅问题的答案教师不告诉学生,问题本身也由学生提出。更有甚者,教学篇目也是让学生来猜,板书也全部由学生去完成。但整个教学过程如行云流水、自然通畅,教师教得轻松,学生学得热烈,师生交流充分。

教学行为受教学观念支配。作为杰出的教育变革家和最著名的语文特级教师之一,魏书生有着完整的教育思想与实践体系。在课堂教学领域,他最大的贡献,就是创立了"六步教学法",即"定向—自学—讨论—答疑—自测—自结"这样一套教学模式。这堂《人生的境界》的教学,就是按照这六个步骤来进行的,是一节比较典型的"六步教学法"的课例。这只要看过课堂录像或实录,就很清楚。

---

[①] 中华人民共和国教育部. 义务教育语文课程标准(2011年版)[S]. 北京:北京师范大学出版社,2012:22.

"六步教学法"的核心是自学,所以也叫"六步自学法"。六个步骤中的自学、自测、自结,当然是学生自己做,但看过魏书生这节课会发现,另三个步骤(定向、讨论、答疑)也基本上都由学生自己完成。魏书生为什么要创造这样一种教学法呢?这是由他的教育思想包括语文教学观念决定了的。魏书生语文教学思想的核心,是"将学生培育成语文学习的主人"①,这与叶圣陶"教,是为了达到不需要教"的著名论断是同样的意思。学生怎样才能成为学习的主人?就是要教给他们自学的方法,培养他们自学的能力。怎样培养自学能力?魏书生有两件"法宝":一是民主化,二是科学化。两者中,民主化更重要。如果说科学化是途径,那么民主化则是原则和根本。魏书生四十年来在全国各地做报告讲得最多且最为听众所广泛认可和接受的,也是民主化。2006 年前后由教育部师范教育司组编、北京师范大学出版社出版的一套集中反映改革开放以来著名特级教师教育思想和改革事迹的"教育家成长丛书"中,魏书生的那一册就取名《魏书生与民主教育》。所以,2004 年魏书生在银川市执教的这堂《人生的境界》的公开课所呈现出来的,绝不仅仅是一位"教语文很有办法"的优秀教师高超的课堂教学手段,也不单单是对冯友兰这篇哲学随笔精妙的文本解读与教学设计。更主要的,还是对他的"六步教学法"的一节示范课,也是他对"培养学生做学习的主人"这一教育理念的经典诠释。

### 思考讨论

1. 结合别人的研究,谈谈你对魏书生倡导的语文教学民主化和科学化的认识。
2. 为什么说培育学生成为学习的主人是一个重要的教育理念?
3. 从魏书生成长为语文名师的过程中,你受到了什么启示?

### 扩展阅读

1. 魏书生. 魏书生文选(第一、二卷)[M]. 桂林:漓江出版社,1995.
2. 魏书生. 教学工作漫谈[M]. 桂林:漓江出版社,2014.
3. 魏书生. 魏书生与民主教育[M]. 北京:北京师范大学出版社,2015.
4. 魏书生. 我是这样做教师的[M]. 南京:南京大学出版社,2015.
5. 龚春燕,等. 魏书生的教育特色[M]. 北京:北京师范大学出版社,2012.
6. 朱小蔓. 魏书生教育管理思想及其对现代教育的启示[J]. 人民教育,2009(z2):12-13.
7. 于源溟,李冲锋. 魏书生的语文教学超语文化现象透视[J]. 天津市教科院学报,2009(05):47-50.

---

① 魏书生. 教学工作漫谈[M]. 桂林:漓江出版社,2005:116.

# 李镇西：倡导语文民主教育

## 导 读

　　李镇西是一位典型的学者型教师，他长期在中学语文教学第一线教书，同时攻读并取得了教育学博士学位。他具有先进的语文教育理念，并以此指导他的教学实践，在理论与实践两个方面都取得了突出的成绩。倡导语文民主教育，是李镇西语文教育研究及实践探索的核心内容。本章，就让我们走进李镇西的语文教育理论研究和教学实践，了解什么是语文民主教育。

　　李镇西，男，1958年生，四川乐山人。1982年毕业于四川师范大学中文系，2003年获苏州大学教育哲学博士学位。语文特级教师。先后在四川乐山一中、成都玉林中学、成都石室中学任班主任和语文教师，成都市教科所教育发展研究室主任，成都盐道街中学外语学校副校长，成都市武侯实验中学校长。自1982年从教以来，先后获"全国优秀教育工作者""全国优秀语文教师""全国中学语文学术领军人物"等称号。2000年被提名为"全国十佳杰出教师"。"中国教育三十人论坛"成员，新教育研究院院长。

　　李镇西在语文教学和班主任工作领域均取得了具有全国影响的成绩，先后在全国各地做报告数千场，在数十家报刊上发表各类教育文章数百篇，出版《爱心与教育——素质教育探索手记》《从批判走向建设——语文教育手记》《走进心灵——民主教育手记》《风中芦苇在思索——李镇西教育随笔选》《李镇西与语文民主教育》《做最好的班主任》《做最好的老师》《教育的100种可能》等著作近八十余部，其著作多次获得国家级图书大奖。其微信公众号"镇西茶馆"在全国中小学教师中具有广泛影响。

## 一、教育理念述要

李镇西的核心教育理念是语文民主教育。他认为，民主教育是当下最迫切、最根本、最核心的人文教育，而语文作为"发展儿童心灵的学科"（叶圣陶语），在民主教育方面具有特殊重要的地位。一段时期以来，"不少语文教师有意无意地泯灭着语文教学中的人性：压抑学生的主体情感，束缚学生个性的张扬，限制学生的独立思考，磨灭学生的思想锋芒……结果是学生主体人格的失落，表现在语文能力上是思想贫乏，语言干瘪，思维僵化，唯师（或唯书）是从，最终失去了自我。当我们津津乐道于对每篇课文的肢解分析或按'考点'对学生进行各种阅读模拟训练时，学生在语文学习过程中应有的审美体验、激情燃烧、思想碰撞、心灵对话却消失了——一句话，作为精神主体的'人'失落了。"① 这种教学现状进一步证明了加强语文民主教育的急迫性。

（一）语文民主教育的内涵

什么是语文民主教育？李镇西的回答是："语文民主教育就是充满民主精神的语文教育，就是尊重学生的各种精神权利的语文教育，就是给学生以心灵自由的语文教育，就是师生平等、和谐、共同发展的语文教育。"② 在《李镇西与语文民主教育》一书中，他对语文民主教育的特征进行了六个方面的归纳和概括，分述如下：

1. 语文民主教育是充满自由精神的教育

新课程标准强调培养学生的创造精神，而创造的基础是心灵的自由；自由本身不是创造，但没有自由就绝对没有创造。因此，语文教育首先应该尊重学生心灵的自由。

尊重学生心灵的自由，就要帮助学生破除对教师的迷信、对名家的迷信、对"权威"的迷信和对"多数人"的迷信。

尊重学生心灵的自由，就要让学生在课堂上畅所欲言。特别是在阅读教学的课堂上，教师应该为学生提供一个思想自由的论坛：面对课文，教师和学生之间，学生和学生之间，教师、学生和作者之间，应该平等对话；在平等的基础上，交流各自的理解甚至展开思想碰撞。教师应该有自己的见解，但是不能成为强加给学生、强加给作品的绝对真理。

尊重学生心灵的自由，就应允许学生写他们自己的文章。文章应该是思想感情的自然体现，写文章应该是心灵泉水的自然流淌。如果学生不敢在文章里说真话、写真事、抒真情，其文章必然充满新八股的气息，绝无任何创造性可言。

---

① 教育部师范教育司组编. 李镇西与语文民主教育 [M]. 北京：北京师范大学出版社，2006：44.
② 教育部师范教育司组编. 李镇西与语文民主教育 [M]. 北京：北京师范大学出版社，2006：58.

尊重学生心灵的自由，就是尊重学生思想的自由，感情的自由，创造的自由。自由精神当然不是语文教育所独有的内核，而且也不是语文教育的全部内容，但没有自由精神的语文教育，便不是真正的语文教育。

**2. 语文民主教育是充满平等精神的教育**

虽然就一般情况来说，教师的学科知识、专业能力、认识水平等远在学生之上，但就人格而言，师生之间是天然平等的。

教师的职责无疑是"传道授业解惑"，但这并不意味着教师在知识的任何方面都超过了学生，教师更不应因此而以真理的垄断者自居。尊重学生，就包括尊重学生的思考。真正优秀的教师应该是学生的引路人，也是和学生一起追求新知、探求真理的志同道合者。

与学生同志式地探求真理，就应尊重学生发表不同看法的权利，并且提倡学生与教师开展观点争鸣。学生的认识也许比较肤浅，但在发表自己观点的权利上，和教师是平等的。

平等，还不仅仅是人与人之间尊严的平等，更重要的是人与人之间权利的平等，特别是学生受教育权利的平等。学生是否真正享受平等的受教育权利，在很大程度上取决于教师是否真正平等地尊重每一个学生。语文活动是让少数"精英学生"独领风骚？还是让所有学生都参与？体现的正是教育者是否真正平等地尊重学生的权利。

教师不但自己应该对每位学生一视同仁，还应该在教学中营造一种同学之间互相尊重、真诚友好、平等相处的氛围。平等只能在平等中培养——今天的教师如何对待学生，明天的学生就会如何去对待他人。

**3. 语文民主教育是充满法治精神的教育**

法治是一种治理国家的方式，其精神实质无非是依靠体现公共意志的规则（法律）来实施管理，而且所有人都必须遵守统一的规则。在这一精神实质上，语文民主教育与法治精神得以沟通——民主精神同时也就是法治精神。

让学生依据共同制定的规则参与语文教学管理，是语文教育中法治精神的突出体现。学生作为语文学习的主人，其主体性不仅仅体现在主动学习和积极思考方面，也体现在参与语文教学的管理方面。既然尊重学生，而且承认教师的所有工作从根本上说都应服务于学生，那么，学生对教学更应有建议、评价与监督的权利。

在整个语文学习的过程中，学生也要遵守统一制定的规则，但这不是传统意义上的"听老师的话"，而是遵守公共规则——这规则里面既凝聚着集体的意志，也包含了自己的意愿。行为规范与思想自由是不矛盾的，前者是对他人的尊重，后者是对自己的尊重。而只有充分地尊重他人（老师和同学），自己的思想权利才能得到真正的保障。这种充满法治精神的语文教育,不仅仅有助于增强学生语文学习的主动性和自觉性,更重要的是学生会在潜移默化中自然而然地学会一种民主的生活态度。

4. 语文民主教育是充满宽容精神的教育

民主就意味着宽容:宽容他人的个性,宽容他人的歧见,宽容他人的错误,宽容他人的与众不同……作为教师,当然承担着教育的使命,对学生不成熟的乃至错误的思想认识负有引导责任。但是,第一,学生的不成熟乃至错误是一种成长现象,其中往往包含着求新求异的可贵因素,一味扼杀很可能掐断创造力的萌芽。第二,宽容学生的不成熟和错误,意味着教育者的真诚信任和热情期待:相信学生会在继续成长的过程中自己超越自己,走向成熟。第三,教师的引导,前提是尊重学生思考的权利,然后通过与学生平等对话,以富有真理性的思想(而不是所谓的"教师权威")去影响学生的心灵。

语文教师的宽容,说到底仍然是尊重学生思考的权利,并给学生提供一个发表独立见解的机会。语文课应成为学生思考的王国,而不只是教师思想的橱窗,如果不许学生说错,无异于剥夺了他们的思考。在充满宽容的语文课堂上,对一篇课文的理解和分析,不应只有教师的声音,教师更不应该以自己的观点定于一尊,而应允许学生有不同的看法。宽容,不仅仅是教师对学生的宽容,也包括学生对老师的宽容,更包括学生之间的宽容。独立思考绝不是唯我独尊,更不是拒绝倾听他人意见。相反,在对话探究的过程中能具备海纳百川的胸襟是一种极可贵的民主品质。教师应善于在教学过程中以自己的宽容向学生示范,在鼓励每一个学生珍视表达自己见解的权利的同时,也尊重别人发表不同看法的权利——既勇于表达,又善于倾听;既当仁不让,又虚怀若谷。

5. 语文民主教育是充满妥协精神的教育

"妥协"和"宽容"一样,是现代文明社会公认的民主准则之一。在语文教育过程中,如果说"宽容"是善待他人的不同观点,那么"妥协"则是对话双方都勇敢地接纳对方观点中的合理因素,彼此相长,共同提高。妥协不是简单地向对方认输,而是服从真理以完善自己的认识。对教师来说,这本身也是对学生的一种民主精神示范。

妥协的前提仍然是平等。教师要乐于以朋友的身份在课堂上和学生开展平等讨论或争论,并在这一过程中主动吸取学生的合理见解。其实,更多时候,所谓妥协并不是绝对的甲错乙对,因而甲方在思想上向乙方投降,而是双赢,即在讨论争辩中,双方都不断吸收对方观点的合理因素进而使双方的认识更接近真理。

6. 语文民主教育是充满创造精神的教育

民主是对人的本质的解放,而人的本质在于创造。发展学生的创造精神,是语文民主教育的使命。在此,特别强调的是"发展"而不是"培养",当务之急不是对学生进行

"从零开始"的所谓"培养",而是"发展"他们与生俱来的创造性。教师要点燃学生熊熊燃烧的思想火炬,让学生拥有自由飞翔的心灵,坚信每一位学生都有着创造的潜在能力,提供机会让学生心灵的泉水无拘无束地奔涌。

学生创造性思维的产生,有赖于教师创设一个宽松和谐的教学气氛。教师应使每个学生都具有心理上的安全感,从而在没有外界压力的气氛中充分展开认识活动。所以,师生之间互相尊重、互相信任、互相学习的平等和谐关系,是发展学生创造性思维的重要前提。

真正的教育者理应把学生看作有灵性的活生生的人,而不是教师见解的复述者,更不能成为教师完成课堂教学任务的道具。教师不应把学生的大脑当成一个个被动接受知识灌输的空荡荡的容器,而应看作是一支支等待我们去点燃的火炬,一旦被点燃必将闪烁出智慧的火花、创新的光芒。因此,发展学生的创造力,与其说是手把手地教学生怎样去做,不如说是给学生提供一个个发表独立见解的机会,特别是要鼓励学生敢于向书本、向老师、向名家、向一切"权威"质疑。

以上六个方面,比较全面、具体地反映了李镇西倡导的语文民主教育的基本内涵。

（二）语文民主教育的实施

在如何进行语文民主教育的问题上,李镇西认为,首先应该把民主教育与素质教育统一起来。从根本上说,语文民主教育与素质教育是相通的,教学中要切实提高学生素质。而要提高学生的素质,就必须站在民主教育的高度走进学生心灵,面对每一个富有个性的学生。对语文教育而言,"民主"并不仅仅是教育手段,也是教育的目的和内容。就手段而言,民主教育是为了调动学生学习的积极性和主动性,使学生真正成为教学的主体;就目的和内容而言,民主教育正是塑造心灵的教育。通过语文民主教育,培养学生的平等、自由、包容等民主素养,使学生成为个性鲜明并具有独立人格和创造精神的现代公民,这是现代语文教育必然的历史使命。

语文民主教育对学生而言,就是要重视学生语文学习的需要、兴趣、创造和自由,尊重人的尊严、潜能与价值;对教师而言,则要求具备科学民主的教育思想以及富有创造性的教育教学方式、方法与手段。

李镇西认为,语文民主教育的课堂应当是"共享式"的,而"共享"的过程就是对话的过程。师生双方以及多方的对话同时也是一种倾听,是共同在场、相互吸引、互相包容、共同参与以至共同分享的关系。语文教师必须警惕的是:千万别让课堂成为学生"思想的屠宰场"。但是,这并不意味着教师只能做学生"思想的尾巴"从而放弃教师正当的引导作用。在教学过程中,教师不可能是一个放任自流的旁观者或毫无价值倾向的中立者,而应成为教学对话过程中的价值引导者。语文教学"师生平等对话"中的"平等"不是指也不可能指所有方面的平等，其含义在于"尊严和权利"的平等。作为学习活动"组织者和引导者"的教师，是平等对话中的"首席"，而"引导""指导"正是这一"首席"必须承担的责任和必须履行的义务。

（三）语文民主教育的基本价值

语文民主教育理念的基本价值在于它的人文关怀和新型师生关系的构建。

1. 人文关怀

这里的人文关怀，体现在对人的尊重和对现代人格的培养与塑造。首先，是对人的尊重。民主教育认为教师和学生的人格是平等的，每个学生的人格也是平等的，对人的尊重构成现代教育的必要前提。其次，是着眼于现代人格的培养和塑造。知识的传递和能力的培养无疑都是重要的，但是作为现代语文教育，不能抓了知识和能力，而忽视甚至漠视人的现代性，即现代人格的发展。民主意识和民主精神无疑是现代人格的核心内涵。语文民主教育正是着眼于这种以民主意识、民主思想和民主精神为核心的现代人格的培养塑造。当然，这种与人的现代性息息相关的民主教育还为被教育者的个性发展和创新能力发展开启了一扇窗口，反过来可以促进知识的传授和能力的培养。

2. 新型师生关系的构建

有人认为，综观常见的师生关系，大体有四种类型：第一种是权威型关系。这一类型的师生关系模式以命令、权威、疏远为其心态和行为特征。教师在教室内采取专制的作风，并担负全部的责任，计划班级的学习活动，安排学习的情境，指导学习的方法，控制学生的行为。学生没有自由，只是听从教师的命令，对教师往往是敬而远之。第二种是放任型关系。这一类型的师生关系模式的特征是无序、随意和放纵。在放任型模式下，学生的学习全凭自己的自觉程度和自学能力。自觉性高、自学能力强的同学，学习成绩好；自觉性差、自学能力弱的同学，学习成绩也会很差。第三种是民主型关系。这一类型的师生关系模式以开放、平等、互助为其主要心态和行为特征。教师在教室内以民主的方式教学，重视集体的作用，与学生共同计划，共同讨论，帮助学生设立目标，指引学生对照着目标进行学习。第四种是对抗型关系。这种师生关系在教学过程中基本没有交流和沟通，学生是不得不去学校，老师是不得不上课，只要有一个引发点，就能引燃师生之间矛盾的大火，而且家长也会积极地参与进来，指责教师。师生之间的关系，是越处越僵。

以上四种关系中，民主型关系是最正确的师生关系，也是现代教育大力倡导的新型师生关系。语文民主教育所推崇和营造的，正是这种新型的师生关系。

## 二、教学案例简析

(一) 案例展示

### 《荷塘月色》课堂教学①

#### 第一节课

这是我给新生讲的第一篇课文。

上课开始,我叫学生把书都合上:"我得考你们两个问题。"

看着学生紧张的表情,我说:"第一个问题其实很简单,就是教材第一单元有哪几篇课文?"

但这么简单的问题还是把好多学生给难住了。举手发言的几个学生都只知道头两篇课文《荷塘月色》和《拿来主义》。最后才有一个学生补充道:"还有《在马克思墓前的讲话》和《杜鹃枝上杜鹃啼》。"

我说:"老师提这问题的目的,就是要提醒大家,今后自学课文要有单元观念,因为课文是按单元编排的,而每一个单元都有相应的学习重点。"

说到这里,我顺势提出第二个问题:"请问第一个单元的学习重点是什么啊?"

教室里一片沉默,看来没有人能够回答这个问题。我正要回答这个问题,突然,后排的贾志杰同学举手了:"本单元的学习重点是整体感知,揣摩语言。""非常正确!"我忍不住表扬道,随即又问他:"你怎么知道的?"

他回答:"在教材第5页上,编辑了单元学习重点说明的。"

"好!"我对全班学生说,"都用的是同一本语文书,可贾志杰就比大家会读。他知道不但要读单篇的课文,而且还要读单元前面的学习重点。——好,请同学们打开书第5页。"

学生翻开书后,看到单元提示上果然赫然写着:"本单元的学习重点是整体感知,揣摩语言。揣摩语言,是在一定的语境中,如联系中心意思,联系上下文,对语言的深层次含义、感情色彩等,进行辨析、品味。"

我又问:"大家对这几句话有没有什么疑问,或者说从中看出什么问题没有?"

仍然是沉默。我只好说:"我就有问题,现在问大家——既然'学习重点是整体感知,揣摩语言',那么,接下来就应该先解释什么叫'整体感知'再解释'揣摩语言',但为什么书上却根本不讲什么叫'整体感知',而直接就解释什么叫'揣摩语言'呢?"

---

① 李镇西. 李镇西与语文民主教育 [M]. 北京:北京师范大学出版社,2007:133-144.

学生们不约而同一下抬起了头，用惊讶的眼睛看着我，那一双双眼睛仿佛在说：咦？我为什么没发现这个问题呢？

"注意：从无疑处发现问题，这是最重要的读书方法之一。"我强调道，"好，大家现在就来思考这个问题吧？同桌之间可以讨论一下这是为什么。"

我在教室里来回巡视。两分钟过后，我请几个学生站起来交流他们的看法。有的说："'整体感知'谁都懂是什么意思，所以不用解释；而'揣摩语言'则不太好懂，所以要解释。"有的说："'整体感知'是要达到的目的，而'语言揣摩'则是达到目的的手段。"有的说："其实，看起来没解释'整体感知'，但实际上解释'揣摩语言'中就解释了'整体感知'，比如书上不是写了吗？'联系中心意思'，'联系上下文'，这就是'整体感知'了。"

我说："都有道理。重要的不是标准答案，而是善于提出问题并对这些问题进行思考。"

我说道："不过，我这儿要对'揣摩语言'作些补充性解释。揣摩语言一定要联系语境。所谓'语境'，包括外部语境与内部语境。外部语境指社会背景、文化背景、人际关系，等等。比如，外国人看宋丹丹和黄宏的小品就不知道中国人为什么要笑；又如，我们今天读鲁迅的文章，对有些语言也觉得不理解。就是对外部语境不熟悉。而内部语境，就是指文章的中心思想、上下文的照应，等等。这是同学们很容易理解的。同学们注意，所谓阅读，主要就是通过揣摩语言去整体感知文章的内涵，体会作者的思想感情，进而走进作者的心灵。"

本来按教学计划，我在简单介绍了单元重点并提醒学生要重视揣摩语言后，就应正式进入《荷塘月色》的学习。而学习的第一步应该是介绍朱自清的生平。但此刻，我的话题已经说到通过揣摩语言而进入作者心灵，于是，我临时决定先不介绍朱自清，而从这里切入课文："比如，今天我们要学的《荷塘月色》，就值得我们好好揣摩品味。而揣摩品味的第一步就是朗读，那种'把自己放进去'的朗读。好，现在请同学们自己朗读一遍课文。注意，在朗读《荷塘月色》的时候，你就是朱自清！"

学生开始各自朗读了。我之所以不要学生齐读，是因为我觉得朗读是一种对文本的再创造过程，而且这种再创造带有鲜明的个体色彩，因为朗读本身就打上了理解的烙印，每个学生对文章的理解不一样，他朗读时的抑扬顿挫、轻重缓急是不一样的。

学生读了一遍后，我开始抽学生起来单独读。我先抽一位男生："请你从第一段读起。希望你能通过你的朗读，让我和同学们能看到你对课文的初步理解。"

"这几天心里，颇不宁静。"这位男生开始读，"今天晚上，哦不，是今晚上，在院子里坐着，乘凉，突然想起……"他读得结结巴巴，掉字换字不少，而且读得很快。

"同学们，他读得怎么样？"我问。

大家摇头。我问胡迪:"你具体说说。"

胡迪说:"他读得太快了。而且还读错了一些地方。"

"嗯,对。是读得太快了。"我说,"给人的感觉,朱自清不是在散步,而是在跑步。"

学生们哄然大笑。我对胡迪说:"你觉得该怎么读,就给同学们示范一下,好吗?"

胡迪同学的朗读,吐字清晰,很有感情。"不过,还是有点儿小跑的味道。"我一句玩笑话,指出了她的不足。

我决定不急着让学生往下朗读,因为既然问题暴露出来了,就应该及时有针对性地解决。我对大家说:"这篇文章的话语方式是自言自语。因此,同学们在读的时候,要把这种语气读出来。怎么才能读出这种语气呢?关键是把自己当作朱自清,进入他的内心,把文章的语言变成自己的心声自然而然地流淌出来。下面我给大家示范一下。"

我开始读了。一边读一边停下来讲解:"'忽然想起日日走过的荷塘,在这满月的光里,总该另有一番样子吧。'像这一句,是朱自清的想象,就应该读得缓慢些,读出一种向往的味道。又如,妻在屋里拍着润儿,迷迷糊糊地哼着眠歌。这是多么静谧的情景,'迷迷糊糊'一定要读得低沉、缓慢,读得'迷迷糊糊'。"

示范完了第一段,我给学生们说:"下面,同学们再自己读一遍。按刚才李老师说的,把自己当作朱自清,读出韵味。"

同学们又开始各自朗读了。我在巡视中发现,这一次,大多数学生已经没有了那种大声"读",而是在体味中窃窃私语般地流出文章的句子。看他们的神态,就知道他们已经开始走进朱自清了。

学生自读完了,我又抽学生起来读。这一次学生读的效果大有进步。特别是易维佳同学,当"曲曲折折的荷塘上面,弥望的是田田的叶子"一段从她口中流出来时,我们大家都感到了正置身于清华园的荷塘月色之中。

当然,也有个别学生读得仍不太满意。谢肇文读"月光如流水一般"一段,不但语调缺乏变化,而且太小声。所以他刚坐下,我就开了他一个玩笑:"谢肇文同学读这一段,仿佛是'迷迷糊糊地哼着眠歌'。"在同学们善意的笑声中,谢肇文也不好意思地笑了。

接下来,一个同学读最后三段。读到《采莲赋》时,对好几个字不认识。而且,"鹢首徐回"的"鹢"能够读对,"纤腰束素"的"纤"却读成了"qiān"。于是,我把这个字写在黑板上,一一抽学生起来读,结果竟然有相当多的学生读错。

"究竟这个字的正确读音是什么?"我问。这时,一位同学举手说:"这是个多音字,在这儿应该读'xiān'。"

"完全正确!"我对全班同学说,"可是,有同学像'鹢'这么生僻的字都能读对,可连纤这样的常见字却读错了!看来,同学们一定要警惕那些似是而非的字,千万不要自以为是呀!"

我又问:"请凡是在自读时查过生难字的同学举个手。"

好多同学都举起了手。有的说查了"煤屑"的"屑",有的说查了"鬼楞楞"的"楞",有的说查了"敛裾"二字……

"非常好!李老师提醒大家:以后读书,都要养成自己查字词典的习惯,千万不要依赖老师给你们列出生难字词。好,同学们互相交流一下自己查的生难字。"

同学们交流结束后,我开始进入对朱自清的介绍:"同学们,今天我们读的是朱自清的名篇。我想知道一下同学们对朱自清的了解有多少。"

有同学开始举手了:"朱自清,著名诗人,学者,民主战士。"

我问:"还有吗?"没人再举手。我说:"刚才的同学说得很对,但我感到他是在背初中教材中朱自清课文中对朱自清的注释。除此之外,同学们对朱自清还有哪些了解呢?"

无人回答。

于是,我说:"朱自清有一篇散文叫《我是扬州人》,但其实他不是扬州人,只是从5岁起便定居扬州。他出生在江苏东海县。而他的祖籍,则是诞生过鲁迅的——"

学生忍不住一齐说:"浙江绍兴!"

"对,他的祖籍是诞生过鲁迅、蔡元培、王羲之、秋瑾等名人的绍兴。"我又谈到"朱自清"这个名字的由来,"朱自清先生的胞弟朱国华曾有过这样的回忆:'父亲失业四十年,为了培养我们兄弟四人上学,借了三千元高利贷,利上滚利,无力偿还。大哥这时考上了北大预科,须读两年才能考本科。为了早日结束学业,为家中分担债务,他没有读预科,想了个办法,把名字'自华'改为'自清',直接报考本科。这就是'自清'这个名字的由来。"

我又动情地说道:"朱自清的确才华横溢。作为现代著名的散文家、诗人和学者,他更以其灿烂的才华、绚丽的诗文以及辉煌的学术成就饮誉中外。他在学生时代就开始创作新诗,1920年毕业于北京大学。1922年发表长诗《毁灭》,引起文坛关注。1924年,出版了诗和散文集《踪迹》。"

我突然提到了当天出版的《中国青年报》:"今天的《中国青年报》头版头条的新闻是《我国30岁以下的教授已有17位》,开篇第一句是'目前,我国30岁以下的教授已有17位,这在过去是不可想象的。'我读了这则新闻,感到好笑,因为早在75年前的1925年,朱自清出任清华大学教授并任该校中文系主任时,年仅27岁!1928年,朱自清出版的散文集《背影》,奠定了他作为杰出散文家的基础。1931年到1932年,他曾留学英国,回国后仍执教于清华大学。作为学者和教授的朱自清,他在古典文学、语文教育、语言学、文艺学、美学等学科领域都有着很深的造诣和建树,其中尤以古典文学和语文教育最为突出。"

我又说:"作为一位中学语文教师,我感到特别亲切的,是朱自清也曾是一位中学语文教师。1920年他于北京大学毕业后,在江浙一带做了5年的中学语文教师,他的教学和为人极受中学生欢迎和敬重。"

这时,下课铃响了。我心里一惊:遭了,看来对朱自清的介绍只能"半途而废"了。但我灵机一动,继续从容说道:"当然,李老师第一次听说朱自清这个名字并对他产生敬意时,显然不是因为他曾当过中学语文教师,也不仅仅因为他是一名著名的学者、诗人,而是另一个原因。那么究竟是什么原因呢?"

我有意停顿了一下,学生正焦急地望着,期盼着我回答这个问题。

我笑了:"请同学们下一节语文课再听李老师的答案。好,下课!"

"唉!——"在学生们的遗憾的叹息中,我结束了这堂课。

## 第二节课

我走进教室,上课铃还没响。可已经有同学走到讲台对我说:"李老师,别忘了你昨天给我们留下的悬念啊!"

所以,刚上课,我就说:"昨天李老师说道,我第一次听说朱自清这个名字并对他产生敬意时,显然不是因为他曾当过中学语文教师,也不仅仅因为他是一名著名的学者、诗人,而是另一个原因。那么究竟是什么原因呢?且听我慢慢道来。"

"我第一次知道朱自清的名字,是在毛泽东的著作里。"我对学生们说,"本来朱自清既没加入国民党,也不是共产党人,而是一位有独立人格的自由知识分子,在硝烟弥漫的战争年代,按理他是不太可能进入毛泽东的视野的。但是在新中国诞生前夕的1949年,他的名字引起了毛泽东的注意,甚至是敬意,并写入了他的政论名篇《别了,司徒雷登》中。毛泽东这样写道:'我们中国人是有骨气的,许多曾经是自由主义者或民主个人主义者的人们,在美帝国主义者及其走狗国民党反动派面前站起来了。……朱自清一身重病,宁可饿死,不领美国的救济粮。……我们应当写闻一多颂,写朱自清颂,他们表现了我们民族的英雄气概。'最终,朱自清先生贫病交加,倒在了蒋家王朝的最后一个冬天,也倒在新中国的晨曦之中。他死的时候年仅48岁。朱自清的名字因此载入了中国新民主主义革命的史册!他也因此赢得了我的深深的敬意!"

学生们的心显然被震撼了。我继续缓缓说道:"当然,写《荷塘月色》时的朱自清还是一名清华园的教授,但如果我们了解了朱自清后来的命运,我们今天读《荷塘月色》时,也许会另有一番感受吧。"

我看到已经有同学在情不自禁地点头,我趁势把话题一转:"好,我说了那么多,现在该同学们说一说了。同学们能不能交流一下,这篇文章最打动自己的文字?不需要说理由，只要把有关的语言读一遍就可以了。"

熊昕同学说："我最喜欢这几句：路上只有我一个人，背着手踱着。这一片天地好像是我的；我也像超出了平常的自己，到了另一世界里。我爱热闹，也爱冷静；爱群居，也爱独处。像今晚上，一个人在这苍茫的月下，什么都可以想，什么都可以不想，便觉得是个自由的人。白天里一定要做的事，一定要说的话，现在都可以不理。这是独处的妙处，我且受用这无边的荷香月色好了。"

易维佳同学说："我最喜欢这几句：层层的叶子中间，零星地点缀着些白花，有袅娜地开着的，有羞涩地打着朵儿的；正如一粒粒明珠，又如碧天里的星星，又如刚出浴的美人。"

吴桐同学说："我最喜欢写《采莲赋》的那一段。"

"哦？是吗？"我感到引导学生领悟文章思想感情的机会快来了，"请问，你为什么喜欢这一段呢？"

"因为我觉得这一段写得特别快乐。"吴桐同学答道。

"嗯，原来是这样。"我沉吟道，然后又追问道，"你从哪儿看出了快乐的？"

"'那是一个热闹的季节，也是一个风流的季节。'"吴桐读着课文上的句子，然后又说，"还有《采莲赋》对采莲人的描写，都是很快乐的。"

我说："这一段的确描写了一种很自由欢乐的生活。但是，同学们知道吗？这一段在过去的高中课本里却是被删去了的啊！"

"啊！"同学们全都表现出很惊讶的样子，并问我："为什么会删去呢？"

我说："我先不说为什么会删。我先要问问大家，你们觉得该不该删？"

"不应该删！"几乎全班同学都异口同声地说。

"为什么不该删呢？"我问。

教室里却一下沉默了，没人回答这个问题。

我说："是不是你们觉得，既然现在课文将这一段补上了，说明编辑自有他的道理，这就证明原来删去是不应该的？如果真是这样认为的话，那证明大家并没有动脑筋独立思考，而仍然还是对教材的一种迷信。"

接着，我"斩钉截铁"地说："我却认为，原来的教材删得对！"

"为什么？"有几个学生在下面小声地问我。

"为什么？道理很简单，因为这一节与全文的中心并不太吻合。"我"理直气壮"。

学生大脑里的思考火花显然被我点燃了，因为马上就有好几个同学举手，表示不同意我的观点。同时，也有学生点头表示同意我的说法。

我说："看来我和一些同学有分歧。那么我们首先来讨论一下，这篇文章究竟表现了什么样的思想感情。"

易维佳说:"我认为这一段与全文的中心是吻合的。因为作者在这篇文章中表现的正是一种喜悦的、祥和的感情。"

"何以见得?"我问。

"比如,"易维佳翻开书说道,"他对荷花的描写,对月光的描写,等等,表现的都是一种恬静愉快的心境。"

熊昕说:"不对。这篇文章主要表现的,还是一种惆怅的心情。因为第一句就说得很清楚,'这几天心里颇不宁静'。"

我故作不解:"这就怪了!易维佳说的和熊昕说的好像都是对的,因为她们都在文中找到了依据。那么,朱自清在文中的思想感情是不是有些矛盾或者说混乱呢?"

唐懋阳说:"不矛盾。因为作者的思想感情在文中是变化的。他开始是不宁静的,为了寻找宁静来到荷塘,在这里,他的心情获得了一种暂时的愉悦。但最终他还是没有摆脱烦恼。"

吴泰科说:"作者的思想感情是从不静、求静、得静到出静,时而烦恼时而愉悦,最后仍然摆脱不了先前的烦恼。"

虽然吴泰科的发言基本上是转述课文后面的分析文字,但我仍然肯定了他读书的认真。我继续问:"从哪里可以看出他最终还是没有摆脱烦恼?"

学生们来不及举手就七嘴八舌地说:"但热闹是他们的,我什么也没有。""这令我到底惦着江南了。"……还有学生说:"他引用《采莲赋》,描写采莲时热烈活泼的生活,本身就说明他因内心的苦闷而产生的对自由快乐的向往。因为作者说'可惜我们现在早已无福消受了'。"

"好极了!"我忍不住赞叹道,"可见作者的这一段关于采莲场面的描写是不能删去的,因为它恰好反衬出作者对现实生活的失望。是吧?"

"对,对!"许多同学都点头表示同意。

我继续说:"有人把这篇文章所表现的思想感情概括为'淡淡的喜悦,淡淡的哀愁',我认为是很贴切的。但作者的感情底色是'不宁静'。"

有学生问:"李老师,作者的心情为什么会'不宁静'呢?"

"这个问题问得好极了!"我说,"不过我也不知道,因为这可能永远是个谜。但是,正因为这是个谜,所以,它为无数读者提供了品味、解读、思考的无限空间。关于朱自清心情'不宁静'的原因,有人认为是源于对蒋介石"四一二"反革命政变的愤懑,联系到朱自清当时的思想背景和这篇文章的写作时间,这不能说没有道理;也有人认为是源于作者的思乡之情,因为结尾作者说'这令我到底惦着江南'了;还有人认为源于作者作为一名小资产阶级知识分子面对人生十字路口而产生的苦闷、彷徨；甚至还有人根据一些史料，认为朱自清的'不宁静'是源于家庭生活的不和谐；如此等等，还有其他的说法。我认为，在这个问题上，没有必要规定一个权威性的唯一答案，应该允许仁者见仁智者见智。而且也正因为如此，《荷塘月色》将成为一首耐读的朦胧诗，过去、今天和未来的每一位读者会因年龄、阅历、所处时代等因素，而从同一篇《荷塘月色》中读出属于自己的一片荷塘月色。这就是创造性阅读，这就是阅读名作的乐趣！"我停了片刻，又问道："还有没有什么问题啊？"

王驰问："'我爱热闹，也爱冷静；爱群居，也爱独处。'是不是有点矛盾？"

我把这个问题扔给大家："谁能帮王驰解答这个问题？"

有同学说："这里作者实际上强调的是'冷静'和'独处'，因为'我爱热闹，也爱冷静；爱群居，也爱独处。'重点还是在后面的'冷静'和'独处'。用平时的热闹来反衬现在的冷静，用平时的群居来反衬现在的独处。"

我没有多做评论，只说了一句："我基本同意你的观点。"

这时，王驰又举手了："我想通了，作者的确是在强调'独处'，因为接下来后面有一句'这是独处的妙处'。"

"对了，"我说，"我们昨天不是说了吗？揣摩语言要怎么样啊？"

大家纷纷说："联系上下文。"

"对。刚才王驰之所以'想通'了，就是因为他联系了上下文。还有哪些同学有问题？"

一位女同学问道："'微风过处，送来缕缕清香，仿佛远处高楼上渺茫的歌声似的。'我不明白作者在写荷花的香味，怎么又突然写到歌声了。"

"这个问题问得好。谁能谈谈自己的理解？"我仍然不急于解答。

没有人举手。我提示道："请问，作者究竟听到歌声没有？"

多数学生回答："没有。"

"为什么？找出依据。"

唐懋阳举手站了起来："这里是比喻，因为这里用的是'仿佛'一词……"

为了引起学生注意，我有意暂时打断了他的话："对，是比喻。也就是说，作者是用歌声来比喻荷香，是吧？"

同学们纷纷点头称是。

"但是，"我故意设疑，"荷香与歌声有什么可比的共同点吗？"

唐懋阳接着刚才的话："荷香与歌声都是断断续续、若有若无的。"

有学生下面接嘴说："而且朦朦胧胧的。"

我提醒大家:"请在文中找到依据。"

唐懋阳说:"'缕缕''渺茫'。"

"对。"我总结道,"荷香和歌声都是'缕缕'的、'渺茫'的。刚才唐懋阳说了,这是比喻。但我要说,这是一种特殊的比喻,钱钟书先生把它叫作'通感'。请大家看课文后面的练习二。"

学生看完后,我举了几个例子来说明:"宋代词人秦观有词曰'自在飞花轻似梦,无边丝雨细如愁'。梦与花互比,愁与雨互喻。还有诗人艾青曾写诗这样描绘日本著名指挥家小泽征尔:'你的耳朵在侦察,你的眼睛在倾听……'这也是通感。其实,通感并不仅仅在文学作品中才被使用,实际上日常用语中,也常常有通感。比如,说某位同学的声音很粗,难道他的声音是有直径的吗?"

学生笑了起来,我接着又说:"看,现在每一个同学脸上都呈现出甜美的笑容。可是,你们绝不认为我是在说你们的笑脸是抹了糖的吧!"

大家笑得更厉害了。

"因为,这是——"我故意等同学们接嘴。

"通——感!"大家果然心领神会。

"好,还有什么问题?"

"'这令我到底惦着江南了'的'这'是指什么?"有人问。

"大家看前后文,是指什么呀"我问学生。

马上就有学生回答:"指'流水'。前面写'只不见些流水的影子,是不行的'。"

"怎么又想到'流水'的呢?"我继续追问。

同学们回答:"由《西洲曲》里的'莲子清如水'而来。"

"对。"我决定这里稍微扩展一下,"知道吗?这是一首情歌啊!"

看着学生不解的表情,我继续说:"'莲子清如水'就是'怜子情如水'的谐音。"

"哦,原来是这样。"学生们恍然大悟。

我继续发挥:"你们看,咱们的古典诗词中对情感的表现是极富艺术性,含蓄而美。比如刘禹锡的'东边日出西边雨'……"

学生情不自禁地接了上来:"道是无晴却有晴。"

"对了。这里的'晴'实际上谐哪个 qíng 呀?"

"感情的情。"

"而现在的一些流行歌曲,开口时就'让我一次爱个够'!你们看,同样是表现爱情,中国的古典文学诗词与现在的一些庸俗的流行歌完全是两种艺术境界!同学们要学会鉴赏真正的美。"

这时，又有同学举手了："李老师，我还有个问题——课文第四段说'这时候叶子与花也有一丝的颤动，像闪电一般，霎时传过荷塘的那边去了。'既然只有'一丝'，为什么会'像闪电一般'呢？"

她的话音刚落，另一位女同学举手站了起来："我理解，这里的'一丝'既指程度很轻，也指速度很快，是'一丝的颤动'，稍不注意，就闪过去了。所以，'像闪电一般'。"

不少同学点头表示同意她的看法。

我问刚才提问的同学："你同意她的说法吗？"

她点了点头。

我觉得有必要引导学生深入揣摩一些词语，便说："刚才同学们提了不少很有价值的问题。现在，我能不能也提几个问题呀？"

学生点头，好像说：这还用说，当然可以啦！

"请问，'叶子出水很高，像亭亭的舞女的裙'，为什么作者要用裙来比喻叶子呢？"

有的学生说："形状相似，都是圆的。"

我说："那盘子不也是圆的吗？锅盖也不是圆的吗？怎么不说'叶子出水很高，像盘子，像锅盖'"

学生们笑了起来，有学生回答说："荷叶和舞女的裙子都很柔美。"我接着问："何以见得很'柔美'？"学生答："句中有'亭亭'二字。"还有学生说："是舞女的裙，有一种舒展、旋转的动感，很美。"

"对。荷叶本来是静的，但作者想象它是动的，是舞女的裙。这是以虚写实，以动写静。"

接下来，我和学生们还一起研究了描写荷花的"袅娜""羞涩""明珠""星星"等词语，还有"月光如流水一般，静静地泻在这一片叶子和花上。薄薄的青雾浮起在荷塘里"等佳句以及作品中叠字运用的妙处。

我看了看表，时间不早了。便对同学们说："如果大家继续品味、继续推敲和继续研究，还会有更多感受、更多的发现和更多的问题。这就是揣摩。"

我稍作停顿，又继续说道："《荷塘月色》是我们高中学的第一篇课文，也是李老师给大家讲的第一篇课文。同学们可能已经感到了李老师的教学特点，同学们千万不要指望李老师讲得有多么精彩，而应该自己参与教学，大家讨论研究，共同交流。在我们的语文课上，应该是学生、教师、作家三者平等对话。老师当然也要参与交流，但我的意见只是一家之言，仅供同学们参考。快下课了，下面我就简单谈谈我读这篇课文的感受。"

我这样概括我对《荷塘月色》的理解——

借景抒情，是阅读本文时应抓住的一个关键。具体说，作者正是借"荷塘月色"之景,抒"这几天心里颇不宁静"之情。

如许多论者分析的那样,开篇一句"这几天心里颇不宁静",的确是全篇的"文眼",定下了文章的基调。这"颇不宁静",正是作者对严酷现实的不满和苦闷心情的写照。因此,他才"忽然想起日日走过的荷塘,在这满月的光里,总该另有一番样子吧。"这说明作者夜游荷塘,目的是使"颇不宁静"的心情宁静下来。而置身于"无边的荷香月色",他也的确感到了某种超脱:"这一片天地好像是我的;我也像超出了平常的自己,到了另一世界里。"也正是在这淡淡的喜悦之中,那弥望的荷塘,那田田的叶子,那袅娜的花朵,那缕缕的清香,那凝碧的波痕,那脉脉的流水,那薄薄的青雾,那淡淡的云影,那柔和的月光以及那光与影和谐的旋律……都让他的心得到了暂时的安宁。然而,这安宁的确只是暂时的。因为,作者心灵深处的惆怅是难以排遣的。所以,当耳边传来"树上的蝉声和水里的蛙声"时,他便发出了"热闹是他们的,我什么也没有"的感叹。一直到"这到底令我惦着江南了",一直到"猛一抬头,不觉已是自己的门前",作者便从梦幻般的"另一世界"回到了依然令人苦闷的现实。

如果说,"借景抒情"表现了作者面对黑暗现实对时代苦闷的排遣;那么,"托物言志"则表达了作者对高洁品格和正直人格的主动追求。

近代学者王国维在《人间词话》中写道:"有我之境,以我观物,故物皆著我之色彩。"本来,无论是荷塘还是月色,都不过是自然界的客观景物,但在朱自清眼里,它们都成了寄托自己思想感情和理想人格的载体。许多论者在分析本文时,多抓住"荷塘月色"的"朦胧"大作文章,认为这反映了作者扑朔迷离、如烟似梦的愁绪,所谓"借朦胧之景抒朦胧之情"。这当然是有道理的,但只说对了一半。自然界的"朦胧之景"多的是,可作者为什么要选取"荷塘"与"月色"来抒情呢?问题的实质,在于这里的"荷塘"是月下之荷塘,这里的"月色"是荷上之月色。朦胧固然是二者的共同点,但朱自清赖以言志的是二者更鲜明的相通处,这便是"荷""月"之高洁!所以,在作者笔下,荷叶清纯,荷花素洁,荷香清淡,月色如水,月光如雾,月景如歌……而这一切,无不是作者那高尚纯洁、朴素无华的品格的象征。作者原名"自华",后更名"自清",由此我们可以读出荷月之美景与作者之品格的相通处,这就是一个"清"字:出淤不染,皎洁无瑕!而作者一生都无愧于"自清"二字:清正、清贫、清白、清廉……

只有从理解作者的思想感情出发,我们才能真正领会文章在写法上的艺术魅力。

下课铃声响起了,我最后总结道:"朱自清在写这篇《荷塘月色》时,只是一个自由主义知识分子,他当然不可能想到自己20年后的命运。但是,我们从这篇文章所体现出的高洁品格,却完全可以理解20年后朱自清所作出的选择。作为一直追求真理追求进步的知识分子,他有过苦闷和彷徨,然而他一旦将祖国的命运和自己的命运联系起来的时候,他就毅然融入了时代的潮流,成了一个坚强的革命民主主义战士。1946年10月,西南联大迁回北平后的两年是中国黎明前最为黑暗的时期,却是朱自清一生中最辉煌的时期。面对一个行将灭亡的腐朽政权,贫病交加的他便毫不犹豫地加入了"反饥饿,反内战,反迫害"的民主斗争的洪流,并以大义凛然的骨气,写下了自己人生的最后一行壮美的诗句!他瑰丽的诗文成了永远流传的文化瑰宝,他朴素的名字成了万代敬仰的人格丰碑!——下课!"

当学生们整整齐齐地站立起来的时候,我分明看到他们的眼中,正闪烁着与他们的年龄似乎不太相称的深沉与庄严。

(二)案例点评

看一堂课的优劣好坏,往往不在教学环节的安排与众不同,而在与别人同样的教学环节中,你做得是否比别人好。李镇西教《荷塘月色》,正是在别人都有的教学环节中,他教出了自己的特色与风格。这是这两节课最大的亮点。

1. "把自己放进去"的朗读。学生自读(朗读或默读)课文,是阅读教学基础的和首要的教学环节。李老师导入新课之后,首先安排学生朗读课文。他给学生的朗读提出了一个明确的要求:"把自己放进去"朗读,读的时候,"你就是朱自清"。学生由大声到小声,由快速到慢速,在体味作者思想感情的过程中,渐渐地进入了角色。每读完一遍,教师都有抽查和指导,期间还伴有教师的范读。第一节课,除了介绍作者之外,全部的教学时间都用于指导学生朗读,这在平时的语文课上是不多见的。由于学生带着感情反复朗读,对作者的思想感情已有初步的体悟,"看他们的神态,就知道他们已经开始走进朱自清了。"这为第二课时的文本解读打下了良好的基础。可以说,这两节课能成功,第一课时学生充分的情感体验式朗读功不可没。

2. 作者介绍为文本解读服务。作者介绍也是阅读教学长期以来形成的一个固定"节目",凡教学名人的作品或文学文本,少不了都有作者介绍。但是,这一教学环节在长期以来教学程式化的污染下,基本上被异化为程式化和知识化的教学。例如,作者介绍的时机,固定安排在导入新课之后;介绍的内容,有人把它概括为五个方面:"名、时、地、评、作";介绍的目的,是为了应付考试。至于原本通过作者介绍帮助学生理解文本的目的,早被一些老师置于脑后。李老师在这节课上介绍作者却不是这样。他根据教学需要,将作者介绍临时调到学生朗读课文之后进行,而且跨了两个课时。第一课时没有介绍完,他就借此巧设教学悬念,激发了学生进一步了解作者生平事迹的欲望。这种灵活的安排体现出李老师的不拘一格。在介绍的内容方面,他紧紧围绕文本解读的需要,特别突出了"自清"名字的由来,以及作为才华横溢的散文家、诗人,和清华大学最年轻的教授、中文系主任的朱自清,作为中学语文教师的朱自清,作为民主战士的朱自清等内容。饱含感情的作者介绍，深深地打动了学生，对后边的文本解读起到了非常重要的促进作用。这是这两节课的又一亮点。

3. 文本解读的开放与深度。毫无疑问，文本解读是阅读教学的重中之重，甚至就是阅读教学的全部。语文教学的质量和教师的教学水平，通过文本解读的效果，便可以看得十分清楚。李老师不愧是指导学生解读文本的高手，在上面的课例中，通过两个方面得到充分的证明。一方面，他在指导学生解读文本的过程中，对解读内容持开放的态度，解读文本的发言权交给每一个学生，他们喜欢什么内容，就说什么内容；想提哪方面的问题，就提哪方面的问题。教师不把自己要讲的内容强加于学生，甚至当他有问题需要问学生的时候，还要征询学生的意见："我能不能也提几个问题呀？"这充分体现了李老师一贯倡导的民主教育精神，它既有利于培养学生做学习主人的意识，也有利于培养学生独立思考、独立阅读的能力。另一方面，这又是两节内涵丰富，颇见深度的文本解读课。无论是对文本中心思想和作者感情脉络的探讨，还是对一些重点语言的揣摩，都能证明这一点。以引导学生学习"通感"为例，李老师如此举重若轻，将"通感"解释得清楚通透，让学生在轻松愉快中掌握了这一修辞形式，充分反映了李老师扎实的学养和文本解读的功夫。有人说，课堂上学生学习的深度，来源于老师，确实如此。

总之，在教学的过程中要真正做到以学生为主体，让每个学生把文本解读建立在自己已有阅读经验和能力的基础上，学有所获，并不是一件容易的事情，只有教学高手才能驾驭自如。李镇西老师就是这样一位高手。

### 思考讨论

1. 什么是语文民主教育？它有什么意义和价值？
2. 就李镇西倡导的语文民主教育和魏书生倡导的教学民主进行比较，指出二者的异同。
3. 从课例李镇西教《荷塘月色》中，你感受最深的是什么？

### 扩展阅读

1. 教育部师范教育司组. 李镇西与语文民主教育［M］. 北京：北京师范大学出版社，2006.
2. 李镇西. 从批判走向建设——语文教育手记［M］. 成都：四川儿童出版社，1999.
3. 李镇西. 听李镇西老师讲课［M］. 上海：华东师范大学出版社，2010.
4. 李镇西.《给女儿的信》教学实录［M］.//郑桂花，王荣生. 1978—2005语文教育研究大系（中学教学卷）. 上海：上海教育出版社，2007：92-109.

# 第四章

## 窦桂梅："为生命奠基""为聪慧与高尚的人生奠基"

◆ 导 读

为生命奠基，为聪慧高尚的人生奠基，这是何等重要的事业，何等崇高的教育理念！这样的教育关乎儿童的文化生存，关乎中华民族的前途与命运，无疑具有教育精神的大格局、大境界！那么，什么是"为生命奠基"？怎样做才是为儿童的生命奠基？语文特级教师窦桂梅以她非凡的魄力和过人的睿智，从理论论述到实际操作两方面为我们回答了这些问题。让我们走近窦桂梅，且听她是如何回答这些问题的。

窦桂梅，女，1967年4月生，出生于吉林省蛟河市，毕业于吉林师范学校，曾在吉林市第一实验小学任教，现从教于清华大学附属小学，任校长。全国著名特级教师，北京教育学院、东北师范大学、首都师范大学等多所高校兼职教授，教育部"中小学教师国家级培训计划"特聘专家。先后获得全国模范教师、全国师德先进个人、全国教育系统劳动模范等荣誉，被评为"建国六十年来从课堂里走出来的教育专家"。其著作有《小学语文主题教学研究》《我的教育视界》《超越·主题·整合——窦桂梅教学思想探索》《窦桂梅的阅读课堂》《听窦桂梅老师讲课》《窦桂梅与语文教改的三个超越》等近20部。

## 一、教育理念述要

2001年10月24日，窦桂梅作为"教育部更新教育观念报告团"的成员之一，在人民大会堂作了题为"为生命奠基——语文教改的'三个超越'"的演讲，第一次响亮明确地亮出了她的语文教育理念：为生命奠基。

语文教育和儿童的生命是怎么联系在一起的呢？窦桂梅在报告中说："教育是培育生命的事业。当孩子走进校园，开始他生命的体验时，教育给予他们的是快乐还是痛苦，是提升还是压抑，是创造还是束缚？这取决于教师的职业素养和职业行为，更取决于教师全新的适应未来的教育理念。"① 语文教学如何做才能关注学生的生命，为儿童的生命奠基呢？窦桂梅说："语文教学要冲破以教材为中心、以课堂为中心、以教师为中心的藩篱，去超越教材、超越课堂、超越教师，引导学生进行语言的积累、生活的积累、情感的积累，为学生的生命奠基，为中华民族的创造力奠基，把充满创新与活力的语文教学带入课堂，让语文学习焕发出生命的活力，让语文学习充满成长的动力，让语文学习绽放智慧的潜力——这既是我们的历史使命，又是我们的理想追求。"② 至此，语文教学要超越教材、超越课堂、超越教师就成了窦桂梅"为儿童生命奠基"的实践纲领。

对于"三个超越"以及它和儿童成长的关系，窦桂梅多次做过详细的论述。

关于"学好教材，超越教材"，窦老师认为，语文课本中的一篇篇经典教材是人类文明的结晶，是前人智慧与创造的积淀，"阅读它们，可以使学生的生命全面而深刻地达到一种酣畅淋漓的自由状态，这种生命的高峰体验、这种精神的营养滋润，瞬间的绽放与闪光，会使学生以一种全新的眼光看待自我和世界，甚至从根本上改变学生的生命状态。因此，选择语言材料，就是选择自我的生命姿态和成长路径，学习语言就是建构自己的语言世界和精神家园。"③ 在以往的语文教学中，大多数教师只守着一本教材，这是很不够的。现代教育应有的做法是，在学好教材的基础上要超越教材。所谓超越教材，一是要把阅读延伸到教材以外，"扩大篇章的阅读量"；二是"带领学生就教材的一些内容进行延伸、修改、重组、再创造，让教材成为学生积极发展的广阔策源地"；三是"让学生多角度、多渠道、全方位从书本中积累文化知识、间接获得情感体验、生活经验等人生涵养的过程。"④

关于"立足课堂，超越课堂"，窦老师说："作为为学生生命奠基的教师，我时时提醒自己：给孩子一双慧眼吧，让他们把这个世界'读'得清清楚楚，明明白白，真真切切。要让学生懂得：在课堂上要好好学语文，但绝对不是只靠课堂就能学好语文，生活也是语文学习的课堂，语文学习就在广阔的天地里，生活的成长中。"⑤ 当然，超越课堂，不只是

---

① 窦桂梅. 为生命奠基——谈语文教学的三个超越 [J]. 人民教育，2002（1）：27-29.
② 窦桂梅. 窦桂梅与主题教学 [M]. 北京：北京师范大学出版社，2006：29.
③ 窦桂梅. 窦桂梅与主题教学 [M]. 北京：北京师范大学出版社，2006：29-30.
④ 窦桂梅. 窦桂梅与主题教学 [M]. 北京：北京师范大学出版社，2006：31.
⑤ 窦桂梅. 窦桂梅与主题教学 [M]. 北京：北京师范大学出版社，2006：32.

把语文学习从课堂延伸到学生的生活活动中，还要触及学生的心灵。"在超越课堂的过程中，语言已经不只是作为交流情感和思想的工具，语言更是人的生存空间、存在方式。学生的所有的生命运动都是语文学习的过程，只有在这样的语文学习中才能感受自然，发现社会，体悟人生。只有这样的语文学习，才能使他们的身心得到健全的发展，为他们的终身学习和精神成长奠定坚实的基础。"①

关于"尊重教师，超越教师"，窦老师认为："引导学生超越教师，实际上是教师自我的一种超越，是富有时代魅力与精神境界的行为表现；是自己成为不断学习、不断进步、不断创新的人，成为学生心目中一本百读不厌的大书；是学生超越了自己的搀扶和点化后学会质疑、学会批判，最终让自己成为学生学习的伙伴的过程。"② "超越教师的过程，不仅是体验自己学习所获得知识的过程，还是教师与学生思想碰撞和观点交锋的过程，也是独立思考、独立判断的过程，更是追求真实、探索真知、献身真理的过程。"③ 超越教师的过程，也就是"为生命奠基"的过程。

2005年前后，窦桂梅又在"三个超越"的基础上，提出并构建了"主题教学"模式。窦桂梅认为，"小学语文主题教学，是针对小学语文教学中单篇教学支离破碎、目标不清及教学方式僵化、工具性与人文性割裂等问题，根据教学内容和儿童身心发展特点，在综合思维指引下，以主题的方式，整合课内外资源，以语文立人为核心，在核心价值观的引领下，挖掘教学内容的原生价值以及教学价值，在语言文字的理解与运用中，引导儿童生成主题，促进儿童语言发展、思维提升、精神丰富，整体提升语文素养的一种小学语文教学模式。"④ "主题教学中的主题，是围绕小学阶段儿童发展特点以及生活经验、语言学习规律、优秀文化传统等确定的核心语词；是与儿童的生命成长编织起来，生发语文教育意义的立体的、动态的'意义'群；是语文教学所传承、创生、发展、传递的核心价值观。主题的表现形式通常是语词。"⑤ 有些主题侧重指向语言学习规律，有些侧重指向思维品质，还有些指向学生的精神品质。"不同维度的主题，伴随学生的语文学习，不断内化、深化、发展变化，搭建了儿童世界与成人世界沟通的桥梁，潜移默化地配合、呼应学生思维发展与生命成长的重要节点和节奏，烙印成他们独特的文化'胎记'。"⑥

"主题教学"所遵循的理念之一，就是"为生命奠基"。窦桂梅认为，人不同于其他生物之处，在于其生命的存在和延续，"必须要有意义的支撑与价值的衡量。正是源于生命

---

① 窦桂梅.窦桂梅与主题教学［M］.北京：北京师范大学出版社，2006：34.
② 窦桂梅.窦桂梅与主题教学［M］.北京：北京师范大学出版社，2006：35.
③ 窦桂梅.窦桂梅与主题教学［M］.北京：北京师范大学出版社，2006：7.
④ 窦桂梅.小学语文主题教学实践研究［J］.课程·教材·教法，2014（8）：44-50.
⑤ 同上。
⑥ 同上。

与生活,又隐藏于生命与生活之中的核心价值观,把'碎片化生活'凝聚成价值主题,由此生命才有了厚度。于是,生命在价值主题的延展中,才获得了超越人类自然属性的'高贵';人类在对生命价值的淬炼中,才有了根的支撑,有了叶与花的蓬勃葱茏。""回顾人类文明史,价值主题给予一代又一代人精神的滋养。它们如果能在儿童生命中生根、生长,他们的生命便会具备基本的格调与品质。"① 基于这样的认识,窦桂梅说:"语文教学,在承载起学科教学任务的同时,更应当努力从每一堂课、每一个文本中读出与人类共通的生命主题。那些散落在文本中的价值主题(高贵、尊严、幸福、谦卑……)富有生命活力和精神内涵,它们既是语言本身,又具有哲学、美学与文化意味;既是交流工具,又是'立人'的载体,是体现、回归人性的'符号'。它们好比一粒粒饱满的种子,通过师生有效的、润物无声的言语涵泳,通过一课一品、一课多悟,播撒在学生的心田。终有一天,这些种子会内化为学生生命的价值取向,长成最为壮丽的生命图景。"因此,"语文学科教学内容与儿童生命价值的主题相遇、契合、生长——这构成了'主题教学'的重要理论基础。也就是说,主题教学是语文学科内容与儿童生命中价值主题的相融合。主题教学,既是生命主题和意义浮现的地方,也是语文教学应该追寻的境界。"② 她认为,语文是一门"立人"的学科,语文教学要"聚焦于学生语文素养和核心价值观的培养,挖掘有利于学生的生命成长的语文内容,在与主题的交融中形成学生成长的内核,为聪慧与高尚的人生奠基。"在这里,窦桂梅又提出了"为聪慧与高尚的人生奠基"的命题。但我们认为,这与为儿童的生命奠基本质上是相通的,只不过它将"为生命奠基"更加具体化了。总之,"主题教学"的真谛在于关注儿童的生命成长,它追求培养的是"完整的人"。

窦桂梅作为清华大学附属小学的校长,她除了关注语文课程和教学之外,还需要关注全校各个学科的建设与教学。继语文"主题教学"在清华附小全面开展实验并取得一定的成绩之后,2010年以来,窦桂梅又在全校开展了构建"1+X课程体系"实验。在这一实验中,有两点有必要指出。第一,在"1+X课程"体系中,语文教育处于小学教育核心地位的事实不是弱化,而是强化了。"1+X课程"体系所拟定的十个目标:"一流好人格,一身好体魄,一生好习惯,一个好兴趣,一种好思维,一手好汉字,一副好口才,一篇好文章,一项好才艺,一门好外语。"其中,"一手好汉字,一副好口才,一篇好文章"都属于语文学习的目标,"一流好人格,一生好习惯,一个好兴趣,一种好思维"也与语文学习有着千丝万缕的关系。第二,整个课程体系改革依循的理念依然是"为生命奠基""为

---

① 窦桂梅. 朝向"伟大事物"——主题教学的新思考[J]. 人民教育,2010(5):44-47.
② 同上。

聪慧与高尚的人生奠基"。窦桂梅说:"为了做到'增效'不'增负',将'立德树人'的根本任务真正在学校加以落实,为学生聪慧而高尚的人生奠定坚实基础,我们啃起了课程整合这根'硬骨头',既面向全体,又满足个性;既提高素质,又减轻负担;既尊重分科,又提倡综合。经过不断探索,清华附小构建起了'1+X课程'体系。"①

2015年,窦桂梅在纪念清华附小建校100周年大会的讲话中回顾他们学校的百年育人史,重温近年来确定的"立人为本,成志于学"的校训,提出了"成志教育"这一概念。"成志教育"同样与"为生命奠基"的教育理念有关。后来,窦桂梅在《让儿童站在学校正中央——从"三个超越"到"成志教育"的升华之路》一文中,对她的教育理念及其意义指向作了一次简要的梳理:"三个超越",为儿童生命奠定民族文化的底色;"主题教学",为儿童生命成长找到民族精神的价值观;"1+X课程",引导儿童走向整体意义的世界;"成志教育",为儿童确立未来发展的核心素养。

总之,从生命教育的高度出发,关注"完整的人"的塑造,是窦桂梅语文教育理念中的一条主线。由此出发,她的语文教育思想站在一个"立德树人"的高起点上,具有宏大的格局。一般认为,生命教育的内容有三个维度:自然维度、社会维度和精神维度。自然维度的教育就是有关生命生长、发育和健康等方面的教育;社会维度的教育就是有关互助、法律、合作、民主等由"自然人"成长为"社会人"的教育;精神维度的教育就是自由、奉献、崇高等有关高尚人格的教育。生命的自然属性也即自然生命,决定着人的生命长度。生命的社会属性也即社会生命,决定着人的生命宽度,它是以文化为内核和根基,从零开始不断拓展的。生命的精神属性也即精神生命,决定着人的生命高度,它并非纯粹指人在成功的顺境中所能达到的高度,人在失败的逆境中所处的低谷,因为生命的深刻体验和灵性的深层次激发,也构成了富有意义的生命高度的一部分。可见,三个维度的教育同等重要,不可或缺。上述三个维度中,语文教育至少在后两个维度,特别是在精神维度的教育中具有至关重要的作用。

语言是人生命的一部分,人生的幸福、健康和完满离不开语言的发展。因此,母语教育事关人的一生的幸福、健康和完满。从这个意义上说,窦桂梅的"为生命奠基""为聪慧与高尚的人生奠基"的教育理念站上了语文教育的制高点,关乎教育的终极价值和人一生的幸福,具有重要的理论意义和现实意义。当然,这一教育理念会不会导致语文教育丧失它应有的工具功能也是一个不容忽视的问题,不但在教学实践中需要防范,理论论述上也需要进一步完善。

---

① 窦桂梅. 构建"1+X课程",为聪慧与高尚的人生奠基[J]. 课程·教材·教法,2014(1):6-10.

## 二、教学案例简析

（一）案例展示

### 《再见了，亲人》课堂实录[①]

**主题**：亲人

**步骤**：

讲"亲人"，理解其意；

诵"亲人"，感受其情；

别"亲人"，体会其味；

议"亲人"，回味其理。

**1. 由"亲"字导入**

师：请跟老师一起写"亲"。（顺势强化第五笔的横要长一些）

师：（出示课件"亲"字的演变过程）我们祖先看到枝叶的繁茂，联想到是下面的树根给予的营养，从而创造了这个字，来指有血缘关系的人，比如爸爸、妈妈、爷爷……我们称他们是——

生（齐）：亲人。（师再板书"人"，组成课题"亲人"）

师：为了表达父母长辈对我们的爱，我们用诗歌表达"慈母手中线——"

生：慈母手中线，游子身上衣……

师：我们也会用歌声，比如"世上只有妈妈好"。（老师和学生一起唱起）

师：在课内、课外读过好多写亲人的文章，比如，五年级学过的《奇迹的名字叫父亲》，等等。能否结合自己的体会谈谈你对亲人的独特感受。可长可短，一个词、一句话都可以。

生：我的亲人对我的爱是不求回报的。（学生板书：不求回报）

生：亲人对我们的爱是无私的。（学生板书：伟大、无私）

生：亲人对我们的爱是博大的。

师：博大，是说你的爸爸、妈妈对你宽容——（学生补充说出"理解、包容"。老师随即让学生写到黑板上）

师：你们对亲人有自己丰富、独特的感受。亲人对我们的爱就是（指黑板）——

---

[①] 窦桂梅．窦桂梅与主题教学［M］．北京：北京师范大学出版社，2006：128-140．

生（齐）：无私、博大、不求回报……

师：因这些，所以我们说亲人是伟大的。（和学生一起）我们是父母生命的延续，我们的生命就是亲人爱的阳光。

师：不知你们发现没有，与我们没有血缘关系的人有时也被我们称为亲人，比如抗洪抢险的战士，再如"非典"时期的白衣天使。不知道同学们看没看电视，中央电视台播放的"感动中国2003年度人物"节目中的10位人物。谁看了，谈谈。

生：有成龙……（还有两个学生说出钟南山、杨利伟，内容略）

师：还有一位75岁的老人叫高耀洁，收养了100多位艾滋病孤儿。还有新疆一位村长叫阿西木，地震使他失去了5位亲人，然而他仍然抢救其他村民。你们善于读生活的书，这也是一种学习。这样的故事多么令人感动，难怪主持人敬一丹和白岩松在讲他们事迹时称他们是……

生：亲人。

师：下边我们选择其中的两位，请同学们迅速浏览他们的颁奖词，结合在文字中捕捉到的信息谈谈。（播放课件）

生：（男生读）钟南山以无畏感动中国（内容略）

生：（齐）：成龙以关爱感动中国（内容略）

生：亲人不仅仅是有血缘关系的，给予我们爱心的人也可以称作亲人。

生：我认为，在困难面前给予我们"雪中送炭"的人也可以称作亲人。（让学生到黑板前写上这条成语）

师：是啊，比如成龙跟我们没有血缘关系，但他给我们的是——

生：无私的奉献。（学生板书）

生：钟南山不怕死亡的威胁，对科学的态度是实事求是。他以无畏感动中国。

生：这些人在困难和危险面前能够挺身而出。（学生板书）

师：从这些没有血缘关系的人中我们感受到这份爱的力量，那就是（小结：指板书，引读学生刚才写出的词语）——

生（齐）：雪中送炭、关爱、无畏、挺身而出……

师：毕竟是同一个祖先，同一个中华，所以从广泛意义上来说，中华儿女都可以称为我们的——

生（齐）：亲人。

师：因此，这样的亲人也是伟大的。（和学生一起将黑板上的词连成句，最后也落脚在"伟大"上）

师：下面让我们跨越国界，放眼世界，看看报纸登载的两张照片。（播放课件：现代

国外战争中受苦的人民）

生：我看了这张照片心里非常难受，觉得战争非常残酷。战争的残酷，在孩子的眼泪里。照片上妈妈带着孩子背井离乡，战争使许多人无家可归。

生：我从这个孩子的眼泪中看到的是他需要亲人的帮助。

生：也许他们不只是遇到战争，也许他们在那里得什么严重的疾病，总之他们需要有人去救他们。

生：他们需要的是大爱。亲人的，同胞的，甚至于超越国度的。我们这个世界还不祥和，还有灾难，当然包括人为的战争。有战争就会有眼泪，有战争就会有悲痛。

师：这让我们不禁想到当年的朝鲜人民，就在被侵略的痛苦与无奈中得到了一种伟大的帮助，这种帮助来自我们的——

生：志愿军。

**2. 进入课文的"亲人"**

师：（出示课件"忆亲人"）让我们穿越时光的隧道，回到五十多年前的那次抗美援朝战争，一起回忆这次著名战争中千千万万个感人的故事中的一个镜头，（放电影《英雄儿女》王成与敌人同归于尽的片段，之后黑底白字伴随打印机的声音出示如下文字：抗美援朝战争中，我国先后出兵130余万人。14万英烈的忠骨永远留在了朝鲜的土地上。这其中有：邱少云、黄继光、杨根思、毛岸英……)

师：（深沉地引读）抗美援朝战争中，有14万英烈的忠骨永远留在了朝鲜的土地上，我们读过邱少云的故事，黄继光的故事，罗盛教的故事……

师：他们帮助朝鲜人民经过三年奋战，终于以正义和良知取得了胜利，接着志愿军又留下来帮助他们重建家园，加起来就八年。算一下，你们从一年级到毕业几年啊？（生齐声回答：六年）

师：再加上两年，你想想，和你的老师、同学朝夕相处，你们的感情那么深厚。他们经历了八年浴血奋战，感情也一定非常深厚。

师：1958年10月25日，最后一批志愿军回国。分手之际他们握着手说——（边说边和学生握手，语气较平静）

生：再见了，亲人！

师：就要上火车了，他们握着手说——（和另一位学生握手，语气稍微上扬）

生：再见了，亲人！

师：志愿军登上了回去的列车，他们拉着手说——（语气有些急切）

生：再见了，亲人！

师：列车就要开动了，他们握着手说——（语气再急切一点）

生：再见了，亲人！

师：（出示课件"讲亲人"）你们看，不同的国家，不同的民族，一个是朝鲜人民，一个是中国人民，却说他们是亲人。那可得讲一讲，你怎么理解课件中的这个"讲"字？

生：我觉得是把自己的想法用恰当的语言表达出来。

生：我觉得就是把自己的想法有理有据地讲给别人听，可以结合具体实例来讲。

生：在讲的时候一定用上课文的好词好句，这样把事儿讲得有滋有味。

师：正像你们讲的那样，不光是理解课文，要把你看到读到的故事，变成自己的话有理有据地讲出来。下面就请你们默读课文，看看哪些字眼儿触动了你感情的那根弦儿，哪些话语增添了你心中的力量，一会儿讲给大家听。（学生默读课文）

师：先回忆一下，这篇课文一共讲了几个人物？围绕每个人讲了什么？（回答略。引导学生从整体把握课文，然后从具体细节入手）

生：（学生自学思考，边学边画批注，教师巡视并和学生一起讨论）

师：一会儿站起来给大家讲的时候，相信你们会侃侃而谈，落地有声。

生：我想讲讲大娘给我们"送打糕"这件事情。当我们空着肚子在阵地上跟敌人拼了"三天三夜"的时候，这位大娘带着全村妇女，冒着很大的危险，送打糕送食物给我们吃。你想啊，如果三天三夜不休息多可怕，志愿军战士忍着饥饿，可大娘"冒着"炮火，"穿过"硝烟，就是说她随时都有生命危险。面对这样的情况，大娘给予志愿军最大的帮助，真是"雪中送炭"，所以大娘就是我们的亲人。

师：你抓住了"三天三夜"和"冒着"，还有"穿过"这些词，给他掌声。当然，你还用了刚才同学说的一个成语（指板书）"雪中送炭"来概括说明他们是亲人。很好。

生：我再讲一件大娘的事情。有一位伤员在大娘家里养伤，而敌机来了，大娘丢下自己唯一的亲人——可能是战争的原因，大娘只有唯一的小孙子和她做伴了。可为了抢救伤员，大娘只好扔下唯一的亲人，所以我觉得他不仅是亲人，而且胜似亲人。

师：你刚才说话的时候我听到你用了一个词是"唯一"。为什么要用"唯一"？

生：我想，这说明大娘只有这么一个孙子，她全心全意爱着孙子。

师：我问你，你是爷爷奶奶唯一的孙女吗？你能不能结合自己的生活体会谈一谈？

生：我应该是他们唯一的孙女。

师：应该？难道判断不准吗？（笑声）

生：我其实不是他们唯一的孙女。

师：不是唯一的孙女，那爷爷奶奶爱你吗？

生：非常爱我，什么好吃的他们都舍不得吃，给我留着。虽然我不是他们唯一的孙女。

师：他们这么爱你，更何况大娘这唯一的亲人还是小孙子，就说明——

生：更爱孙子了。

生：这比山还高、比海还深的情谊，志愿军……怎么……会……忘记？

师：看把你激动的——志愿军……怎么……会……忘记（模仿学生的表情和动作）都已经上气不接下气了，而且你像作者一样用了一个反问句强调了自己的观点。我知道你那里透着深深的情，讲得有情，给他鼓掌。（其实是学生有些紧张，但老师故意幽默一下，缓解学生的情绪，于是有了听课者和学生的笑声）

生：我还想补充：首先是志愿军已经空着肚子打了三天三夜的仗了。要是我平时饿上两餐就两眼发晕，何况他已经饿了三天三夜，而且他们还耗费和敌人打仗的体力和精力。可志愿军因保卫朝鲜不惜牺牲自己的生命，即使饿晕了也要继续打下去，保卫朝鲜。而这时候，大娘领着全村妇女，也同样怀着不怕牺牲的信念，顶着打糕送到阵地上给战士们吃，使许多战士感到雪中送炭。他们就像我们的父母那样，可以为自己的孩子不惜牺牲自己的生命，所以他们彼此称作亲人。

师：我发现你从两个角度来讲，很全面。你会学习，会思考。继续，你们光讲大娘、大嫂，还有小金花呢？

生：我想讲讲小金花的事。小金花的妈妈为了救侦察兵老王不惜牺牲自己的生命，把老王救了出来，她自己却牺牲了。你看小金花嘴角"抽动了两下"，然后又是"把脚一跺"，表示什么？这是表现对敌人的恨，他们竟然都能为了对方牺牲生命，所以他们就是亲人。

师：你抓住小金花动作的细节来讲，很好。这恨化作一股特别的力量，她要报仇！当时小金花是怎么说的？请你把小金花的话读一下。

生：妈妈，这个仇我一定要报！（学生读小金花的话，读出了课文描写的小金花"恶狠狠"的语气）

生：我有个问题，小金花的妈妈死去了为什么她不哭，这是生她养她的亲人，而志愿军叔叔离去的时候，她却哭了？

师：那你现场采访吧，你想采访谁都可以。（老师灵机一动让该生和同学探讨）

生：虽然小金花妈妈死去了，但是她还有亲人，（老师提示让该生看着那个学生的眼睛说）就是志愿军，就像她的亲人一样。

师：不错，还有哪位同学要讲？

生：她把眼泪化作了仇恨，化作了力量，来报仇。

生：我觉得她是伤心的，只是没有表现在外面，而是藏在心里而已。

师：非常不错，就是说小金花化悲痛为力量。（同学们笑了，老师夸奖他采访得不错）

师：（指一名同学）你看你刚才不好意思发言，其实你很行。有困难我们一起克服。请你讲讲大嫂吧！

生：大嫂知道我们打仗需要营养，缺少蔬菜，她就到山上给我们挖野菜，后山挖光了她又到前沿阵地上去挖。去前沿阵地上挖，是冒着生命危险，全是为了志愿军能补充点营养，所以她就是我们的亲人。

生：为了挖野菜给战士吃，结果大嫂被敌人的一颗炸弹炸伤了，伤好以后只能拄着双拐走路。山路那样崎岖，可为了送志愿军，她竟然拄着双拐来送行！所以说，您为我们付出了这样高的代价，难道还不够表达您对中国人民的友谊？

师：请你把这个反问中的"您"改成"大嫂"，再讲一遍。

生：大嫂为我们付出了这样高的代价，难道还不够表达大嫂对中国人民的友谊？

师：谁来评价一下，讲得如何？

生：不错。这样一讲，再用一个反问句，讲服了大家。而且讲大嫂的事情很细致，比如大嫂拄着双拐走在"崎岖"的山路上来为我们送行，这是"比山还高，比海还深"的情谊啊！

师：（出示课件：句式训练）刚才是具体地"讲"，现在要概括地讲，用下面的句式概括。注意用上刚才你们所讲的词句：为了志愿军，大娘（　　　　）；为了志愿军，大嫂（　　　　）；为了志愿军，小金花（　　　　）。

生：为了志愿军，大娘失去了唯一的亲人；为了志愿军，大嫂只好靠双拐走路；为了志愿军，小金花失去了自己的妈妈。

生：为了志愿军，大娘累得昏倒路旁；为了志愿军，大嫂倒在血泊里；为了志愿军，小金花化悲痛为力量。

师：难道朝鲜只有这样几位亲人？

生：不是的，这三位只是朝鲜人民的代表。

师：为什么写的都是女性，而且是老、中、小的代表？

生：男的都在前线打仗，女人也全都投入了战斗。所以这样写，说明朝鲜人民全部投入了战斗。

师：好，请变成一个句式再概括地讲。播放课件：为了志愿军，朝鲜人民（　　　　）。

生：为了志愿军，朝鲜人民不惜牺牲自己的生命。（请学生板书）

生：为了志愿军，朝鲜人民失去了最宝贵的东西。

师：为什么朝鲜人民会对我们这样感激？加上半句，请再概括地讲。播放课件：为了朝鲜人民，志愿军（　　　　）；为了志愿军，朝鲜人民（　　　　）。

生：为了朝鲜人民，志愿军抛头颅洒热血；而为了志愿军，朝鲜人民和志愿军浴血奋战。

生：为了朝鲜人民，志愿军付出了血的代价；为了志愿军，朝鲜人民不惜牺牲一切。

师：通过你们由衷地"讲"，我们感到这友谊的确比山还高，比海还深。所以分手的时候，他们就大声地说（放课件：再次回扣到课题）——

生：再见了，亲人！（有了语气上的变化）

师：火车开动了，他们高喊着——

生（齐）：再见了，亲人！（感情和以前不一样了）

师：火车开得好远好远，他们仍然呼喊着（教师做呼喊状）——

生：再——见——了，亲——人！

师：刚才你们讲的只是他们8年相处的点点滴滴。这样的故事，就是讲上三天三夜也讲不完呀！这一别真不知道什么时候再相见。列车就要开动了，千言万语只好化作"诵读"的深情。（出示课件：诵亲人）那么，怎么理解这个"诵"？

生：我觉得诵是赞扬的意思。

生：我觉得用心灵赞颂。

生："诵"是歌颂的意思。

师：那就把你刚才讲时的感情"送"到你们的朗读中，用你们的心歌颂他们。

师：现在你们就是志愿军战士，你想和谁告别就和谁告别。可以选择一段可以选择几句话。

生：小金花，不要哭了，擦干眼泪再给我们唱个《捣米谣》吧！……（和小金花诵别）

师：哪位是妈妈用生命救回的老王，请你来和小金花告别。

生：（一男生读，创造教材，把文中的"老王"变成了"我"，真正进入角色）

师：是啊，听了你的安慰，小金花更刚强了。

生：大嫂，快回家休息吧，看您的孩子在您的背上……（和大嫂诵别）

师：哪位是吃过大嫂挖的野菜的志愿军战士，请你再来和大嫂诵别。

生：（激动地）大嫂，大嫂！……（内容略。学生创造性地朗读）

师：（放课件：大娘照片）看，这就是当年报纸上登载的75岁的李大娘和战士张喜武挥泪告别的情景。回首往事，情更深，意更浓，谁想和大娘诵别？

生：（深情地）大娘，停住您送别的脚步吧，为了帮我们洗补衣服您已经几夜……

师：你的诵别含着深情，可是年迈的大娘怎么忍心就此和亲人志愿军分手呢？我们只好请求她。谁来请求大娘？

生：（"请求"大娘，读得很动情）

师：就是这样请求，大娘也没有停下送别的脚步，送了一程又一程，我们只好恳求大娘——

生：（恳求大娘，尤其是"大娘"一词由慢到快的语气处理，感觉很有味道）

师：可是，大娘的脚步仍然没有停住。为了让大娘回家休息，万般无奈，我们的战士只好哀求她——

生：（哀求大娘，有个学生连续强调了两次：大娘！大娘！……）

师：你不断地哀求大娘，可大娘还是不回去，没有办法，我们只好以军人的口气命令她。谁来命令大娘——

生：（命令大娘，比如读"大娘"语气很坚定）

师：命令中也有不忍，命令中也含着深情，是一种复杂的感情啊！谁再来试试？

生：（读出的感情很复杂。台下响起了掌声）

师：现在你想怎样对大娘诵别，你就怎样对大娘诵别，开始——

生：（全体学生带着各自的体验诵别，有的还用自己的语言表达）

生：我们由衷地感到，这"比山高，比海深"的情谊是用鲜血凝成的，谁说他们不是亲人？他们不但就是亲人，而且胜似亲人！

师：所以，分别的时候，他们才这样难分难舍地倾诉——

生：再见了，亲人！（热烈地）

师：登上了火车，他们仍然恋恋不舍地送别——

生：再见了，亲人！（难舍地）

师：火车远去了，那声音仍在天空回荡——

生（齐）：再——见——了，亲——人——！（深情地，声音由近及远）

师：（出示课件"别亲人"）再见了，亲人——他们就这样依依分别。（教师语气很慢，很动情，同时播放站台上当时真实的告别场景）

生：（表情激动，完全进入情境，自己仿佛就是志愿军，在经历催人泪下的感人场面）

师：列车就要离开了，志愿军们只好发出最后的呼喊（引导读课文最后三段）

生：再见了，亲人！再见了，亲爱的土地！我们的心……（出示课文后三个自然段）

师：听着志愿军的话语，朝鲜人民会怎样告别？

生：再见了，亲人！再见了亲爱的志愿军（学生在老师手势的提示下改动后三个自然段）

师：对，他们的心声和志愿军是一样的，只是称呼的改变。那就是——

生（齐）：再见了，亲人，再见了亲爱的战士……（课件把课文后三个自然段几个称呼改动了一下，创造性地使用教材）

师：你们这边（指左边的同学）是志愿军，这边（指右边的同学）是朝鲜人民，你们就这样一句接着一句不停地向对方诵别，你们（指左边的同学）读课文的最后三个自然段，你们（指右边的同学）就读上面（课件）的三段。

（教师用手势引导，学生扮演不同角色互相对读，此起彼伏，气势感人）

师：（课件播放火车开动的情景）车轮滚滚，列车在走，情却不走！一边还是志愿军，一边还是朝鲜人民，他们的告别一声叠过一声。（指刚才扮演的两组）一边还是志愿军，一边还是朝鲜人民，你的告别声叠叠起伏，一浪高过一浪。（教师用手势指挥两组学生。就这样，在"再见了"的声音重叠中，在火车声音的渐渐远去中，在老师的指挥中，最后声音越来越弱……台下掌声响起）

师：历史的车轮走过，"再见了"之后最终沉淀在我们心中的是两个字——

生：亲人！

师：让我们永远铭记的是这声音！带着你刚才的体会，把志愿军和朝鲜人民的深厚友谊再来读读。

生：（深情地、神圣地、热情地、崇敬地朗读出不同的语气）

### 3. 延伸"亲人"的理解

师：50多年过去了。我们不想评论这次战争的历史价值。但是，当年，面对美国的侵略，亲人的正义和良知凝结成的力量最终战胜了侵略者。因此，我们要感谢文章的作者魏巍，让我们仿佛也经历了那战火纷飞的年代，也感受了那样的亲人情怀。他让我们领会了这样的亲人是何等伟大，他们的爱是何等壮烈。（板书"壮烈"）

师：今天，我们也许不会遇上这样的壮烈，更多的是在和平的日子中幸福的感受。因此让我想起了魏巍的另一篇很有影响的作品——《我的老师》。《我的老师》发表后，引起了很大反响。他在接受记者采访时深情地说："几十年过去了，经历的事情太多太多，可童年时遇到的几个小学老师会经常浮现在我的眼前，尤其是那位蔡老师——她是我思念的亲人。"注意，作家又一次用了这个让人心里发烫的词语——亲人。

师：同学们可以按照刚才的学习方法，结合文中的几件事，前后桌互相讨论讨论作者怎样会把自己的小学老师当作亲人呢？可以"讲"，晓之以理；也可以"读"，动之以情。

生：我觉得魏巍对他的老师很爱，在第二自然段他把老师描写得十分细微，就连她嘴角上的一个黑痣都记得那么清楚。

生：蔡老师不是真的想打他，可是教鞭敲下来，"我"用石板轻轻一迎，教鞭轻轻地落在石板上，这是一种老师和学生的默契。

生：我想谈魏巍写的两件事，这两件事给"我"的触动非常大。首先一件事就是"我"小的时候父亲在京城部队里，好几年都没有回来。"我"的"反对派"们常常在我耳边猛喊："你爹回不来了，他吃了炮子喽！"想想我们这些正在成长中的孩子，即使是一点点的心灵创伤，对我们来说也是非常大的，有些时候甚至会影响一个人的一生。这个时候，这个老师治好了"我"这个创伤，使魏巍一生免受了这个创伤的影响。所以我感觉这个老师胜似亲人，因为当孩子心灵受到创伤时都是父母来治好这个创伤的，而这个时候却是他的老师。所以在作者眼里，这个老师是多么公平。（学生板书）

生：还有一件事，魏巍即使在放暑假睡觉了的时候，还会爬起来模模糊糊地说要去找蔡老师，只有对妈妈才会有这种依恋。可见"我"是多么爱"我"的老师啊，他对蔡老师的情谊太深了。

生：我给刚才的同学补充，就是他讲的这件小事——父亲在部队好几年没有回来，这时候他那些小反对派们经常在他耳边猛喊你爹回不来之类的话。我们都有爸爸，当别人说你爸爸回不来，吃了炮子了，死了，心里是非常不高兴的。那时的"我"非常小，好像父亲真的死了那样悲伤，但这时恰好是蔡老师援助了"我"，在"我"最需要关爱时给了"我"关爱，给了我最温暖的一封信，说"我"是心清如水的学生。

师：你在这里得到的是——

生：温暖，还有安慰。（让该生上前板书）

师：还有老师教孩子们学诗的情景，让我们一起来读读好吗？

生：（朗读——"圆天盖着大海，黑水托着孤舟，远看不见山，那天边只有云头，也看不见树，那水上只有海鸥"）

师：也许正是有了这样的熏陶，才有了魏巍老师成为了不起的作家的可能啊！

生：我觉得蔡老师有一种无私付出的精神，在魏巍需要帮助时伸出了援助之手，这使我想起了现在教我们数学的王老师。王老师也是像魏巍的老师一样经常在课下给我们讲一些课外知识，而且很幽默。在我特别需要帮助的时候他就能耐心地帮助我。记得有一次，我头磕了一下，特别疼。王老师知道了一边摸着我的头，一边说，去医务室看一下吧……总之，在我最需要帮助的时候，王老师给我安慰，给我关心，我觉得心里很舒服，也特别感动。

师：这位同学很会读书，读了文中的老师联想到自己的老师。其实，我们阅读作品，就是走进作者的心灵，也触动自己心灵的那根弦，于是你的心灵世界也得到了提升。把你对老师的理解表达上去吧！（该生上前板书）

师：通过他的发言对我也是个提醒，其实蔡老师和你们的老师是一样的，都是小学老师。结合上面的事情，联系你的老师讲也都可以，这也是学习的方式。

生：蔡老师对他的学生真好，还领着学生观察蜜蜂……

师：阔别30年的师生终于又重新恢复了联系，以后他们经常书信往来。作家对于教师的尊敬和爱戴流淌在每封信中。而蔡老师呢，面对学生的礼赞，却认为自己只是做了应该做的事情——在她看来，老师爱学生正如母亲爱孩子一样是最平常不过的了。

生：我想谈一下我的班主任刘老师。

师：你也想起了自己的老师，好。刘老师在哪里？（刘老师站了起来）请面对刘老师，眼睛看着她说。

生：（激动地）记得选市三好的时候我落选了，（哽咽，泣不成声，停顿了好长时间，同学掌声给予鼓励）我特别伤心，跑到校园后面去哭，当时也没有几个同学找到我，因为我躲得比较隐蔽。但您找到了我，给予我最大的关爱与安慰，我特别感动。晚上回家时，您怕我难过，怕我伤心，还给我发了个电子邮件告诉我：在人生当中也许有很多挫折，要勇敢地面对，这样你才会成功。这句话给予我莫大的鼓励，我振作起来了，我相信我一定会成功的。

刘老师：（从自己的听课位置来到该同学面前，拍着她的肩膀）听到这句话我就放心了，你确实理解了我对你说的，只要你努力，只要你有坚强的翅膀，你想飞多高就能飞多高，你想飞到哪就能飞到哪。懂了吗？（掌声）

师：谢谢你，刘老师！我发现同学们的眼睛里含着泪花。我知道你们从书中触动了自己的内心。在同学们的交流当中，我发现你们的老师都和蔡老师一样。虽然经历的都是些平平淡淡的小事，虽然我们的老师都不一定那么完美，但是，"温柔慈爱、热情公正、平易近人"却是我们做老师的追求啊！我相信，你们即使毕业了，也不会忘记教你们的那些老师的真情，你们一定和魏巍体会蔡老师一样，充满真情实感，充满无限思念。魏老师呼唤他的蔡老师是亲人，我相信你们也一定会把你们的小学老师称为你们的——

生（齐）：亲人。

师：通过交流我们感觉到虽然老师间、同学间没有血缘关系，也许我们这辈子也不会经历像朝鲜战场上的壮烈之爱，生活中更多的是平凡平淡，这也是真啊！（板书"平凡"）

**4. 升华"亲人"的认识**

师：今天，我们围绕"亲人"这个主题，跨越家庭、跨越时代、跨越国籍、跨越自己，从不同角度、不同侧面，探讨我们对亲人的理解，体会到亲人的重量和分量。黑板上写出的就是你们自己创作的诗篇，题目是——

生：亲人。

师：让我们大声朗读吧。

生：亲人是壮烈的。遇到危险，亲人会挺身而出，会雪中送炭……因此，这样的亲人是伟大的。亲人是平凡的。在平静的生活中体现温柔、慈爱、理解……因此，这样的亲人也是伟大的!(教师引导学生把黑板上的词句串联成散文诗,并画了一个"翅膀",板书中间是竖写的大大的"亲人",把所写文字包起来)

师:两节课中关于"亲人"的主题讨论不可能全面而深刻。重要的是我们大家以此引发开去,随着人生的感悟,生命的成长,会对这个话题有更深刻的领悟和实践。我相信,你这堂课不仅仅是学会感动,你会把获得的感受内化为力量,去学会爱。那么,无论是轰轰烈烈,还是平平凡凡,我们相信你的这份爱是实实在在的,并伴你走好生命的每一天。因此,这篇散文诗并没有写完,我们思维和感情的触角还要延伸。

师:给大家推荐几本书。描写人间亲情的《爱的教育》《马燕日记》《我们仨》等。这种美好的情感是否只存在我们人类之间呢?推荐大家看看沈石溪的《鸟奴》《红奶羊》《一只猎雕的遭遇》;椋鸠十的《独耳大鹿》《雁王》《消失的野犬》等动物小说。读后,你一定会感受到动物的亲情也是很动人的。当然,你还可以阅读人类和动物之间创造的如人类的亲情。(学生拿出本子记录书目)

师:最后送同学一份礼物——请把这三句话高声朗读,送给自己,送给同学,送给爸爸妈妈,送给我们今天听课的老师,甚至是天下所有的人。

生:(放课件:在《鸽子》的歌声中,三段文字相继出现,学生相继朗诵)让我们爱朝夕相处的骨肉至亲,是她们给我们生命中最初的阳光;让我们爱情同手足的老师、同学,将我们平凡的生活泛起欢乐的波浪;让我们爱每一个需要帮助的人,以心感动心,以火点燃火,当亲人的含义普遍超越了家庭,世界将无比温馨和辉煌!

师:鸽子啊,在蓝天上翱翔,带走我殷切的希望,化作我们成长的力量……

(二) 案例点评

这个教例教于 2005 年 3 月。窦桂梅说:"2005 年 3 月 27 日,海定区教委举行了我的专业成长研讨会,并让我执教两节课。为了实践自己正在思考探索的'主题'教学理念,我以'亲人'为主题,以同一作者魏巍的《再见了,亲人》为主讲课文,《我的老师》为略讲课文,并补充相关资料,试图从不同侧面,引导学生体会'亲人'的内涵和亲情的重量。"[①] 这就告诉我们,要评价这个课例,首先得抓住"主题"教学这个切入点。

在这个课例中,窦老师始终围绕"亲人"这一主题,选择和组织教学内容,推进教学进程,手法十分高超。导入新课阶段,她先指导学生理解"亲人"的语言含义,明确亲人是有血缘关系的亲属。接着,便一步步扩充"亲人"的内涵,揭示它的引申义:有些属于同一国度、同一民族但没有血缘关系的人以及有些不属于同一国度同一民族的人也可以称

---

① 窦桂梅. 窦桂梅与主题教学 [M]. 北京:北京师范大学出版社,2006:140.

"亲人"，即：那些能给你大爱，给你的生命和生活无私帮助的人，你都可以称他们为"亲人"。这就为理解《再见了，亲人》一文中"亲人"的含义铺平了道路。正式进入课文的学习之后，窦老师大体按照这样的教学步骤展开教学：(1)"讲亲人，理解其意"，即让学生通过讲述大娘、小金花和大嫂的事迹，理解"这样的人"就是亲人；(2)"诵亲人，感受其情"，即让学生带着感情诵读课文中志愿军战士和朝鲜亲人告别的有关段落和句子，感受其中的"亲情"；(3)"别亲人，体会其味"，即让学生分别扮演志愿军战士和朝鲜亲人，通过亲身体验告别的场景，体会亲人依依惜别的情味。

解读《再见了，亲人》一文中的"亲人"之后，窦老师又引出魏巍的另一篇名作《我的老师》，提出魏巍为什么把他的小学老师也称作"亲人"？这就既使"亲人"这一主题的教学得以延续，又使"亲人"这一主题的内涵进一步扩展。最后，窦老师还给学生推荐了部分描写亲情的课外读物（包括一些动物小说），使学生对"亲人"主题的学习由课内延伸到课外。结课的时候，窦老师带领学生朗诵："让我们爱朝夕相处的骨肉至亲，是她们给我们生命中最初的阳光；让我们爱情同手足的老师、同学，将我们平凡的生活泛起欢乐的波浪；让我们爱每一个需要帮助的人，以心感动心，以火点燃火，当亲人的含义普遍超越了家庭，世界将无比温馨和辉煌！"到了这时，不但课堂教学的气氛达到高超，而且学生对"亲人"这一主题的理解也得到升华。

这个教例的另一个突出特点是善于调动课堂教学中的情感因素来增强教学效果。整堂课就像一首浓郁的抒情诗，师生激情飞扬，在浓厚的情感氛围中解读"亲人"的含义，体味"亲情"的分量。窦老师是如何做到这一点的呢？

1. 采用多种手法创设情境，激发和渲染感情

比如用图画创设情境。课堂导入的时候，窦老师出示课件，课件中的图片是一个象征"亲"字的大树。图片的一边标注："树木高高立，枝壮叶儿绿；父母和子女，就像叶连枝。"显然，窦老师是想借用这幅图画创设的情境，促使学生领会亲人之间血脉相连的关系，激发学生对亲人的感情。

比如用语言创设情境。一是用语言描述情境。例如让学生动情讲述大娘、小金花、大嫂、蔡老师等人的故事。二是用诵读渲染情境，例如让学生以志愿军战士的口吻，动情朗读课文中安慰大娘、小金花、大嫂的语言，特别是要求学生用"请求""恳求""哀求""命令"等不同的语气朗读出志愿军战士对大娘的劝慰。再如，用诗歌中回环、复沓的方式反复诵读志愿军战士和朝鲜亲人的告别语："再见了，亲人。"这一点，下文还要专门来谈。

比如用视频和表演创设情境。视频，如教学中播放电影《英雄儿女》的镜头等；扮演，如让学生分别扮演志愿军战士和朝鲜人民，互说"再见了，亲人"；等等。

以上种种，都是通过创设情境激发和渲染感情，增强了教学效果。

2. 采用诗歌中的回环、复唱的方式反复诵读，渲染感情

窦老师在这堂课上，运用教材中的"再见了，亲人"这一告别语，多次指导学生反复诵读，营造送别的情境，激发学生的感情。其反复的方式有两种，一是连续反复，例如：

师：分手之际他们握着手说——（边说边和学生握手，语气较平静）

生：再见了，亲人！

师：就要上火车了，他们握着手说——（和另一位学生握手，语气稍微上扬）

生：再见了，亲人！

师：志愿军登上了回去的列车，他们拉着手说——（语气有些急切）

生：再见了，亲人！

师：列车就要开动了，他们握着手说——（语气再急切一点）

生：再见了，亲人！

二是既连续反复，又回环反复。例如，课堂上的这种连续反复隔一段时间重新出现一次，每次表达的方式稍有变化。整堂课上，这样的反复一共出现了四次：第一次，是第一次提及志愿军战士回国之际与朝鲜亲人告别的时候。第二次，是在学生"讲亲人"之后。第三次，是在学生"诵亲人"感情达到高潮的时候。第四次，是创设"别亲人"的情境之际。这最后一次，诵读的内容和教师的引导都稍有变化，如：

师：列车就要离开了，志愿军们只好发出最后的呼喊（引导读课文最后三段）

生：再见了，亲人！再见了，亲爱的土地！我们的心……（出示课文后三个自然段）

师：听着志愿军的话语，朝鲜人民会怎样告别？

生：再见了，亲人！再见了亲爱的志愿军（学生在老师手势的提示下改动后三个自然段）

……

师：你们这边（指左边的同学）是志愿军，这边（指右边的同学）是朝鲜人民，你们就这样一句接着一句不停地向对方诵别。你们（指左边的同学）读课文的最后三个自然段，你们（指右边的同学）就读上面（课件）的三段。

（教师用手势引导，学生扮演不同角色互相对读，此起彼伏，气势感人）

师：（课件播放火车开动的情景）车轮滚滚，列车在走，情却不走！一边还是志愿军，一边还是朝鲜人民，他们的告别声一声叠过一声。（指刚才扮演的两组）一边还是志愿军，一边还是朝鲜人民，你们的告别声叠叠起伏，一浪高过一浪。（教师用手势指挥两组学生。就这样，在"再见了"的声音重叠中，在火车声音的渐渐远去中，在老师的指挥中，最后声音越来越弱……台下掌声响起）

这种反复的咏叹和复唱，强烈抒发了志愿军战士和朝鲜人民之间的深厚情谊，也极好地营造了让学生理解中朝人民深厚情谊的情境，强化了教学效果。

◆ 思考讨论

1. "三个超越"与"为生命奠基"是什么关系？
2. "主题教学"何以做到"为生命奠基""为聪慧与高尚的人生奠基"？
3. 请评价窦桂梅语文教育理念的现实意义。

◆ 扩展阅读

1. 窦桂梅. 窦桂梅与主题教学［M］. 北京：北京师范大学出版社，2006.
2. 窦桂梅. 小学语文主题教学研究［M］. 北京：人民教育出版社，2015.
3. 窦桂梅. 我的教育视界［M］. 上海：华东师范大学出版社，2013.
4. 窦桂梅. 超越·主题·整合：窦桂梅教学思想探索［M］. 北京：中国大百科全书出版社，2013.
5. 窦桂梅. 听窦桂梅老师讲课［M］. 上海：华东师范大学出版社，2006.

# 第二编

# 语文名师的教改经验

# 第五章 钱梦龙：语文导读法

### 导　读

"语文导读法"是我国著名语文特级教师钱梦龙于 20 世纪 80 年代初提出来的一种引导学生真正学得主动、在学习过程中积极思考，从而锻炼自读能力的新型教学法（《心理学大辞典》）。这一教学法在我国语文教育界产生了广泛而深刻的影响，甚至影响了语文以外的其他学科教学。本章就让我们走近钱梦龙的"语文导读法"。

> 钱梦龙，1931 年出生，2024 年 5 月去世，上海嘉定人。1948 年初中毕业后辍学。1951—1985 年任上海市嘉定二中语文教师，1985—1990 年任嘉定实验中学校长，2001 年起担任上海市桃李园实验学校校长。1989—2000 年兼任全国中小学教材审定委员会学科审查委员。1980 年被评为特级教师，1989 年被评为全国教育系统劳动模范。
>
> 钱梦龙长期从事中学语文教学、科研及学校管理工作，创立了以"学生为主体、教师为主导、训练为主线"为理论基础，以"自读""教读""复读"为基本模式的语文导读法，在全国语文教育界产生了广泛影响。著有《语文导读法探索》《导读的艺术》《钱梦龙与导读艺术》《我和语文导读法》等论述"语文导读法"的论著和大量相关论文。

## 一、"语文导读法"述要

### （一）基本理论

钱梦龙的语文导读法是以教学认识论为理论基础设计的。教学认识论认为，学生在教学过程中的认识与人类的一般认识相比，有其特殊性，有其鲜明的特点，就是学生的认识是"间接的"和"有领导的"。也就是说，教学过程中的认识主体（学生）和认识客体（教学内容）之间介入了一个起领导作用的中介（教师）。钱梦龙根据教学认识论的这一基本原理，并结合语文教学的特点，提出了一个以"三主"为理论基础的"语文导读法"。其"三主"是："学生为主体""教师为主导""训练为主线"。

"学生为主体"，这是由一般认识论就能推导出来的结论。从认识论的角度看，世界上的万事万物可分为两种：认识者和被认识者。人是世间万物的认识者（也是改造者），因而是主体；世间万物是被认识和被改造的对象，因而是客体。在教学过程中，学生是认识者，自然是主体。钱梦龙进一步指出："确认学生是教学过程中认识的主体（从学生发展的角度说，还应该是'发展的主体'），就是确认学生是具有主观能动性的实践者和认识者，是蕴藏着巨大认识潜能的活生生的人。确认学生的主体地位，对教师的教学必然会产生相应的制约作用：教师在课堂上的主要工作将不再是向学生'奉送'知识，而是引导学生去发现知识，为学生自己达到认识和发展的目标提供帮助（不是'代劳'）。确认学生的主体地位，对学生的学习也必然会产生重大的影响：当学生确实意识到自己是学习的主人，而不是教师'灌注'知识的'容器'时，他们必将焕发出巨大的认识热情，这种热情主要来自他们内部的驱动力。这样，教学必将呈现出全新的格局。"①

"教师为主导"，这是钱梦龙基于教学过程的特殊性提出来的。按照一般认识论的观点，教师和学生都是认识世界和改造世界的主体，但是，在教学过程中，"处于主体地位的教师，不像学生那样仅有自身的认识任务，而是要以自己认识的结果引导学生达到大纲和教材所规定的认识目标。"② "教师为主导"，"是对教师在教学过程中的地位、作用的描述和限制：'主导'的着重点在'导'，'导'者，因势利导也，就是要求教师必须顺着学生个性发展、思维流动之'势'，指导之、引导之、辅助之、启发之，而不是越俎代庖、填鸭牵牛；教师'导'之有方，学生才能学得有章有法，真正成为知识的主人，名副其实的主体。"③ 事实上，"教师为主导"的说法早在20世纪30年代以来形成的苏联教育理论中就已经提出来了，钱梦龙在这一点上只是继承了苏联教育学的认识遗产并给出了自己的解释。

"训练为主线"是钱梦龙基于语文教学过程的特殊性提出来的。他所说的训练和教学过程中通常所说的"练习"不同，它"是学生在教师的指导下为了从各方面提高自身的素

---

① 钱梦龙. 我和语文导读法 [M]. 北京：人民教育出版社，2005：32-33.
② 钱梦龙. 导读的艺术 [M]. 北京：人民教育出版社，1995：27.
③ 钱梦龙. 语文导读法的昨天和今天 [J]. 课程·教材·教法，2014（8）：5.

质而进行的有目的、有计划的活动和实践"。① "训",指教师的指导,"练"指学生在教师指导下的实践。他认为,"教育本身就是训练"。"语文学科的实践性强,学生要学会阅读、学会作文、学会听说,并通过读、写、听、说的实践提高语文素养,更不能须臾离开训练。"新课改以来,有些人反对训练,这是对训练的误解。"排斥训练,无异于抽空语文教学的内容,使语文教学蜕变成一个徒有其表的'空壳',跟思品课、政治课、历史课等其他人文学科没有了区别,结果必然是严重降低语文教学的质量。"② 钱梦龙还从分析"三主"之间的关系入手,进一步阐释了"训练"的地位和价值:"'学生为主体'是教学的基本立足点,着眼于学生的'会学';'教师为主导'是保证学生真正实现其主体地位的必要条件,着眼于教师的'善导';而学生的'会学'和教师的'善导'又必然汇合于一个综合的、立体的、科学的训练过程之中。由此可见,训练是学生的'会学'和教师的'善导'相互作用的必然归宿。从这个意义上说,导读的过程也就是训练的过程;高质量的、生动活泼的训练,是导读成功的必要条件。"③

(二) 操作模式

钱梦龙基于他的"三主"教学理念,又设计了贯彻"三主"思想的三种课堂教学形式,或叫三种基本模式:"自读式""教读式""复读式"。

1. 自读式

这是立足于学生自主阅读的课堂教学形式。自读并不是放任自流地阅读,它也要体现教师的主导作用,进行"严而有格"的训练。为此,钱梦龙根据中学阅读教学的特点设计了一个严格的训练体系——"自读五格"。这"五格"是:"认读感知""辨体析题""定向问答""深思质疑""复述整理"。

(1) "认读感知"是阅读的起点,要求学生通过认读(朗读或默读)对课文获得一种初步的整体印象。这是对课文的一种"近乎直觉的认知体验"。与此同时,在这一训练过程中,也要训练学生能借助工具书理解生字、新词在具体语境中的意义的能力。

(2) "辨体析题"。辨体,就是辨别文体;析题,就是解析文章的标题。因为不同体裁的文章在表达方式和语言运用等方面各有不同的特点,而标题与文章的内容有密切的关系。因此,辨体析题实际上是在训练学生正确把握文章的内容和形式特点的能力。钱梦龙强调:"精心辨体析题的训练,学生须能正确判断文章属于何种文体,并能从表达方式、

---

① 钱梦龙. 导读的艺术 [M]. 北京:人民教育出版社,1995:18.
② 钱梦龙. 我这样上语文课 [J]. 课程·教材·教法,2016 (3):14.
③ 钱梦龙. 我和语文导读法 [M]. 北京:人民教育出版社,2005:35.

语体特色等方面说明判断的依据。析题应重在理解标题与文章内容的联系。"①

(3)"定向问答"。要求学生在自读课文时,从三个方面依次发问并自求解答:文章写了什么?怎么写的?为什么这样写?

(4)"深思质疑"。钱梦龙认为,学生通过定向问答,虽然对文章已经能有比较全面的认识,但仍然只是一般水平上的解读,还不一定能读出自己的独特感受和体会。深思质疑是把认识引向深层的必要步骤,同时也可以提出与作者不同的意见。

(5)"复述整理"。复述,就是回忆、概述文章的内容和形式等,从已知中筛选出最主要的信息。整理,就是把阅读过程中零星的体会再从头梳理一遍,或分类归纳,使之条理化,清晰化。复述整理标志着一个相对完整的阅读过程的结束。

2. 教读式

这是学生在教师的指导下进行阅读训练的课堂教学形式。与"自读式"和"复读式"相比,钱氏对"教读"的要求最为灵活。他只是对教师在"教读"课上的工作提出了下述原则性要求。

(1) 激励、唤醒、鼓舞。即"激励学生的学习内驱力,唤醒学生沉睡的求知欲,鼓舞学生依靠自己的力量获得成功的信心。"②

(2) 设计教学过程。钱梦龙认为在设计教学流程时,尤其要注意两点:一是选准"突破口",二是确定"聚焦点"。

(3) 授之以渔,随机点拨。"教读",就是教学生读,因此,钱梦龙更重视在教读课上随时指点阅读的方法。

3. 复读式

这是以单元复习为主要内容,以训练提炼概括能力为主要目的的课堂教学形式。其做法是,把若干篇已经读过的文章,按某种联系组成一个"复读单元",指导学生通过复习、比较、思考,做到既"温故"又"知新"。"复读单元"既可以与"教学单元"重合,也可以根据训练的需要另组单元。复读的要求,大体可概括为以下三个方面。

(1) 知识归类。即把各篇课文中的主要知识按若干类别加以归纳、整理、系统化。目的在于帮助学生形成一定的知识结构。

(2) 比较异同。可以是几篇课文的比较,也可以从课外读物中寻找文章与课文进行比较。目的是引导学生发现某些文章单篇阅读时不易发现的特点。

(3) 发现规律。引导学生以一组文章所提供的事实或材料为对象,在归纳、比较的基

---

① 钱梦龙. 我和语文导读法 [M]. 北京:人民教育出版社,2005:43.
② 钱梦龙. 我和语文导读法 [M]. 北京:人民教育出版社,2005:47.

础上，经过推演、思考，进而寻求支配这些事实的规律。这是进一步的抽象思维训练。

### （三）"语文导读法"的价值

#### 1. 准确揭示了教与学的关系

教师和学生在教学过程中的地位与相互关系问题，向来有很多说法。例如："学生主体说""教师主体说"，教师和学生"双主体说"，等等。我们认为，以"学生为主体，教师为主导"构成的"主体-主导说"正确界定了教学过程中教与学的关系，这不但对语文教学，而且对整个教学论的发展都是有贡献的。单纯的"学生主体说"并没有告诉我们在教学过程中教师处于何种地位，教与学是何种关系，因而在实践中容易抹杀教师在教学过程中应有的地位，滑向"学生中心主义"；"教师主体说"则过于强调了教师在教学过程中的地位，忽视了学生的主观能动性，实践中往往滑向"教师中心主义"；"双主体说"虽然强调了教师和学生在教学过程中都有重要作用，但并没有说明两个主体之间是什么关系，这在实践中很难把握。依据认识论的观点，教师和学生都是认识的主体，但是，正如钱梦龙所说："从教学论的角度看，同样作为主体而存在的教师和学生，在教学过程中的地位是截然不同的。教是手段，学是目的；教是条件，学是结果；教师教的效果，最终都要通过学生学的效果来显示。因此，教师和学生虽然都有自己的认识任务，但两者的性质应该有所区别：教师的认识活动只为学生的认识活动而存在，并为之服务；如果教师的认识活动无助于推进学生的认识活动，便完全失去自身存在的意义。……我们对教师不提'主体'而提'主导'，并不意味着否定教师在教学过程中的认识任务，而正是为了揭示教师的任务不同于学生的特点：教师不仅有自身的认识任务，而且要以自己认识的结果引导学生达到教学大纲和教材所规定的认识目标。教师的'主导'地位正是教师的'主体'地位在师生双向活动中的特殊存在形式。"① 这种解释，就比较清楚地说明了教学过程中教师和学生不同的地位和相互关系。可以说，"主体-主导说"在教学论上第一次明确地把学生置于认识主体和发展主体的地位，并且认为，要实现这种主体地位，必须要以教师充分发挥主导作用为条件。这不能不说是对教学论研究的一大贡献。

#### 2. 优化了阅读教学方法

传统的语文教学重读轻讲，清末独立设科之初的语文教学重讲轻读。此后，语文教学逐渐形成了一种讲读并重的教学法，名之曰"讲读法"。历史证明，无论是重读轻讲、重讲轻读还是讲读并重，都没有处理好语文教学中教师和学生的关系，限制了语文教学质量和效率的最大化。"导读法"是一种十分科学的教学方法，它的科学性在于既重视了学生

---

① 钱梦龙. 导读的艺术［M］. 北京：人民教育出版社，1995：9.

的读，又强调了教师的引导与指导。需要指出的是，"导学"思想并不是钱梦龙的首创，而是早就有人做过探讨。例如，1915年，时任小学国文教师的姚铭恩，在其所著的《小学作文教授法》中指出："尝譬作文教授，为保姆事业。儿童作文，等于孩提学步，弱小婴儿，必全赖乎怀抱。因已数月以后，足力渐生，则为之保姆者，即当以灵妙之手腕，轻举其织柔之足部，以练习之。再数月而略能停立，则扶持之；略解移步，则提携之，且当于提携之中，而时或偶一释手，若即若离，以练习其独立或短距离之步行。渐进而达于能自行立之境途。"① 后来，叶圣陶进一步发展了这一思想并提出，"教师之为教，不再全盘授予，而在相机诱导。"他在《自力二十二韵》中用形象的诗歌语言表达了这一思想："学步导幼儿，人人有经验。……似此寻常事，为教倘可鉴。"钱梦龙则在前人认识的基础上，用"语文导读法"将这一思想概括出来，并使之系统化，这是他对语文教学的重要贡献。

## 二、教学案例简析

（一）案例展示

### 《愚公移山》教学实录②

#### （第一教时）

师：上一课（注：指正式上课前用20分钟时间让学生自读课文）同学们自读了《愚公移山》，我检查了一下，同学们学习得很好，老师非常满意！现在我们先一起来把文章朗读一遍，好吗？

（学生齐声朗读全文。读毕，有学生提出"亡"字错读了 wáng，教师让同学们共同订正）

师：下面请同学们提提看，在自读中有什么问题。

生："河曲智叟"的"曲"是什么意思？

师：谁会解释这个"曲"字？都不会？那就请大家查字典。

生：（读字典）曲，就是"弯曲的地方"。

师：嗯，这个解释选对了。后面还举了什么词作为例子？

---

① 顾黄初，李杏保. 二十世纪前期中国语文教育论集［M］. 成都：四川教育出版社，1991：51.

② 钱梦龙.《愚公移山》教学实录［EB/OL］.［2015-12-28］. https://wenku.baidu.com/view/3426c905453610661ed9f435.html?_wkts=1726316053589&needWelcomeRecommand=1，访问日期：2024-12-10。

生：河曲。

师：对。河曲就是黄河弯曲的地方。你们看，有些问题一请教字典就解决了。还有别的问题吗？

生：第一段里的"本在冀州之南，河阳之北"，为什么这里用个"本"字？

师：嗯，这个问题提得好。谁能帮助这位同学解决这个问题？

生：因为太行、王屋二山后来搬走了，不在这个地方。

师：说得真好！这个"本"字是跟后文相呼应的。这个问题提得好，解决得更好，说明同学们能够思前顾后地读文章了。

生："残年余力"是什么意思？

师：噢，残年余力，谁能解释这四个字？

生："残年余力"是说老人力气不多了。

师：好，意思讲对了！这个"残"字，我们来明确一下它的含义，好吗？请查字典。

生：（看字典回答）残，就是"剩余的"。

师："残"跟"余"在这里意思是一样吗？

生（齐）：一样！

师：一样，对了！愚公快九十岁了，余下的日子不多了，剩下的力气也有限。再请大家说说看，"以残年余力"这个"以"怎么讲？

生：用，因。

师：这样解释，在这里适用吗？你说！

生：这里解释"凭"好。

师：对，解释"凭"好。"以"作"凭"讲，文章里还有别的例子吗？

生：愚公妻子讲的"以君之力"，这个"以"字用法一样。

师：对！还有没有问题了？

生："出入之迂也"，这个"之"字不会讲。

师：噢，这个"之"的用法可能没有学到过，大概都不知道吧？

生："之"是结构助词。

师：讲得很好！我以为没有人知道了。是结构助词，不过这个结构助词用法有点特别，你们看，如果要翻译这个句子，这个"之"字要不要翻译出来？

生（齐）：不要！

师：那怎么译法？

生：出出进进都要绕远路。

师：讲得对！你们看前面还有没有同样用法的"之"字？

生："北山之塞"的"之"，用法一样。

师：找对了！同学们还有别的问题吗？（稍顿）没有问题了？很好，说明大家都懂了。你们看，许多问题大家一起来思考，不是都解决了吗？这说明同学们经过自己的努力是能读懂这样的文章的。现在，老师来问你们一些问题，看大家真的读懂了没有。这篇寓言共写了几个人？我们先来把它们列出来，大家一起说，我来写，好不好？

（学生们纷纷提出，黑板上最后出现了一个人物表：愚公、其妻、其子孙、遗男、智叟）

师：我们先来熟悉一下这个人物表。大家说说看，这个老愚公有多大年纪了？

（学生纷纷答，有人说"九十岁"，有人说"九十不到"）

师：到底是九十，还是九十不到？

生（齐）：不到。

师：不到？从哪里知道？

生："年且九十"，有个"且"字。

师：且，对！有的同学看书仔细，有的同学就有些粗心。那么，那个智叟是年轻人吗？

生（齐）：老头。

师：怎么知道？

生（齐）："叟"字呀！

师：啊，很好。愚公和智叟都是老头子。那么，那个遗男有几岁了？

生：七八岁。

师：你又是怎么知道的？

生：从"龀"字知道。

师：噢，龀。这个字很难写，你上黑板写写看。（生板书）写得很好。"龀"是什么意思？

生：换牙。

师：对，换牙。你看这是什么偏旁？（生答："齿"旁）孩子七八岁时开始换牙。同学们不但看得很仔细，而且都记住了。那么，这个年纪小小的孩子跟老愚公一起去移山，他爸爸肯让他去吗？

（生一时不能回答，稍一思索，七嘴八舌地："他没有爸爸！"）

师：你们怎么知道？

生：他是寡妇的儿子。孀妻就是寡妇。

师：对！遗男是什么意思？

生（齐）：孤儿。

师：对了！这个孩子死了爸爸，只有妈妈。你们看书的确很仔细！再请你们计算一下，这次参加移山的一共有多少人？

生：五个人。

师：你们怎么知道的？

生：一个愚公，一个遗男，还有他的三个子孙。

师：三个什么样的子孙？

生：三个会挑担的，"荷担者三夫"。

师：你们怎么知道愚公自己也参加了呢？

生："遂率子孙荷担者三夫"，是愚公率领了子孙去的。

师：啊，讲得真好！那请你再说说看，"遂率"前面省略了一个什么句子成分？

生：主语。

师：主语应该是什么？

生：愚公。

师：好！愚公遂率子孙荷担者三夫，主语补出来，人数很清楚，一共五个人。人物我们搞清楚了，下面再看看，这个寓言写了一件什么事？

生（齐）：移山。

师：这件事做起来难吗？从文章里找出句子来说明。

生：很难。文章里有"高万仞""方七百里"两句。"高万仞"就是很高的意思，"方七百里"就是方圆面积七百里。山又高又大，很难移。

师：说得很好。移山的任务越艰巨，就越能显示出人们不同的精神面貌。接下来让我们根据这张人物表上出现的人物，来看看他们对待移山这件事的不同态度。文章里有两个人讲的话差不多，你们看是谁啊？

生：愚公妻和智叟，他们两人的态度差不多。

师：差不多吧。好，我们就先把他们两个的话一起读一遍吧，比较比较，看看两人的态度究竟是不是一样。（学生朗读）

师：想一想，他们的态度一样吗？

生：智叟讲愚公很笨，太不聪明了。愚公妻没有讲。

师：你再说说看，智叟讲的这个句子是怎样组织的？

生：倒装的。

师：那么不倒装该怎么说呢？

生：汝之不惠甚矣。

师：你知道为什么要倒装吗？

生：强调愚公不聪明。

师：对，把"甚矣"提前，强调愚公不聪明到了极点。这句话愚公的妻子是不讲的。这里有一点不同。我们再来看一看称谓，愚公妻称愚公什么？

生（齐）：君。

师：那么智叟称愚公——

生（齐）：汝。

师：这两个词有区别吗？

生："君"表示尊重，"汝"很不客气。

师：嗯，好！我再把这个"汝"简单地讲一讲。长辈对小辈，地位高的人对地位低的人，一般用"汝"。平辈之间用"汝"，就有些不尊重的意思。智叟叫愚公为什么用"汝"啊？

生：智叟看不起愚公，因为他觉得愚公笨。

师：对，这是又一点不同。还有什么不同吗？

生：还有两句讲得不一样。愚公妻说："以君之力，曾不能损魁父之丘，如太行、王屋何？"智叟说："以残年余力，曾不能毁山之一毛，其如土石何？"

师：不一样在什么地方？

生：愚公妻说愚公不能把小山怎么样；智叟说连山上一根毛都不能动，有点讽刺的意思。

师：啊，讲得好。这里的"毛"字，是什么意思？

生：小草。

师：请你把这个解释用到句子里去讲讲看。

生：曾不能毁山之一毛，就是不能毁掉山上的一根小草。

师：对，一棵小草也毁不了，这是一种什么语气？

生：轻蔑。

师：对，轻蔑的，这跟愚公的妻子一样吗？

生：不一样。

师：看，这里又有不同。还有"如太行、王屋何"和"其如土石何"，同样是"如……何"的句式，可是智叟的话里多一个"其"字，这里有什么不同？

生：智叟的话语气比较强，用个"其"字，有点强调愚公没有用。

师：讲得好。最后还有一句不一样，是哪一句啊？

生：且焉置土石。

师：这句话怎么解释？

生：把土石放到哪里去？

师："焉置"的"焉"字怎样解释？

生：疑问代词，哪里。

师：对，不过这句里的"哪里"放到"置"的前面去了，"焉置"就是"置焉"，放在哪里。愚公妻有这个问题没解决，后来这个问题解决了吗？

生：解决了。

师：怎么解决的？

生：大家说"投诸渤海之尾，隐士之北"。

师：他妻子提出这个问题来说明她对移山是什么态度？

生：关心。

生：担心。

师：关心又担心，两人都讲得对。她关心这个技术问题怎么解决；还对老头子有点担心，快九十的人了，去移那么大的山，能不叫人担心吗？智叟呢？"嘿，你这个笨老头，一棵小草也毁不了的人，想去移山，瞧你有多笨！"两人一样吗？不一样。现在请你们再在文章里找出两个字来，把两人的态度分别用一个字说明一下。先说愚公妻，好，你说！

生：献……

师：献什么？

生：疑。

师：对，献疑。她对能不能移山只是有疑问。那么智叟呢？

生：笑。

师：对！笑，笑而止之。一个笑字带有什么样的感情，大家想想看。

生：讽刺。

师：请在这个"笑"字前面加一个字，把这种感情表达出来。

生：讥笑。

师：对了。一个是"疑"，一个是"笑"。你看，本来大家认为他们的态度差不多，但仔细比较、分析一下，就发现差别了。所以你们读书要常把看起来差不多的词句拿来比较比较。这个很重要。不要粗粗一看，哦，一样的，就不看了。要动动脑筋，多想想。

我们再来看看另外几个人。那个遗男对移山的态度怎样？

生：高兴。

师：怎么知道？

生：跳，跳往。

师：对了，跳跳蹦蹦地去移山，很高兴。他虽然年纪小，但是人小——

生：志气大。

师：对，他跟愚公一老一小，都有志气。那么愚公子孙的态度怎么样？

生：赞许。

师：赞许，你是从那个"许"字上看出来的吧？再想想，当时大家表示赞许的场面是怎样的？

生：热闹的。

师：怎么知道？

生：杂然。

师：这两个字什么意思？

生：纷纷地、七嘴八舌的样子。

师：还有当愚公妻提出疑问的时候，子孙们怎样？

生：杂曰。

师：什么叫"杂曰"？

生：议论纷纷地说。

师：看，这个"杂"字很准确地写出了子孙们纷纷赞同的场面。上面几个人，对移山有坚决拥护的，有疑问的，有反对的。现在时间到了，请大家下课以后想一想："愚公"就是"笨老头"，他究竟笨不笨？

### （第二教时）

师：同学们大概想过了，愚公究竟笨不笨？

生：不笨。

生：笨是有点笨，不过有点精神。

师：嗯，大家自由发表意见，这就好。其他同学的意见呢？还有，我们说愚公笨，或者不笨，都要从文章里找根据，不能凭空想。

生：不笨。

师：你说说理由。

生：愚公说："虽我之死，有子存焉；子又生孙，孙又生子；子又生子，子又生孙；子子孙孙无穷匮也，而山不加增，何苦而不平？"从这些话里看出愚公不笨。

师：噢，他有意见。

生：有点笨。

师：理由呢？

生：愚公有不怕困难的精神，但不能运用科学道理。

师：其他同学也发表意见。

生：不能说他不能运用科学道理，因为那时还没有大吊车。

师：你们看，现在我们分成两派了，一个是笨派，一个是"不笨派"。（问几个同学）你们是属于哪一派的？

生：不笨派。

师：（问另一学生）你呢？

生：笨派。（笑声）

师：刚才我说过，无论说愚公笨还是不笨，都要根据文章。现在让我们把前前后后有关愚公的一些句子分析分析，再下结论，怎么样？先看看引起愚公移山的动机是什么？

生：惩北山之塞，出入之迂也。

师：请你解释一下。

生：苦于北山交通阻塞，进出要绕远道。

师：说得对。就是说，愚公所以要移山，是因为他"痛感迂、塞之苦"（板书）。那么山移掉了有什么好处呢？愚公想过没有？

生：移了山，那就可以"指通豫南，达于汉阴"。

师：你也解释一下。

生：指通，就是一直通到。可以直通豫州之南，达到汉水南岸。

师：对！从这里我们可以看到愚公清楚地知道移山的好处，用一句话来概括，叫作"确知移山之利"（板书）。这说明他做事目标很明确。还有，刚才有同学提出的他那段回答智叟的话，你们觉得这段话讲得好不好？

生：好！

师：好？好在哪里？你说！

生：这段话有力地驳回了智叟的"笑而止之"。

师：嗯，的确驳得很有力，念起来很有劲的。我们来念一念，体会体会，好吗？

（学生念："北山愚公长息曰……何苦而不平"几句）

师：好，就念到这儿。你们感到这段句子写得怎么样？

生：有力。

师：你们找找原因看，为什么会造成有力的感觉？句子组织有什么特点？

生：朗朗上口。

师：嗯，讲得很有道理。为什么朗朗上口呢？

生：前面一句最后一个字和后面一句第一个字相同。

师：哎，他找到了特点。你们看：汝心之固，固不可彻。后面一个固字顶着前面一个固字，你们知道这样写有什么作用吗？

生：一句顶一句，显得语气加强。

师：对，下面有没有这样的例子？

生：有。"子又生孙，孙又生子；子又有子，子又有孙，子子孙孙无穷匮也。"

师：对，这段话写得特别有趣，一句顶一句来写，显得子子孙孙，绵延不绝。最后总结一句，那一句是——

生：子子孙孙无穷匮也。

师：什么叫"无穷匮"？

生：没有穷尽。

师：是呀，愚公的志气，愚公移山的决心，愚公移山的行为，父亲传给儿子，儿子传给孙子，代代相传，无穷无尽，就这样一点点地啃这两座大山。下面还有一句话，一转显得特别有力，哪一句？

生：而山不加增。

师：对，这里的"加"字我讲一讲，"加"是"更"的意思。加增，就是更增高，不是"增加"的倒装。这一句话一转特别有力，最后自然引出了一个结论，哪一句？

生："何苦而不平？"

师：对，这句是水到渠成，很有说服力，很有道理，智叟能回答吗？

生：亡以应。

师：如果用一个成语来回答，叫作——

生：哑口无言。

生：无言以对。

师：都对。"无言以对"更符合"亡以应"的意思。为什么智叟"亡以应"？因为愚公讲出了一个很普通的道理，做了一道简单的算术加减法；很普通，但很在理。从这里可以看出，愚公不仅痛感迁、塞之苦，确知移山之利，而且还"深明可移之理"（板书）。可见愚公移山不是一次盲目的行动，他是考虑得很周到的。现在我们可以来解决愚公笨不笨的问题了。你们想，一个笨的人能这样考虑问题吗？恐怕不可能。那为什么智叟说他笨呢？我想先给你们讲个事。我们上海有一位公共汽车售票员，对待乘客非常热心，是个学雷锋的标兵，《文汇报》上登过他的照片。很多人都写信表扬他，说他服务好。但也有些小青年说这个服务员"戆头戆脑"，这是我们上海方言，就是傻里傻气。这是什么道理？还有雷锋，有些人不是也叫他——

生（齐）：傻子！

师：你们看，这是什么道理啊？你说。

生：有的人是从为自己的角度来看的，就说他是傻子；有人是从他为集体做好事来看，感到他是好的。

师：哦，讲得真好！就是说要从什么角度看问题了，用什么样的思想感情来看待这样一件事。这位同学的观点你们同意不同意？

生：同意。

师：好。那让我们回到本题上来，再来看看老愚公。他做的事看起来好像是很傻的。他要移山，可他已经多大年纪了？

生：就要到九十岁了。

师：这么大年纪了，他自己能看到山移走吗？

生：看不到。

师：这一点愚公自己也知道，你们看，他是怎么说的？

生："虽我之死"。

师：你解释一下好吗？

生：即使我死了。

师：这里的"虽"为什么不解释为"虽然"？

生："虽然"，说明他已经死了。

师：对，这里要用个假设的意思。可见愚公移山早就想到在自己手里是移不了山的。他自己能享受到移山之利吗？

生（齐）：享受不到！

师：这看起来似乎有点傻了，对不对？但我们用另一种观点来看，用什么观点呢？（一学生插话：为子孙……）啊，很好，请你讲下去，为子孙什么？

生：为子孙后代造福。

师：哎，讲得真好，同学们都讲得这样好，真叫老师高兴！我们如果用"为子孙后代造福"的观点去看愚公，他不仅不笨，而且还不是一种小聪明，而是……

生：（接话）大聪明！

师：对了！有句成语就叫"大智大勇"，还有一句成语也许你们还不知道，叫作"大智若愚"（板书）。你们看看，这个成语谁能解释？

生：大聪明的人看起来很像愚蠢的。

师：为什么？知道吗？

生：因为他有远见，深谋远虑。

师：对了，他看得比别人远，想得比别人多，别人说他笨，是因为——

生：不了解他。

师：是啊，有些看得比较近的人，不了解他，就说他笨。其实愚公笨不笨？不笨。下面我们再来看看智叟这个"聪明老头"聪明吗？

生：不聪明。

师：那为什么他叫"智叟"？你说。

生：他自作聪明。

师：嗯，自作聪明。这种聪明是大聪明吗？

生：是小聪明。

师：对，小聪明。这种爱耍小聪明的人，喜欢占点小便宜，没有远见，这种人我们上海叫他"小乖人"，智叟就是"乖老头"。接下来我们把文章最后一段读一遍，来继续思考一些问题，好吗？

（学生齐声朗读最后一段文章）

师：里头有个"厝"字是第一次看到。这个字同哪个字相通？

生：措，措施的措。

师：什么意思？

生：放置

师：对。读了这一段，我有个问题：有人说这个故事到最后还是靠神仙的力量把两座山搬走的，这样看起来，愚公到底是无能的。你们同意这个观点吗？

生：不同意！神仙搬山是因为愚公感动了上帝。

师：噢，有道理。

生：还有，操蛇之神他已经怕愚公了。

师：为什么怕？

生：怕他不停地挖，把山挖平了。

师：对。那么看，愚公挖山不止的精神，使山神害怕，天帝感动，文章这样写，恰恰是写出了愚公挖山的精神感人至深。同学们很会动脑筋，我很高兴。同学们对文章的内容理解得很好。现在我们再把文章从头至尾读一遍，要求大家仔细体会，尤其是智叟和愚公对话的话，要把两个人说话的不同语气读出来，

（学生朗读课文）

师：读得很好。这篇文章经过大家的认真思考，共同探讨，同学们学得很好。现在我们当堂来完成一些作业，希望同学们应用学到的知识，很好地完成作业。下面我们先选出一段文章请同学们口头来讲讲看，看能不能把文章的意思准确地讲出来。选最精彩的一段来讲好吗？大家看选哪一段？

生："河曲智叟笑而止之"那一段。

师：对。这一段好。谁自告奋勇地来讲一讲？这里也要有一点大智大勇，我们看谁第一个勇敢地举起手来。啊，这位同学要起来讲了，大家听好。

（学生一人起来边读边解释。略有几处小错误，全班共同订正）

师：好，讲得真好，老师很满意。下面我们再来做一个作业，请同学们解释一个虚词。"有子存焉"，这个"焉"字会解释吗？好，你说。

生：在这里。

师：真好，这位同学讲对了，"在这里"，"于此"，或者叫"于是""于之"都行。这个"于"是什么词？

生（齐）：介词。

师："此"呢？

生（齐）：代词。

师："有子存焉"，就是"有儿子活在这里"。你们找找看，这篇文章里还有这样用法的"焉"字吗？

生："无垄断焉"。

师：请你解释一下好吗？

生：没有山岗高地阻绝在这里。

师：对了，讲得好。你们看，这个词既是介词，又是代词，兼有两种身份（板书"兼"字）。为了便于记忆，我们给它起个名字，叫它什么呢？

生：兼词。

师：为什么叫兼词？

生：兼有两种的意思。

师：兼词，这个名字起对了。记住，"焉"字除了作代词、语气词外，还有兼词的用法。这种兼词在这篇文章里，除了"焉"字以外，还有一个，看谁读得细心，能把它找出来。

生："诸"。

师：嗯，找对了。怎么解释？

生：之于。

师：这也是一个很有趣的字。它是"之于"在两个字的合音，大家读得快：之于——诸。你看，快读就成了"诸"，慢读就成了"之于"。我们来解释一下，"投诸渤海之尾"，这怎么讲？

生：就是"投之于渤海之尾"。

师："投之"的"之"指的是什么？

生（齐）：土石

师：同学们理解得很好。我们在这篇文章里学到了两个新的虚词，就是两个兼词。我们就要记住。最后，我们再来做一个作业。这里有一段文言文，我把油印的资料发下来之后，请大家加上标点。（发资料）我请位同学把这段话抄在黑板上，其他同学在下面加标点，待会儿请同学到黑板上加，划出的一些词句要能解释。（学生板书）

（甲乙两生共读《愚公移山》，生甲掩卷而长息曰："甚矣，愚公之愚！年且九十而欲移山，山未移而身先死，焉能自享其利乎？"生乙曰："愚公之移山也，盖为子孙造福，非自谋其私也。故以利己之心观之，必谓愚公为不惠；若以利人之心观之，则愚公实大智大勇之人也。"生甲亡以应。生乙复曰："今欲变吾贫穷之中国为富强之中国，其事之难甚于移山。若我十亿中国人，人人皆为愚公，则山何苦而不平？国何苦而不富？"生甲动容曰："善哉，君之所言！愚公不愚，我知之矣。"）（说明：这段文字在发给学生时没有标点）

师：请同学们先在纸上做，等会要请两位同学到黑板上加标点。看谁先做好，争取第一个到黑板上加标点。

（学生做练习。后来有两个学生上黑板加标点。基本做对了，少数几个点错了，全班讨论订正。在讨论标点的同时，由同学解释划出的句子，讲得都很正确）

师：同学们点得很对，讲得也很好，说明大家能够应用学到的知识去解决新问题了。现在我们想一想，这一段话里面，你觉得哪一句最重要？

生："若我十亿中国人，人人皆为愚公，则山何苦而不平，国何苦而不富？"

师：你为什么觉得这句话很重要？

生：现在我们建设祖国，就要发扬愚公移山的精神。

师：对了，学习愚公移山的精神，这就是我们读了这篇文章以后应该受到的教育。我们要不要做乖老头？

生（齐）：不要。

师：对。乖老头自以为聪明，无所作为。我们要学习愚公的精神；或者呢，就学习那个京城氏的孩子，跳往助之，高高兴兴地去为实现四个现代化出力。同学们，我们上了两节课，大家学得这样好，老师教得很愉快。你们呢？

生：很愉快。

（二）案例点评

钱梦龙老师曾经回忆，1979年下半年，他因一堂公开课《愚公移山》而走红，并被评为上海市特级教师，从此改变了他一生的命运。① 1980年，杭州大学主办的《语文战线》发表了钱梦龙执教《愚公移山》的课堂教学实录（即本课例），其影响便迅速由上海扩展到全国。1981年4月20日，在《语文战线》主办的"西湖笔会"上，钱梦龙借用杭州学军中学的学生再次上了公开课《愚公移山》，同样获得巨大成功。2015年12月18日，在福州举办了全国性的"钱梦龙语文教学研讨会·新西湖笔会暨钱氏执教《愚公移山》35周年纪念活动"，会上，肖培栋老师模仿钱老师的教学设计重新执教《愚公移山》一课以示纪念。为一堂语文课而在30年后举办一场纪念活动，这在我国现当代语文教育史上恐怕是绝无仅有的一次。

一堂语文课为什么能产生这么长久的影响呢？这不得不令每一个从事语文教育工作的人深思和研究。我们认为，究其根本原因，不外乎两个方面：一是这堂课蕴含着先进的教育思想和理念，二是这堂课体现了高超的超越时空的教学技艺。

第一，这堂课充分展示了钱梦龙的"三主"教学思想。20世纪80年代中期及以前，中学语文教学的方法主要是以教师讲授为主的方法，特别是文言文的教学，几乎毫无例外地采用串讲法。钱梦龙于70年代末就旗帜鲜明地提出以"学生为主体、教师为主导、训练为主线"，并通过他的课堂教学，把这一思想理念落实到教学实践的层面。《愚公移山》的教学，就是这样一个典型的教例。在教学中，钱梦龙摒弃串讲法，采取指导自学的方法。他让学生首先通过自学自己发现并提出问题，然后组织学生讨论，尽可能让学生在教师的启发和点拨下自己解决问题。学生解决不了时，教师才给予解答。另一方面，教学的总体目标和内容是由教师确定的，教学的进程是由教师掌控的。这就充分体现了学生学习的主体性和教师的主导作用。这种教学理念和方法在今天或许已经相当普遍，但在20世纪70年代末，实属难能可贵。另外，这堂课还充分体现了"训练为主线"的思想。在教学中，钱梦龙始终围绕有关的语文基础知识和基本技能进行训练，特别是始终不忘培养和训练学生自学语文的能力，随时点拨和指导学习方法。例如，他指导学生要"思前顾后地读文章"（"这个'本'字是跟后文相呼应的。这个问题提得好，解决得更好，说明同学们能够思前顾后地读文章了。"）；对学过的内容要能举一反三（"'以'作'凭'讲，文章里还有别的例子吗？讲得对！""你们看前面还有没有同样用法的'之'字？"）；引导学生运用比较的方法（"一个是'疑'，一个是'笑'。你们看，本来大家认为他们的态度差不多，但仔细比较、分析一下，就发现差别了。所以你们读书要常把看起来差不多的词句拿来比较比较。这个很重要。不要粗粗一看，哦，一样的，就不看了。要动动脑筋，多想想。"）；评论课文内容要善于依据课文里的例子。（"我们说愚公笨，或者不笨，都要从文章里找根

---

① 钱梦龙. 改变人生的那一堂课——《愚公移山》教学漫忆 [J]. 中学语文教学, 2006 (1): 43-44.

据，不能凭空想。"）这种重视教给学生学习方法的课堂教学，即使在今天，也还是一种非常先进和超前的教学。它不仅体现的是对学生自学能力的重视，而且通过训练学生的自学能力，进一步巩固和保证了学生的主体地位。总之，这个课例体现的"三主"教学思想，不但在当时具有领风气之先的重要意义，即使在今天，也仍然具有重要的学习和研究价值。

第二，这个课例较为充分地展示了钱老师高超的教学技艺。这里略作三点分析：

1. 流畅的教学过程

钱梦龙课前布置学生自读，上课后先检查学生自读的情况，接着便开始引导学生由浅入深地解读课文。他先提问，课文写了几个人？参与移山的有几个人？这一问题容易解决，所以他把重点放在引导学生学习一些重要的字词和句式。接着，再提出问题：写了一件什么事？学生自然容易回答。继续问：这件事难吗？要求学生从课文中找出句子来回答。这就稍稍提高了难度。学生正确作答之后，钱梦龙强调："移山的任务越艰巨，就越能显示出人们不同的精神面貌。"从而自然地过渡到下一个问题：即人们对愚公移山各持什么态度？问题的难度进一步加大。当引导学生重点讨论并搞清了两个反对者愚公妻和智叟对移山的不同态度之后，钱梦龙抛出最后一个问题："愚公愚不愚？"这个问题看似简单，但是要真正准确地回答并不容易。而且，这个问题还关系到对文章主题的理解，所以，他用差不多用一个课时的时间引导学生讨论这个问题。在讨论的过程中，他根据学生的不同看法，把学生分成"笨派"与"不笨派"，激发学生思辨的兴趣，让学生从愚公"痛感迁、塞之苦""确知移山之利""深明可移之理"等方面得出愚公不愚的结论。接着，钱梦龙又以一位公交车司机的事迹作类比，进一步启发学生：愚公非但不愚，而且还有大聪明，是"大智若愚"，其精神可嘉。课的最后通过练习进一步巩固教学成果。两个课时的教学就这样一气呵成，由浅入深，由易到难，流畅而自然。整个教学过程充分显示了教学设计的匠心和驾驭教学进程的高超技艺，显示了课堂教学的大智慧。

2. 巧妙的"曲问"艺术

"曲问"作为本课的一大亮点，常常被研究者作为经典案例研究和引用。所谓"曲问"，就是绕着弯提问，问在此而意在彼，借此引导学生开动脑筋，积极思考。这种"曲问"的例子在本课有很多，例如："这个老愚公多大年纪了？"（意在问学生对"年且九十"中"且"的理解）"那个智叟是年轻人吗？"（意在问学生对"叟"字的理解）"那个遗男有几岁了？"（意在问学生对"龀"字的理解）"这么年纪小小的孩子跟着老愚公一起去移山，他爸爸肯让他去吗？"（意在问学生对"孀妻""遗男"的理解）等。这些绕着弯提出的问题，非常巧妙地调动了学生积极思考和探究的兴趣，教学效果很好。看了这些提问，我们不得不佩服钱梦龙的提问技巧，他不愧为善问的高手。

3. 精准的文本解读

准确的文本解读既是阅读教学的基础，也是最能显示一个语文教师教学功力的地方。这是因为，教师的文本解读水平，决定着教学中文本解读的方向和质量，而教师引导学生解读文本的技能，则决定着学生参与文本解读的深度。《愚公移山》的教学，再次展示了钱老师自身的语文素养及引导学生解读文本的超强功力。这一点，通过前文对钱梦龙引领教学进程的分析，已有深切的体会。这里，我们再以他引导学生分析智叟和愚公妻对移山的不同态度为例，作进一步分析。本来，智叟和愚公妻对待愚公移山的态度，乍看起来是差不多的，而钱老师则抓住这表面上的差不多，通过指导学生深入分析和比较，发现了二人态度的本质区别。这种比较是从四个方面进行的：首先，智叟讲愚公笨，愚公妻没有讲。其次，智叟称愚公为"汝"，愚公妻称愚公为"君"；再次，愚公妻说："以君之力，曾不能损魁父之丘，如太行、王屋何？"智叟说："以残年余力，曾不能毁山之一毛，其如土石何？"（智叟的语气更重，充满讽刺意味）。最后，愚公妻对移山提出疑问："焉置土石"？（这是因关心而献疑）智叟则对移山"笑而止之"（这是讥笑）。通过引导学生分析比较，让学生于无疑处生疑，发现了愚公妻和智叟二人态度的差别。这样的引导解读，深入细致，达到了一定的深度。可以说，这是本课引导学生解读文本最为精彩的地方之一。

◆ 思考讨论

1. 以"学生为主体"是否会削弱教师在教学过程中的主导地位？同样，"以教师为主导"又是否会削弱学生在教学过程中的主体地位？

2. 有人反对"训练为主线"，认为"训练"是"纯工具论"的体现，是应试教育的做法。对此，你怎么看？

◆ 扩展阅读

1. 钱梦龙. 导读的艺术［M］. 北京：北京师范大学出版社，2006.
2. 钱梦龙. 我和语文导读法［M］. 北京：人民教育出版社，2005.
3. 钱梦龙. 训练——语文教学的基本形态［J］. 课程·教材·教法，2009（7）：37-41.
4. 钱梦龙. 语文导读法的昨天和今天［J］. 课程·教材·教法，2014（8）：3-11.
5. 钱梦龙. 我这样上语文课［J］. 课程·教材·教法，2016（3）：11-17.

# 第六章

# 洪镇涛："学习语言"语文教学新体系

### 导　读

　　语文教学中曾经有过这样一种说法，叫作语文课不要"种了别人的地，荒了自家的田"。在语文教学中，哪些是"自家的田"，哪些是"别人的地"？换句话说，语文教学的内容究竟是什么？要回答这个问题，我们有必要了解一下武汉六中语文特级教师洪镇涛曾经提出的"'学习语言'语文教学新体系"。相信大家了解了这一体系，会对语文教学的内容有一个比较清晰的认识。

　　洪镇涛，男，1937年生，湖北新洲人，1960年毕业于北京师范大学中文系。1965年以后，一直在武汉六中任教，1982年被评为中学语文特级教师。从1978年起，洪镇涛就开始语文教学改革探索。他的语文教学改革探索，大体上可以分为两个时期。第一个时期是20世纪70年代末到80年代中期，探索的主题为"变讲堂为学堂"。为此，他从改革课堂教学结构、教学方式方法等方面提出了一系列变"讲堂"为"学堂"的具体主张。第二个时期是20世纪80年代末，探索的主题为"变研究语言为学习语言"，建立"语文教学新体系"。洪镇涛后来还将第二个时期的探索称为"语文教学的本体改革"或"语感教学"实验。两次改革探索都是从当时语文教学最迫切需要解决的问题入手，起到了引领语文教学改革向纵深发展的作用。

# 一、"'学习语言'语文教学新体系"述要

1992年年底，在武汉市中学语文教学研究会第七次年会上，洪镇涛作了题为"是学习语言，还是研究语言——浅论语文教学中的一个误区"的重要发言。在这个发言中，他认为，长期以来，语文教学存在着一个全局性的失误，"这误区，简言之，就是以指导学生研究语言取代组织和指导学生学习语言，以对语言材料（包括内容和形式）的详尽分析取代学生对语言材料的感受和积累。"[①] 洪镇涛所讲的"学习语言"，主要是指通过感受、领悟、积累语言材料（即吸收，其途径是听、读）和运用语言（即表达，其途径是说、写）来提高语文能力。而他所讲的"研究语言"，是指针对语言材料或语言现象，从不同方面、不同角度揭示其规律。他认为，"学习语言"和"研究语言"，在目的、途径、方法等方面都有根本性的区别。学习语言的目的，是提高吸收和运用语言的能力；研究语言的目的，是寻找语言规律。学习语言要求大量接触语言材料并化为己有；研究语言只要求从语言材料中抽取系统的语文知识。学习语言，重感受、领悟和积累；研究语言，重在分析、比较和归纳。学习语言，主要方法是语感培养，强调直觉思维；研究语言，主要方法是理性分析，强调分析思维。

以字、词、句、篇几个方面的教学为例，可将二者简要地加以区别：字，从学习语言的角度要求，应大量认字，记住字形、字音、字义；从研究语言的角度要求，应让学生了解文字的构成、文字的分类、汉字的构造法、汉字的形体结构；等等。词，从学习语言的角度要求，应大量接触，感受、领悟、积累词语；从研究语言的角度要求，应让学生了解词的构成、词的类别、词的造句功能，等等。句，从学习语言的角度要求，应大量接触，感受、领悟、积累各种语句；从研究语言的角度要求，应让学生分析句子结构，了解句子种类，分析复句类型及其内部关系；等等。篇，从学习语言的角度要求，主要是感受、领悟和积累一些成套的语言材料（包括文段和文章）；从研究语言的角度要求，应让学生了解文章的体裁、文章的章法、文章的表达方式；等等。[②] 可见，学习语言和研究语言，有着很大的区别，中学语文教学应该做的，主要是指导学生学习语言，而不是研究语言。

这一发言切中时弊，在语文教学界产生了较大反响。长期以来，在中学语文教学中一直存在着重知识传授、轻能力培养，重分析讲解、轻语言感受的偏向。久而久之，人们反倒把讲解分析看成了语文教学的"正途"和唯一方法，这确实给语文教学造成了极不好的

---

① 洪镇涛. 是学习语言，还是研究语言——浅论中学语文教学中的一个误区 [J]. 中学语文，1993（5）：4-6.
② 同上.

影响。从这一点来看，洪镇涛的主张在当时具有"拨乱反正"的作用，甚至在今天，也仍然不失其重要的现实意义。

怎样才能变"研究语言"为"学习语言"呢？洪镇涛经过一段时间的反复探索，于1996年提出了一个"构建'学习语言'语文教学新体系"的构想。① 其后，洪镇涛在《课程·教材·教法》1998年第3期发表了《构建'学习语言'语文教学新体系》的长篇论文。2001年以后，洪镇涛称这种对"语文教学新体系"的研究为"语文本体教学研究"。② 查阅洪镇涛在不同时间、不同语境下对"语文教学新体系"的阐述，虽然表述时有不同，但大致上都包括了"基本理念""主要策略"和"具体方法"三个层面的内容。

（一）基本理念

1. 语文教育要以语言为本体

洪镇涛认为，"语文教育的本体是语言，语文课的目的就是教孩子们学语言（包括口头语言和书面语言，重点是书面语言）。""学习语言"是语文教学的根本任务，语文教学的其他内容，如思想教育、思维训练、审美陶冶、知识传授等，都是语文教学的派生任务。根本任务和派生任务"不是并列的姊妹关系，而是包孕的母女关系"③。

"本体"在中国文化中的基本含义是指事物的主体或自身，或者是事物的来源或根源。语文教育要以"语言为本体"，就是以语言为主体，为根源；语言是语文教育的母体，语文教育的其他内容，都是由语言派生的；语文教学的根本任务，就是指导学生学习和运用语言。

2. 语文教学要着力培养语感

洪镇涛认为，"语感是一种语言修养，是对一种话语系统的敏锐感觉，它是在长期规范语言的感受和运用中养成的一种带有浓厚经验色彩的比较直接迅速地感悟语言的能力。"他进一步解释说，人们在长期语言实践和有意识的语言训练中，词语的含义、语法规则、修辞手法、文章图样、文意、文情、文序、文境和文术等，须以"格"的形式在头脑中固定下来。"格"（指正确的格）越多，越固定，语感就越强。④ 语文教学为什么要着力培养语感呢？洪老师认为，就像"乐感"是音乐能力的核心一样，语感是语文能力的核心。他引用叶圣陶和吕叔湘的话进一步强调了语感训练的重要性。叶圣陶说："至于文字语言的训练，我以为最要紧的是训练语感。"吕叔湘说："语文教学的首要任务，就是培养学生多

---

① 陈伯安，洪镇涛. 构建"学习语言"语文教学新体系［J］. 中学语文，1996（9）：4-7.
② 洪镇涛. 语文本体教学研究及实验［J］. 中学语文教学参考，2001（7）：3-6.
③ 洪镇涛. 语文教育本体论［J］. 新课程研究（上旬刊），2013（1）：39-42.
④ 同上。

方面的语感能力。"

3. 学习语言要遵循"感受—领悟—积累—运用"的基本途径

洪镇涛认为，学习语言不是一种纯客观的认识过程，而是一种带有浓厚主观色彩的感性与理性统一的感悟过程。这种感悟，不是纯知识性的感知，它包括对文字符号、文字符号所负载的思想内容、文字符号组成的方式方法等等的总体的综合性感知和领悟……学习语文，主要不在于获取知识，而在于吸收、积累语言和习得、积淀语感，从而形成理解和运用语言文字的能力。在这一认识的基础上，洪老师进一步解释了何谓"感受"，何谓"领悟"，何谓"积累"和"运用"。"感受"，是指对语言材料（包括内容和形式、思想和感情）的整体感受。它不只是认知意义上的，还有情感上的。"领悟"，主要是指对语言运用的巧妙领悟，而不是指对思想内容和写作形式的透彻理解。"积累"，不能理解为单纯的孤立的词语积累，而是文道统一的内容和形式一体的成块语言的积累。"运用"，是指运用语言表情达意叙事状物，而不是孤立的语文知识的运用。①

上述三方面的理念，实际上是洪老师对语文课程性质、主要任务和实施途径的基本认识，即：语文课程是以语言为本体的课程；语文教育的主要任务是培养学生良好的语感；语文教育的基本途径就是从感受和领悟语言到积累和运用语言。这样的理念就从指导思想层面明确了语文是什么，语文教育要做什么、怎么做这样一些重要的理论问题，为进一步提出"'学习语言'语文教学新体系"的实施策略和具体操作方法奠定了思想基础。当然，对上述理念并非所有的人都能认可。例如，关于语感能力是不是语文能力的核心以及语文教学要不要以语感教学为中心，语文教育界就有不同的看法。②但是，作为对语文教学新体系的一种探索，我们认为，上述理念都是值得肯定的。

（二）主要策略

1. 编写"三主一副，四线平行推进"的语文教材

洪镇涛所讲的"学习语言"，指的是学习语言运用。学习语言运用的途径主要是通过对言语作品的研习和模仿，而学习语言知识只起辅助作用。存在于我们周围的言语作品（包括历史文献）浩如烟海，质量良莠不齐，应该选取什么样的语言供中小学生学习呢？我国传统的做法是选取经典名篇让学习者诵读记忆，所谓"取法乎上"。对此，洪镇涛有着不同的做法。他借鉴当代语言教学的相关理论，将学生可以学习的言语作品分为三类："精粹语言""目标语言"和"伙伴语言"，并且用这一分类法主编了一套以"学习语言"

---

① 洪镇涛. 语文教育本体论 [J]. 新课程研究（上旬刊），2013（1）：39-42.
② 潘新和. 语文课程"语感中心说"之浅见 [J]. 课程·教材·教法，2002（8）：28-33.

为核心的中小学语文实验课本（开明出版社出版）。在这套教材的编辑说明中，他提出了"三主一副，四线平行推进"的语文教材编写思路。"三主"分别是：

（1）以学习"精粹"语言为主线，奠定学生语言及文化功底。这里的"精粹"语言，是指我国古典文学中适合学生阅读的精华部分。洪镇涛认为，我国古典文学作品，蕴含着传统文化的精髓，是一种高层次的语言。在语文教学中，指导学生多学多背这些古典诗歌散文精品，是提高他们语文综合能力的基础，可以使学生受益终身。学习"精粹"语言的目的，并不在于立竿见影，立马见效，而在于通过长期、稳固的储存和积累，通过长期反复的揣摩和领悟，受到语言和文化滋补，奠定语言及文化功底。这种语言在头脑中的"潜伏期"越长，其滋补功能就越显著。

（2）以学习"目标"语言为主线，提高学生语言及文化素质。这里的"目标"语言，是指以现代文学为代表的文学精品。洪镇涛认为，学习目标语言的目的是提高语言修养，同时增长见识，接受文化熏陶。

（3）以学习"伙伴"语言为主线，训练学生语言操作能力。这里的"伙伴"语言，是指学生所处社会的生活语言。洪镇涛说：所谓"伙伴"语言，指的是相当或略高于学习者语言发展水平，已经或可能在与伙伴交际时使用的语言（包括语言成品）。学习"伙伴"语言的目的，在于让学生直接模仿运用，训练语言操作能力。

（4）"一副"。是指以学习语文知识为副线，增强学生对语言的理性观照。

上述三条主线、一条副线，四条线自成体系，平行推进，互相关联，相辅相成。在这里，"三主一副，四线平行推进"便成了洪镇涛建立"'学习语言'语文教学新体系"在语文教材编写方面的一条重要策略。

2. 语感实践与语感分析并重

洪镇涛认为，让学生"学习语言"的主要手段是实施语感训练。语感训练包括两个方面：语感实践和语感分析。语感实践就是指导学生感受语言材料和运用语言，也就是让学生多听、多读、多说、多写成套的语言。这是语感形成的基础。但是仅有语感实践是不够的，要使学生对语言的感受从无意识的自发状态到有意识的自觉状态，还要有语感分析，即分析语言的运用。语感分析和常见的语文分析课不同，语文分析课着眼于语言材料（文章）的表面特征，从课文的思想内容到表面形式作全面细致的分析；语感分析则是从语言运用的角度，深入到语言内部，引导学生发现课文中某些语感因素强的地方，并对其做语言分析。语感实践和语感分析如同语感训练的两只手，两手都要硬。在语感实践和语感分析的交互作用下，让学生从感性上升到理性，不断提高语感能力。

3. 把握四个结合

在洪镇涛以培养学生语感能力为核心的语文教学体系中，并不是只有语感训练这一个任务，还有思想教育、思维训练、审美陶冶、知识传授这样一些派生任务。为了更好更全面地完成语文教学任务，洪镇涛提出了四个结合：一是语感训练与思想教育结合；二是语感训练与思维训练结合；三是语感训练与审美陶冶结合；四是语感训练与知识传授结合。只有把握了这几个结合，语文教学才能全面实现语文课程标准规定的各项目标。

4. 加强语文教学与生活的密切联系

洪镇涛认为，语言是反映生活的，又是为生活服务的，语言与生活密不可分。学龄前儿童学习口语的成功经验之一，就是在生活实践中学习语言，学以致用，学用结合。而传统语文教育失败的教训之一，就是严重脱离生活，学不管用，学用脱节。如何让学校语文教学密切联系生活？洪镇涛指出两条途径。其一，在课堂上教学生学习语言，要尽量利用学生的生活体验。阅读教学中，要引导学生结合生活体验去揣摩、去体味；写作教学中，要指导学生写他们熟悉的生活。其二，把课堂教学延伸到课外，组织和指导学生接触生活、体察生活，在实际生活中学习人民群众的语言，并运用语言服务于丰富多彩的生活。

5. 采用教师指导下的主动、合作、探究的学习方式

洪镇涛认为，语感是一种个人体验，所以必须通过个体主动地深入地体验和感悟，才能形成语感。教师的指导和点拨是必要的，但不能以教师的讲解代替学生的感悟。因此，要变"讲堂"为"学堂"，采用教师指导下的主动、合作、探究的学习方式。

(三) 具体方法

1. 建立四步课堂教学结构

洪镇涛认为，以"学习语言"为核心的语文教学应该有一套体现自身特点的常规课堂教学结构。通过多年的探索和实践，他总结出一个"四步课堂教学结构"，即：感受语言，触发语感→品味语言，领悟语感→实践语言，习得语感→积累语言，积淀语感。

(1) "感受语言，触发语感"。就是让学生通过听（听教师或录音范读）、看（默读）、读（出声朗读）、说（复述）等途径，从整体上感受语言材料。在熟悉内容、把握思路、了解主旨的同时，触发语感，即触发对文章的体裁、文章的风格、文章的情感、文章的质地、文章的气势、文章的表述等方面的整体的笼统的感受。

(2) "品味语言，领悟语感"。就是指导学生从语言运用的角度，扣住某些语感因素很强的语句，借助于语言知识，练习生活体验，深入品味语言，使学生进一步领悟语感。

(3) "实践语言，习得语感"。就是指导学生开展朗读重点段落，交流感悟心得，撰写语感随笔，完成课后有关揣摩语言的练习等活动，让他们进一步感悟语言之神妙，洞察语

言之精髓，把握语言之理趣，从语言实践中习得语感。

（4）"积累语言，积淀语感"。就是要求学生在熟读的基础上背诵课文（全篇或重要语段），抄写精美语句，有意识、有计划地积累语言，积淀语感。

洪镇涛喜欢称这一"四步课堂教学结构"为课堂教学的"常模"，他认为"常模"之外还可以有"变模"。

2. 设置七种课型

为了落实以"学习语言"为核心的语文教学，洪镇涛在实践中总结了七种课型：

（1）语言教读品味课。选择语言典范、语感因素强的重点篇章，指导学生品读、体味。这种课型，虽然也是以学生的自读活动为主，但它有"教读"性质，要更多更好地发挥教师的主导作用。教师除了精心设计教学过程，还要作示范性的语感分析，向学生传授品味语言的方法等。

（2）语言自读涵泳课。选择语言比较典范而难度不大的篇章，组织学生独立阅读。让学生凭借"教读"所得，讨论问题，品味语言。

（3）语言鉴赏陶冶课。选择语言典范的文学作品（包括诗歌、小说、散文、剧本），采取多种形式（听录音、看录像、分角色朗读、分角色扮演、组织讨论发言等），让学生鉴赏语言，陶冶情感。

（4）书面语言实践课。除了课本所列作文训练外，还可与课外活动结合，另行设计适应社会需要的书面语言应用训练。

（5）口头语言实践课。除了课本所列的听说训练，还可以与"活动课"相结合，另行设计创设情境的口语交际训练。

（6）语言基础训练课。包括课本所列的语言基础知识的学习及相关的技能训练。

（7）语言能力测评课。包括平时的单项测评和阶段综合测评，测评侧重语言能力的考查。

3. 用多种教学方法

以语感训练为核心的语文教学，应该有专门的符合语感教学要求的教学方法。洪镇涛为此总结了四种教学方法：

（1）美读感染法。洪镇涛认为，"读"是语文教学的第一教学法。抓住了读，就抓住了语文教学的要领。洪镇涛将语感教学的主要阅读方法概括为诵读和品读，而诵读就是美读。所谓美读，就是出声地诵读，根据文章内在的要求，准确安排停顿、处理重音、调控速度、把握语调，把文章的思想情感读出来。通过这样的美读，让学生耳与心谋，感悟语音的意蕴、情感、韵味，以培养情感。

（2）比较揣摩法。这里的比较揣摩，就是品读，具体的做法有："加一加、减一减、调一调、联一联、换一换、改一改"。

所谓"加一加"，就是采用在原文上增加标点、字词、句子或段落的办法，让学生比较、推敲、品味语言使用的妙处，形成语感。"减一减"，就是采用在课文上删减标点、字词、句子或段落的办法，让学生比较、推敲、品味语言使用的妙处，形成语感。"调一调"，就是采用调整原文的词序、句序或段序的办法，让学生比较、推敲、品味语言使用的妙处，形成语感。"联一联"，就是采用联系前后的词语、句子或段落的办法，让学生比较、推敲、品味语言使用的妙处，形成语感。"换一换"，就是采用置换课文的标点、字词、句子或段落的办法，让学生比较、推敲、品味语言使用的妙处，形成语感。"改一改"，就是采用比"换一换"动作更大的对标点、字词、句子或段落修改的办法，让学生比较、推敲、品味语言使用的妙处，形成语感。

（3）语境创设法。根据教学需要，创设特定的言语情境，让学生设身处地，以特定的身份"参与"言语活动，从动态语言中获得语感。

（4）切己体验法。在学习课文语言时，指导学生结合自己的生活经历和生活体验，去体察语言的意蕴、情感和韵味，以培养语感。

（四）"'学习语言'语文教学新体系"的价值

著名语文特级教师钱梦龙曾说："在当代语文教坛的名师中，洪镇涛老师是一位永远不安于现状的探索者和改革家，他的语文教学改革早在1978年就已起步，1991年，在总结了十多年改革成果的基础上，形成了语文教学本体改革的理论框架，亮出了'学习语言'的鲜明旗帜；同时，他还主编了从小学到中学的语文本体改革试验课本，并在不少省市建立了实验基地。有理论、有实践、有配套的教材、有实验基地和实验教师，这样全方位地推进语文教学改革，在全国的语文教学改革名家中大概是独一无二的。"[①] 钱老师对洪镇涛语文教改的评价很高，也很准确。

我们认为，洪镇涛"'学习语言'语文教学新体系"的提出，主要在以下两个方面对我国当代语文教育改革有重要贡献：

1. 明确提出了变"研究语言"为"学习语言"这一当代语文教育改革的重要命题

如前文所述，洪氏所说的"研究语言"，就是指针对语言材料或语言现象，从不同方面、不同角度揭示其规律。它要求从语言材料中抽取系统的语文知识，并把这些知识传授给学生；其教学方法是理性分析。"学习语言"就是学习语言的运用。它要求通过感受、

---

① 钱梦龙. 学习语言：语文教学本体的回归——评洪镇涛老师的语文教学本体改革［J］. 中学语文教学，2003（2）：14-16.

领悟、积累语言材料和运用语言来提高语文能力；其教学方法是指导学生感受、领悟、积累和运用。现代语文教学，特别是20世纪60年代以来的语文教学，越来越像是一种"研究语言"的课。在这种课堂上，教师主要是把语文教材转化成各种各样的语言知识，什么"字""词""句""篇""语""修""逻""文"，全部以知识的形态呈现给学生。课堂上教师讲的是知识，学生学的、练的、背的全都是这些知识。大家以为语文教学只要把这些知识教给学生，学生的语文能力就提高了。这种现象发展到80年代至90年代，就变成了"理性至上""烦琐分析"和"工具主义"的语文教学。改变这种以"研究语言"为手段和目的的语文教学，成了20世纪末语文教育界有识之士的普遍要求。正是在这样的背景下，洪镇涛适时地提出了"变'研究语言'为'学习语言'"的教改主张。洪氏主张的变"研究语言"为"学习语言"，实际上就是变"学习语言知识"为"学习语言运用"，也就是李海林后来所讲的变"语言要素教学"为"语言功能教学"。李海林认为中国现代语文教育的发展出现过两个"岔路口"。第一个岔路口，是"总体性教育"的语文教学，还是"语言专门化"的语文教学。"起源于20世纪初的白话文教学，形成于1935年夏丏尊、叶圣陶的《国文百八课》出版"，而1963年《语文教学大纲》颁布，标志着现代语文教育由"总体性教育"向"语言专门化"转型的基本完成。现在，现代语文教育正面临着第二个岔路口，即是"语言要素教学"还是"语言功能教学"。"现代语文教育应该在第一个岔路口的正确抉择的基础上，及时在第二个岔路口作出另一个正确的抉择，那就是语言功能教学。"① 我们认为，洪镇涛提出的"变'研究语言'为'学习语言'"，正是变"语言要素教学"为"语言功能教学"。因此，洪镇涛的这一主张具有十分重要的理论意义和现实意义。

2. 从理论与实践的结合上较好地解决了如何变"研究语言"为"学习语言"的问题

严格地说，洪镇涛是语文教育的实践家，而不是一位语文教育理论家。他在提出变"研究语言"为"学习语言"的主张以后，就把主要精力放在探索如何"学习语言"，而不是对"学习语言"这一命题的理论论述上。为此，他提出并探索了一系列如何"学习语言"的策略和方法。这些策略和方法概括起来，其核心的思路就是：着力培养学生的语感。如何培养学生的语感呢？那就是，语感实践与语感分析并重。这种语感实践和语感分析并重的语文教学，体现在课堂教学上，就是建立四步课堂教学结构，设置七种课型，运用四种教学方法。以上主张，再辅以洪镇涛提出的四个"结合"和一个"密切联系"等，语文教学的实践样式就会焕然一新，就会彻底地从"研究语言"的语文教学变成"学习语言"的语文教学，从"语言要素教学"变成"语言功能教学"。

---

① 李海林. 现代语文教育的定位问题 [J]. 课程·教材·教法，2015（5）：61-68.

## 二、教学案例简析

（一）案例展示

《乡愁》教学实录[①]

师：我们今天学习台湾著名诗人余光中的一首诗《乡愁》，请大家推荐一位朗读最好的男同学把这首诗读一读。（学生推荐，一男生起立朗读）

师：读得不错，还没有学习，就读成这样，确实读得好。女同学读得好的是哪一位？站起来，给大家读一读。（女生读）

师：读得不错，清楚，也有一定感情。当然，要读得很好，还要深入读。

（教师范读。掌声）

刚才听同学读了两遍，我读了一遍。你们感觉，在读这首诗的时候，语调应该是明快的还是深沉的？（生齐答：深沉的）节奏应该是急促的还是舒缓的？（生齐答：舒缓的。）语调应该是深沉的，节奏应该是舒缓的！（板书"语调：深沉　节奏：舒缓"）

为了帮助同学们理解这首诗，我想提几个问题请大家思考。

【问题一】

师：这首诗共有四个小节，大家觉得它们之间的顺序能够改变吗？

生：不可以！

师：请说说理由。

生1：这首诗好像是按照从小到大，按时间顺序来写的。

师：你怎么知道是按时间来写的？

生：每小节的开头，都有一个时间的标志。"小时候""长大""后来啊""而现在"等标志明显。

师：还有没有理由？

生2：我觉得是按照把"乡愁"比喻的事物由小到大排列的：邮票、船票、坟墓、海峡。

师：作比的事物是由小到大，她发现这个特点，好像也是存在的。看看还有什么顺序？

生3：我觉得感情方面它是层层递进的。

师：它是怎么层层递进的？

---

[①] 洪镇涛.《乡愁》教学实录[J].中学语文教学，2007（1）：25-26.

生：先是对母亲的想念，那个时候母亲还在人世；然后是对新娘的爱恋；后来是对母亲离去的悲痛，我觉得这段也为后面作了铺垫，借用这段来抒发感情，因为大陆也是他的母亲。从这个角度看，是无法改变顺序的。

师：她发现了这样一个感情发展的顺序特点。大家同不同意？

生：同意！

师：我顺便介绍一下余光中。

余光中祖籍福建。21岁离开家乡到台湾，台湾大学毕业后又到美国进修，回来之后，先后在台湾大学和香港大学当教授。从20世纪60年代开始写了很多怀乡诗，这首诗是70年代写成的。据他说，写这首诗酝酿的时间很长，真正提笔写的时候只用了20分钟。原来，第一小节，写他小时候，读寄宿小学，不能每天回家，想念母亲，母子之思；后来结婚了，到美国进修，当时大概航空不发达，要来回坐船，借助船票回家探亲，夫妻之恋；再后来母亲去世了，生死之别；最后，是关怀祖国的统一，是对祖国的情感，感情的升华，从个人的情感升华到对祖国统一的关切，对祖国的眷恋。这一点，他也说过："我后来慢慢意识到，我的乡愁应该是对包括地理、历史以及文化内容的整个祖国的眷恋。"

【问题二】

师：第四节中"乡愁是一湾浅浅的海峡"，我觉得"浅浅的"用得不好，我想改为"深深的"，好吗？

请看，我这样一改就强调了台湾跟大陆隔离的状况，大家赞不赞成？赞成我的举手（一个也没有）；不赞成的举手（哟，100%）。那你们说说理由，要说服我！

生1：因为"浅浅"的海峡，比喻可以逾越的一种希望，作者的希望是有一天台湾可以回归嘛！

师：回归？

生：台湾回归到祖国母亲的怀抱！

师：特别纠正一下，"回归祖国怀抱"说法不妥。香港、澳门被外国人占领了，后来回归到祖国的怀抱。台湾曾经被日本人占领，抗战胜利后，已经回到祖国的怀抱，现在还是中国人在掌权呢，不是外国人，台湾与大陆是"统一"问题，不是"回归"祖国怀抱的问题。明白吗？她这句话说得不妥当。但是，她表达的意思很好，觉得用"浅浅的"，祖国统一就有希望。

生2：我觉得这是一种反衬方法，前面"小小的""窄窄的""矮矮的"都是反衬，"浅浅的"反衬出那一代人对回归祖国的乡愁的深度。

师：用"小小的""窄窄的""矮矮的""浅浅的"反衬作者乡愁之浓、之深。还有没有？你们开始说服我了。确定"浅浅的"好像更好，不仅是跟前面的用词取得一致，还说明台湾、大陆本来就没有不可逾越的鸿沟。现在的情形完全是历史的原因造成的。大陆和台湾一定要统一，一定会统一。

【问题三】

师：我总觉得这首诗表达的意思较为含糊，诗人内心的思想没有明确地表达出来，我改写一下，大家评一评怎样：

小时候，乡愁是对母亲的思念。我在这头，母亲在那头。

长大后，乡愁是对爱人的挂恋。我在这头，新娘在那头。

后来啊，乡愁是对亲人的哀悼。我在坟墓外头，母亲在坟墓里头。

而现在，乡愁是对祖国统一的渴望。我在这头，大陆在那头。

怎么样？洪老师改得怎么样？

众生：不怎么样。

师：我觉得还挺不错的。那你们说说怎么"不怎么样"？（指后排学生）来，那位同学。

生1：改过以后，感觉这首诗显得很浅显，不像原来那么有韵味，很难得到感情上的共鸣。

师：我觉得我改得不浅显，还没有说服我。还有谁说说？

生2：我觉得原诗表达得更为婉转，让读者更能体会作者深深思念的感情。改写后，虽然也有感情。但是少了那种耐人寻味的东西。

生3：余光中用四种事物表达自己内心的情感，而洪老师直接说出对乡愁的思念，这样不耐人寻味，意思太直接了。如果用比喻的方法，更能让读者深刻地体会到那种思念的情感。

师：现在差不多能说服我了。他说余光中借用了四个事物，耐人寻味，老师直接说出来了，反而不耐人寻味。

生4：我说的和他们说的差不多。因为诗本身就是一种韵味，用直白的手法写出来就不叫诗了。而且用比喻的手法，会更深刻。

师：诗歌这种文学作品，是越含蓄、越形象越好，直白就不是诗了，这是诗歌的特点。是的，我的改句太直白了。刚才那个男同学说得挺好，原诗借助了四个具体的事物，来寄托作者的乡愁。显得特别的形象，特别含蓄婉转、耐人寻味，这确实说服我了。

【问题四】

师：还有一个问题：每一段第二句都有一个"是"，把所有的"是"全改为"像"，"乡愁像一枚小小的邮票""乡愁像一张窄窄的船票""乡愁像一方矮矮的坟墓""乡愁像一湾浅浅的海峡",行不行?为什么?

生1:老师上课前说过,作者写这首诗是酝酿了很长时间写的,如果改为"像"就感觉作者好像对这种情感不是特别深刻。可实际上,作者是被这种情感困扰了很久的,所以我认为用"是"更好一点。

师:这个没有说服我。"是"就深刻,改个"像"就好像不深刻,这个好像没有道理。谁再说?

生2:我觉得改为"像"给人置身事外的感觉,用"是"就是把所有的感情都寄托在"邮票"上、"船票"上、"坟墓"上和"海峡"上。

师:也没有说服我,可能这个问题有点难。大家想想,有时"是"是可以改为"像"的:"我是一只小鸟"和"我像一只小鸟"是相通的。"小时候,乡愁是一枚小小的邮票","乡愁"跟"邮票"有相似关系吗?有没有?有哪些地方相像,是不是个比喻呢?这里不是比喻,其实是个省略句。应为"小时候,乡愁是寄托在一张小小的邮票上的",这里不能改,不是暗喻。注意这一点,大家要朗读好,作者的感情发展是有层次的,要读出这种层次来。

请刚才这位女同学来读。

(女生读)

师:不错,基础很好,但是还没有突出出来。特别是第三小节。(示范读第三节,并且解说作者很悲伤。师反复吟咏第三节的"我在外头,母亲在里头",然后让学生自己读全诗,要求放声读,各自读自己的,不要齐读)

师:再读几遍,背诵下来,我要检查。

师:会背了,请举手!

(两女生分别背诵)

师:不仅背得准确。而且朗诵得很好。下课。

(二)案例点评

这是一堂十分干净利落的语文课,开课单刀直入,结课戛然而止,课中也无任何枝蔓。不过,这里我们不谈这个,把研讨的重点只放在这节课是怎样体现洪镇涛"学习语言"的语文教学主张的。

过去教《乡愁》,许多老师一般总要从这首诗所用的物象入手,要求学生分析,作者是怎样将看不见摸不着的乡愁借用"邮票""船票""坟墓""海峡"等物象写得这样具体感人。然后进一步分析,全诗写的是母子之情、夫妻之爱、丧母之哀和恋国之思。诗的前三节写家愁,最后一节写国愁。总之,是一层层地分析下去,当然其间也配合一些学生的诵读，但重点是分析诗歌的思想内容和感情脉络。洪镇涛的这堂课则把重点放在语感训练上，其中既有通过诵读进行的语言感受和语感积累，也有通过师生对话进行的语感品味和分析。

就课型来说，这是一节语言教读品味课。开始就是学生和教师的范读（即"感受语言，触发语感"），中间大量的时间用于品味语言（即"品味语言，领悟语感"），最后再读，并且要求学生背诵（这是"积累语言，积淀语感"）。从整个教学过程来说，似乎缺了洪老师所说的"实践语言，习得语感"这个环节。而事实上，这个环节是贯穿在第二和第三两个环节之内的。教学过程中重点是"品味语言"部分，洪镇涛巧妙地设计了四个问题，通过调一调、换一换、改一改等方法，指导学生琢磨和品味语言。第一个问题："这首诗共有四个小节，大家觉得它们之间的顺序能够改变吗？"这实际上是要求学生试着将诗歌的顺序"调一调"，然后在调与不调的比较揣摩中品味诗歌思路安排的妙处。第二个问题："乡愁是一湾浅浅的海峡"，将词句中的"浅浅"改为"深深"是否可以？这是要求学生通过"换一换"的方式，品味诗歌用词的妙处。第三个问题：教师用自己的语言将全诗进行了改写，要求学生体会改写后的诗歌好不好。第四个问题：每一段第二句都有一个"是"，把所有的"是"全改为"像"，让学生揣摩这样改行不行？为什么？这两个问题都是采用"改一改"的方法引导学生品味和揣摩诗歌语言的妙处。通过调一调、换一换、改一改，让学生在比较和揣摩中真正感受到了什么样的语言好，什么样的语言不好，从而达到了领悟语感的作用。整堂课采用的教学方法主要是美读感染法和比较揣摩法。

另外，教学过程中也贯穿了洪镇涛倡导的"四个结合"。例如，第一，不搞架空分析，不是大讲一通时代背景，不是大讲一通祖国统一，但学生还是感受到了余光中那种热爱祖国、希望祖国尽早统一这样一种情感、思想，这就做到了"语感训练与思想教育的结合"。第二，洪镇涛在课堂上提出的几个问题，除了第一个问题比较容易，其他三个都有一定难度，需要动动脑筋，这就做到了"语感训练与思维训练的结合"。第三，洪镇涛采用"美读感染法"来引导学生欣赏这首诗歌，做到了"语感训练与审美教育的结合"。第四，洪镇涛在教学中适时指出，本诗中"是"不能改为"像"，"是"在这里不是暗喻，这就将"语感训练与知识传授结合起来"。

总之，洪镇涛的这堂课有别于一般的阅读分析课，它直面课文，重点抓住课文中语感因素较强的词句或段落进行语感分析，通过语感分析培养学生的语感能力。虽然整堂课没有讲物象这一概念，没有专门讲家愁国愁，但是，相信学生通过诵读和品味，全诗借物象抒情的感受一定有了，作者强烈的思乡恋国之情一定体会到了。而且更重要的是，学生还一定体会到了作者运用语言的精妙，提高了语言感受能力。

◆ 思考讨论

1. 洪镇涛主张语文课的目的是指导学生学习语言，这里的语言教育和文学教育是不是冲突了呢？语言教育和文学教育之间是什么关系？

2. 你认为语文教学的重点是培养学生良好的语感吗？培养语感和学习语言运用的规律哪个更重要？二者的关系应该怎么处理？请说明你的理由。

◆ 扩展阅读

1. 洪镇涛. 语文教育本体论［J］. 新课程研究（上旬刊），2013（1）：39-42.

2. 洪镇涛. 语文教育本体论——语文语感训练漫谈之二［J］. 新课程研究（上旬刊），2013（2）：22-35.

3. 洪镇涛. 语文教育本体论——语文语感训练漫谈之三［J］. 新课程研究（上旬刊），2013（3）：18-22.

4. 洪镇涛. 语文教育本体论——语文语感训练漫谈之四［J］. 新课程研究（上旬刊），2013（4）：19-23.

5. 洪镇涛. 我的语文教育观——语文教育的"道法术"［J］. 内蒙古教育，2008（6）：4-5.

6. 洪镇涛. 回顾我的语感教学［J］. 语文教学与研究，2007（04）：16-17.

7. 洪镇涛. 语感教学构架［J］. 中学语文教学，2006（8）：3-5.

8. 洪镇涛. 变"讲堂"为"学堂"——我的语文教学思想及实践（上）［J］. 内蒙古教育，2001（9）：14-15，39.

9. 洪镇涛. 变"研究语言"为"学习语言"——我的语文教学思想及实践（下）［J］. 内蒙古教育，2001（10）：6-8.

10. 洪镇涛. "三主一副"：构建"学习语言"语文教学新体系（一）［J］. 辽宁教育，2000（3）：32-33.

11. 洪镇涛. 打开"学习语言"的大门 "三主一副"：构建"学习语言"语文教学新体系（二）［J］. 辽宁教育，2000（4）：28-30.

12. 洪镇涛. "三主一副"：构建"学习语言"语文教学新体系（三）［J］. 辽宁教育，2000（5）：30-33.

13. 洪镇涛. 构建"学习语言"语文教学新体系［J］. 课程·教材·教法，1998（3）：20-23.

14. 洪镇涛. 我的语文教学思想形成和发展轨迹［J］. 中学语文教学参考，1997（3）：5.

15. 洪镇涛. 洪镇涛语感教学实录［M］. 开明出版社，2005.

16. 钱梦龙. 学习语言：语文教学本体的回归——评洪镇涛老师的语文教学本体改革［J］. 中学语文教学，2003（2）：14-16.

# 第七章

# 李吉林：语文"情境教学法"

◆ 导 读

在我国，有一位小学语文特级教师，被称为是"走出国门的教育家"。她创造的教育理论，堪称"蕴含东方文化智慧的课程范式，回应世界教育改革的中国声音"（顾明远语）。她创造了一个学派，打破了学派只能出现在高等学府的传统观点。这个人是谁呢？她究竟对我国教育有什么贡献，竟能获得如此高的评价？她就是江苏南通师范学校附属小学语文特级教师李吉林。本章，就让我们走近李吉林，共同学习她创造的语文"情境教学法"。

李吉林，1938年出生，江苏省南通市人。1956年毕业于南通女子师范学校。毕业后一直在南通师范学校附属小学任教。她是儿童教育家，著名小学语文教师，江苏省首批特级教师。2019年7月18日去世，生前任江苏情境教育研究所所长。

1979年，李吉林老师借鉴外语教学中的情境教学法，开始探索语文情境教学。后来，她吸收了我国古典文论中的"意境"说，进一步丰富了语文情境教学的内涵，并逐渐总结出一套完整的情境教学体系。20世纪90年代以后，李吉林在语文情境教学的基础上，开始了情境教育和情境课程的研究，并再次取得了丰硕的成果。因在教学、教育理论研究方面的突出贡献，被授予"全国先进工作者""全国劳动模范""全国三八红旗手"等称号，并获得"全国五一劳动奖章"。曾兼任中国教育学会副会长、教育部中小学教材审查委员等职。她的主要著作包括《情境教学实验与研究》《小学语文情境教学——李吉林与青年教师的谈话》《情境教育的诗篇》《情境课程的操作与案例》等。

## 一、语文"情境教学法"述要

（一）情境教学的内涵和特点

何谓情境教学？李吉林在《小学语文情境教学——李吉林与青年教师的谈话》一书中这样解释："情境教学是充分利用形象，创设典型场景，激起学生的学习情绪，把认知活动与情绪活动结合起来的一种教学模式。"① 在这一界定里，有三类关键性概念：第一类是"形象""场景"，第二类是"学习情绪""认知活动"和"情绪活动"，第三类是"教学模式"。下面，我们紧扣这三类概念进一步分析情境教学的内涵。

其一，情境教学必须要有形象或场景。进一步讲，情境教学的手段是形象，它是通过运用形象创设的典型场景（即情境）进行教学。这是情境教学有别于以往大多数教学的一个重要特点。以往的教学，通常是借助概念进行教学，而不是借助形象进行教学。借助形象教学和借助概念教学最大的不同在于：一个重于直观，一个重于思维；一个重于感性，一个重于理性；一个重于情感，一个重于认知；一个重于生活，一个重于学科。我们的语文教学，不能光有思维、理性、认知和学科知识，还应该有直观、感性、情感和生活这些因素的参与。当然，情境教学中也有对概念的教学，但一定要有形象的参与。如果没有形象，没有精心创设的典型情境，就不能算是情境教学。在情境教学的探索中，李老师概括出五种类型的情境：实体情境、模拟情境、想象情境、推理情境、语言情境。

其二，情境教学强调的是学生学习的内驱力，强调的是认知活动和情绪活动的有机结合。以往的教学，大多只关注知识和技能，不关注学习知识和技能的人，不关注学习者的学习内驱力，所以只能一味地灌输，是一种单纯的认知活动。单纯的认知活动不利于学生的全面发展，其过程又过于理性，学生往往缺乏兴趣和积极性。把认知活动和情绪活动结合起来，既有利于提高学生的学习效率，又有利于学生的全面发展。为此，李老师在创设情境时特别强调：以培养儿童兴趣为前提，以激发情感为动因。

其三，情境教学不是一种简单的教学方法，而是一种教学模式。所谓教学模式，是"反映特定教学理论逻辑轮廓，为实现某种教学任务的相对稳定而具体的教学活动结构"。② 也就是说，凡教学模式都超出了具体教学方法的范畴，它高于教学方法，是教学方法、教学过程和教学理论的整合。它既具有可操作性，又具有概括性、综合性和抽象性，具有对教学方法的解释性和指导性。李吉林的语文情境教学正是这样一种教学模式，它既有一套

---

① 李吉林. 小学语文情境教学——李吉林与青年教师的谈话 [M]. 北京：人民教育出版社，2003：5.
② 顾明远. 教育大辞典（增订合编本）[M]. 上海：上海教育出版社，1998：717.

完整的理论体系，又有着完备的操作方式和方法。

李吉林老师将情境教学的特点概括为形真、情切、意远、理寓其中。①（后来，她又将这四点展开表述为：神韵相似，以鲜明的形象强化学生感知教材的亲切感；情意真切，情感参与认知活动，充分调动主动性；意境广远，形成想象契机，有效地发展想象力；蕴含理念，抽象的理念伴随着形象，有效地提高认识力。②）所谓"形真"，主要是指情境教学中的形象具有真切感，神韵相似，"可意会，可想见"。所谓情切，指情境教学能抓住促进儿童发展的动因——情感，来展开一系列教学活动，境中寓情，情真意切，以情激情，以情动情，从而达到既促进认知活动，又促进儿童全面发展的效果。所谓意远，就是情境教学的意境深远，能形成想象的契机，有效发展学生的想象力。李老师说："'情境教学'取'情境'而不取'情景'，其原因就在于'情境'具有一定深度与广度。古人云：'文之思也，其神远矣。'便道出了作者著文时，已置身于广远的意境之中。情境教学便是顺应作者的思路，体验作者情感的脉搏，创设有关情境，从而把学生带入作者创作时所处的情境之中，使创设的情境之境深远。"③所谓理寓其中，是指情境教学无论所创设的形象，伴随的情感，还是开拓的广远的意境，其中都蕴含了一定的理念。李老师说："情境教学如失去了理念，如同没有支柱一样，站不起来，深不下去，只能是内容贫乏，色彩苍白的花架子。"④而这里说的理寓其中的"理"，实际上就是教材内容的中心。

通过以上解释，我们认为，情境教学就是利用形象，创设典型情境，通过教学将学生带入情境，激起学生的情绪，把认知活动与情绪活动结合起来，以提高教学质量的一种教学方法论。这种典型的情境，或者与教学内容神韵相似，能以鲜明的形象强化学生感知教材的亲切感；或者情意真切，情感参与认识活动，能充分调动学生学习的主动性；或者意境广远，形成想象的契机，能有效发展学生的想象力；或者蕴含理念，抽象的理念伴随形象，能有效提高认识力。正因为情境教学具有以上特点，所以李吉林认为，情境教学有"五要素"：① 以培养儿童兴趣为前提，诱发主动性；② 以指导观察为基础，强化感受性；③ 以发展思维为核心，着眼创造性；④ 以激发情感为动因，渗透教育性；⑤ 以训练语言为手段，贯穿实践性。这实际上也是对设计情境教学的五点要求。

（二）情境教学的手段

情境教学的特点已如上述。在语文教学的过程中，怎样将学生带入情境呢？李老师提出了创设情境的六种手段，或曰六条途径：

---

① 李吉林. 情境教学实验与研究［M］. 成都：四川教育出版社，1990（2版）：18-25.
② 李吉林. 小学语文情境教学——李吉林与青年教师的谈话［M］. 北京：人民教育出版社，2003：18-27.
③ 李吉林. 小学语文情境教学——李吉林与青年教师的谈话［M］. 北京：人民教育出版社，2003：23.
④ 李吉林. 小学语文情境教学——李吉林与青年教师的谈话［M］. 北京：人民教育出版社，2003：25.

1. 生活展现情境

所谓生活展现情境，就是通过把学生带入社会，带入大自然，从生活中选取某一典型的场景，同时结合教师语言的描绘，将这一场景鲜明地展现在学生眼前，作为学生观察的客体。李老师认为，生活展现情境要注意三点：选取感知目标要鲜明；带入情境要有序；观察中要启发想象。

2. 实物演示情境

即以实物为中心，略设必要的背景，构成一个整体，以演示某一特定的情境。例如，李老师在教学《珊瑚》一课时，先选取了三种珊瑚。出示珊瑚时，她又在黑板上贴上一张蓝色的纸，简单地画上几笔，似波涛汹涌的大海，海底画上一片珊瑚礁，以此作背景，珊瑚实物则出示在珊瑚礁中。

3. 图画展现情境

所谓图画展现情境，就是用图画再现课文中语言描述的情境，将课文内容形象化。李老师在用图画展现情境时，常采用的形式有：放大挂图，剪贴画，简易粉笔画，现成的课文插图，电教画面，等等。例如，在教学《泊船瓜洲》一课时，李老师就以一幅简笔画勾勒出诗人王安石在明月之夜，船停泊瓜洲，走出船舱，抬头仰望明月的情境。要求学生想象此时"春风又绿江南岸"的美景，体验诗人对月发出的"明月何时照我还"的思乡之情。

4. 音乐渲染情境

即用音乐特有的旋律、节奏，塑造出音乐的形象，把学生带进特有的意境中。音乐的语言与文学的语言是相通的，借助音乐来渲染课文内容的情境，确实是一种很好的手段。例如，教学《麻雀》一课，老麻雀为了拯救小麻雀，不顾自己的安危与猎狗搏斗的情景，很难单用画面去表现，而配以恰当的音乐，学生就仿佛在音乐中听到小麻雀竭尽全力的、绝望的号叫，似乎看到老麻雀怎么蓬起全身的羽毛，毅然地从树上飞下来，落在猎狗面前。

5. 表演体会情境

即用表演课文角色的方式，或让学生进入角色，体验课文内容；或通过表演，再现课文内容，加深对课文内容的理解感受。例如，在教学《晏子使楚》一课时，李老师尝试以排演课本剧的形式，组织整个教学过程。

6. 语言描绘情境

上述五种手段，都是直观的手段。事实上，这些直观手段都要借助语言手段的调节与配合，才能创设与教材内容相一致的情境，也才能把学生带入教学所需要的情境。另外，也可以单独运用语言描述来创设与教材内容一致的情境。李老师认为，运用语言描绘情境，无论是与直观手段结合进行，还是单独运用，除了对教师运用语言除具有相当的示范性要求外，还要具有主导性、形象性、启发性和可知性。

（三）语文情境教学法的操作体系

有了情境教学的基本理论和手段还不够，还必须借助这些理论和手段，把情境教学具体运用到识字教学、阅读教学和作文教学的过程中。这就是情境教学的操作问题。李吉林在这方面也做了全面、深入的探索。

1. 识字的情境教学

李吉林认为，因为汉字是表意文字，使汉字具有数量多、容易混淆、学习难度大等特点。创设和利用情境教学生识字，在一定程度上可以培养学生学习汉字的兴趣，降低难度。如何创设和利用情境进行识字教学呢？李老师创造了如下做法：

（1）利用汉字造字原理创设情境，使独体字形象化。例如，李老师教"火"字时，先神秘地划着一根火柴，让学生看着小小的火苗闪动，拼读"huǒ"的音节。然后启发学生注意"火"的字形："现在我先来画一团火（画'火'的图形），最早的'火'字就这么写的。"学生听了，觉得新奇而有趣。接着又说："后来觉得这字只像'火'的形状，而不像文字，慢慢地变，变成了'火'。"再如，讲"水"字，先让学生看小河的波浪，古时候的"水"就写成这波浪一样，后来慢慢地变成"水"。这样运用情境教学来讲"独体字"，抽象的文字符号变得形象了，字形可以理解了，字义也可以琢磨了。对汉字能表意的特点，由此有了初步的认识。

（2）利用汉字结构创设情境，认识形声字的构字特点。例如，李老师教学生学习"棵、颗"这一组容易混淆的形声字时采取的做法是：先引导学生列举："一棵什么"，用"木"字旁的"棵"；"一颗什么"，用"页"字旁的"颗"。根据学生的回答，用简笔画分成两组：

一棵（简笔画：小树、白菜、向日葵、小苗、玉米）

一颗（简笔画：子弹、豆子、星星、红心、种子、糖）

然后利用这些简笔画向学生揭示规律："棵""颗"都表示数量。"棵"，"木"字旁，像小树一样，是有生命力的，有根，有叶，像白菜、向日葵、小苗、玉米，形状高高的，就用"棵"。"颗"，"果"在左边，表示声音，右边的"页"，告诉我们形状像颗粒一样，圆圆的物体，像豆子、子弹、星星等等，就用"颗"。由于情境的创设，根据形声字结构创设，所以对形声字的特点，就有了具体的认识，记忆牢固，运用起来不易混淆。

（3）凭借情境丰富词汇，在整体中认读运用。由于每一个汉字只有在一个词中才具有实在的意义，因此，只有理解了词义，掌握了词汇，才能真正地掌握好一个汉字，也才能在阅读和写作中加以利用，并促进学生思维的发展。李老师在教学生识字时，十分注意词的教学，凭借情境结合语言训练。例如，李老师教《大、小、多、少》一课时，出示篮球、皮球和乒乓球，让学生通过比较，认识大小，并进行"（什么）大（什么）小""又大又圆的_____""又小又圆的_____"的句子训练；然后又分别加上两只皮球，四只乒乓球，让学生比较多与少。"（什么）比（什么）多，（什么）比（什么）少"。

2. 阅读的情境教学

李吉林认为，小学语文阅读教材中的每篇课文，几乎都描写了一个特定的情境，所谓"作者胸有境"，这是阅读课运用情境教学的基础。到了小学的中高年级，阅读教学占的分量最大。因此，李老师对阅读情境教学的探索，花的工夫最多，总结出来的做法也最多、最全面。首先，她就一篇一般性的课文，从初读、细读、精读三个阶段探讨了情境教学的运用问题。总结出来的具体做法是：初读——创设情境抓全篇，重在激发动机；细读——强化情境，理解关键词、句、段；精读——凭借情境品尝语感，欣赏课文精华。其次，她就不同类型的课文如何进行情境教学，也进行了深入探讨。例如，关于散文的情境教学，她认为应该以"美"入境，以"情"相连，以"境"拓宽。关于诗歌的情境教学，她认为应该利用经验，带入诗境；适当铺垫，弄清诗意；凭借情境，咀嚼诗句；反复吟诵，体验诗情。关于童话的情境教学，她认为应该通过形象，感受童话的美和趣；通过想象，进入童话世界；通过系列训练，全面提高能力。关于寓言的情境教学，她认为应该利用寓言手法上的讽刺夸张，再现寓体的生动情境；借助寓体的可笑形象，带入揭示寓意的推理情境；针对寓言语言简洁的特点，进行综合训练，全面提高语言能力。

这里以一篇一般性的课文，对如何进行情境教学，作一简要介绍。

李老师认为，阅读过程包括："初读——读通""细读——读懂""精读——读透"三个环节。

（1）初读——创设情境抓全篇，重在激发动机。初读，是儿童第一次感知教材，这在教学一篇课文的全过程中，显得分外重要。因此，在教学一篇课文的起始阶段，根据教材特点，或通过语言描述情境，或创设问题情境，或描绘画面，或揭示实物，或联系儿童的已有经验，或补充介绍有关教材内容的背景或人物，导入新课，激起儿童阅读全篇的兴趣，使儿童主动地去读全篇。

（2）细读——强化情境，理解关键词、句、段。李吉林认为，在一篇课文阅读教学的细读阶段，让学生掌握重点段，理解关键词句，是最该着力的地方。这时候，要利用在初读阶段创设的总情境，并根据教学重点段的需要，从某一角度，突显情境的某一部分，使情境强化。阅读重点段，要求儿童对课文有深切的了解，这种深细的阅读过程，是一种由多种心理因素组成的复杂的智力活动。这种智力活动包括儿童的感知、认识、思维、语言的活动。同时，儿童的动机、情绪都直接作用于这系列的智力活动中。

（3）精读——凭借情境品尝语感，欣赏课文精华。李吉林认为，阅读过程中，在通读全篇，弄清作者思路，抓住重点段，理解关键词句的基础上，应进一步引导学生多读课文精华之处，这对培养学生初步的鉴赏能力显得十分重要。引导儿童精读的做法，通常是根据教材内容创设特定的情境，为学生创造体会语感的有利条件，引导学生凭借所创设的情境，抓住教材的传神之笔来体会、品尝语感。

3. 作文的情境教学

在作文情境教学方面，李吉林主要进行如下探索：

（1）观察情境，提供源泉。李吉林认为，生活是写作的源泉，儿童作文同样不能离开生活。儿童认识世界的途径，主要是观察。要引导学生观察大自然，观察社会生活。在观察情境中，努力选取鲜明的感知目标，安排合理的观察程度，考虑好富有启发性的导语，儿童便可以做到"多见而识之"，学生作文便会有感而发。

（2）进入情境，激发动机。学生在获得写作题材后，很重要的就是激发孩子的写作动机，产生主动表达的欲望。学生写作的动机来自两个方面，一是表达自我，二是激发内心的兴趣。激发学生的写作动机，就要沿着这两条途径。激发写作动机的时机，既可以在阅读中，还可以在观察中和写作中。

（3）拓宽情境，打开思路。李老师认为，有意创设的情境，通过儿童观察以后，便可获得写作的题材，但是题材丰富还是单薄，是有很大出入的。因此，打开思路的工作，要从情境的创设和设计做起。李老师通常采取的做法是：或从丰富情境打开思路，或从深化情境打开思路，或从拓宽情境打开思路，或从文题范围的拓宽打开思路，或从材料安排的灵活打开思路，或从表达方式的多样打开思路。

（4）范文引路，教给方法。李吉林认为，教材是儿童学习写作的范文，充分发挥范文的作用，以范文引路，实行读写结合，是提高小学语文教学质量的重要原则。实行作文情境教学，也要遵循这个原则。在阅读教学中，学生既可以学到遣词造句、修辞的方法，也可以学到选材立意、布局谋篇的方法。

（5）提早起步，螺旋上升。李吉林认为，小学生正处在语言发展的最佳时期，需要及早地加以培养训练。过去的语文教学将语言训练的起点安排在小学三年级，这就晚了。在李老师的情境语文教学实验中，从一年级起，在识字的同时，就进行大量的语言训练，以词句训练为主，同时开设口头作文课，包含有简单的字词句篇的综合训练。从二年级写观察日记到三年级情境作文，有词句段的训练，也有布局谋篇的训练。从整体出发，各年级有所侧重，螺旋上升，克服了过去"字→词→句→段→篇"单一训练的弊病。

另外，李吉林还专门探讨了观察情境作文的指导、童话习作的指导、想象作文的指导和应用性文体的指导。鉴于篇幅限制，这里不再一一介绍。

李吉林在完成语文情境教学法的建构之后，她探索的脚步并没有停止。20 世纪 80 年代末，她又开始情境教育的探索，提出了系统的情境教育理论。2001 年以后，在国家进行新一轮课程改革的大背景下，李吉林又开始了情境课程的研究，提出了情境课程的相关理论，把情境教学的研究从教学延伸到教育，从对语文一个学科的研究延伸到对所有学科的研究。

（四）语文情境教学法的价值

2011 年 12 月，由我国著名教育家顾明远主编，教育科学出版社出版了《李吉林和情境教育学派研究》一书，书中收录了 50 多位著名专家和学者撰写的研究文章。这些专家学者包括：教育部当时在任和往届的有关领导王湛、柳斌、卓晴君、朱慕菊，著名教育家、心理学家及教学论专家顾明远、吕型伟、朱永新，以及葡萄牙、英国、美国和日本等国的专家学者。在一本研究小学语文教师的教育思想及其流派的书中，能够汇集这么多著名的专家学者是很罕见的，这本身就说明了李吉林情境教育思想体系的价值。

语文情境教学法是李吉林情境教育思想的基础和核心部分。情境教学的核心概念是"情境"。有研究者指出，这里的"情境"蕴含了丰富的内涵，"细加考察，可以从中分解出几个关键词：情感，暗示，创造，美感，活动，生活。也就是说，所谓情境，实际上是由有情之境、暗示之境、创造之境、美感之境、活动之境、生活之境为主要构成。"① 的确如此，语文情境教学法的内涵是丰富的，价值是多方面的。一方面，它反映了语文教学多方面的规律。例如，语文教学具有情感性、直观性、生活性、艺术性、技能性、人文性等，所有这些特性都在语文情境教学法中得到了体现。另一方面，它在一定程度上改革了以往语文教学的弊端和不足。例如，以往的语文教学往往与生活脱节，重认知轻情感，重学科轻生活，重思维轻直观，重理性轻感性，重科学性轻艺术性，重有意识轻无意识，等等。语文情境教学法较好地做到了认知与情感的结合（李吉林提出了情感驱动原理，以情感为纽带，情感参与认知活动）、学科与生活的融合（以周围世界为源泉）、科学性与艺术性的统一（以"美"为突破口，创造趣、美、智的教学情境和乐、美、智的活动情境等）、有意识与无意识的结合（暗示诱导原理，无意识引导有意识），做到了理性与感性的结合，语言与直观的结合。

---

① 李庆明. 书写儿童教育的中国史诗——情境教育的一个核心词和六个关键词 [M]. // 顾明远主编. 李吉林和情境教育学派研究. 北京：教育科学出版社，2011：154-161.

另外，语文情境教学法的价值还在于它具有很强的实践性和可操作性。李吉林老师用 30 多年的时间研究情境教学和情境教育，建立了相当完备的理论体系和操作体系，而所有这些理论和实践方法，都来自校园，来自课堂，实践操作的要求和程序非常具体，具有很强的实践性和可操作性。

## 二、教学案例简析

（一）案例展示

### 《小小的船》课堂实录[①]（第二课时）

师：老师很想知道有多少小朋友喜欢看月亮。

生：我喜欢看月亮。

生：我也喜欢看月亮。

师：真好。有时候我们看见月亮是这样的，这是什么样的月亮？

（出示圆月剪影）

生：这是圆月亮。

师：月亮很圆，用两个圆字会说吗？

生：这是圆圆的月亮。

师：（又出示新月剪影，把这弯弯的月亮贴在一幅画有星星的深蓝的天空上）有时候我们还会看见这样的月亮，这是什么月亮？

生：这是半月形的月亮。

生：不对，半月形没有这么大，这是弯弯的月亮。

师：对！晴朗的夜晚，这么可爱的月亮挂在蓝蓝的天上，该多美呀！难怪我们小朋友喜欢看月亮。有一位老爷爷还特地把我们小朋友看月亮的情景写了一首诗。（逐步把学生带入情境）题目就是《小小的船》。上一课小朋友学会了生字，这一课我们来学习课文。

师：小朋友开始学习读课文，首先要看题目，想想它的意思。

生：（读题目）小小的船。

师：“小小的船”是什么样的船，是真的吗？小朋友自己读读课文，读书要认真，要

---

① 李吉林.《小小的船》课堂实录［EB/OL］.［2015-12-28］. https://wenku.baidu.com/view/9485c2d616fc700aba68fc91?aggId=39669ec8bed126fff705cc1755270722182e5982&fr=catalogMain_text_ernie_recall_feed_index%3Awk_recommend_main3&_wkts=1726365843711. 访问日期：2024-10-2.

一个字一个字看清,一个标点一个标点看清,不要读错。

生:(点名让一学生读课文)。

师:现在小朋友弄清楚了吗?这个小小的船是不是真的船?

生:这小小的船,不是指真的船。

生:我知道,指的是月亮。

师:老师看出来了,小朋友很喜欢这首诗,对吗?李老师也喜欢读,听我读课文。(出示放大课文的黑板)

师:(指着板书的课文)课文第一句就写了月儿,是什么样的月儿?

生:这月儿弯弯的,像一条香蕉。

生:这月儿小小的,两头尖尖的。

生:这月儿像小船,也像镰刀。

师:这儿用了两个"弯"字——"弯弯的月儿"。"弯的月儿"和"弯弯的月儿",比比看,你们觉得怎么样?(引导体会语感)

生:用了两个"弯"字,觉得这月儿弯得要命。

生:不是弯得要命,是弯得好看。

生:我觉得这月儿弯得可爱。

师:"弯弯的"表示很弯,弯得很可爱,谁能举个例子?

生:我知道,弯弯的小路。

生:(神往地)还有弯弯的小河。

(老师进一步启发)

师:那么这弯弯的月儿像什么呢?(过渡到下一个环节)

生:这弯弯的月儿像小小的船。

师:对。"小船""小小的船"比比看,哪种小?

生:小小的船比小船更小,就是很小很小的船。

(出示小黑板,上面写着:

小船

很小的船

小小的船

小朋友们读一读,比一比)

师:说得很好。很小的船,小小的船,意思一样,但你觉得哪一种可爱?

生:我觉得小小的船可爱。

师:现在,有哪位小朋友懂得"弯弯的月儿小小的船"这当中加上一个什么字,就可以把这句话联系起来？

生：加一个"像"字。

生：就是"弯弯的月儿像小小的船"。

师：对！第一句就是这个意思。（在读中悟写法）大家一起读一遍。

生（齐读）：弯弯的月儿像小小的船。

师：请哪个小朋友把一二两句读一下？

生：弯弯的月儿，小小的船，小小的船两头尖。

师：要读出月儿的可爱。（指导读）你们听："弯——弯的月儿，小——小的船，小小的船两头尖。"小船两头尖尖的，多有趣。"尖"不能使劲，声音稍微提高一点，轻轻读，你们一起读读看——

生（齐读）：弯——弯的月儿，小——小的船，小——小的船两头尖。

师：（顺着学生的思路启发）课文中的小朋友，看着弯弯的月儿，为什么觉得像小船，而不像香蕉，不像镰刀呢？（照应前面的理解，突出语感、情趣、意境）他想做什么？

生：老师，我知道了，香蕉只是好吃，不能坐。

生：小船就可以坐上去了。

师：小朋友讲得真好，那你看看这弯弯的月儿，想不想上去？

生：（神往地）想！

（创设三四句所描绘的情境。音乐，想象）

师：（描述）如果现在正是夜晚，你坐在院子里抬头看着蓝天，蓝天上有星星又有月亮。你看着这弯弯的月儿，觉得它多像一只小船，你们听着琴声（弹《小小的船》曲子）

师：你们可以眯眯眼，听着，看哪些小朋友想着好像飞上蓝天，坐在月亮上了。

（"小小的船"乐曲在教室里回荡，听着李老师弹的乐曲，小朋友们都入了神，有的果真眯上了眼睛，显得十分甜美）

师：哪些小朋友觉得自己好像飞上了月亮？

生：我飞上去了。

生：我也飞上去了。

生：我好像身子变轻了。

生：我好像腿变长了。我好像坐在弯弯的月亮上了。

（教室里气氛热烈，学生一个个兴致勃勃。老师也显得很兴奋，把一个小朋友剪影放在月亮上）

师：（指着坐在月亮上的小朋友）好，现在你们已经飞上了蓝天，坐在了小船里。你们睁大眼睛看看，在月亮上看到些什么？让我们轻轻地唱起来。

（乐曲伴随着小朋友们的歌声）

师：现在你已经坐在月亮上，你看见了什么？

（出示句式，凭借情境进行句子训练）

我看见_____。

生：我看见星星。

生：我看见北斗星。

生：我看见人造卫星。

生：我看见许多星星向我眨眼睛。

师：星星那么亮，向我们眨眼睛，这可以说什么样的星星？

生：这叫闪闪的星星。

师：对。闪闪就是一闪一闪。你们看——

（老师走近教学挂图，启动挂图上的控制键，图上的星星一闪一闪）

师：你坐在月亮上，向下就看见地球，抬头看，除了看到星星还看到什么？

生：我还看见蓝蓝的天。

师：蓝蓝的天，我们每天都看见，谁能用"蓝蓝的天"说一句话？可以说蓝蓝的天上有什么，也可以说我在蓝蓝的天上做什么，想想看，看谁说得好？

（紧密结合情境，进行语言训练，进一步启发他们积极思考，展开想象的翅膀）

生：蓝蓝的天上有弯弯的月儿。

生：蓝蓝的天上有星星一闪一闪的。

生：蓝蓝的天上有一朵一朵的白云。

生：小鸟飞上了蓝蓝的天空。

生：我坐上飞机，就飞上了蓝蓝的天。

生：我将来要坐上宇宙飞船，在蓝蓝的天上给老师打电话。

师：小朋友学得很好，现在我们一起读课文。男女生轮流读。

师：对。书上说，"只看见闪闪的星星蓝蓝的天。"

（比较，联系生活实际理解）

我们上一次学的一只鸟，念 zhī，在这儿表示除了星星和蓝天，别的看不见。念 zhǐ。

例如：晚上爸爸上夜班去了，家里只有我和妈妈两个人。这"只"是什么意思？

生：我知道，就是在月亮上除了星星和蓝天，别的看不到。

生：老师，不对，坐在月亮上还可以看见银河。

师：（很高兴的）哦，对了，银河就是许多星星聚集在一起，还是星星，懂吗？

师：坐在月亮上要向下看才看得见地球。

现在我们一起读三四两句。

（指导朗读）

师：你坐在月亮上，弯弯的月亮你觉得像小船，那蓝蓝的天像什么？星星又像什么？

生：我坐在小船上，看着蓝蓝的天就像大海。

生：星星像灯。

生：老师，大海里是航标灯。

师：你讲得很对。

生：月亮下面一朵一朵的白云，我想就像大海里的波浪。

师：这首诗小朋友都爱念，有好几个词是把相同的字叠起来的，如果不重叠，你们觉得怎么样？（读中感悟）

弯的月儿小的船，

小的船两头尖。

我在小的船里坐，

只看见闪的星蓝的天。

（老师念完，大家都禁不住笑了）

师：这样，你们爱读吗？

生：我不爱读。

生：星星、月亮好像不怎么好看了。

师：那我们再来读一遍，现在请女生一起读。

（女生齐读课文）

（运用中感悟）

师：小朋友读得很好，下面李老师让小朋友做一个"找朋友"的游戏，看谁找得又快又对。（出示六张卡片，上面写着：弯弯的　小小的　蓝蓝的　天　月儿　船）

（一个学生被指名将卡片上的词组合起来：弯弯的月儿　小小的船　蓝蓝的天）

师：大家一起读。

（学生读上面的三个词组）

师：朋友找到了，还可以怎样排队？

（又指名一个学生走近磁性小黑板，将卡片组合成：月儿弯弯的　船小小的　天蓝蓝的）

（学生再齐读）

师：这一课小朋友动脑筋学得很好，这样一首美丽的诗小朋友应该想办法把它记住，背下来，看谁先会背。

（学生开始练习背书，一个个读得很有兴致）

（二）案例点评

《小小的船》是人教版小学语文课本一年级上学期的一篇课文。这里选的是李吉林教《小小的船》的第二课时。第一课时是导入课文，导读，教学生字词，试读课文，写字等。

第二课时，李吉林根据小学生易受心理暗示、想象力丰富的特点，运用图画、音乐与语言描述相结合，把儿童带入一连串丰富多彩的情境之中。首先，李吉林出示图片，引导学生回忆在生活中看月亮的情境；接着，弹奏"小小的船"乐曲，并用语言引导，让学生想象夜晚坐在院子里看蓝天、星星和月亮的情境；然后再想象自己在音乐中已经飞上蓝天，坐在月亮上的情境；最后，李吉林将一个小朋友的剪影放在月亮上，让学生想象自己飞上蓝天，坐在月亮小船里，看宇宙里月似小船、天蓝似海、群星闪耀的情境。这一连串的情境创设，紧扣课文，借助图画、音乐、语言等多种手段，带领学生由回忆到想象，最后进入类似真实的体验。这组连贯的情境完全吻合儿童的心理特征，孩子们的心和着情境跳动着，学习活动变得轻松而愉悦。这种认知活动与情感活动高度统一、感性与理性高度统一的教学活动，促使学生形成全神贯注、高度参与的学习状态。这一切，都得益于李吉林的情境教学法。

如前所述，李吉林在构建情境阅读教学的过程时，一般分为三个步骤：（1）初读——创设情境抓全篇，重在激发动机；（2）细读——强化情境，理解关键词、句、段；（3）精读——凭借情境品尝语感，欣赏课文精华。这个教学案例虽然面对的是一首短短的仅有四句的小诗，但是在教学过程的安排上，也完全符合这一模式。初读阶段，用图画调动学生对生活情境的回忆，激发学生阅读的兴趣和动机。细读阶段，通过音乐渲染，进一步强化情境，引导学生仔细琢磨四句儿歌的意涵。精读阶段，引导学生重点体会"弯弯"等叠词的运用，通过感悟语感，欣赏课文的语言精华。事实上，语感训练不仅体现在精读阶段，而且贯穿于整个阅读过程，成了这节课的又一亮点。比如初读课文时，李吉林就抓住"弯弯""小小"等词引导学生体会，培养学生的语感："这儿用了两个'弯'字——'弯弯的月儿'，'弯的月儿'和'弯弯的月儿'，比比看，你们觉得怎么样？"（引导体会语感）"'弯弯的'表示很弯，弯得很可爱，谁能举个例子？""'小船''小小的船'比比看，哪种小？""很小的船，小小的船，意思一样。但你觉得哪一种可爱？""要读出月儿的可爱。（指导读）你们听：'弯——弯的月儿，小——小的船，小小的船两头尖。'"这样，进入学生脑海里的语言就饱含着形象和情感了。到了精读阶段，李吉林又通过删掉叠音词各一个字的办法，进一步引导学生感受语感。"这首诗小朋友都爱念，有好几个词是把相同的字叠起来的，如果不重叠，你们觉得怎么样？""弯的月儿小的船，小的船两头尖。我在小的船里坐，只看见闪的星蓝的天。"（读中感悟）就这样，学生在比较中形成了语感，感受到了诗歌的音乐美。

◆ 思考讨论

1. 你认为语文情境教学法的主要价值是什么？这一教学法在理论上有什么特色？
2. 作为一名中师毕业的小学语文教师，你认为李吉林为什么能取得如此重大的成绩？

◆ 扩展阅读

1. 李吉林．小学语文情境教学——李吉林与青年教师的谈话［M］．北京：人民教育出版社，2003．
2. 李吉林．情境教育的诗篇［M］．北京：高等教育出版社，2004．
3. 顾明远．李吉林和情境教育学派研究［M］．北京：教育科学出版社，2011．

# 第八章

## 于永正:"五重"教学法

### 导 读

  每一位语文老师都希望给孩子一个丰富多彩的语文课堂,然而,如何才能让自己执教的语文课丰富多彩起来呢?为此,于永正老师"重情趣、重感悟、重积累、重迁移、重习惯"的教学方法或许能给我们带来有益的启示。语文教学要有情有趣,一位具有多种魅力的语文教师,会让其课堂更加富有吸引力。下面,我们将结合于永正老师的课例,了解并学习其"五重"教学法,以期从中获得有益启发。

  于永正,男,1941年生,山东莱阳人,特级教师,教育部"跨世纪名师工程"首位名师,曾任江苏省徐州市鼓楼区教研室主任。1962年从徐州师范学校毕业后开始从事小学语文教学工作。1985年被评为江苏省特级教师,被徐州市人民政府授予"劳动模范"称号;1995年被评为"国家有突出贡献的专家";2001年获评江苏省教育模范;2002年获"全国五一劳动奖章"。2017年12月8日,于永正老师逝世。

  1990年,中国教育电视台拍了三集报道于永正的"言语交际表达训练"作文教改实验的电视片并向全国播出;1991年初,《人民教育》发表报告文学《徐州有个于永正》,《小学语文教学》《江苏教育》《小学教学》等刊物先后报道于永正教改事迹,在全国产生广泛影响;1999年,教育部召开"于永正语文教学方法研讨会",推广其"五重"教学法;2000年,原江苏省教委基础教育办公室和江苏省中小学教研室又在徐州联合召开了"于永正教学经验研讨会",集中研讨了于永正的教学思想和教学艺术,概括总结了于永正"重情趣、重感悟、重积累、重迁移、重习惯"的教学特色。

# 一、"五重"教学法述要

## （一）于永正语文教学实践概述

在阅读教学方面，于永正着重于学生语文素养的提升，着重于回归本源，注重语文基础字词句的练习扩展。于永正深知阅读教学中朗读的重要性，他以"爱""情""趣"点燃了学生的朗读之火，使学生能够用整个心灵去感受理解文章，积淀语感。他将阅读教学着眼于学生自己的朗读之中，以读悟情，再加以指导启发，少了许多冗杂的段落分析、文章主题思想概况等教学内容。这样教学，学生活泼了起来，这样的课堂就是真正的语文课堂。

《于永正课堂教学案例与经验》一书汇集了于永正早年的精彩课例。1985年秋，他在近千人的徐州空军后勤学院礼堂执教的《草》就是一个代表。在这节课中他借助简笔画，让学生读读、画画、看看、说说、议议、评评，调动学生的生活经验，引导学生自主学习并理解古诗，最后让学生背诵给父母或奶奶听，全面启动学生的感官，唤醒学生的生活经验，让学生学得快乐、轻松，表现出了高超的教学艺术。华东师大李伯棠教授称赞这堂课"寓庄于谐，妙趣横生，教得轻松，学得愉快"。1984年3月底，于永正在徐州民主路小学执教《燕子》一课，全程以朗读为主要教学方法，课堂里书声琅琅，并且运用图画、音乐等手段，丰富了课堂教学内容，增强了表现力。他在引导学生学习最后一段时，巧妙地将课文与音乐相结合，使学生受到了语言艺术和音乐艺术的双重熏陶。课文最后一段写得很有诗情画意："有几对燕子飞倦了，落在电线上。嫩蓝的天空，几痕细线连于电杆之间，线上停着几个小黑点，那就是燕子。这多么像正待演奏的曲谱啊！"这个环节，于永正弹奏钢琴，学生合唱《小燕子》歌曲，使课文与歌曲相得益彰，学生的语言能力得到发展、感情得到陶冶。

于永正注重培养学生的阅读能力，这份热忱也源自他自身对阅读的热爱。他曾说："学生时代啊，一定要多读一些经典著作，这是为人生奠定底色的。"他还在《感谢书》一文中说："我这个人读书喜欢想自己。我是抱着从书本中寻找智慧、思想和方法的态度读书的。"他最喜欢的书是《论语》《孟子》《三字经》《水浒传》《三国演义》等。孔子、马卡连柯、苏霍姆林斯基、叶圣陶等教育家对他影响很大，《论语》《教育诗》《给教师的建议》等著作帮助他建立了自己的教育思想。

在言语交际训练和作文教学方面，于永正的语言交际训练方式多样，他的作文教学妙趣横生、别具匠心。

1985年，44岁的于永正被评为江苏省特级教师，这时的于永正没有因为眼前的成绩而停止奋斗，而是更加努力进行教学改革。他认为，当特级教师不是句号，应该是分号。之后，他决定一边负责全区语文教学，一边在徐州市鼓楼小学带作文实验班，从1985年秋开始了"言语交际表达训练"的实验探索。他平日进行言语交际训练的方法主要包括：利用生活本身提供的言语交际的机会和素材，或者有意识地为学生创设一种交际情景，或者通过组织活动让学生进行交际训练。他将学生在学校、家庭、社会等各个领域所需要的交际情况进行整合，用"言语交际"的眼光审视它们，建立了"从社会言语交际的实际需要出发，为社会言语交际的实际需要服务"的指导思想，形成了较完善的言语交际表达训练的实践体系。这样，他的实验探索，就从实践层面上升到理论与实践相结合的高度，并形成了特色。其作文教学实验，克服了作文教学脱离生活需要的弊端，确立了遵循"先有生活感受，而后写作""在交际中学会交际""立体交叉，和谐发展"等原则，形成了"寓说写训练于活动、交际之中，在交际中学习并掌握一般的社会生活常用的表达本领"的基本教学模式，摸索了若干种行之有效的做法。

在于永正的课堂上，一个苹果、一把雨伞、一只电动玩具都是学生写作的素材。他把很多能表演的地方放手让学生表演，能让学生观察的尽量让学生观察，让学生在活动中搜集素材，记录体验，畅写感想。他的作文课设计巧妙、气氛活跃。例如，于永正执教的作文课《学写人物对话》（三年级），老师与同学们合作表演《猴子吃桃》的场景，让人印象深刻。课堂上的于老师和学生一起进行惟妙惟肖、声情并茂的表演，使同学们如沐春风。思路打开了，沉默的孩子一下子就成了话匣子。

于永正的作文点评方法也别具一格。他在批阅学生的作品时，每找到一个好词加10分，找到一个好句子再加10分，找到运用得好的或独特的标点再加分。于老师的明确的目标、有效的指导和重在激励的点评，让学生找到了努力的方向，使原本"难熬"的作文课变得短暂、有趣，学生感受到了学习的快乐，也体会到了写作的乐趣。

（二）"五重"教学法的基本内容

"五重"教学法是于永正几十年教学经验的总结，看似朴实无华，实则博大精深。

1. 重情趣

"重情趣"，这里的"情"指的是情感，或者说感情。它包括两个方面的意思：一是对学生有情，课要上得有趣味性，让学生愿意学，乐此不疲；二是对语文教学有情，对上课有情。于永正把重情趣放在首位，是因为他在长期的小学语文教学实践中认识到："还有比能力更重要的东西，那就是情感、态度、价值观。是的，知识是教不完、学不尽的，再说，今天该传授的知识假如缺漏了，明天还可以补，但是如果学生对学习失去了信心，没有了兴趣，那么，明天就什么都没有了，自然也包括能力。"他的教学也一直是突出了情趣特点，寓教于乐。

在教学古诗《草》复习阶段时，于永正以学生背古诗给家人听为切入点，一人分饰三个角色，通过提出不一样的疑问、故意出错和遗忘来引导学生对知识熟记和思想的理解。在这一部分，于老师匠心独运，一会儿变成妈妈，一会儿变成哥哥，一会儿变成奶奶，把一个简单得不能再简单的教学环节通过角色变换演绎得曲折有致、情趣盎然。尤其在背诵给耳朵有点聋的奶奶听的环节，于老师假装把"一岁一枯荣"听成"一岁一窟窿"，引出学生"枯，就是叶子黄了，干枯了；荣，就是茂盛"等解释，巧妙引导学生准确说出诗意，强化对重点词语的理解。

2. 重感悟

"重感悟"，就是把学习的权利交给学生，在老师指导下自己读书，自己去领会。教师把学习的权利交给学生，指导学生自己读书、自己去领会。对学生来说，凡是被"告诉"的东西，都比不上"自得"的好。怎样感悟？于永正认为，就一个字"读"。于永正在课堂上巧妙地把这个"读"字落实在教学之中。他在课上反复多次范读，对学生也精巧地要求了反复读、读正确、读流利、读出感情，更是在课堂上围绕"读"推进教学，就是在指导学生把课文读正确、读流畅、读出感情的基础上，着力指导学生品味赏读。

在《狐假虎威》教学中，于永正先是指名学生读课文，发现错音给予纠正并领读，然后让学生读图、讲故事，进而用一句话概括故事。然后又提高要求，让同学们用自己的话来表述。这样一个循序渐进、逐层提高的过程，就是一个让孩子通过反复朗读不断感悟的过程：不仅训练了学生的概括能力，还教会学生口语表达能力。在讲到"假"字时，学生最初的理解是"假的"，"狐狸的威风是假的，老虎的威风是真的"，于老师并没有直接纠正，而是提醒他："是吗？你再读一读课文最后一句话，想一想。"当孩子又读了一遍后，终于感悟到"假"是"借"的意思。这样做就是充分尊重孩子的认知规律，允许孩子理解有偏差，而且能够耐心地等一等，让孩子自己想明白。这也是"重感悟"的真实体现。

在执教《倔强的小红军》一文时，于永正创造性她运用"以读导悟，读中见悟"策略，以小红军牺牲后找出来的牛膝骨为切入点，引导学生通过读来体会感情。于老师问学生从"牛膝骨"三个字想到了什么，学生回答"轻轻地拍"。于老师继续追问"小鬼为什么要'轻轻地拍'"，学生思考后回答："如果拍得重的话，就会露出破绽的。"于老师总结道："作者写文章的时候是前后照应的，不读到后面你就怎么也不明白'轻轻地拍'是怎么回事？所以读书要注意前后联系，读词语、读课文、读厚厚的一本书也一样。这样，才能全面地把握文章。"在指点阅读中，一点点引导学生自己悟、自己品。在感情进入高潮时，于老师提出："读读'打自己嘴巴'这句话，你想到了哪里？这是一种什么样的情？"学生各抒己见，有的说"感动之情"，有的说"后悔、愧疚之情"，有的说"自责的感情"

"难忘之情"。于老师听完后,说道:"还有教育、敬佩、怀念之情,只有读了课文,才能真正地理解!"

3. 重积累

"重积累"是指重视通过读、背,进行语言的积累,通过课外阅读,进行生活和感受的积累。于老师认为,"积累",不仅是语言积累,还有生活和感受(情感)的积累。要想把语文学好,三者不可偏废。对于语言的积累,教学中要十分重视读和背,要按照学习语文的规律教学,重视课外阅读,做读书笔记。对于生活和感受的积累,于老师常常带学生去野外踏青,去种植基地采摘蔬果等。这些活动的开展充实了学生生活、拓宽了学生视野,增加了学生的生活和感受积累,提升了学生语文素养。

为帮助学生增加生活和感受积累,增强语文素养,于永正做到了千方百计、绞尽脑汁。课堂上,他有意增加背诵分量,尽可能让学生多积攒一些美文佳句。在《全神贯注》的公开课上,他以互赠名言方式导入,在了解了班级的特殊规定后赠送给同学两句名言:"书籍是人类进步的阶梯""虚心使人进步,骄傲使人落后"。紧接着,他又询问:"谁愿送我几句名言?"随后,共有六名同学赠送了名人名言。如此既调动了学生兴趣,又丰富了学生知识,更巧妙地导入了新课,引导学生的积累趋于"润物细无声"的境界。

4. 重迁移

"重迁移"是指重视运用,重视举一反三。在教学中,要边学边用,由课内迁移到课外,由读迁移到写,不失时机地引导学生积极迁移,让学生得法于课内、得益于课外。

于永正促进学生积极进行知识迁移的教学方法可谓丰富多彩、生动活泼。比如,由"读"向"说"迁移、由"读"向"写"迁移、由课内学习向课外活动迁移、由书本学习向生活实践与社会交际活动迁移。于永正特别长于指导学生进行由"读"到"写"的迁移,"读写结合"有机、有效是他阅读教学的一大亮点。他认为,指导学生进行由"读"到"写"的迁移,从大的方面来说就是要重视写作训练,从引导学生模仿借鉴开始;从小的方面来说,就是要根据课文的特点,进行片段仿写,比如写一段对话、写人物的外貌、写一段场景、写与课文中结构相同的一段话、用几句话把课文的意思概括一下等"小练笔",也是写的迁移,是看得见的最直接的"由读到写"的迁移。

执教《新型玻璃》时,于永正让学生介绍这五种新型玻璃有什么特点和用途。学生先默读思考,然后介绍。在学生以第一人称介绍了第一种玻璃的"从室内看外面很清楚,而从外面看室内却看不见""我还会随着阳光的强弱而改变颜色,起到自动调节室内光线的作用"等特点之后,于老师表扬:"第一,你写得好;第二,你朗读得好;第三,你的心很善良。三好啊!还有一好就是课文读得好,如果课文没读好,哪能写得这么漂亮?我得谢谢你,因为你保护了我的眼睛。跟你握握手。"这是一个"由读到写迁移"的典型课例。他紧紧抓住"读写"两条线,选择了很好的"读写结合点",既有效检验了学生是否读懂课文,又有效训练了学生的书面表达能力。在《全神贯注》一文教学中,于永正用一个精彩的结尾与一个吸引人的开头有机结合,以名言揭题,又以名言结课。结课时让学生说名言、抒发学完课文的感想,在名言的使用上走了个来回,使课堂教学始终扣人心弦,引人入胜,由此及彼,由课内到课外,体现了于永正重迁移的教学理念。

5. 重习惯

"重习惯"是指既重视学习习惯,又重视运用语言的习惯。于永正强调的习惯,主要包括两点:一是学习习惯,二是运用语言的习惯。学习习惯主要指爱读书报的习惯、一边读一边想的习惯、不动笔墨不读书的习惯、做读书笔记的习惯、遇到生字查字典的习惯等;运用语言的习惯,就是随时随地指导学生运用语言表达自己的思想,使之养成习惯。正如吕叔湘先生所言,"在语文教学上,主要的任务应该是培养学生的良好习惯,不能过分依赖老师的分析和讲解。因为运用语言是一种习惯,习惯的养成要通过反复地练习和实践。"

于永正十分重视培养学生良好的书写习惯。他曾说:"不但要写对,还要想到字是写给别人看的,因而要写得规范、美观,使人看得清,乐于看。"在《第一次抱母亲》一课的教学中,于老师要求学生写字要有正确姿势,然后指导学生写好字的三步——读帖、描红、临帖。每一步都具体、细致地指导,而且不失时机地强调"足正、身直、两只脚要放平,背要挺直"等基本规范。在学生对"越""疚"两字基本熟悉后,于老师接着进行示范,边写边讲解写字要领。学生在这种"强刺激"下,会慢慢形成好的写字习惯。

## 二、教学案例简析

(一)案例展示

### 《考试》教学实录[①]

师:据我所知,同学们读了大量的课外书,背了好多古诗。最近呀,我搞到了一张试卷,据说是一位非常有名的专家出的,而且是专门给六年级的小学生出的。专家说,这张卷子可以测试你们的知识掌握得怎么样。如果你做得很好,就说明你的知识很渊博(板

---

① 吴忠豪. 语文教育研究大系(小学教学卷)[M]. 上海:上海教育出版社,2007:484-497.

书：知识渊博）。我认真地把这张卷子看了一下，发现这张卷子并不难，特别是对你们太平小学的六年级同学来说，那是张飞吃豆芽——小菜一碟。我看在座的都可以做出来，都可以证明自己是知识渊博型的小学生，不知道同学们对考试有什么看法？你们愿不愿意测试？

生：愿意。

师：有不愿意的吗？

生1：老师，我不想考试，考试太多了不好的！

师：嗯！她讨厌考试给她带来很大的负担。（问另一名举手的学生）你呢？

生2：说实话，每个学生都不是心甘情愿参加考试的。可是仔细想想，考试好像对我们也有益，所以我有点愿意，有点不愿意。

师：握握手，说了真话。她对考试作了认真的分析，非常有道理。我就猜想你们当中肯定有又想考试，又不想考试的。你呢？

生3：其实我们都不愿意考试，是尊敬您，为了给您面子，所以我们才说愿意考试。（生笑）

师：是为了给我面子才说愿意考试。真好！有时候，是要给别人面子的。有愿意考试的吗？

生4：我愿意考试，因为我觉得平时自己在班级里是读书比较多的，我想测试一下自己的知识是否渊博。

师：噢！她想证明一下自己，很自信。你呢？

生5：我是愿意考试的，虽然说我是打灯笼上茅房——找死，（生笑）但我家是开书店的，我阅读的也比较多。人们常说，重要的不在于成绩，而在于参与，所以我愿意！

师：握握手！虽然你引用的这个歇后语不好听，但是这个歇后语能说明问题，有意思！而且，我赞同你说的观点，过程比结果更重要。你呢？

生6：我也是比较愿意考试的，虽然我的知识不是特别渊博，但是我觉得考试也可以测试一下自己。如果现在知识已经比较渊博，也要继续学习；如果不渊博，今后就要更加努力学习。

师：这种态度好。听见没有？证明一下，如果真的知识渊博，那对自己是一个鼓励，增强自信心。你呢？

生7：我既喜欢考试，也不喜欢考试，喜欢的是那种另类的考试。

师：另类的？什么意思？

生7：比如说考的是课外知识而不是课内知识。因为课内知识要死记硬背，比如默写什么的，而课外知识只要你掌握了就好了，所以我不喜欢考课内的。

师：这位同学的话对我很有启发，作为老师一定要思考你的意见。但是课内的知识该记的还是要记。知识的获取，特别是学语文，更重要的是读课外书。这一点我很赞同。好的，最后一个。

生8：我愿意考试，因为我在一本书上看到这样一种说法："考试并不是目的，而是一种手段。"我们可以在考试中得到一些启发，从中知道哪些知识我们已经掌握了，哪些还没有掌握。

师：多会分析问题，头脑多冷静！我听了你们的发言，觉得你们都很好。你们对考试的看法，对考试的分析，对于老师都有很大的启发。我可以断定，你们会考好，你们的知识都是渊博的。咱们下面考一考好不好？即使不愿意考的，不妨试一试，行吗？

生（全体）：行。

师：我有两个要求，第一，要细心；第二，要按要求做。（板书：细心、要求）记住一定要按要求做。细心到什么程度？把每个字都要看清，时间5分钟。

（发试卷，生赶做）

师：好，时间到。（收试卷）成绩马上就可以公布了。（师边翻看试卷，边自言自语："怎么回事？坏了！真坏了！糟糕，糟糕！发现一个，终于发现一个！"）咱们班谁姓赵？叫赵一帆，请站起来。

师：赵一帆，请把卷子读一读。（投影仪投出试卷内容。）

生：（读）知识渊博型小学生测试题。要求：先填写自己所在的学校、班级、姓名，再读读每道题，读后再做。一、写出你最喜欢的两首古诗的题目和作者。二、默写一首诗，不写题目和作者。（三至九题略——编者）十、读完以上各题，只做一、二两题。

（全场哄堂大笑。）

师：白纸黑字，印得清清楚楚。赵一帆你请坐。全班只有赵一帆按要求做了。老师不是说了，第一要细心，把每个字都要看清楚；第二，要按要求做。要求多明确啊！要求是先读每一道题然后再做。看到你们此时此刻的表情，我想你们心里一定有很多的感受。谁想说？

生1：我觉得出试卷的教授简直神了！他想到我们心里去了。一般我们拿到试卷就写名字，然后就接下去做，他一开始就让我们读一遍，然后再做。但我没按要求做，其他题目有诱惑人的感觉。

师：诱惑？你被诱惑了？是吗？你呢？

生2：我感觉好像被人当猴子"耍"了一样，（生笑）这么多都白做了，就因为最后一题没看清楚。我真不明白，那个教授为什么后面还要写，多浪费字啊！前面两题写出来不就行了吗？多简单，一下子就写完了！偏偏让我们看清楚全文。我以为下面还有，已经翻过去看了，可是最后一题没仔细看就开始写了，害得我白写了很多字。

师：那你现在最想用一句什么话来概括自己的心情？

生2：我好像被人给耍了。

师：哈哈！被人给"耍"了！用北京话说就是被人给涮了！这话很深刻呀！如果这个"耍"加上引号的话。

生3：我觉得出这张卷子的专家就是您——于老师。

师：没错，我故意说是专家出的，您真有眼光！

生3：您本来就是一个专家。我是说，您设下的这个陷阱是够深的。（笑声）

师：听见吗？他认为我设了一个"陷阱"，而且是很深的。（笑声）

生3：首先，您说要细心，要按要求做。一般考试的时候，同学们不会细心地一个字一个字读过去，这就是我们的弱点。而您在最后写上只做前面的一、二两题，而且您要求是在5分钟之内做完。这就让同学们产生了矛盾，就只能"哗哗哗"地做，5分钟时间做不完怎么办？当听到您在阅卷时说"糟糕、糟糕"时，同学们以为名字忘记写了，这就说明您太聪明了！（生笑）

师：我太聪明了！哈哈哈，感受很深刻。你呢？

生4：我觉得像参加一次跑步比赛，快要到终点，突然被一块石头绊倒了而到不了终点；也像一群乌龟面对着火锅，一直在纳闷儿，该怎么吃呀？所以我觉得于教授出的这张试卷就像谢张天（生3）所说，陷阱太深了，每一个同学不细心按要求做的话，真的会考不好。

师：不仅考试要按要求，做任何事情都要注意要求，做任何事情都有它的要求和规则。好！你说！

生5：以前我听过一个故事，一个招聘公司也出过这样的试卷，结果许多人落聘了。当时我觉得那些人好笨呀！为什么他们会没看清呢？现在自己也这么做，我也觉得自己好笨呀！而您于教授好聪明！您很会利用人之常情来给我们编这样的试卷，所以我非常敬佩您！

师：我利用了多数人的思维习惯。

生6：刚才同学们几乎把我的想法都说完了，可是我还是有话要说。我忽然想起昨天我们的语文老师跟我们说的话。他说，明天给我们上课的是一位很有名的老师。现在我才知道，您这位老师有名在哪里啦！您知道学生心里在想什么，而且您刚才说有两点要求。一是要细心，二是要看清题目的要求。因此，我觉得您说的这几句话完全是在引诱我们走进那个很大很大的陷阱。

师：不！我是真的在提醒你们要按要求做，恐怕你们上当，怎么反而说我的陷阱越来越深呢？（生笑）

生6：也许您于老师没有注意到，您刚才说5分钟内做完。我们就在想，既然只有这5分钟，那就只能快点做，根本没有想过要看后面。如果说是以前考试的话，我都会去看后面，因为平时考试时间多。可是现在只有5分钟，谁还会去管下面的题目？谁知道您说的要细心、要看清题目的要求是在后面？所以我觉得于老师您真的好聪明！利用了我们的心理。怪不得别人说您书教得好，出题都出得这么妙！

师：是吗？我题目出得不够妙，是你的话说得妙！出口成章，如果把你刚才说的话记下来，就是一篇不错的作文！（赞叹声）

生7：我现在觉得后悔莫及，我怎么没有发现于老师您这么阴险狡诈？（生笑）

师：听见吗？他说我"阴险狡诈"。

生7：于老师您设下的陷阱是环环相扣，因为您先是说要细心，然后说按要求做，后来又说在5分钟内做完。试卷一发下来，我就看见后面第十题"只做一、二两题"，我当时觉得很奇怪。

师：你既然看清楚了，为什么不去做呢？

生7：因为我看题目有十题，又说只做一、二两题，当时就觉得莫名其妙了，就稀里糊涂地做了下来。

师：哈哈！搞不清楚就稀里糊涂做下来！要说的同学太多了，这样吧，下面我请赵一帆来说一说。

生8：我和大家一样地觉得老师的陷阱挖得比较深。也许有人想我比较聪明，其实不是我比较聪明，我只是记清老师的话，要细心到最后一题？为什么除了我一个，其余都没看最后一题呢？很奇怪噢！（生笑）

师：大家很有感受，考试以前有想法，考试当中也有想法，考试以后感受更多，刚才都是有感而发。想不想写下来？什么叫作文？作文就是有感而发，把看到的、听到的、对自己很有感触的事和现象动笔写一写，在这种情况下写的作文，一般都有真情实感。这件事你确实感受很深，那你一定会把作文写好。真正好的作文不在于字数多少，只要把你想说的话说出来，把你表达的意思说清楚了，都是好作文。如果你想写这次所谓考试的过程那是记叙文；如果把这件事简单说一下，然后说说自己的感受，那就是议论文。请你们拿起笔来，就今天这次考试，把你最想说的写下来。你准备先出个什么题目？

生1：智者千虑，必有一失。

师：好题目！还有别的题目吗？

生2：都是您这个"老狐狸"惹的祸。（生大笑）

师：哇！在你面前，我变成了"老狐狸"！我相信这个老狐狸是加引号的。对吗？

生2：是的。

师：如果加引号，我就接受；如果不加引号，我就要难受了！

生2：加！

师：加引号，第一，我不是老狐狸。第二，我不是在骗你。我一再说大家要细心，把每一个字看清楚，一定要按要求做。为什么你不做呢？那到底怪谁呢？

生2：怪我这支笔！

师：除了怪这支笔，还应该怪什么呢？（指指该生的脑袋）这就找到根源了，既不怪我"老狐狸"，又不怪这支笔，而该怪自己的大脑，请你写下来——用《到底该怪谁？》作为题目好不好？同学们，题目是文章的眼睛。有人说"好文题一半"，什么意思呢？有个好题目，文章就成功了一半。记住了吗？有话则长，无话则短，把你们真实的感受写下来，写吧！

（生习作，师边巡视边个别指导）

师：写完了的同学，我送给你们一句话："再念，再念，再念。"（叶圣陶语）有人请教叶圣陶，怎么改作文？叶老说："再念，再念，再念。"什么叫念呢？出声音读作文。这样就会发现自己作文的毛病，但是不要理解为只读三次，而是反复念。如果你写好了，为了不影响大家，可以轻声念，这是修改作文的方法。写好的同学请按叶老的方法修改，好文章是改出来的，文章不厌百回改。

师：下面我们交流一下，好吗？交流的时候要注意倾听，学会倾听，因为任何人的作文，只要你听了，都会对你有帮助、有启发。学会倾听，对一个人来说是非常重要的。谁来读呢？我想请一位同学来指定。（一女生走到讲台前）请你指定一位不喜欢作文的人读。

（生犹豫）

师：指定一位平时跟你过不去的男同学。（笑声）

生：平时跟我过不去的男同学多着呢！

师：女同学也行！

生：还是男同学吧！让我看看。

师：看看谁不顺眼。（笑声）（被指定的一男生走上讲台）

师：平时得罪她了吗？

生：我没有得罪她，是她乱讲。（生笑）

师：等会儿，你要感谢她的，因为她给了你很好展现自己的机会，喜欢作文吗？

生：还成。

师：还成，说话很有分寸。这一次作文写完了没有？

生：写完了。

师：来！读一下。

生：题目：《智力陷阱》。

师：听见了吗？是智力陷阱，不是一般的陷阱，多好的题目哇！读！

生：一张试卷，一个智力陷阱。这就是于老师出的试卷。于老师出的试卷主要是出其不意，就像"耍猴"。我们这群"猴子"，当然除赵一帆外，以为很安全，所以放心地被于老师引进他挖的不浅的陷阱。

师：同学们，很安全、很放心地掉进我挖的不浅的陷阱，这句话多富有诗意。这句话写得好，就这句话该加5分。继续读。

生：谁知他这是害我们。

师："害"字加引号吗？

生：没有。（生笑）

师：大家说要不要加引号？

生（全体）：要。

生：我觉得主要是我们太轻"敌"。以为陷阱很浅，走过去没关系，所以放心大胆地跟着"引导者"——于老师走。

师：嗨，这个破折号用得好，跟着引导者——于老师走。继续！

生：被牵进"陷阱"，还以为不但会顺利过去，而且会被称为勇者。谁知这是白日做梦。朋友，做事千万要三思而后行。如果草草了事，不但会被人骂，而且要赔钱。这钱可是血汗啊！

师：同学们听见没有？这钱可是血汗呀！继续！

生：不扯远了，就说近的吧，比如做作业，如果不做好，不但会被老师骂，也会被家长骂。

师！暂停，"骂"在温岭是不是批评的意思？

生：是。

师：那就好！（生笑）

生：看，如果不三思，要惹多少祸。最后一点，我要提醒大家，做于永正老师出的试卷，要百分之一百二十地仔细。（生笑）

师：这是教训，做我出的试卷要百分之一百二十地仔细。最后这句话好，虽然有点扯远了，但是中心明确，说明不管做什么事，都该按要求做。这是一篇非常好的作文——形散神不散。起评分100，再加5分，105分！

生：谢谢老师！

师：请你再来指定下一个同学。（继续在学生耳边嘀咕。这次于老师要求指定一位作文写得好的人来读）

生：那就找我的好朋友啦！

师：你好朋友是哪一位？

生：钟可歆。

师：读，什么题目？

生：《粗心的惩罚》。

师："粗心的惩罚"，粗心可以惩罚我们的。题目好！

生：歌手"刀郎"不是唱过一首歌叫《冲动的惩罚》吗？现在我没有感受到"冲动的惩罚"，却感受到了什么叫"粗心的惩罚"。

师：哎！（生笑）这个写法好呀，由别的事说到了今天这个事，这叫什么写法，大家明白吗？这个写法是很高明的！读！

生：全国名师于老师来给我们上一堂作文公开课。在位子上我就思考，老师会让我们写什么呢？是公开课还是其他什么？是不是要列提纲呢……总之，我的想法就是：一定是有关公开课的！一般来说，上作文课是让同学们先说"从几个方面写""注意什么"等等，再让同学们写。可是，于老师居然说要考试，什么知识渊博卷，作文公开课要考试，真是大姑娘上花轿——头一回。

师：嗯！这个歇后语好听呀！比刚才那个同学说得好听多了。（生笑）很生动！因为这个歇后语加5分。

生：当时，大家心里都不停喊苦，可表面上都点头说好，我哭丧着脸想：好好地考什么试啊？好不容易双休日了，又考试！考不好又得"竹笋炒肉"！

师：嗯嗯，停下来，"竹笋炒肉"什么意思？

生：就是用竹片打屁股。（生笑）

师：是我们当地流行的吗？

生：嗯。

师：这个比喻好！再加5分。

生：当试卷发下来后，我看都没看就先写上姓名。这时，于老师又说："限时5分钟"，我一听，"刷刷刷"下笔如流水，就稀里糊涂地写了大约5题左右，当做到"中国四大发明是什么？"无论我怎么想，都只想出了3个，我心里那个急呀！考试考不好啦！偏偏于老师又说："停！交卷！"我们大家都"啊"了一下，不情愿地把试卷传了上去，同学们都埋怨自己速度不够快。你猜结果怎么着？这试卷最后居然写着："读完以上各题，只做一、二两题。"而我们班只有赵一帆过了这一关——细心关。

师：停下来，这里有一个词用得好——"居然"这词最能表达当时的心情。加5分，用词准确。继续读！

生：我心里那个气啊，于老师再三提醒让我们按要求做，要细心。可是我是这么想的:"这很正常。大多数老师在我们考试前都会说这类话的。"谁会想到这是一次另类考试啊!在后悔之余,我又想到了一个问题:中国的教育。你们说这次考试难吗?一点也不难!可是为什么全班只有1个人做对了呢?这就是因为——不够细心。如果把这份试卷给全校的同学做,有10个人做对已经很不错了吧!中国的教育始终如一:死板。这很容易让学生养成粗心、考试之前不审题的坏习惯。

师:批评我们老师啦!很深刻,我代表老师,至少我自己接受同学的批评,好好反思!

生:如果中国的教育注重素质、心理、习惯的培养,我坚信这次考试,所有人都会过关的!今个儿给大家提个醒:粗心的惩罚比冲动的惩罚还要厉害。

师:起评分是120,再加15分,一共135分。(生笑)

师:你有什么话要跟我说吗?(生笑)

生:有。首先我来听你的课非常荣幸。其次呢!我觉得这次考试吧,对我们来说肯定是人生当中最难得,也是最难忘的一次。

师:祝贺你,掌声!下面请蔡佳钰同学读一读。

生:于老师,还是我来拿话筒吧!我看你拿着挺吃力的。

师:(面对听课的老师)老师们啊!这就是太平小学学生的素质!她见我拿着话筒挺累的,就自己拿,多懂事!

生:《到底怪谁》。我真的好后悔,于老师这只"老狐狸"(解释:"加引号",笑声)给我们出了一张卷子,最后一题居然写着:读完以上各题,只做一、二两题,可是我看也没看最后一题,就做到第三题。到了这地步我只有在"陷阱"里大叫后悔,不过仔细想想,这到底怪谁呢?

第一,这份卷子我之所以会做错,是因为自己没看清题目才造成的;第二,"于狐狸"(还是加引号)先前也说过要看清楚题目,问题还是在我自己;第三,于老师也没做错什么,只是在卷子上设了个"陷阱",把题目出得"另类"了点,卷子是我自己做的,又不是于老师写的,我干嘛怪他呢?综合以上三点,我得出一个结论:于老师没什么错,怪只怪我们自己太粗心了。

如果说于老师是只"狐狸"的话,那么他就是聪明的、老谋深算的"狐狸",而我们不就是由于粗心而误入陷阱的兔子吗?如果老师们都像于老师这样,那我们岂不都是很聪明的学生了吗?

总而言之,干什么事都不能急于求成,要细心才能干好事。

(插白:我还没写完)

师:话还没写完,但这已经够精彩,够深刻的了!

生：于老师，我还想说一下。

师：说。

生：其实，我在班里的地位不是很高，写作水平只是一般。而你这回真是高估我了！我只不过口头表达能力好一点，说得好听一点而已，平时只是有勇气爱发言，其实这回您真的高估我了！（生笑）

师：这回，我又进入了一个陷阱。（生笑）你说的能力和写的能力比较起来，可能说的更好一些，我也承认。你认识很深刻，很会归纳，你以后会更厉害的。我真的不是高估你了，你真的很优秀！

生：起评分是多少呀？（生笑）

师：135分！掌声鼓励！

生：好朋友钟可敬，我跟你的分数一样高！（生笑）

师：对不起，想读的同学还有很多，下课的时间快到了。最后请赵一帆来读，看她怎么写？她的感受肯定跟大家的不一样。

生：我想先说个开场白，这是我们班语文老师经常让我们说的。

师：好！

生：就是觉得我这一次写得很差很差。因为毕竟这一次我跟大家都不一样，心里有点紧张，而且这次作文时间好像有点短，而我平时写的作文比较长，所以这次于老师叫我读真的是抬举我了。希望老师多多给我指教，我很高兴得到老师赐教。（生笑）

师：能用"赐教"一词，说明你的语文能力非同一般。读吧！

生：大家不要笑我。

师：大家喜欢你才笑。（生笑）读吧！

生：《神话发生在我的身边》。

师：神话发生在她的身边，题目好不好？加上5分，读！

生：今天，我到温岭中学上课，是全国名师于老师给我班同学上作文课，心情好激动！我在途中一直想象着老师的模样，是高的还是矮的，胖的还是瘦的？

师：是丑陋的还是英俊的？（生笑）

生：可一到台前，竟发现老师是个平易近人的老爷爷，而且奇怪的是一上课就给我们做试卷。于老师在考试前反复强调要细心，看清要求，只有5分钟的时间。我一听，想：老师肯定有什么陷阱设在这张试卷里，我做试卷时一般都先审题。于是，我认真看了看所有题，结果发现最后一题让我们只做一、二两题。果然设有陷阱啊！想完我就动笔写起来。不一会儿，老师就收了试卷。我想，同学们应该不会被"骗"吧！可老师一边看试卷，一边连声说："糟糕、糟糕"，我的心又提到了嗓子眼儿，莫非中间又暗藏玄机？可老师说我是唯一看清要求并按要求做的人，其他同学都没按要求做，真是神话。

哎！"按要求做"，真是重要啊！上课要按要求做，做试卷要按要求做，几乎所有事都得按要求做，如果不按要求可能就乱套了！开汽车不遵守交通规则，那不惨了？

审题是我平时的习惯，可今天却因为这个好习惯按要求完成了试卷。看来只要大家人人按要求去做，神话就会发生在我们每个人的身上。今天这堂课不只是使我明白了怎样写作文、做试卷，也使我明白了做什么事都要按要求去做的道理。

生：老师，我结尾写得有点潦草。

师：噢！草稿可以潦草，只要自己能看懂就行。

生：是作文写得潦草，不是字写得潦草；当然，字也写得有点潦草。

师：噢！如果说潦草的话，那不能怪你，因为时间来不及让你思考。多可爱的孩子，非常懂事！140分！

生：老师你太高估我了，我只有几句写得比较好。

师：你不要太谦虚了，只要有一句好就值千金；一个字好也值千金。"春风又绿江南岸"就一个"绿"字，那不值千金了！掌声鼓励！

（另一生提醒：老师，你刚才忘加分啦，应该是145分。）

师：噢，对不起，你真细心。回校以后，大家修改一下，抄在作文簿上好吗？下课了，亲爱的同学们，咱们后会有期！

（二）案例点评

"五重"教学法是于永正对其教学思想的概括总结，我们从他执教的《考试》一课中也可以在一定程度上感受和品味到"五重"教学法的影子和魅力。例如，学生写作之前的知识检测，就体现了重积累、重习惯；整堂课的教学妙趣横生，体现了重情趣；还有一些地方也能看出重感悟、重潜移的影子。

推而广之，语文教学确实需要重情趣、重感悟、重积累、重迁移、重习惯，但是，为什么在实际教学中，不少老师也自觉不自觉地对这些层面有所重视，而学生的语文水平却参差不齐？以作文教学为例，同样的班级，同样的学生，同样的活动，为什么有的学生写得比较好，而有的写不好、疲于应付甚至无从下笔？

对此，于永正给出的回答是："写不好的原因之一就是没有感受，或者说感受不深。"于老师的这堂课，先让学生考试，然后以"考试"为话题让学生写作，其本质就是让学生写自己的感受。诚如于老师在课后反思中所指出的那样，"当学生有了较深刻的感受，你不让他倾吐，他也得倾吐，真的会'如鲠在喉，不吐不快'。"

"感受"是写好作文的必备前提之一。要有感而发，是习作教学必须体现的一个重要理念。从于永正的这节课中，我们可以更深切地感悟到：真正好的习作、作文一定是来源于生活的，来源于对生活的切身体验以及对生活真切的理解体悟。众所周知，很多老师在习作、作文中对学生提到的最多的要求往往是"真情实感"四个字。但"真情实感"从何而来，怎样才能真正调动学生的"真情实感"，怎样引导学生正确认识和把握"真情实感"，源于各种因素，老师们在实际教学中却疏于思考，至于相应探索与践行更可谓微乎其微。"真情实感"绝不是一句简单的廉价的口号，让老师照本宣科对学生公布一个写作话题或题目，然后告诉学生一定要注重"真情实感"就"一告了之"的事情。它更需要我们在写作设计、指导与讲评的过程中努力调动学生的生活经验，从写作话题到写作过程以及写后反馈等，都要有一个考量。反之，如果我们设计的写作命题很难贴近、激发学生的生活经验，在写作过程中又不能给学生提供恰当支架或平台去引发学生对相应生活经验的挖掘与感悟，这样的写作往往是苍白的，只是为了完成任务而完成任务。

于永正上课伊始，就让学生以"考试"为话题，说说自己的看法以及对考试的态度。因为这个话题非常贴近学生的生活，所以学生相对更能放得开，各抒己见，他们的发言、意见也很有见地。之后，于老师组织学生进行"考试"（用学生的话说是另类的考试），目的在于让学生生发更强烈的感受。"考试"之后，针对出人意料的结果与反馈，于老师和学生一起做出探讨分析，顺水推舟、趁热打铁让大家写感悟，学生也是跃跃欲试。从随后的发言、交流看，学生是真正"动"了起来，这个"动"不是形式之"动"，更在于"心"之"动"、思维与思考的活跃。从整个教学流程看，于老师整堂课的活动设计，实际一直着眼于为调动学生的感受、思维搭建支架和桥梁，正是有了对生活的切身体验，才能使学生写得既比较充实又不乏灵动。"生活"不是一个抽象的名词，对其感知、感受、感悟更应该是具体深入的，只有对生活有了深入理解，才能促进学生作文的深度发展，而不是超脱于生活本身——仅仅靠跟着感觉走或一味讲解某些技巧来提高写作水平。很多时候，写作教学情境的创设需要我们精心设计，有意为之。当然，这种创设一定是以符合生活或文本的逻辑、符合常态的认知逻辑为基础的，而不是刻意为之。

于永正这节课的成功，得益于学生体验活动设计的巧妙，全班除了一人符合考试要求之外，其他人都落入了老师的"陷阱"。其实，这种看似出乎意料、实际却往往容易被我们忽视的现象在现实中绝非孤例，如果我们能够像于老师一样抓住相应端倪有的放矢，往往会有更深刻的感悟。所谓于平常之中见智慧，往往蕴含着不为人知的智慧。于老师其实早就胸中有丘壑，对相应问题早就有所觉察拿捏，所以在课堂上也就比较容易达成"导而弗牵，强而弗抑，开而弗达"的效果。这就启迪我们，在语文教学实践中，对一些貌似心中有数的平常现象或问题，我们更应从学情出发，真正做出有针对性的调研、观察和梳理，才能得出真正可靠的结论，进而做出成熟稳健的教学设计，由此提升自身的教学自觉、教学敏感和专业理性。

在作文教学中要想让学生畅所欲言、彰显个性，还得有一个和谐的教学氛围，追寻真正意义上的教学对话。为此，于永正曾谈道："'对话'首先昭示的是平等、民主、尊重，不是形式上的你说、我说。这就要求老师要'蹲下来'和学生做朋友。平等、民主，老师先要体现出来……希望老师们看我的课不要太注重形式和教学设计，主要看我的课体现没体现课改理念，是否有利于学生的发展。"不难看出，在于永正的这堂课上，师生之间情意的沟通、视界的交融、观点的互补、个性的张扬等，都洋溢其间。所以，于永正的这堂习作课可以称得上是真正意义上的"教学对话"。

"教学对话"需要完成特定教学任务，面对的是特定的学习课题，学生应学会的是合适的倾听与表达，走上与文本、课题正当的对话路向。当学生在对话中出现偏差或者效果不佳时，教师有必要站出来及时、正确地加以引导，这样才能保证基本效果。反观和重温《考试》一课，于永正在教学对话中所做出的引导，是有温度、有尺度、恰如其分的，想必在这方面还会给我们更多有益的启发。

于永正善于创设真实自然的课堂，善于结合学生的学习心理创设情境，让学生在轻松、快乐的氛围中学习。他注重培养学生的学习习惯、尊重学生的情感，让学生在学习知识的同时涵养精神。他的课是率真、朴素的，也是活泼、灵动的，可谓是"小课堂，大天地"。

### ◆ 思考讨论

1. 让课堂教学变得有趣有很多方法，比如把语言变得幽默风趣、做有趣的游戏等，有的老师讲课虽很有趣但学生学习效率却不高。你认为怎样才能让课堂教学既"有趣"又"有效"？

2. 于永正"五重"教学法对当前小学语文识字与写字教学、阅读教学、习作教学等来说，有哪些普遍的指导意义？

### ◆ 扩展阅读

1. 于永正. 于永正与五重教学［M］. 北京：北京师范大学出版社，2011.
2. 于永正. 于永正课堂教学教例与经验［M］. 北京：人民日报出版社，1995.
3. 于永正. 于永正文集［M］. 徐州：中国矿业大学出版社，2002.
4. 于永正. 于永正课堂教学实录Ⅰ（阅读教学卷）［M］. 北京：教育科学出版社，2014.
5. 于永正. 于永正课堂教学实录Ⅱ（口语交际与习作教学卷）［M］. 北京：教育科学出版社，2014.

# 第三编

# 语文名师的课堂教学艺术

# 第九章 欧阳代娜的课堂教学艺术

## 导　读

　　有这样一位人生充满传奇的语文名师：她的父母都是著名作家，她却有一个异常艰辛的童年；她在延安长大，给毛泽东管过图书，转战过陕北，长期在中央机关工作，最后成为东北一座普通城市一所普通中学的普通教师；她使用自己编写的一套语文教材上课，所教学生初中毕业后和高中毕业生一起参加高考，语文成绩竟高出全市平均分 10 分！她，就是辽宁鞍山十五中学的欧阳代娜老师。她主张，语文教学要做到四个字：美、巧、活、实。现在，让我们研读欧阳老师留给我们的著名课例《岳阳楼记》，看一看在这两节课里，体现了怎样的教学艺术。

　　欧阳代娜（1930—2024），女，广东南海人，出生于南京。1944—1946 年就读于延安大学预科，1953 年毕业于中国人民大学历史档案系（专修班），1961 年毕业于山西师范大学中文系（函授）。1958 年起参加教育工作，1997 年离休前长期担任辽宁鞍山市第十五中学语文教师。1979 年被评为特级教师。曾兼任教育部中小学教材审定委员会中学语文教材审查委员、全国中学语文教学研究会学术委员会副主任、辽宁省鞍山市教育科学研究所名誉所长等职务。先后获辽宁省模范教师、辽宁省"五一劳动奖章"、全国文教系统劳动模范及"人民教师"奖章、全国先进教师等荣誉和奖励。

　　欧阳代娜老师潜心于中学语文教学实践探索与教学改革研究，主持过"中学语文教学分两步走，初中语文能力过关"的整体改革实验，先后在省级以上刊物发表论文 80 余篇，编写中学语文教材、教辅、教参用书 20 余种约 200 万字。

## 一、教学艺术述要

### (一) 教改探索道路

早在20世纪60年代初,欧阳代娜就开始了语文教学改革的探索。1979年,她大胆开始了中学语文教学整体改革实验,提出了两步走的构想:

第一步,在初中阶段解决语文能力基本过关(管用)问题,就是使每个初中毕业生基本上掌握听、说、读、写能力,使其具有自学能力和一定的组织能力(首先是组织自学的能力)及初步的社会活动能力。

第二步,在初中语文能力基本过关的基础上,在高中阶段继续提高语文能力,特别是要培养学生具有较高的认识能力和基本的鉴赏能力,形成初步的治学能力,为他们日后的深造与就业打下良好的基础。

语文能力为什么要在初中过关呢?欧阳老师和她的合作者当时的回答是:第一,语文学科是学好其他各科的工具学科。因此,语文能力的培养必须先行。第二,语文能力的培养有助于训练学生科学的思维方法,培养学生良好的思维品质。因此,学生在初中阶段语文能力基本过关,对于提高整个民族的思想文化素质有着重要的奠基作用。第三,有半数以上的初中毕业生将直接走上就业岗位。如果语文教学不能在初中阶段就使学生基本上掌握对母语的理解与应用能力,那他们在今后的工作与生活中将会遇到很大的困难,他们的发展将受到严重的阻碍,难以成为一个有文化的劳动者。

欧阳老师和她的合作者经过反复论证,提出了经过九年义务教育阶段的语文教育教学之后,学生在听、说、读、写方面需要达到的基本标准,即:基本上能理解与运用祖国的语言文字,初步形成自学能力。这一目标要求,和后来国家教委颁布的《九年义务教育全日制初级中学语文教学大纲》的有关规定,基本上是一致的。这说明它的科学性是有保证的。

与此同时,欧阳老师一并着眼于建立科学的教材体系。因为,"教材是体现教学大纲与教育思想的蓝本,是教与学的依据。没有一套能有效地培养语文能力的好教材,一切有价值的构想都会成为空谈"。[①] 要编写一套好教材,首先是要建立一个科学的语文教材体系。欧阳老师经过多年的艰苦努力,探索语文教材的新体系,终于编写了一套阅读与写作分科的初中语文课本,并于1992年8月经国家教委中小学教材审定委员会审定通过,在全国范围内使用。

---

① 刘国正. 中国著名特级教师教学思想录(中学语文卷)[M]. 南京:江苏教育出版社,1996:411.

教材的编写体系基本上由三个方面构成：其一，听、说、读、写四种能力形成四条训练线平行展开（听、说两线较短，读、写两线较长），它们之间相辅相成，互相促进。其二，根据人们运用语言文字的过程基本上是理解与表达两个方面的情况，把课本编为两套，一套是以培养理解能力为主线的《阅读》教材，着重训练听、读能力；另一套是以培养表达能力为主线的《写作》教材，着重训练学生的说、写能力。其三，全套教材把培养听、说、读、写能力分解为98个训练点，把语、修、逻、文等基础知识编排为40个专题。以能力训练为经线，以知识传授为纬线，二者有机地结合起来，其相交之处，形成教学训练单元。结合年龄特征，把中学阶段的语文教学任务科学地、有计划地安排在三个学年的教学之中，使之既有明确的训练序列，又可作适当的循环，形成螺旋上升的阶梯式的训练体系。

（二）教学艺术追求

20世纪90年代，欧阳老师把自己的教学艺术探求归结为四点：

一是讲出"美"字来，"美"是语文教学艺术的基础。

语文课本身固有的美，容易被烦琐的"分析"分割得支离破碎，过度的、不当的作业练习也会让学生产生逆反心理，把课文的美冲刷得荡然无存。语文教学艺术中的第一个任务就是要把语文课文中的美原原本本地交给学生。何谓语文课文中的美？按照欧阳老师的解释，语文教材中不少篇目是各类文章体裁中的精品，有些更是脍炙人口的传世名著，它们经得住时间的淘洗与实践的检验，成为内容与形式、思想性与艺术性的完美统一的整体。这是语文教材中客观存在着的美，体现了唯物辩证法对美的最本质的要求——完整、和谐与统一。这就是我们得以实施语文教学艺术的基础与前提。我们的任务就是要向学生提示语文教材内在固有的美：主题的美，思路与结构的美，中心内容的美，语言的美，写作技巧的美，等等。

怎样才能理解和传递语文教材中的美呢？欧阳老师40多年的教学实践为我们提供了生动活泼的经验和方法。比如，在教学过程中如何揭示作品的主题美，欧阳老师的经验是：通过对人物性格命运的描写来揭示主题的美，通过对环境氛围的渲染来烘托主题的美，通过故事情节的巧妙安排来突出主题的美，通过人物关系对比来表达主题的美，通过对关键词语深层含义的理解来领会主题的美，等等。如何欣赏作品中题材的美？她总结的方法是：从人物内心的感情活动来理解题材深层次的美（特别要注意体会文章中的潜台词的深意），在事物的历史发展的比较中发掘文章题材的美，在事物发展的挫折、迂回与低潮中寻找文章题材的美，等等。总之，如何讲出课文中的美，欧阳老师有着丰富的教学经验，并对这些经验进行了系统的整理和总结。

二是悟出"巧"字来，"巧"是语文教学艺术的核心。

欧阳老师认为,"巧"是语文教学艺术的核心。一个语文教师能否领悟和把握住语文教学中的"巧",关系其教学艺术水平的高低。何谓"巧"?欧阳老师以苏州园林精巧的构建布局和叶圣陶先生的观赏评析为喻,作了通俗生动的说明。语文教学中的巧,就是"最大限度地调用课内有效的时间与空间来求得最理想的教学效果"的艺术。它要求语文教师必须在有限的几十分钟的课堂上,在仅有的教学场地里,就教给学生的教学内容,作出精当的选择,找到切入口进行教学,取得纲举目张式的最佳效果。通过求精来找到教学艺术的巧,这正是语文教学艺术的核心问题之一。

怎样才能悟出"巧"字来呢?欧阳老师主张通过求精来找到教学艺术的巧,主张寻找求精求巧的切入口。她在长期教学实践的基础上,为我们总结出了寻找语文教学中求精求巧的切入口的规律:语文教学中,可以从语文能力与知识传授两者关系的最佳结合点、阅读教学最大信息量的储存点、课堂思维训练的最巧入手处、课文处理最关键的突破口等方面寻找求精求巧的切入口。欧阳老师的经验,为我们在教学中进一步探索求精求巧之路提供了捷径。

三是点出"活"字来,"活"是语文教学艺术的契机。

欧阳老师认为,"活"是语文教学艺术实施的保证。她说:"语文教学艺术要求'活',但是'活'字又表现在哪里?学生学习的主观能动性与教师主导作用的统一,语文教学中的内因与外因的统一,是语文教学艺术实施的保证,也是语文教学求活的基础。"① 可见,求"活"也是语文教学艺术的一个重要方面。

怎样才能求"活"?欧阳老师认为,实行启发式教学最为关键。这是因为,课堂是一个特定的有特殊功能的环境,它有许多特点与优势,使它成为取得最佳教学效果的场合与时机。学生学习的主观能动性与教师主导作用的统一,语文教学中内因与外因作用的统一,是语文教学艺术实施的保证,也是语文教学求活的基础。为此,教师在教学中要通过提问设疑等方式引导学生,不能包办代替,要做到"引而不发"。语文教学要正视有一定难度的课文,设计一些有难度兼有思考价值的问题供学生思考探究。语言文字的活学活用需要在语言文字使用环境中针对具体问题做出具体分析,辨析文章语言文字的深层含义,体会用语的得体。写作教学的核心也在于"求活"。"求活"有助于发展求异思维能力,写出文章的个性来。

四是练出"实"字来,"实"是语文教学艺术的归宿。

欧阳老师认为,"实"就是要以社会生活为语文学科的大课堂,让学生每时每刻都在社会生活的实践中进行听说读写训练,即引导学生进一步在社会生活实践中去进行听、

---

① 欧阳代娜,王文琪,戴汝潜. 欧阳代娜中学语文教学艺术初探 [M]. 济南:山东教育出版社,1997:64.

说、读、写的训练，从而增长才干。这里强调的是"练"，从练中使学生获得扎实的知识，培养出坚实的能力。

怎样才能练出"实"字来？为此，欧阳老师强调，需要在强化动手能力、突出语文学习的实践性以及优化课堂教学结构、加强课外活动指导艺术、注重写作教学的语言积累等层面下功夫。

欧阳老师对语文教学艺术的探索，是建立在她40多年教学实践的基础上的，是她长期以来教学经验的升华。可以看出，欧阳老师对语文教学艺术的探索做到了统观全局，高屋建瓴。她提出的"美""巧""活""实"虽是平平常常的几个字，却概括了语文教学艺术最本质的东西。

## 二、教学案例简析

（一）案例展示

### 《岳阳楼记》教学实录[①]

**预习提纲**

（一）查阅工具书弄懂课文中生字词的读音，朗读全文。

（二）熟读并口译文章的一、二自然段。

（三）思考以下问题：

1. 文章标题是"岳阳楼记"，这是什么体裁？文章是以记叙为主，还是以抒情议论为主？

2. 文章有一句话可以作为全文的中心线索句，你能找出来吗？它是如何贯穿全文并引发出作者的伟大抱负的？

3. 文章为什么要详写洞庭湖的风光？这是文章的中心内容吗？

### 第一课时

**一、介绍学习本课的目的**

1. 学习作者在文章中抒发出来的"先天下之忧而忧，后天下之乐而乐"的高尚的理想抱负。

2. 借景抒情、发表议论的写法和对偶修辞方法的运用。

3. 培养自读文言文的能力，了解"则""然而""乃"的用法。

---

[①] 刘国正. 中国著名特级教师教学思想录（中学语文卷）[M]. 南京：江苏教育出版社，1996：443-453.

## 二、介绍自学文言文的方法和检查预习效果

我们在充分利用课文注释及工具书的基础上，主要靠熟读、背诵与口译课文的方法，来进行自学，培养阅读文言文的能力。以下步骤可以试行。

1. 熟读课文三遍

第一遍在朗读中校正读音，并查找出生字；第二遍朗读时画出在初读中发现的疑难语句；第三遍朗读时逐步做到边读边口译课文，并最后找出通过查阅注释与工具书仍不能解决的疑难句段，将这些问题用红笔标出，或者去请教老师同学，或者在课堂上注意听讲，进行对照，有针对性地解决这些难点。

2. 检查预习

首先由两位同学分别朗读课文第一、二自然段，由大家指出听读中发现的读音方面的问题。

生：在第一自然段的朗读中"属"字读错了。

师：应该怎么读？

生：应读"zhǔ"，不应读"shǔ"。

师："属"字在此当什么讲？

生：与"嘱咐"的"嘱"字相通。

生：在第二段朗读中"浩浩汤汤"一词中的"汤"，应读"shāng"，不应读"tāng"。

师：你们在预习中是否查阅过有关作者的资料？谁能简要地给大家介绍一下？

生：他是北宋时期的文学家、政治家。

师：很好。我补充一点，范仲淹曾带兵镇守边疆，做过参知政事，即副宰相，又领导过政治改良运动，由于遭受保守势力反对，后来被贬官到邓州，即今天的河南邓州市。

师：现在我们来解释一下文章的标题。岳阳楼在什么地方？我国古代建筑中有三大名楼，它们叫什么名字？在什么地方？

生：有黄鹤楼，在武汉。

师：还有呢？

生：岳阳楼，在湖南岳阳市，洞庭湖边。

师：很好。但是你怎么知道的？去看过吗？

生：没有。我看了课文注释知道的。

师：很好。大家应学会运用注释来解答疑难，丰富自己的社会文化知识，还有一座楼呢？

生：（小声地）滕王阁……

师：很对，你大声说给大家听。

生：（大声地）滕王阁。

师：很好，这位同学知识面比较宽，很好。滕王阁在南昌。好，检查预习结束，大家预习的效果是好的。记，是古代一种文体，可以记叙，可以议论、抒情。

师：请一位同学口译第一句。

生：第一句是："1044年，宋仁宗四年春，滕子京被贬官到巴陵来。"

师：意思对。请大家注意"谪守"两字怎么讲？

生："谪"——贬官，降职。

师："守"字是指做州郡的长官，也就是做太守。整句是"被贬官降职到巴陵来做地方官"。下一位同学口译第二句。大家用红笔在"谪""守"两字下加上"△"符号。

生："到了第二年，庆历五年，政事顺利，百姓和乐，被废弃的事业又都重新兴盛起来。"

师：很好。这句要注意"越"字和"具"字的解释，并在字下面加上"△"符号，表示注意它的用法。

生：第三、四句是："于是重修岳阳楼，扩建它原来的规模，把唐代和宋代人的诗词歌赋刻写在岳阳楼上，嘱咐我作篇文章来记述这件事。"

师：口译得很好，这两句话中要注意"乃""制""予""属"的用法，大家标上符号。"之"，指什么事？

生：指重修岳阳楼这件事。

师：对。但作者在文章中写了修楼的事吗？我们来研究他是怎么写这篇文章的，看看他的文章构思的特点。以上为第一部分，段意可归纳为"写文章的由来"。

生：第二段的一、二两句口译是："我看巴陵最好的景致，就在洞庭湖的整个湖上。它包含了远山，即湖中有山。像张开大口容纳进长江的大水，江水浩荡，无边无际，一天之内阴晴变化不定，景象万千，层出不穷。"

师：口译得好，语言也很流畅优美。请大家注意"胜""汤""一"几个字，并画上符号。"一"字应怎么译？

生：作"全部"的意思。

师：很好，"一"在我们的汉语中常有代表全部、整个的意思，如"一往无前""一无所有""一如既往"等。

生：第三、四两句："这就是岳阳楼的雄伟景象，以前的文人作家已经写得很详尽完备了。"

师：很好。"则"作"就"字讲。"大观"这个词语要注意，现在还有生命力。请画上符号。好，现在大家注意"备"字。既然前人的叙述已很详尽了，那么作者写这篇文章岂不多余？

　　生：不多余，因为他写了别人没有写出来的内容。

　　师：你的意见非常深刻。的确，作为一般性的写景，大家都已写完了，范仲淹也很难再写出什么新意来了。不过，他还是要写的（好朋友滕子京交给的任务还没完成呢），而且他也就真的写出了新意，写出了近十个世纪以来脍炙人口的不朽名句。不过一个"备"字等于自己封了口，无法写下去了。大家看作者用什么词语使自己的思路又打开了一扇大门，出现"柳暗花明又一村"的情景来了？

　　生：用"然则"一词作了转折。

　　师：很正确，大家先画上这个词，标上着重符号，不过还应分清"然"与"则"各自的含义。

　　生："然"——这样，"则"——那么。

　　师：对。但课文注释中加上"（既然）"一词，为什么要加上括弧？

　　（没有学生回答）

　　师：这是因为我们在翻译文言文时，由于古今的语气用语不同，常需要加上一些连接的词语作过渡，文章才能通顺。但这些新加进去的词语，又不是原文的内容，为了表示区分，所以加上括弧。请大家在"然则"下加上着重号，并加批语："转折，引出下文"。

　　生：第五句是："（既然）这样，那么（岳阳楼这个地方）向北可以直达巫峡，向南可以直到潇水、湘水，被贬迁的官员和（来往的）文人墨客，都汇集到这里来，这些人目睹洞庭湖的景色而产生的情感，怎么能够相同呢？"

　　师：很好。大家注意这句话中有一个词，十分关键，可以说是全篇文章的文眼（也叫题眼），全文由此而思路顿开，文思如涌，一气呵成地完成这篇宏伟著作。大家找一找是哪个字？

　　（课堂活跃，大家争论）

　　生："异"字。

　　师：十分正确。请把这个词加上着重号，整句话下面画上波浪线。这一个"异"字，引出了下面的叙述，导出新的思路，最后抒发出伟大的抱负，十分重要。以后大家看书，要学会把握这些关键的字词句。现在大家来研究下面的文章，作者接着写什么？请看下面第三、四两个自然段是写什么内容？

　　生：这两段写洞庭湖的风光。

　　师：那么作者写出来"异"样的内容了吗？

　　（生有争议）

　　师：大家讨论一下，哦，同意"没有"的是少数。不过，我也觉得他没有写出新异的东西来，这是为什么呢？现在我们先翻译出这两段的意思来。大家先默读第三段。

生：（口译）"像那连绵的阴雨不停地下，整月都不放晴。阴风呼号，浑浊的大浪冲向天空。（这时）太阳与星星都失去光辉，山岭也被隐没了形迹。船上的桅杆倒下了，桨也折断了，（所以）来往交通断绝了，商人和游客都无法行走了。临近傍晚，天色昏暗，（耳边又传来）老虎吼叫的声音和猿猴的凄厉的尖叫声。"

师：口译得很好。在这段里应注意哪几个字词，包括生字、难解的字、有特殊含义的字？

生："连""排""樯"字。

师：很好，还有"薄"也要注意。"若夫"与后面的"至若"两词，是后面作业要求要做的内容，也应注意。

生：（口译）"（如果在这时）登上岳阳楼，（看见这种情景）就会有离开国都，怀念家乡，担心（人家）说坏话，惧怕（人家）讽刺的心情，举目一望全是凄凉冷落的样子，就会感到非常的悲伤。"

师：很好，大家注意"去""国"字的用法。请大家在这段后加上批注："览物之情——（ ）"。是什么感触？用课文中的一个字来概括。

生："悲"字。

师：很对，请大家填上。这样的触景生情，有没有新意？"异"字写出来没有？

生：没有。因为看到这种情景，大家都会有这种感受的。

师：很好。我们再往下看，看看作者还写什么？通过什么方法引出"新"和"异"来？

生：（口译）"至于春风和煦阳光明媚（的日子），（洞庭湖上）波澜平静（没有惊涛骇浪），上下天色湖光相接，一片碧绿，广阔无际。小水鸟时而飞翔，时而停息在树上，五光十色的小鱼在水中游动，岸上的小草与沙洲上的兰花，生长茂盛，发出浓郁的芳香。"

师：译得很好。"一"与上面的"在洞庭一湖"中的"一"字用法相同。"景"字当作"阳光"，"集"是"停"的意思，原字意思"隹"（鸟）站在"木"上。

生：（口译）"有时大片的烟雾完全消散，明亮的月光照着洞庭湖。（月光照在湖面上就可以看见）浮动的水面上闪耀着金光，而静静的湖底，却沉着圆圆的月影，像一块璧玉。夜间在湖上作业的渔人歌声互相答问，这是一种多么快乐的情景。"

师：很好。特别是"一空""跃金""沉璧"几个词译得很美，准确。"何极"一词，可以译为："这是一种无穷尽的快乐啊！"

生：（口译）（如果在这时）登上岳阳楼（看到这种情景）就会有心境开阔，精神愉快，光荣和屈辱都一并忘掉的感受，在清风中端起酒杯来，那种欢欣喜悦的情景（是无法说尽的)。"

师：后一句译出了作者的心情，很好。注意"偕"字的含义，"一起"。整个的第四段有不少短语，我们今天还常用，大家找找看，都有哪些，并用横线标在短语下，以引起注意。

生：有"春和景明""浮光跃金""静影沉璧"。

师：找得很对，还有"心旷神怡""宠辱偕忘"。大家给第四自然段作个批注："览物之情——( )"。从课文中选出一个字来概括。

生："喜"字。

师：很对，以上是第二部分，段意是"览物之情"。现在在第一课时结束前，布置一个作业，请大家思考一下，作者的"异"在哪里呢？作者花费这么多的笔墨写出洞庭四时不同风光，其作用是什么？

## 第二课时

师：我们在上一节课已阅读并口译了第一、二部分，但作者的"异"还没有看到。难道这篇文章也只是一般地描写洞庭湖风光吗？作者定有他的深刻思想安排在巧妙的构思之中。请大家注意作者的观点体现在哪个句子中？我们一起来朗读第五自然段。

生：(齐读后)体现在"予尝求古仁人之心，或异二者之为，何哉"一句中。

师：找得很对。这句话中哪个词对前面的文章作了照应，使文章顺利地从第二部分过渡到第三部分？

生："异"字。

师：很正确。"予尝求古仁人之心"一句把话题引过来，为下文的写作铺平道路。"求"字当"研究""探求"讲，古代的贤者圣人，如唐尧虞舜这些高尚的人物的心境，一定会有不同于"二者"的想法，这"二者"指谁？大家讨论一下。

生：(小组讨论)是指以上的览物之情的两种人之常情的心境："悲""喜"。

师：很对。大家研究一下，范仲淹同意不同意这两种心境呢？是不是认为应有第三种心境呢？

生：(活跃)不同意这两种。

师：既然不同意，那为什么还要写出它们来？

生：为了作对比衬托。

师：正确。先作铺垫，引出第三种心境与主张。大家在第二部分后面加上评点："铺垫"。"过渡自然，结论引出，水到渠成"。第三种心境是由哪个句子表达出来的？

生："不以物喜，不以己悲。"

师：很好。大家用波浪线画在句下。"以"字，作"因为"讲。全句应译为："不因为客观环境好（坏）就沾沾自喜，趾高气扬（垂头丧气，心灰意冷）；也不因为个人境遇顿挫（顺利）就悲观失望，怨天尤人（盛气凌人，妄自尊大）"。以上"二者"中前者是"以己悲"；后者是"以物喜"，都是作者所不取的。那么应该怎么办呢？

生：（口译）"处在高官的地位上要时刻为老百姓担忧；如果不做官了，就要时刻关心国家大事，关心朝廷的政策。"

师："忧其君"一句理解得好。作者作为一个封建社会的士大夫，有忠君思想这是不足为奇的，当然这是封建落后的东西。这位同学翻译时做了些改动，说明他注意到这点，是很好的。可不可以这样译：就要时刻关心君主的活动（也就是关心国家大事，关心朝廷的政策）。

生："进"，指做官；"退"，指在野。与前面的"喜"和"悲"相呼应。

师：很好，请大家批注在书上。那么，作者认为到底应该怎样做？他的伟大抱负在哪里？

生：（齐答）"先天下之忧而忧，后天下之乐而乐。"

师：很好，这个结论就自然而然地出来了。这个句子请大家加上波浪线，在"先""后"两字下加个小注，这是什么句式？

生：（讨论）原句应是"天下之忧而先忧，天下之乐而后乐"。"先""后"两字提前了。

师：很好，正确。这叫作句子成分前置。目的是突出与强调它们的作用，大家做出批注。这一"先"一"后"，就写出了人物心灵的高尚、抱负的伟大。今天我们共产党人和社会主义建设者，还很欣赏并效法范仲淹的这种伟大的抱负。说明在近千年前，我们古代的仁人志士，就具有这种伟大的胸怀，的确是令人钦佩和引以为民族的自豪的。所以这篇文章成为脍炙人口的优秀著作，教育和启发了千百万后来人去为祖国的发达、民族的兴盛不遗余力地去拼搏，奋不顾身地去斗争，不惜流血牺牲，使后人能过上幸福生活。我们从小也要立志做这样的人，为祖国为民族去拼搏，做共产主义事业的接班人。

文章到此，是否可以结束了？"微斯人"一句是不是多余的？

生：不是多余的。

师：为什么？它有什么作用？大家再回到文章的第一段，看与哪句话有关？

生：（研究片刻）与前面"属予作文以记之"有关。

师：基本上是对的。但与"谪守巴陵郡"一句更密切。因为朋友被贬，心情不舒畅，范仲淹做此文来劝慰、勉励滕子京不必"以己悲"，应振作起来，为国为民奋斗。并表示只有这样的人，才是我志同道合的好朋友。因此这句话，不但不多余，反而是十分重要的一句。其作用是"全文扣题"。请大家批注。这样一来，本文作者的思路，就非常清晰地呈现在眼前了。

这是文章的第四部分，段意是"伟大的抱负"。

师：现在我们来总结课文：① 整理出作者的思路脉络；② 归纳文章的中心思想。大家一起朗读全文，边读边思考以上两个问题。

（生齐读全文并讨论，教师指导总结）

① 整理文章思路脉络

谪守巴陵郡→属予作文→前人之述备矣→得无异乎→或异二者之为→不以物喜，不以己悲→先天下之忧而忧，后天下之乐而乐→吾谁与归。

师：归纳中心思想全班同学不必在文字表述上完全一样，把中心思想的主要观点概括出来即可，具体文字，自己去整理。

② 本文中心思想应包括两个基本观点

第一，通过对岳阳楼不同景色与游客登楼览物后不同心情的描述，抒发了作者忧国忧民的思想感情。

第二，进而引发出"先天下忧，后天下乐"的伟大抱负。

大家还有什么问题？

生：文章是什么体裁？

师：记，本是一种比较自由活泼的古代散文体裁，可以记事，亦可以议论，熔记叙、抒情、议论于一炉。本文记叙的篇幅虽然不少，但这只是一种铺垫，为了烘托中心思想而写。它的主体部分在第四部分之中，是用抒情议论的方式表达出来的。

师：通过预习，对照课堂评点，我们基本上弄懂了课文的意思。文言文的自学方法又有了初步的训练，大家看，我们这堂课的学习任务完成没有？

生：完成了。

师：很好。语文课不可能一次就学会并且掌握读写能力，它很难取得立竿见影的效果。但只要坚持语文能力训练，不断学习语文知识，不断进行思想与思维方法培训，学好语文并不难。我愿意送给大家一把金钥匙去打开知识宝库的大门——它就是语文的听、说、读、写能力。今天只讲了一点方法，重在实践，祝愿大家成功。

（二）案例点评

对《岳阳楼记》这样的传统文言名篇，很多老师可以说是不知教过多少遍，然而，能够"心中有数"、说出这篇课文教学应该把握的关键要素何在的老师，恐怕为数不多。对于本文教学，可资借鉴的经典课例又有多少呢？怕是也不多。

今天，我们重新研习欧阳老师的《岳阳楼记》课堂教学，应该从中吸取和借鉴哪些有益的教学精华呢？

面对这两节既朴实无华又颇具匠心的课，我们可以联系当下语文教学的实际，至少从以下三个方面做出些许探讨：

1. 关于指导学生预习以及培养学生自学能力

在欧阳老师的教改思想中，很重要的一点就是要传授学生读书的方法，指导和培养学生自学的能力。她编写的阅读教材中设有自学课文，这些课文通过"预习提纲"与"自学参考"，给学生以自学的知识与方法上的指导。《岳阳楼记》的教学也是在重视对学生预习与自学指导的基础上展开的。

强调预习体现了传统认知心理学中的学习准备原则，对预习加强引导、训练也是体现先学后教、进行有效先学的重要体现。当然有的课文、课题不一定非要预习才能开启学习，预习过度反而不好，可能制约课堂的灵动，降低课堂学习活动的研究性。针对当前某些语文展示课、公开课预设过重的情况，有的语文教研人员提出应取消硬性的自欺欺人的预习要求，把阅读教学的内容全部置于课堂之上，使学生在课上对文本的学习从"一穷二白"做起。这未免又一刀切、走极端了。其实，对具体课题的学习来说，预习还是一个相对独立的前置步骤，有其特定属性。目前看来，语文教师在让学生预习时表现出的倾向主要不外乎以下两种：

一种是粗放的课外预习。一般表现为要求学生提前感知课文，具体要求较少，也不出示什么预习提纲。这种预习的缺点很明显，即对一些课题的学习缺乏针对性，学生在实际预习时粗枝大叶，不得要领。

一种是充分的系统预习。所谓系统预习，就是学生在教师指导下进行成体系、环环相扣、有章法的自学课文的学习活动。它实际是把课堂重心前移，为课堂的顺利推进奠定基础。这种预习一般以导学案等载体为基础。优点是能给学生明确指导，使学生在课堂正式学习之前对学习内容有充分理解，为课堂展示、讨论作出铺垫，排解障碍。缺点是耗时较多，师生负担较重，有操作过度之嫌。久而久之，可能在一定程度上抑制学生兴奋点，产生学习疲劳，无形中限制了课堂的创造性、生成性。

显而易见，前者太粗，后者太繁。那么，怎样既经济而又不失规范地有效指导学生的预习呢？这就需要把握好方法与尺度，欧阳老师在30多年前设计的预习提纲给了我们很好的启发。我们回头看《岳阳楼记》的预习提纲：这个提纲简明扼要而不粗疏，要求学生读准课文字音，熟读第一、二自然段，思考三个问题（文体、中心句、写景作用），都是学生能够完成的基本任务。这些任务既是为第一节课的学习做准备（如熟读第一、二自然段），也是全文学习的基本铺垫。尤其是三个预习问题的设计，可以说是真正抓住了铺垫的"底盘"，目的是形成阅读的思维导向，要求学生在阅读初感中加以思考，为接下来的教学作必要准备。这三道题，实际上和后续的教学指向即关于文章的思路与结构是一脉联通的。

如此预习提纲的设计与落实，对教师和学生来说都比较可行，既免于粗疏又不显得烦琐。可见，指导学生有效预习的根本，其实不在于内容的多多益善、要求的面面俱到，而在于抓住课文学习最适切的核心基础。

在重视学生有效预习的基础上，欧阳老师在课堂上进一步通过对预习的检查反馈推进课文学习。同时，注重引导学生对自学文言文的方法进行总结、落实。例如，要求学生三读课文时实现不同的目标，强调要"充分利用课文注释及工具书"来理解翻译课文，对于需要注意用法的重要字词标注符号，在讲解研讨过程中对课文学习的重要节点加注批语或评点，等等。这些其实都是培养和提高学生自学能力最为基本的切实有效的方法要领，永远不会过时。但是，现在有的文言文学习课，一味求新，却忽视了学生学习基本功的落实，结果显得浮华躁动，基础和能力都成了问题。欧阳老师这两堂课能够顺利推进，恐怕不是靠临时准备所能实现的（今天即使让有的老师充分准备，在两节课怕也讲不出这些内容），而是得益于她对学生自学能力的长期培养，由此为课堂预设的实现夯实了基础。

2. 关于选择和组织教学内容的艺术

阅读教学必须有合宜恰切的教学内容，切入课文的精华精髓，体现其核心教学价值。这应该是一个根本性的出发路向。如果在这个出发点上用力不足或者明显走偏，课堂上再怎么热闹，学生的收获也是相当有限的。从这两节课看，欧阳老师对语文教学内容的选择和组织较好地体现了对文章精髓、课文核心教学价值的恰当把握，以及在课堂上的有机转化，体现了其"美""巧""活""实"的教学艺术追求。

欧阳老师认为，在阅读教学中最终把握了文章的精髓，一切问题就会迎刃而解。那么，什么是"文章的精髓"？《岳阳楼记》一文的精髓何在？欧阳老师又是如何把握到其精髓的？欧阳老师曾经做过这样的解读："《岳阳楼记》是文言文作品中的珍品。我们常常为文章中的深邃的凝聚着我国人民传统美德与人生哲理的名言佳句——'先天下之忧而忧，后天下之乐而乐'而感动不已。这诚然是正确的，但还不能算对文章理解得深入了。因为，我们还未能向学生讲清楚作者的思路，学生还没有能梳理出作者构思的过程，这个名言佳句是如何铺垫出来的。这样的学习就只能停留在对词语的表面理解和简单背诵上了，无法从作者的构思中学到思维的规律和方法，也就很难真正深刻地理解文章的思想观点与感情了。"[①]

欧阳老师根据自己多年执教与阅读《岳阳楼记》的经验与体会，发现这篇课文"美"

---

① 欧阳代娜，王文琪，戴汝潜. 欧阳代娜中学语文教学艺术初探［M］. 济南：山东教育出版社，1997：22.

的所在，是"思路与结构的美"。因此，她将这堂课的核心教学内容确定为："我们可以用讲清作者思路的办法，来寻求作者构思时的思路轨迹，从中体会作者的博大宽深的襟怀与思想境界。"①

欧阳老师主张要在语文教学中讲出"美"，把课文中的美实实在在交给学生，悟出"巧"来，在教学中寻找求精求巧的切入口，最大限度调用课内有效的时间与空间求得理想的教学效果。在我们看来，其实"美"的发现，首先在于文本的核心价值所在；而"巧"的悟得，精巧切入的源头，则必须建立在"发现美（核心价值）"的基础之上，才能由此实现课堂的最优化。但是，教者要发现和发掘这个"美"，由此把握文章精髓，求精求"巧"，绝非轻而易举。一些老师面对文本，或者胡子眉毛一把抓，或者蜻蜓点水浅化处理，或者抓住自以为可以凸显教学亮点、创新点的地方一厢情愿地发挥开来，结果都错过了文本最有价值的教学意蕴。《岳阳楼记》具有思想之美、情感之美、转折之美、结构之美、文笔之美，尤其是转折结构之美，也就是欧阳老师所说的"思路与结构之美"。她凭着自己对文本的深入揣摩，发现了这一奥秘，由此确定了这两堂课恰当而集约的学习指向。

把握了文本精髓，还要将其有机转化为课堂学习。欧阳老师在教学中抓住两个"异"字（得无"异"乎，或"异"二者之为）贯穿全篇教学，围绕两个"异"字解释词句、疏导文意，并抛出系列问题、展开互动研讨。我们来看一下课堂之上具有整体勾连的这些问题设计：

● 既然前人的叙述已很详尽了，那么作者写这篇文章岂不多余？
● 一个"备"字等于自己封了口，无法写下去了。大家看作者用什么词语使自己的思路又打开了一扇大门，出现"柳暗花明又一村"的情景来了？
● 大家注意这句话中有一个词，十分关键，可以说是全篇文章的文眼（也叫题眼），全文由此而思路顿开，文思如涌，一气呵成地完成这篇宏伟著作。大家找一找是哪个字？
● 难道这篇文章也只是一般地描写洞庭湖风光吗？作者定有他的深刻思想安排在巧妙的构思之中。请大家注意作者的观点体现在哪个句子中？
● 这句话中哪个词对前面的文章作了照应，使文章顺利地从第二部分过渡到第三部分？
● 大家研究一下，范仲淹同意不同意这两种心境呢？是不是认为应有第三种心境呢？
● 既然不同意，那为什么还要写出它们来？

---

① 欧阳代娜，王文琪，戴汝潜. 欧阳代娜中学语文教学艺术初探[M]. 济南：山东教育出版社，1997：22.

● 文章到此，是否可以结束了？"微斯人"一句是不是多余的？

这些问题可以说是环环相扣，在具体教学环节还有一些细微的小问题作辅助，所有问题其实都不约而同地指向、合拢于一个明确的焦点，即对文章思路与结构的探讨。对此，欧阳老师的经验是："设疑的切口宜小不宜大，求得以小见大之效果"；"提出的问题宜少不宜多，求得以少胜多的效果"；"设疑宜简不宜繁，求得以简驭繁的效果"；"提问时要问文求道，切忌把思想教育架空"。如果说，"美"与"巧"主要体现在教师文本研习、教学预设这一阶段，那么，"活"与"实"则主要体现在基于文本研习与教学预设的转化阶段。所谓"活"，就是课堂教学要"活"，要善于启发学生。就课堂而言，欧阳老师《岳阳楼记》的"活"可能还主要表现于设疑提问。所谓"实"，也就是教学内容扎实地落实。譬如，两节课中反复指导学生勾画批点，这既是对学生自学方法的引导，更在于强化学生相应的实践能力。更重要的一点在于，反观两堂课教学的各个环节，都围绕着教学内容的核心点做文章，由此在课堂的一个一个点上逐加落实。这样，就把对文本的确当解读，对其核心教学价值的准确定位有机地转化到了课堂活动之中。

在实际教学中，每一位语文教师都应该注重这种教学艺术的体现，不断打磨自己的课堂，无论是文言文还是现代文，都应吃透教材，努力发现文本的核心教学价值，抓住教学的突破口，进而在教学中围绕核心内容更好地进行提问、导学，扎实地加以落实，强化学生的各种能力。文本的教学解读与对应的课堂活动转化，这是一枚硬币的两面，是语文教师阅读教学的基本功所在。

3. 关于教学方法的改进优化

长期以来，文言文教学在考试指挥棒作用下，始终以"培养学生阅读浅易文言文能力"为指针，以要求学生能读懂文言文片段、解释关键实词和虚词、翻译重点文句为主要能力目标。由此，老师在教学文言文时奉行"字字落实，句句清楚"的"八字真经"，通过密密麻麻滴水不漏的"串讲"把一篇篇情感丰富、文辞优美的文章嚼过来嚼过去，让学生愈发感到文言文学习的无味。

文言文的教学其实应该是"文言并重"："文"，是文本的思想文化内涵；"言"，主要体现为文言文基本的字词句，还有文本的文辞，即言语形式。只有"言""文"结合，才能形成合力，使学生在学习文言文的过程中精神得到提升。欧阳代娜老师这节《岳阳楼记》的教学时间，虽然是早于新一轮课改，但在文言并重方面，还是做得很扎实的。她在课上让学生扎扎实实积累了一定量的文言文词语和相关的知识，在针对文义理解的穿插提问时，往往隐含了或者直接指向"文"，让学生从中感受这篇文言文精品的内涵所在。

欧阳老师的讲解，有一种"渐进式水乳交融"的感觉，不像一些老师讲授文言文那样，先读课文、再翻译课文、再谈文章的主题思想、总结文章突出的写作特点，如此等等，分块推进。当然，这种方式作为常态课堂下的文言教学来说，有其存在的合理性，对一些课文的教学也有其相应的优势。但是，如果教学文言文都按照这样一个模式讲下来，恐怕文言文教学也不会打开新局面。欧阳老师讲授的《岳阳楼记》，把该课的教学内容进行了高度浓缩提炼，以讲清作者思路为引子，在讲习过程中，课文的翻译、对文章思路与结构的探讨、对作者博大胸襟与情怀的感受是交融在一起的，而且是逐渐"加热提纯"的，使得课堂教学容量、含量显得非常集约，突破了分块推进的大众模式的局限。就这一点来说，其教学思路与课堂结构、活动的呈现特点，无疑也体现了"美""巧""活""实"的教学艺术追求，对今天的文言文教学很有启发和借鉴意义。

当然，欧阳老师的这两堂课也存在一些不足，诸如整堂课缺少"读"，对文句的理解落实相对不足，学生缺少质疑思考和主动探究的空间，在学习过程中缺少与文本、与师生的自主深度对话，教师对学生思维的牵引控制痕迹较重，教学生成较少，等等。这些问题的存在，有多方面因素作用其中，和当时的教改语境、历史局限等也有关系。有些问题在今天看来可能还更突出，如引导学生的质疑探究、教给学生学习掌握阅读理解的有效方式。这都需要我们结合新的语文课程与教学精神作出深度审视，并加以辩证、理性的认识。

◆ 思考讨论

1. 结合教学实践，谈谈你怎样理解语文教学的"美""巧""活""实"。

2. 王荣生在《听王荣生教授评课》一书中，针对欧阳代娜老师就《岳阳楼记》教学设计提出的"把我对教材的理解教给学生"指出，应该是"把我理解教材的方式教给学生"。请你查阅王荣生原文，并结合本教学实录，谈谈你的看法。

◆ 扩展阅读

1. 欧阳代娜，王文琪，戴汝潜. 欧阳代娜中学语文教学艺术初探 [M]. 济南：山东教育出版社，1998.

2. 欧阳代娜. "呼唤"整体改革 [M]. 武汉：湖北教育出版社，2001.

# 第十章 宁鸿彬的课堂教学艺术

### ◆ 导　读

　　宁鸿彬老师是我国语文教育名家、著名特级教师。他主张面向未来，从整体上把握语文的教学目标与功能，突出对学生创造能力的培养，在系统思想指导下，增强课堂教学艺术，优化语文训练过程，实现语文教学的高效率。"精思巧授，搞好教学总体设计"是他课堂教学艺术的集中体现。在这一章，我们一起研习宁鸿彬《皇帝的新装》教学案例，品味其"精思巧授"之下教学设计的巧妙，领略其中体现的教学艺术追求。

　　宁鸿彬，男，满族，1936年生，北京人。著名语文特级教师。1955年毕业于北京师范学校，1976年调至北京第八十中学工作直至退休。1986年被评为特级教师。先后获北京市有突出贡献专家、北京市教育系统先进工作者、全国教育系统劳动模范等荣誉称号。曾任北京市语文教学研究会副理事长、北京师范大学兼职教授等职。先后出版《面向未来改革语文教学》《语文教学的思考与实践》《宁鸿彬中学语文教学改革探索》《宁鸿彬文选》《初中语文课堂实录选》等多部著作。

## 一、教学艺术述要

### （一）教改探索道路

　　为改变语文教学少、慢、差、费的状况，宁鸿彬长期以来秉持以人为本的教育理念，坚持面向未来改革语文教学，始创卡片辅助教学法，特别在加强"双基"、提高教学效率、减轻学生负担、发展学生思维能力和"精思巧授，搞好教学总体设计"等方面做出了积极有益的探索。宁鸿彬的教学思想与教改经验在全国具有广泛影响。

20世纪50年代末，宁鸿彬便开始了以抓语文基础知识教学为核心的教改实验。这是他走上工作岗位后的首次教改探索。他提出了语文基础知识教学的三个基本环节，即"懂—记—用"，创造了卡片辅助教学法。虽然这个阶段的教改还只是局部的、经验型的改革，但为他以后的教改奠定了良好的基础。

从1978年秋季开始，宁鸿彬开始了长时间的语文教学系列改革实验。这一改革实验一直持续到20世纪90年代中期，先后完成了六期系统的实验。

第一期为1978年秋至1981年秋。实验课题为：用初中三年时间教完初高中十二本统编教材，探索怎样提高语文课堂教学效率。主要措施是：讲授课文突出重点，有详有略，抓住课文精要的部分、精要的词句进行教学，其他内容略讲或不讲；大力加强语文基础知识教学和基本技能训练，在训练中注意做到多项内容、多种形式、多种时机、多方指导、多次反复。在实验过程中，宁老师进一步提出了通过教学使学生掌握语文知识及其运用的规律，提高教学效率。经过三年实验，宁老师教完初高中全部课程，达到了教学大纲要求。

第二期为1981年秋至1984年夏。实验课题是：探索语文教学的规律，研究怎样教会学生学习。在这一期实验中，宁鸿彬自觉地把教育学、心理学作为教改理论基础，注意吸收现代科学方法论研究成果，在研究规律的基础上，指导学生掌握基本的学习方法。在建立合理的课堂学习程序、培养学生自学能力方面取得了一系列成果。

第三期为1984年秋至1986年夏。实验课题着眼于既要减轻学生负担，又要提高教学质量；既要给学生打好基础，又要培养他们的创造性思维能力。在这一轮实验中，宁鸿彬受系统论思想启发，由以前的局部改革发展到教材、教法、考试和课外活动等方面的系统综合改革。在教材改革方面，除了用好原有教材之外，宁老师还组织编写了《听说读写知识》《初中语文自学词典》《课外阅读文选》三种辅助教材；在教法改革方面，采取了比较式单元教学等方法；在考试改革方面，取消了平时、期中、期末等书面考试，而代之以平日考核记录。

第四期为1986年秋至1989年夏。这一期实验，以"怎样发展学生的创造性思维"为重点。实验期间，宁鸿彬发现，培养学生思维的深刻性，需要从世界观上加以解决，而在语文课上进行世界观的教育，正是利用语文课进行思想教育的一条有效途径。

第五期为1989年秋至1992年秋。实验课题为：语文教学中的世界观、方法论教育。在这轮实验中，宁鸿彬探索了在语文教学中进行世界观、方法论教育的可行性以及方式方法等问题。

第六期为1992年秋以后。探索的总课题是：精思巧授，搞好教学总体设计。20世纪

90年代以后，如何使用教学设计理论更好地服务于中学语文教学，成为语文教学界普遍重视的课题。宁鸿彬的第六轮实验，正是在这样一种背景下进行的。通过这轮实验，他在探索语文阅读课的设计原则、揭示语文教学活动规律、构建语文教学设计理论体系等方面做了大量工作，取得了卓越的成绩。

宁鸿彬的语文教改探索不但持续时间长，探索问题多，教学效果也非常突出。仅以改革难度较大的第三轮实验为例，这轮实验在取消课外作业、取消考试、每周减少一课时的情况下，学生提前一年（即用两年时间）达到了初中毕业水平，只用了教学计划规定时间的55.6%，既减轻了学生负担，又提高了教学质量。

（二）教学艺术追求

宁鸿彬认为，要面向未来改革语文教学，就必须突破陈腐的传统教育思想的束缚，进行从教育思想到教学内容、教学方法的全面变革，而绝不是一招一式的具体教学方法的小小改变，更不是传统教学方法的改头换面。

宁鸿彬的课堂教学把提高教学效率、减轻学生负担、激发学生兴趣与思维始终放在第一位。在他看来，减轻学生的学业负担和提高教学效率是一个问题的两个方面：要减轻学生的负担，就要提高教学效率；而提高教学效率决不能靠增加学生学习负担的办法，因为那不是真正的高效率。宁老师曾说："每一位老师都力求使自己的学生获得好成绩，但途径并不相同。有靠加班加点的，也有靠精讲精练的。其结果是，加班加点者，其学生叫苦不迭；精讲精练者，其学生轻松愉快。显然，学生负担轻，教学质量高，才是课堂教学的高层次；讲求效率，才是课堂教学的高境界。"[1]

为此，他提出了在语文教学中反浪费的主张，认为语文教学中存在着补课盛行、练习泛滥、追求形式、不善设计等严重的浪费现象。要想提高教学效率，就必须同这些浪费现象作斗争，采取一系列提高教学效率的措施，严格贯彻执行。提高语文教学效率应该采取哪些措施呢？宁老师按系统科学的思路，着眼于教学系统的各个要素。

第一，着眼于教学内容，解决教什么的问题。宁鸿彬认为，提高教学效率的一个重要方面就是要解决教什么的问题。语文课怎样教效率最高呢？就是要"讲规律，教方法，传习惯"。讲规律，就是给学生讲授具有规律性的知识，包括读写听说的规律和理解、记忆、使用读写听说知识的规律。学生掌握了读写听说的规律，就会出现"以一当十、一举多得"的局面；掌握了理解、记忆、使用读写听说知识的规律，"就如同掌握了点石成金之术，就可以花费较少的精力取得较多的收益了"；教方法，就是"向学生传授领会知识的学习方法、巩固知识的记忆方法和运用知识的操作方法"；传习惯，就是把学习和运用语

---

[1] 宁鸿彬. 宁鸿彬文选[M]. 桂林：漓江出版社，1996：61.

文知识的良好习惯传给学生。

第二，着眼于教学方法，解决怎么教的问题。怎么教语文效率最高呢？宁鸿彬认为至关重要的一点就是"巧妙设计，精讲精练"。精讲精练有四个要点，即内容精要、方法精巧、语言精练、适度适量。

宁鸿彬的课堂教学艺术最终集中体现于他所提出的"精思巧授，搞好教学总体设计"上。宁老师强调，教学方案设计得巧妙与否，直接关系到课堂教学的简与繁、易与难、顺畅与阻塞、生动与枯燥。追求教学设计的巧妙，在本质上其实正是对教学艺术追求与体现的一个核心的落脚点。

宁鸿彬认为，课堂教学首先必须确立科学的设计思想，它主要体现在以下几个方面：

一是传授方法，揭示规律。教师指导学生学习一篇课文，其目的绝不仅仅是理解课文的思想内容和表现形式。更重要的是，通过课文，向学生传授该篇课文成功运用的语文知识，向学生传授读写此类文章的方法。

二是讲解疑难，注重实效。在课堂上应针对学生学习中的困难，集中精力讲解学生疑难之处。这样，教师所讲既是学生所需，又避免了教学时间的浪费。进行教学总体设计还要注重实效，切不可一味追求教学形式。

三是主线鲜明，整体性强。课堂教学要做到主线鲜明、整体性强，绝不是单纯的方法问题，而是关系到学生在课堂上思维活动的引发、导向、发展等重要问题。

四是化繁为简，变难为易。课堂上教师的任务就是帮助学生解决学习过程中遇到的疑难问题。而学生的疑难问题，要么是感到课文内容复杂纷繁、理不出头绪，要么是感到课文中某些地方深奥难懂、弄不明白。

与此同时，宁鸿彬提出，在确立科学设计思想的基础上，还要掌握多种多样的设计思路。进行教学设计，切忌模式化。如果不从教材和学生的实际出发，生搬硬套某种教学模式，这种简单生硬的做法，必然会使课堂教学失去针对性，陷入盲目性，影响教学质量。

宁鸿彬在语文教学中非常重视学生的语文知识结构和能力结构，尤其非常重视培养学生的自学能力、思维能力和创造能力。以培养学生的思维能力为例，在宁老师的长期教改实践中，始终贯穿着培养学生的思维能力这条主线。由此，与"精思巧授，搞好教学总体设计"相应的，还有宁老师提出的"民主教学，放开学生手脚""创设情境，寓思维训练于课堂教学之中""潜移默化，进行世界观、方法论教育"等重要观点及举措。这些教学思想与相应的实践探索共同构成了宁鸿彬课堂教学艺术的大厦。

## 二、教学案例简析

（一）案例展示

### 《皇帝的新装》教学实录[①][②]

#### 第一课时

师：上课。（师生问好）

师：打开书！（板书：《皇帝的新装》）《皇帝的新装》是一篇童话，作者安徒生。下面默读"提示"第一段，读后请同学们说说你认为介绍作者这部分内容，应该抓住几个要点？

（生看书，片刻生举手）

生1：我认为应该抓住五点：名，安徒生；时，19世纪；地，丹麦；评，世界著名童话作家；作，《卖火柴的小女孩》等。

师：很好！下面准备读课文。读完之后，请你们给这篇童话加个副标题，一个什么样的皇帝（板书，一个……的皇帝）。省略号什么意思？

生（齐）：要填出来形容皇帝的词语。

师：对！你怎么认为就怎么填，所以在读课文时，要边读边思考。下面按座次朗读课文。

（8名学生按座次朗读了课文，教师巡视，并不时在书上做记号）

师：大家读得都比较好。有两个字的读音需要注意："对于自己职位不相——"什么？

生（齐）：不相 chèn。

师：正确！大家跟我读，不相 chèn。

生（齐）：不相 chèn。

师：再读。

生（齐）：不相 chèn。

师："这可骇人听闻了"中的"骇"，念 h—ài—hài，标第四声。在书上注一下。跟我读，hài 人听闻。

生（齐）：hài 人听闻。

---

[①] 宁鸿彬.《皇帝的新装》教学实录（上）[J]. 中学语文教学. 1997（5）：22-25.
[②] 宁鸿彬.《皇帝的新装》教学实录（下）[J]. 中学语文教学. 1997（6）：21-24.

师：再读。

生（齐）：hài人听闻。

师：这两个字的读音今后要多加注意。下面再给大家两分钟准备时间，请你们给本文拟一个副标题——一个什么样的皇帝？最好能结合课文做些解释。

（众生翻书思考）

生10：我添加的副标题是"一个愚蠢的皇帝"。因为课文中那两个自称是织工的骗子，根本没织衣服，也没给皇帝穿衣服，只是做做样子而已。而皇帝为了炫耀自己，还穿着这件实际上并不存在的衣服去参加隆重的游行大典。这一切，作为常人都能分辨出来，他却上当受骗，所以我认为他是个愚蠢的皇帝。

生11：我拟的副标题是"一个爱美的皇帝"。因为文中的皇帝一天到晚考虑的总是如何穿换新衣服。

师：你说的"爱美"是他的优点还是缺点？

生11：当然是缺点。

师：如果是缺点，光说"爱美"是不行的。爱美之心人皆有之。我也爱美，你们看，我上课还穿西服系领带呢？我这60岁的老头儿，也爱美。但是，这是优点不是缺点。作为教师，应该服装整洁，落落大方。你能不能把刚才的说法稍加修改，使人一听，就知道说的是缺点。（生稍停一会）

生11：爱美过度。

师：很好！过分讲究穿戴就是缺点了。这也就是我们常说的——什么词？

生12：臭美。

（众生笑）

师：就是这样说的。这显然是贬义。

生13：我认为是"一个虚伪的皇帝"。因为他天天换衣服，每时每刻都换衣服，换得太勤了。

师：这叫虚伪？老换衣服就是虚伪吗？

生13：（未语）

生14：这叫虚荣。

师：对！那么什么叫虚伪呢？

生15：虚伪就是不实事求是，不暴露真面目、真思想，搞伪装，说假话。总之，是装出一副假象。

（师点头表示肯定）

生16：我添加的副标题是"一个不可救药的皇帝"。因为他整天想的是穿新衣，从来也不关心国家大事,这样治理国家,国家必将走向灭亡。所以他是一个不可救药的皇帝。

师:他不可救药的主要表现是什么呢?

生16:(似有所悟)噢!主要表现在课文的最后,当那个小孩儿的话已经普遍传开的时候,那皇帝不仅继续游行,而且表现出一副更骄傲的神气。这就表现了他的顽固不化,不可救药。

师:说得好!就是这样。

生17:我加的副标题是"一个昏庸的皇帝"。他身为皇帝,不去管理国家大事,不去关心臣民百姓,而是整天待在更衣室里,可见他是个昏君。他听信骗子的谎话,他还听信内臣们的话,赤身裸体去游行,都说明他一点儿头脑都没有。他是个十分昏庸的皇帝。

生18:我拟的副标题是"一个无能的皇帝"。他认为最诚实的、很有理智的、最称职的老大臣,却向他说假话,作假汇报,可见这个老大臣是不诚实的、没有理智的、不称职的。他连自己身边的最信任的大臣都没有认清,这说明他是十分无能的。

生19:我添的副标题是"一个无知的皇帝"。我认为那两个骗子并不高明。他们的谎话,只要有点头脑的人便可识破。可是这个皇帝呢,当他在织布机前看不到布料时,竟然没有丝毫的怀疑,而是在想自己是否不够资格当皇帝。他真是连起码的知识也没有,他是一个无知的皇帝。

生20:我加的副标题是"一个不称职的皇帝"。我说他不称职并不是因为他看不见布料,而是因为他不务正业,不明是非,不辨真伪。这样一个昏庸、虚伪、无能的皇帝是不称职的。

师:大家从现象到本质阐明了自己的观点,这很好。刚才大家的发言绝大部分是对的,个别有点毛病的也纠正了。通过这个练习,我们对课文中的主要人物——皇帝有了一定的认识,下面我们再来研究一下这个故事的情节。谁能用一个字概括这篇童话的故事情节?或者说这个故事是围绕哪一个字展开的?给大家一分钟准备时间。

(生翻书、思考)

生21:我认为用"蠢"字来概括。因为皇帝和那些大臣的言谈举止都特别蠢。

生22:我认为用"骗"字概括。就是骗子的骗,因为开始是骗子骗皇帝,后来发展到皇帝、大臣、老百姓自己骗自己。

生23:我认为用"伪"字,就是虚伪的伪。因为皇帝、大臣和老百姓谁也不愿让别人知道自己什么也看不见。他们宁愿欺骗别人、欺骗自己,也不愿讲真话,所有的一切都是虚伪的。

生24:我认为用"假"字。因为根本没有什么美丽的布料、美丽的花纹,而且骗子、皇帝、大臣、骑士和老百姓对这件衣服全说了假话,所以我用"假"字概括。

生25：我认为用"傻"字。那两个骗子的骗术很容易识破，而皇帝等人却信以为真。骗子在给皇帝穿衣服时，其实什么也没穿，皇帝却说特别合身。大臣、骑士以及老百姓对皇帝所谓的衣服也大加赞扬。其实穿没穿衣服，只要用手挠一挠不就知道了吗？这个皇帝太傻了！

生26：我认为应该用"装"字来概括。这个故事从始至终是围绕着那一套新装展开的，如果没有了新装，就没有了这个故事。

生27：我认为不应该是"新装"的"装"，而应该是"新装"的"新"。因为，那个皇帝喜欢穿新装，关键是那个"新"字。那两个骗子胡说的那些特性，也是指的新织的布和用它做出的新装。大臣们称赞的，也是那新织的布和新缝制的衣服。

生28：我也用一个"心"字来概括，不过不是新装的"新"，而是心脏的"心"。我认为骗子骗人是居心不良，大臣、骑士们说假话是心怀鬼胎，皇帝不说真话也是心里有鬼。因此，我认为这个故事是围绕一个"心"字展开的。

师：大家发表了不同的见解。你们分别用蠢、骗、伪、假、傻、装、新、心八个字概括这篇课文。那么，这八个字哪个是正确的呢？

（众生纷纷举手要求发言）

师：很好！大家的积极性很高。不过，如果请你们现在就发表意见，恐怕还是各抒己见，一时很难统一。那么，怎样才能比较迅速地把正确答案筛选出来呢？下面我就教给你们几种办法。

（众生活跃）

师：首先，大家使用"排除法"，把不切题的答案排除掉。我们先回忆一下，刚才我是怎么提出问题的。刚才我说的是：谁能用一个字概括这篇童话的故事情节？

（"故事情节"四字语气加重）

生29：既然题目的要求是用一个字概括故事情节，那么"蠢、伪、假、傻"这四个字是不对的，因为这四个字说的是皇帝这个人物，是不切题的。

（众生纷纷点头，表示赞同）

师：完全正确。咱们就把这四个字排除掉。现在还剩下"骗、装、新、心"四个字，咱们使用"检验法"进一步解决。什么是"检验法"呢？就是把这四个字，一个一个地试用，进行检验，能够适合于文中所有人物的就留下，不能适合于文中所有人物的就去掉。

生30："新、装"这两个字都不能单独用在课文中所有人物身上。因为一单独用就说不清是什么意思啦。所以，这两个字是经不住检验的，应该去掉。

生31："骗"和"心"这两个字都可以。我试了一下，这两个字用在哪个人物身上都说得通。

师：现在还剩下两个字了，咱们使用"比较法"来解决，作最后的筛选。怎样比较呢？就是把这两个字分别用于每个人物，比比看，看哪个字更准确，哪个字更能表现出这个故事的特点。

生31：我认为"心"字不如"骗"字好。在这个故事中，所有的人物都和"骗"字有关系，有骗人的，有被骗的，还有不被骗的。总之，一个"骗"字说出了这篇课文的特色。

生32：我也认为"心"字不如"骗"字。"心"指的是心理活动，就是思想。这个故事中的人物都有他自己的思想。这样一想，用"心"字概括很好。可是再一想，哪一篇课文中的人物都是有思想的。这样一来，这个"心"字，用它概括这一课可以，用它概括别的课也可以。所以，用"心"字概括这一课，不能说出这一课的特色。

师：还有不同意见没有？（众生摇头）

师：大家的看法是对的，本文是围绕一个"骗"字展开的。（师板书：骗）请大家回忆一下，开始你们提出了八个字，我们为什么能够在这样短的时间里就统一了认识呢？这是因为我们采用了恰当的筛选方法，这就是排除法、检验法和比较法。希望大家记住这三种方法，并在今后注意学习运用。

师：这篇课文是围绕一个"骗"字展开的。请同学们说说，文中的各种人物是怎样围绕这个"骗"字进行活动的呢？

生33：骗子骗人。

生34：皇帝受骗。

生35：那两个老大臣还有其他官员是既受骗又骗人。

师：对大臣、官员们来说，他们在这个故事中的作用，受骗是主要的呢，还是骗人是主要的呢？

众生：骗人。

师：对。不管是为了什么，他们实际上是帮助骗子骗了皇帝。

生36：老百姓也是既受骗又骗人。对他们来说，受骗是主要的。

师：你学了马上就用，很好。老百姓受骗，是那两个骗子直接骗的老百姓吗？

生37：不是。是听别人说的，逐步就谈论开了。我明白了，是老百姓传播了骗子的谎话。

师：很好！你那个"传"字用得好。

生38：那个小孩不受骗。

生39：那个小孩把两个骗子的谎话说穿了。

师：那么，那个小孩在这个故事中起到了怎样的作用呢？

生40：小孩揭露了骗子。

师：很好！就是这样。现在我们总的看一下。（边说边板书）骗子行骗，皇帝受骗，官员助骗，百姓传骗，小孩揭骗。这个故事从骗子行骗开始，到小孩揭骗结束，始终没有离开这个"骗"字。所以说，这个故事是围绕着一个"骗"字展开的。

（下课铃响）

师：这节课我们就学习到这里。下课！

## 第二课时

师：上课！（师生问好）

师：上节课我们做了两件事。第一件事，给课文加副标题——一个什么样的皇帝。通过这项活动，我们对课文中的主要人物——皇帝，有了比较全面的了解。第二件事，用一个字概括课文的故事情节。开始大家提出了八个字，后来我们使用排除法、检验法、比较法进行筛选，最后大家统一了认识，这篇课文是围绕一个"骗"字展开的。通过这项活动，我们对本文的情节有了比较深入的了解。这两项活动，属于粗读课文，是从整体上认识课文的。这节课我们要精读课文，不但从整体上，而且要从局部细节上结合课文的语句具体地认识课文。在精读的过程中，我还要教给你们一种阅读理解课文的方法。什么方法呢？现在我先不说，请大家在这节课中注意体会。一会儿临下课的时候我们再说。

师：上节课同学们在发言中曾经指出过，这两个骗子并不高明，因为他们的谎言只要是有一点头脑的人便可识破。可是，这并不高明的骗术却骗了那么多人。这些人上当受骗的原因是什么呢？大家在发言的时候，请注意结合课文具体地谈出自己的见解。

生41：我认为大家上当受骗，首先是那两个骗子骗人。那两个骗子针对皇帝特别爱穿新衣服的特点，自称是织工，说他们能织出人间最美丽的布。他们还说："这种布不仅色彩和图案都分外美观，而且缝出来的衣服还有一种奇怪的特性：任何不称职的或者愚蠢得不可救药的人，都看不见这衣服。"他们的这套话使得皇帝和其他人上了当。

师：说得对。你在发言中引用了骗子的话，说"不称职的或者愚蠢得不可救药的人，都看不见这衣服"。"称职"（出示卡片）是什么意思，谁知道？

生42：称职意思是和自己的职位相称。

生43：称职意思是自己配有现在的职位。

生44：称职意思是能力和水平与所担任的职务符合。

师：你们说的意思都差不多。准确地说，称职意思是胜任自己所担任的职务。（众生做记录）

师：那么，"不可救药"（出示卡片）的意思是什么呢？

生45：不可救药的意思是没有药能治了。

生46：不可救药的意思是变成废品了。

生47：不可救药的意思是没办法救了。

师：你们说得也都差不多。准确地说，不可救药的意思是不能用药物救治了，比喻无法挽救。（众生做记录）

师：按照骗子的说法，凡是不能胜任自己职务的人，凡是愚蠢得无法挽救的人，都看不见用他们织的布料做的衣服。所以那个昏庸、愚蠢的皇帝就上当了。他想：有了这样的衣服今后就知道谁不称职，谁愚蠢了。骗子骗人，这是皇帝等人上当受骗的原因之一。

生48：我认为皇帝、官员还有百姓，他们都有一种心理，就是不想让别人认为他们愚蠢。课文写道，骗子说："任何不称职的、愚蠢得不可救药的人，都看不见这衣服。"官员们是怎样想的呢？他们想：自己要是看不见，岂不是自己真如骗子所说的那样了吗？于是就照着骗子的描绘说了。

师：你的意思是说，他们都怕自己成为不称职的、愚蠢得不可救药的人，所以都说假话。

生49：我觉得骗子抓住了皇帝、官员以及老百姓爱慕虚荣的心理。课文上说："我的老天，他想，难道我是愚蠢的吗？我从来没有怀疑过自己。这一点绝不能让任何人知道。难道我是不称职的吗？不成！我绝不能让人知道我看不见布料。"从这里可以看出他的虚荣心特别强。

师：你说的是课文中的第一个老大臣。皇帝认为他是称职的、诚实的、很有理智的。（出示卡片：理智）"理智"是什么意思？

生50：理智意思是很聪明，而且有分寸。

生51：理智意思是有头脑，能评判是非。

师：说得不错。理智意思是辨别是非利害和控制自己的能力。（学生记录）皇帝觉得他派去的老大臣，既诚实又有理智，也就是说这个老大臣有辨别是非利害的能力，有控制自己的能力。同时就称职这一点来说，谁也不及他，他是最称职的。你们说皇帝对老大臣的看法对不对？

生（杂）：对。

生（杂）：不对，不对。

师：这个老大臣是诚实的吗？

生（齐）：不是。

师：说假话了没有？

生（齐）：说了。

师：他很有理智吗？

生（齐）：没有理智。

师：他明明什么都没看见，回去却说了假话。他不能辨别是非，不能控制自己，不能替皇帝查明情况，没有完成皇帝交给他的任务。他称职吗？

生（齐）：不称职。

师：因此，皇帝所信赖的最诚实、最理智、最称职的人，其实是不诚实、不理智、不称职的人。你们说这说明这个皇帝什么呢？

生52：说明这个皇帝非常愚蠢，非常无能。

师：正确。皇帝连自己身边的人，自己重用的大臣都不了解，确实是不仅愚蠢而且无能。上面我们就他的发言评论了皇帝，下面再（继续）评论这个老大臣。他既怕人家认为他愚蠢，又怕人家说他不称职，于是决定回来说假话。那么这个老大臣受骗是为什么呢？

生53：是因为他虚伪。

生54：我认为他第一个想到的不是别人，而是把自己放在了思考问题的首位。

师：很好！第一个老大臣之所以受骗，就是因为他虚伪，就是因为他首先考虑的是自己。那么其他人受骗的原因是什么呢？

生55：文中的第二个老大臣也像第一个老大臣那样，虚伪、爱慕虚荣。课文写道："我并不愚蠢呀，这位官员想，这大概是我不配有现在这样好的官职吧。这真够滑稽，但是我绝不能让人看出来。"

生56：第二个老大臣跟第一个老大臣一样，也是怕别人知道他看不见布料。因为如果让人知道了，他这官自然也就当不成了。为了保住职位，于是说了假话。可见他是虚伪的，是首先考虑自己的。

生57：皇帝受骗是因为他昏庸、虚伪，首先考虑自己。文中这样写道："这是怎么一回事呢？皇帝心里想，我什么也没有看见！这可骇人听闻了。难道我是一个愚蠢的人吗？难道我不够资格当皇帝吗？这可是最可怕的事情。"于是他忙说"哎呀，真是美极了！""我十二分的满意！"从皇帝的表现中，可以看出他虚伪，爱慕虚荣，把个人利益放在了首位，于是对大臣说假话。

师：皇帝心里想，我什么也没有看见，这可骇人听闻了。（出示卡片：骇人听闻）"骇人听闻"什么意思？

生58：骇人听闻就是听了使人非常吃惊。

师：很好！"骇人听闻"这个词，理解的关键就是"骇"字。这个字懂了，整个词也就懂了。什么叫"骇"呢？骇，就是吃惊、害怕的意思。（学生记录）"骇人听闻"意思是听了使人吃惊、害怕。（学生记录）那么，刚才引用的皇帝的这段话说明了什么呢？

生59：说明皇帝看不见布料非常害怕。他怕别人认为自己是愚蠢的、是不称职的，于是说了假话。根本什么没有看到，却进行了一番赞扬，这不正说明他非常虚伪，事事为自己打算吗？这就是皇帝上当受骗的原因。

生60：那些内臣、骑士，事实上他们什么也没有看见，可却都争着赞美那布料，而且夸得还很有特色。什么"华丽的，精致的，无双的，每人都随声附和着"，他们为什么要这样做呢？都是表明自己是称职的，是不愚蠢的。总之，都是为个人打算。

师：说得对，你发言中提到了"随声附和"（出示卡片）什么意思？

生61：随声附和的意思是别人说什么，他也说什么。

师：不错！随声附和的意思是别人说什么，也跟着说什么，没有主见。（众生记录）

生62：老百姓也是不说真话。课文说：谁也不愿意让人知道自己什么也看不见。因为这样就会显得自己不称职，或是太愚蠢。他们首先考虑的也是他们自身的利益，因此宁可说假话，也不让别人知道自己什么也没看见。

师：这么多人都说假话，却只有一个小孩儿说了真话。大家看课文结尾："可是他什么衣服也没有穿呀？一个小孩子最后叫了出来。"这个小孩子为什么说实话呢？

生63：因为这个小孩儿他没有考虑自己，他没有虚荣心。

生64：因为小孩根本不存在称职不称职的问题，他也不去想愚蠢不愚蠢的问题，其实他也不懂这些，他没有顾虑。

师：说得不错。

生65：我觉得这个小孩天真无知。

师：噢！说假话的全是有知识的人。

生65：不是！……

师：应该说是天真无邪！说他知道得少是对的，但说他说真话是因为天真无知，就不对了。他是因为没有看到所谓的衣服而说了实话，说实话不是无知，而是诚实、没有私心杂念的表现。以后再遇到类似的情况，一定要注意用恰当的词语来表述。

大家都极力赞美皇帝并不存在的新衣服，原因是各有各的想法，各有各的打算。而小孩儿说皇帝并没有穿衣服，是因为他天真无邪。这样一对比，就可以从中得出一个结论：皇帝、官员和百姓在一个骗术并不高明的骗子面前上当受骗。这些人上当受骗的共同原因是什么呢？

生66：我认为是愚蠢、虚伪和首先考虑自己。

师：这三点哪点是最主要的，最根本的呢？

生67：（稍顿）首先考虑自己。

师：很好！首先考虑自己若用一个字来概括呢？

生68：我认为是自私的"私"。

师：完全正确！（板书：私）

如果他们没有私心，不考虑自己，他们就不会这样做了。正因为他们都有私心，都把个人利益放在了首位，怕这怕那，于是就上当受骗，说了假话。正因为那个小孩没有私心，不考虑自己，没有顾虑，就什么也不怕，说出了真话。那么，从中我们应该明白什么道理呢？

生69：皇帝、官员和百姓都上当受骗，是因为他们有私心，而那个小孩不上当受骗是因为他无私。这就说明：有私心就怕这怕那，没有私心就什么也不怕。

师：说得好！

生70：这个故事说明有私心，就容易犯错误，没私心就不会犯错误。

师：好！你指的是思想方面的错误，不包括科学技术方面的错误。

生71：说明私心是犯思想错误的根源，是犯罪的根源。

师：说得很好！就是这样。你们谈得都很深刻。把你们三个人的发言综合起来，那就是，这个故事告诉人们：自私自利是罪恶的根源，只有无私才能无畏。（众生记录）

师：在这节课刚开始的时候，我曾经对大家说，通过学习这篇课文，我要教给你们一种阅读理解课文的方法，请你们在学习过程中注意体会。现在就请大家说说，你们体会到了没有？

生72：是不是在阅读分析课文的时候，要抓住重要的词和重要的句子呀？

生73：是不是分析课文以后，要用恰当的词儿把它说出来呀？

师：你们说得都不错。这两点，都是阅读理解课文的要领。不过，这不是我要教给你们的那种方法。下面，我们一起回忆一下这节课的学习过程。这节课我们一起研究的问题是：皇帝、官员、百姓上当受骗的原因是什么，那个小孩没有上当受骗的原因是什么。正是因为我们抓住了这个问题刨根问底，追查原因，所以才从现象到本质，比较深刻地理解了课文。这种抓住课文叙写的事件去追查原因的阅读理解课文的方法，叫作"析因阅读法"。（众生记录）希望大家注意学习运用这种方法。

师：这节课我们学习了五个词语，下面复习一下。（出示卡片：称职）

生74：称职，意思是胜任所担任的职务。

师：回答正确。（出示卡片：不可救药）

生75：不可救药，意思是不能用药物救治，比喻无法挽救。

师：对。（出示卡片：理智）

生76：理智，意思是辨别是非利害和控制自己的能力。

师：对。（出示卡片：骇人听闻）

生77：骇人听闻，意思是听了使人吃惊、害怕。骇，吃惊、害怕。

师：对。（出示卡片：随声附和）

生78：随声附和，意思是别人说什么也跟着说什么，没有主见。

（下课铃响）

师：正确！这篇课文就学到这里。下课！

（二）案例点评

宁老师二十年前执教的这一经典案例生发的教学情境，一直活跃在很多语文教学研究者和一线教师的教研、教学生活中，成为大家思考和探讨语文教学的一面镜子。

我们认为，宁鸿彬老师课堂教学思想及其艺术追求的精髓在于："精思巧授，搞好教学总体设计。"宁老师曾经谈道："一篇课文怎样进行教学，怎样才能使学生乐于接受、便于接受和易于接受，必须根据教学内容和学生水平这两方面的实际情况精心设计。一系列教学措施怎样编辑组合、怎样衔接过渡、怎样安排详略、怎样安排讲练，都要精心思考、反复斟酌，而后确定教学方案。无数优秀教师的实践证明，精心设计的教学方案，实施于课堂教学，便可化难为易、深入浅出、以简驭繁、举重若轻，取得理想的教学效果。"为此，宁老师提出提高语文课堂效率的关键环节在于巧妙设计、精讲精练。对于前者，他认为"必须考虑怎样化繁为简，怎样变难为易，怎样变枯燥无味为生动活泼"；对于后者，他提出了"三精两适"的操作要点，即内容精要、方法精巧、语言精练、适度适量。

《皇帝的新装》一课，是宁鸿彬沉淀其课堂教学艺术心血的标本，也是我们分析、理解宁老师上述教学理念的"窗口案例"。

这里，我们着重从问题导学的视角来审视这两节课的"精思巧授"和整体设计之妙。

今天细细品味这两节好课，从问题导学的视角来看，可以说，它是渗透和体现语文问题导学极为典范的一则教例。当然，对这则教例的揣摩，不能仅仅就这两节课本身的课堂流程来谈，还须紧密结合宁老师的教改思想和教学主张——从其背景观照下来加以理解和研习。

宁老师这两节课的突出价值就在于他在引导学生学习和阅读课文的过程中提出了几个精当的问题，体现出高超的设问艺术，这是让问题导学得以发挥实效的关键性第一步。宁老师本课的问题导学侧重了三个方向的把握：

1. 导入性问题的设计

问题导学一定要在开场白"导"好，但是如何"导"好呢？我们还是回味一下宁老师一开始引导学生入情入境的那分自然和朴实——

师：打开书！（板书：皇帝的新装）《皇帝的新装》是一篇童话，作者安徒生。下面默读"提示"第一段，读后请同学们说说你认为介绍作者这部分内容，应该抓住几个要点？

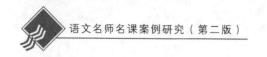

（生看书，片刻生举手）

生1：我认为应该抓住五点：名，安徒生；时，19世纪；地，丹麦；评，世界著名童话作家；作，《卖火柴的小女孩》等。

师：很好！下面准备读课文。

这里提出的导学问题不是宁老师单方面塞给学生的，而是让学生根据已有的学习经验来自己说、自己归结，从而引导学生"抓住几个要点"进入课文，初步提醒学生读课文时要注意的基本事项。

2. 整体性问题的设计

所谓"整体性问题"，就是统摄某一课题学习及其教学全程的问题或话题，是课堂中的主问题。这类问题的设计和提出必须精当，直切文本血脉，其问题往往决定着教学价值选择的水平。本课的教学过程实际上就是围绕几个关键的导学问题展开。

首先，在学生读课文之前，提出请学生认真读课文，之后以"一个……的皇帝"给这篇童话加个副标题，意图在于通过这项活动，"对课文中的主要人物——皇帝，有了比较全面的了解"。

其次，让学生研究故事情节，用一个字概括这篇童话的故事情节，意在通过这项活动，使得学生"对本文的情节有了比较深入的了解"。

再次，带领学生讨论"这两个骗子并不高明的骗术却骗了那么多人，这些人上当受骗的原因是什么"，要求"大家在发言的时候，请注意结合课文具体地谈出自己的见解"。

第一节课对前两个问题的学习研讨活动"属于粗读课文，是从整体上认识课文"，而对最后一个问题的学习研讨则着眼于"精读课文，不但从整体上，而且要从局部细节上结合课文的语句具体地认识课文"。通过这几个问题的探讨，引导学生概括了故事情节，认识和剖析了文中众多人物特别是文中的主要人物——皇帝，还引导学生领会了文章深刻的思想意义。反观本课，之所以教学效果很好，学生能够倾心投入，首先要得益于整体性教学问题设计的精致。这几个问题环环相扣，层次鲜明，梯度合理，形成一组密不可分、逐级递升的"问题链"，对激发和调动学生学习兴趣、启迪学生积极思维起到了良好的催化作用。这些问题不仅能有效训练和启发学生思维，而且有利于浓缩教学内容、提高教学效率，鲜明地体现出宁老师"主线鲜明、整体性强""化繁为简、变难为易"的教学设计思想。对于这两点，宁老师都有过具体地论述：

"讲求课堂教学要做到主线分明，整体性强，这绝不是个单纯的方法问题，而是关系到学生在课堂上思维活动的引发、导向、发展等重要问题。

"课堂上教师的任务就是帮助学生解决学习过程中遇到的疑难问题，从而使他们理解教材，学到知识，增长能力。而学生的疑难问题，要么是感到课文内容复杂纷繁，理不出头绪，抓不住要点；要么是感到课文中某些地方深奥难懂，搞不明白。因此，如何使学生提纲挈领，把握要点，实现化繁为简，或是简明而通俗地解说课文，做到变难为易，这便是进行教学设计必须考虑的问题。"

注意，宁老师这里所主张的"化难为易"并不是要我们把课文教学内容及其意蕴加以浅化、冲淡、降低文本教学价值，而是要我们在教学过程的设计中结合教材及其教学要求，多为学生考虑、多把握学情，从这个"渡口"出发，为学生搭建适当的桥梁和平台，以此使之在深入浅出的学习中通向课堂彼岸，从而尽可能实现理想教学目标的有效、高效达成。在《皇帝的新装》一课的教学中，正是通过几个关键的既有一定难度和坡度、又能促使学生乐于思考、经过反复思考研讨又能有所得的导学问题，为学生搭建了这样的桥梁和平台，助推他们在启而能发、活化思维中深入文本，深化学习，走向预期的教学效果。而在对问题的回答中，教师没有局限于某一现成答案（譬如，针对用一个字概括故事情节的研讨），而是顺着学生的思维进行引导点拨，教给学生思考和分析问题的方法，使得学生的对话不断向前深入，因此问题导学取得了显著的成效。

另外，还有"追问"得恰到好处。追问是在已有问题的基础上的深层提问，教师根据前面的提问，进一步设置问题情境，引发学生新的认知冲突，给学生造成一种心理困惑，引导学生深入探究。再回顾下面的课堂对话——

生11：我拟的副标题是"一个爱美的皇帝"。因为文中的皇帝一天到晚考虑的总是如何穿换新衣服。

师：<u>你说的"爱美"是他的优点还是缺点？</u>

生11：当然是缺点。

师：如果是缺点，光说"爱美"是不行的。爱美之心人皆有之。我也爱美，你们看，我上课还穿西服系领带呢！我这60岁的老头儿，也爱美。但是，这是优点不是缺点。作为教师，应该服装整洁，落落大方。你能不能把刚才的说法稍加修改，使人一听，就知道说的是缺点。（生稍停一会）

生11：爱美过度。

师：很好！<u>过分讲究穿戴就是缺点了。这也就是我们常说的——什么词？</u>

生12：臭美。

（众生笑）

师：就是这样说的。这显然是贬义。

生13：我认为是"一个虚伪的皇帝"。因为他天天换衣服，每时每刻都换衣服，换得太勤了。

师：<u>这叫虚伪？老换衣服就是虚伪吗？</u>

生13：（未语）

生14：这叫虚荣。

**师：对！那么什么叫虚伪呢？**

生15：虚伪就是不实事求是，不暴露真面目、真思想，搞伪装，说假话。总之，是装出一副假象。

（师点头表示肯定）

生16：我添加的副标题是"一个不可救药的皇帝"。因为他整天想的是穿新衣，从来也不关心国家大事，这样统治国家，国家必将走向灭亡。所以他是一个不可救药的皇帝。

**师：他不可救药的主要表现是什么呢？**

生16：（似有所悟）噢！主要表现在课文的最后，当那个小孩儿的话已经普遍传开的时候，那皇帝不仅继续游行，而且表现出一副更骄傲的神气。这就表现了他的顽固不化，不可救药。

**师：说得好！就是这样。**

针对"培养学生思维的深刻性"，宁鸿彬提出了"追根寻源"的训练方法。他指出："学生对课文的领会，往往是搞清了说的是什么和它的性质，便以为完成了阅读的任务。但是，他们不知道如果把思维再向前推进一步，就触及了更深层的东西，使自己获得对事物深刻的认识。"从以上对话可以看出，学生对某些问题的理解开始时是比较肤浅粗疏的，宁老师顺向深入，现场追加问题（这种情况下对教师的教学应变能力要求相对更高，现场问题的追加选择更需要具有高度自觉的敏感力、迅速准确的判断力、精准明晰的表达力、灵活巧妙的引导力），搭设思维跳板，引导、推动学生思考向前迈进，由浅入深引导学生对文章人物形象、性格特点深化理解，从而更深入地理解和把握文本内涵。

宁鸿彬的课堂还有一个突出特点，就是注重"讲规律，教方法，传习惯"，尤其是方法的引领。在第一课时要求学生通过对主人公形象进行高度概括时，学生的观点有所分歧。宁老师这时教给学生筛选的方法，要求学生分别运用"排除法""检验法"和"比较法"选择更合适的结论。第二课时又向学生传授、总结了"析因阅读法"，引导学生从现象到本质，深入探究文本思想内涵。不仅"授之以鱼"，更"授之以渔"。这种注重阅读和思维方法引领之下的学习活动，学生学到的不仅是对课文教学内容的理解，还有对相应方法的感知与把握，从而为后续学习打下了基础。

最后，我们还要提一下宁鸿彬对教学辅助工具的开发和运用。卡片辅助教学法是宁老师的独创，可以说简便实用。通过这节课的有关镜头我们略可窥察一二：宁老师在文本讲习、对话过程中穿插了对几个重要字词的强调，最后在结课时再次出示卡片，让学生复习了相关的几个重要字词。作为教学辅助手段，卡片的灵活性和积极效用可见一斑。在现代教育技术高度发达的今天，卡片辅助教学法可能很少有人用了，但它背后体现的教学辅助工具设计思想却值得我们借鉴思考：教学辅助工具设计的出发点何在？如何操作才能使之发挥恰如其分的"辅助"功用？这些年的一些教学辅助工具可谓层出不穷，譬如越来越精美的课件、越来越细致的导学案。这些辅助工具在教学中是不是真正恰到好处地发挥了它们的"辅助"功用？抑或是在语文教学中一度喧宾夺主、形式大于内容？这些问题，尚需深刻反省。宁鸿彬在教学辅助工具的设计、利用上，有其潜在的教学思想，时至今日，仍有值得我们深入学习和发掘的地方。

◆ 思考讨论

1. 你怎样认识和理解宁鸿彬老师提出的"精思巧授，搞好教学整体设计"这一教学主张？

2. 请搜索中学语文特级教师胡明道、李卫东执教的《皇帝的新装》课堂教学实录，试从问题导学视角与宁鸿彬老师执教的《皇帝的新装》一课做比对分析。

◆ 扩展阅读

1. 宁鸿彬. 宁鸿彬文选［M］. 桂林：漓江出版社，1996.

2. 宁鸿彬. 宁鸿林自选集：怎样教语文［M］. 北京：商务印书馆，2020.

3. 宁鸿彬等. 宁鸿彬中学语文教学改革探索［M］. 济南：山东教育出版社，1998.

# 第十一章
# 余映潮的课堂教学艺术

◆ 导　读

　　和众多语文名师不一样的是，以高妙精湛的课堂教学艺术而享誉教坛的著名语文特级教师余映潮并不是一线教师。他1975年中师毕业正式参加工作到乡镇中学教书，2007年退休，其真正的的语文教师生涯其实只有3年，其余时间，尤其是1982年以后的25年，都是做教研员。用他自己的话说，是五十岁才开始学讲课的。曾有人说，教研员要发挥自己从理论到实践的桥梁作用，一定要把到学校里的"视课"变为"试课"或"示课"。时至今日，已过古稀之年却依然活跃于全国各地各种教研现场激情满满地执教公开课的余映潮老师，无疑是最好的榜样。本章，我们就走近这位具有崇高声望和备受喜爱的语文教师，走进他的课堂，探究他的教学思想，领略其课堂教学独特的风格与魅力。

　　余映潮，1947年生，湖北武汉人。1966年毕业于华中师范大学一附中。当过知青、民办教师、农村中学教师。1979年开始任教中学语文，1982年调至监利县教研室任中学语文教研员，1984年华中师范大学汉语言文学专业函授毕业后调入湖北省荆州地区教研室继续担任中学语文教研员，直至2007年退休。全国著名语文特级教师，湖北省优秀教师，全国优秀语文教师。兼任全国中语会名师教研中心主任，教育部"国培计划"首批培训专家。受聘为《中学语文教学》《语文教学通讯》等多家专业杂志专栏作者，担任全国十余处"余映潮工作室"主持人。出版《中学语文教例品评100篇》《余映潮阅读教学艺术50讲》《听余映潮老师讲课》《余映潮讲语文》等专著20余部，发表各类教学文章1800余篇。

## 一、教学艺术述要

作为著名语文特级教师和语文教学研究人员,余映潮在语文教材研究、语文教学设计、语文课堂教学以及语文教师的培养和培训等诸多方面都有独到的经验和见解。余映潮曾这样概括自己的语文教学思想与研究成果:(1) 课堂教学艺术的高层次境界是:学生活动充分,课堂积累丰富;(2) 课堂教学的创新与创意表现在:板块式,主问题,诗意手法,一课多案;(3) 教学的创新设计要关注五个字的要求:实、新、美、活、丰;(4) 课堂教学艺术研究的着力点:优化教材处理,强化能力训练,简化教学思路,细化课中活动,美化教学手段,诗化教学语言。

余映潮是在做教研员的第 15 个年头,也就是 1997 年年底开始重新尝试走上讲台的。从此,他将教研与上课结合起来,坚持送教下乡,坚持与年轻教师同台竞讲,成了他的日常。余老师不仅教研工作做得别开生面,课堂教学艺术也不断精进,日臻完美,逐渐形成了自成体系的"余氏风格",其影响由荆州地区扩大到湖北全省乃至全国各地,精彩的课堂教学受到各地中小学语文教师的普遍欢迎。他本人也被张定远、陈金明两任全国中语会理事长誉为"中青年语文教师课堂教学艺术研究的领军人物"。

余映潮的课堂教学艺术,最突出的可以归纳为三个方面:板块式的教学思路,主问题的教学设计,诗意化的教学手法。下面,分别作简要述评。

1. 板块式教学思路

1993 年,余映潮在评点上海市教研室徐振维的《〈白毛女〉选场》教学案例时,同时提出了"主问题"和"板块式"这两个概念。他在评析中说道:"从教者所设计的四个主问题看,这节课呈现'板块式'的课堂教学结构。每一个问题,都引发一次研究、一次讨论、一次点拨。四个主问题形成四个教学的'板块',结构清晰且逻辑层次分明;每个教学板块集中解决一个方面的教学内容,既丰富、全面,又显得比较深刻。"[①] 从此,"板块式"和"主问题"成了余映潮不懈探索的两个研究目标,他通过自己的教学实践和深入思考,不断丰富和完善这两个教学创意。

所谓"板块式教学",就是在一节课或一篇课文的教学中,从不同的角度有序地安排几次呈块状分布的教学内容或教学活动,即教学的内容、教学的过程都是呈板块状分布排列。板块式教学模式具有鲜明的特点:简洁实用、任务明确,教学板块之间紧密联系,注重学生和教师的共同发展等。板块教学着重培养学生的创新能力,有助于促进学生的全面

---

① 余映潮. 对阅读教学"主问题"设计的探索与实践 [J]. 河南教育(基教版),2008(3):30-32.

发展；有助于提高学生学习语文的主体地位，激发学习兴趣。

如《茅屋为秋风所破歌》的教学，余映潮进行了这样的设计：(1) 体味、品析、设计这首诗的朗读角度，即每一段应该如何朗读；(2) 用对称的句式概括这首诗每一段的意思；(3) 这首诗的诗句有描写，有叙事，有抒情，在诗中各找出一个例子加以分析，并说说在这首诗中表现了杜甫怎样的情怀；(4) 用五个句子评说课文中的"作者"。很明显，这四个教学"主问题"实际上就是四个教学板块。

再如他在《板块式思路与主问题设计》一文中的举例"《长城》四读"[①]：

第一读：课文朗读，认字识词

崇山　峻岭　蜿蜒　盘旋　嘉峪关　垛子　瞭望　屯兵　陡峭　凝结

第二读：默读课文，趣味品析

同学们默读课文，体味课文中4个段落的内容与作用，尝试用下面的话题对课文进行趣味赏析——话题：假如没有这一段……师生简析课文"段"的作用，形成美妙见解：第一段，略写整体；第二段，详写局部；第三段，联想抒情；第四段，议论收束。

第三读：美段细读，美点品析

说说课文的第二段话好在哪里。同学们细读课文，用一句话表达自己的看法，教师组织课堂交流与对话。

第四读：课文读背，语言积累

同学们轻声朗读课文第三、四段，当堂背诵这两个段落。

**附：《长城》原文**

远看长城，它像一条长龙，在崇山峻岭之间蜿蜒盘旋。从东头的山海关到西头的嘉峪关，有一万三千多里。

从北京出发，不过一百多里就来到长城脚下。这一段长城修筑在八达岭上，高大坚固，是用巨大的条石和城砖筑成的。城墙顶上铺着方砖，十分平整，像很宽的马路，五六匹马可以并行。城墙外沿有两米多高的成排的垛子，垛子上有方形的瞭望口和射口，供瞭望和射击用。城墙顶上，每隔三百多米就有一座方形的城台，是屯兵的堡垒。打仗的时候，城台之间可以互相呼应。

站在长城上，踏着脚下的方砖，扶着墙上的条石，很自然地想起古代修筑长城的劳动人民来。单看这数不清的条石，一块有两三千斤重。那时候没有火车、汽车，没有起重机，就靠着无数的肩膀无数的手，一步一步地抬上这陡峭的山岭。

多少劳动人民的血汗和智慧，才凝结成这前不见头、后不见尾的万里长城。这样气魄

---

① 余映潮. 板块式思路与主问题设计 [J]. 语文教学通讯, 2014, (30): 73-75.

雄伟的工程，在世界历史上是一个伟大的奇迹。

2. 主问题教学设计

针对中学语文阅读教学中不断凸显的"连问""碎问"及"追问"现象，余映潮进行了深入的思考，提出了"主问题"设计的阅读教学理念。作为"主问题"研究的发起者和集大成者，余映潮在《中学语文教学》《中学语文教学参考》《语文教学通讯》等期刊上发表了《说说"主问题"的设计》《对阅读教学"主问题"设计的探索与实践》《"主问题"的教学魅力》等多篇论文。

余映潮认为，"主问题"是在阅读教学中能够对教学内容"牵一发而动全身"的"提问""问题""话题"或"活动"，"是引导学生对课文展开深入研读的重要问题、中心问题。研究主问题，实质上是对课堂提问技巧的研究"[①]。一般性的课堂提问往往演变为应答式提问或问题，表现为思路零碎、时间短暂、思维肤浅。这就势必会以教师的解读代替学生的思考，以教师的结论取代学生个性化的理解。

余映潮还指出，"主问题"的设计与运用有如下方面的基本规律[②]：

（1）在课文教学的初读阶段，往往用一两个"主问题"牵动对全篇课文的深刻理解，从而提高学生品读课文的质量，凝聚学生的阅读注意，加深学生思考的层次。

（2）在课文教学的进行阶段，往往用一两个"主问题"形成课堂教学的重要活动板块，形成明晰的课堂教学思路，形成生动活泼的学生呈主体性参与的教学局面。

（3）在课文教学的深化阶段，往往用精粹的"主问题"激发思考，引发讨论，深化理解，强化创造，形成波澜，酿造课堂教学的高潮。

余映潮曾经因为读了一篇优秀的教学论文而激发了对教学设计的创新。1990年第3期的《中学文科参考资料》杂志上，有一篇署名为"李士侠"的老师写的《没有春天的祥林嫂》。文中说：为了突出祥林嫂在封建强权压榨之下从来没有获得过春天的特征，作者刻意把丧夫、再失子、归天几个最关键的情节，都安排在春天发生，从而巧妙地揭示出祥林嫂是一个没有春天的苦命女人。余老师根据这篇论文对《祝福》进行了品读，找到了作者进行上述阐释的依据，并根据这篇有独到见解的论文，编写了如下教学简例[③]：

《祝福》教学主问题：作者笔下的祥林嫂，是一个没有春天的女人。请同学们研读课文，证明这种看法。

---

① 余映潮. 论初中语文教学提问设计的创新 [J]. 语文教学通讯，2003，(14)：4-7.
② 同上.
③ 余映潮. 对阅读教学"主问题"设计的探索与实践 [J]. 河南教育（基教版），2008，(03)：30-32.

(1) 丽春之日，丈夫夭折——她是春天没有丈夫的；

(2) 孟春之日，被迫再嫁——她是在新年才过时被婆婆抓走的；

(3) 暮春之日，痛失爱子——春天快完了，村上反倒来了狼；

(4) 迎春之日，一命归天——消逝在祝福的鞭炮声中。

在中学语文课堂教学中，很多老师误以为自己问得多，学生就会思考得多。其实不然。课堂教学中也有很多无效的提问，这些问题不仅浪费了大量的教学时间，也让学生的思维陷入了混乱之中。为此，余映潮强调在阅读教学中，应该尽可能少的关键性的提问或问题，也就是"主问题"来引发学生对课文内容更集中、更深入的阅读思考和讨论探究。与课堂教学中成串的"连问"不同，"主问题"是少而精的，每一个"主问题"都能覆盖众多的细碎问题，在教学中具有"以一抵十"的作用，大大提高了课堂教学效率。因此，"主问题"不仅是整体把握教学内容的重要问题，调动学生积极参与的关键问题，还是提高课堂教学效率的中心问题。

3. 诗意化教学手法

余映潮在阅读教学中注重运用"诗意化"教学手法。2005—2011年，余映潮在《语文教学通讯》连续发表了几十篇以"例谈阅读教学设计的诗意手法"为主题的文章。他对教学语言的艺术化处理，使教学富有诗意、富有美感，细节处理更加耐人寻味，其教学手法也能将学生的学习主动性及自主思考的积极性充分调动起来。余映潮的教学手段更注重于诗意的表现，如下便是其教学方法特征的体现：

**其一，在教材处理上，他提倡"美文美教"。** 他在《美文美教》一文中就用极短的篇幅，从八种不同的角度，说得非常透彻、非常精彩：美教，就是从朗读的角度处理课文，将课文视为一篇不可多得的朗读材料，让学生在朗读之中体会到文章的铿锵之声、音乐之美，体会到文章的起承转合、急迫舒缓，体会到文章的气势、神韵、风格……美教，就是从积累的角度处理课文，将课文视为一个小小的语言文字的聚宝盆，让学生在美的欣赏、美的陶醉之中阅读课文，背诵课文。美教，就是从语言的角度处理课文，带领学生在美的语言中徜徉，欣赏优美、精彩的语言，进行积累、感悟、熏陶和培养语感的教育。美教，就是从模式学用的角度处理课文，将课文视为表达形式优美、表达技巧娴熟、表达模式精细的写作范式，让学生进行品味，进行欣赏，进行学用。美教，就是从发现的角度处理课文，用审美的眼光去教学优美的文学作品，指导学生对课文的人物形象塑造、表达方式运用、表现手法应用、谋篇布局技巧等内容进行"美点寻踪"，进行"妙要列举"，进行"妙点揣摩"。美教，就是从思维训练的角度处理课文，将课文视为内涵丰富的思维训练材料，借此组织多姿多彩的课堂创造活动。美教，就是从阅读功能的角度处理课文，将课文视为内容丰满、表达精湛的阅读训练材料，让学生习得阅读理解、分析鉴赏的技能技巧。美教，就是从情感的角度处理课文，让学生在入情入境的赏读之中，领略文中的美好情韵，发展美好情感，培养健美心态，完善健全人格。① 余映潮老师执教的《烟台的海》就是运用"美说课文""美析课文""美诵课文"三个板块，来体现课堂教学的"语文味"，彰显语文课堂教学诗意的美。②

其二，在教学方法上，他注重诵读教学。余映潮老师的诵读教学有效性很强。他在课堂上往往引导学生多次诵读，环环相扣、层层深入地引导学生有层次地朗读，注重情感体验。他的方法就是：首先，读出层次——循序渐进；其次，读出乐趣——乐此不疲；然后，读出个性——百花齐放。他会根据课文特点选择读的内容和读的方法。例如，像优美的诗歌《纸船》《我愿意是急流》《假如生活欺骗了你》等，余老师将其设计为通篇诵读，因为诗歌短小精悍富有韵律，又强烈抒发了作者的情感，是音乐美与情感美的完美结合，是进行诵读训练的最好素材。而说明文《神奇的极光》，余老师则对课文内容进行了筛选，选择出能够用诵读的方式来欣赏的好地方。第一段用神话传说来写极光，生动形象，于是作为诵读素材设计进教学。余老师认为，除了根据体裁来选取诵读内容之外还应根据文章的主旨找到文章的高潮，那便是诵读的重点，这就需要教师在研读教材的过程中找出这些内容。比如《散步》，余老师的诵读教学设计是在通篇诵读的基础上重点读最后一段。因为最后一段是揭示文章主旨的部分，把这一段作为诵读的重点素材，能够使学生在诵读的过程中理解文章的主旨。

其三，在教学活动组织上，他开创了"课文集美"方法。"课文集美，是利用课文本身的资源所设计的由学生全体参与的阅读品析活动、语言积累活动、课文读写活动。教师以语言学习为重头戏，指导学生将课文中精美的语言材料集聚起来，积累、学用语言并实践一定的学习方法。"③ 课文集美就是一种通过学生创造性的劳动，含英咀华，将美好课文中更美的内容"浓缩""聚合"，使学生在品评体味的同时，学习、积累语言的精华。如他在执教宗璞《紫藤萝瀑布》这一课文时指导学生开展的集美活动。活动时间：安排在课文教学的后半部；活动内容：学生分组活动，从课文中找句子，用集聚美句的方式创编一份课文背读材料。

余映潮老师的教学改革扎根于实践，教学艺术独具特色。他从学生的需求、教材的特色和教学的需要出发，善于学习、不断创新、勇于反思，在语文教学领域做出了卓越的贡献。他在 2007 年荆州市为他举办的退休庆祝活动中说："最自豪的是我几十年独力支持，

---

① 余映潮. 教材处理的艺术（之四）[J]. 中学语文教学参考，2002（10）：25.
② 卢国蓉. 充盈着"语文味"的课堂有多美——从余映潮老师执教《烟台的海》说起 [J]. 语文教学通讯·D刊（学术刊），2012（03）：10-11.
③ 余映潮. 课文集美 [J]. 中学语文教学，2015（11）：68.

将一个以农村为主的地区的初中语文教学研究工作做得有声有色。"作为一名教研员,能以身示范,不停地为第一线教师上示范课,这种"下深水"的举动值得称道;几十年如一日,钻研教学、破解难题,这种"啃骨头"的精神值得学习。

## 二、教学案例简析

(一) 案例展示

### 《假如生活欺骗了你》教学实录[①]

师:我们现在开始上课,今天我们学习的是一首很古老的诗,诗的作者离我们很久远了。诗的题目是《假如生活欺骗了你》,请大家看屏幕(放投影),进入诗歌学习的"序曲",一起读起来。

生(齐读):他是俄国诗人(1799—1837),他的创作对俄国文学和语言的发展影响很大。他一生创作了近800首优秀的抒情诗篇。他的诗歌像太阳一样照耀着19世纪的文坛。他被誉为"诗歌的太阳"。他的说理诗《假如生活欺骗了你》问世后,成了许多人激励自己的座右铭。

师:他就是——俄国诗人普希金。我们学习这首诗,有这样几个任务:(投影)第一,诗歌吟诵;第二,自由背读;第三,抒发感受。这就是我们的第一乐章。

下面我们就开始进行诗歌的诵读。大家各自根据自己的感受读这首诗,老师听一下,开始吧。

(生读诗)

师:读得很流畅。我们刚接触这篇课文就读成这个样子,很不错。老师现在给大家指导一下。这首诗中有一种旋律,那么旋律是什么呢?那就是作者把深沉的感情和明亮的感受交织在一起(范读)。同学们再读起来。

(生读诗)

师:好,读得很有味道。我们再换一种方式。这首诗是诗人在流放期间写给邻居小姑娘的题词。什么是流放呢?就是当时俄国革命者被沙皇放逐到很远很远、荒无人烟的地方,与外界隔绝。这首《假如生活欺骗了你》是给邻居小姑娘的劝慰,也是谈心。也就是说这首诗是可以用谈心的方式、说话的方式来读的。比如说,我们可以这样读(示范):假如生活欺骗了你,不要悲伤,不要心急……同学们用这种方式试一下。

---

[①] 余映潮. 听余映潮老师讲课 [M]. 上海:华东师范大学出版社,2006:62-73.

（生读诗）

师：老师很高兴地看到，有些同学刚才读的时候还有形体语言，还有手势。这首诗对你们的爷爷辈、父亲辈影响很大，在困难的时候常常成为他们的座右铭记在心里。因此这首诗是可以用内心独白的方式、用鼓励自己的方式来读的。那么下面我们就用内心独白的方式来读。内心独白呢，声音可以细小一些，带着气声来读。（示范）假如生活欺骗了你……现在开始读，一起来。

（生读诗）

师：刚才读的这种"沙沙"声，激荡在你的心里，激荡在我的心里，激荡在我们大家心里。好，自由背读，开始吧。

（生练习背读）

师：好，现在我们来抒发感受，哪一位来？

生：这首诗普希金告诉我们要乐观地面对生活，要告别那些悲伤的过去。

师：好，微笑着面对困难。

生：我来补充一下。这首诗是普希金写给小女孩的，同时也是表达自己对生活的一些看法，就是要乐观地去面对困难，所以这也是他鼓励自己的一首诗。

师：是啊，这就是有感而发。生活是这样的无奈，生活是这样的黑暗，但是，黑暗之后一定有光明，这就是信念。好，同学们继续发言。

生：我读了这首诗好像恍然大悟，虽然人生有时有不顺的地方，因为人生毕竟不会总是一帆风顺，但我们只要乐观去面对，就像老师刚才讲的一样，用微笑去面对生活，那么一切都会变得很美好。

师：生活顺利是暂时的，生活不顺是永远的。所以我们从小就要看到生活充满不顺的一面。

生：我读了这首诗有一种亲切的感觉，仿佛觉得作者在面对面地和我们在谈心交流。他告诉那些处于忧伤中的人们怎样去寻找生活的快乐。我想到这么一句话，人出生时发出的第一种声音是哭声，这说明人的一生中大多数时间是挫折，而我们要乐观去面对这些挫折。所以从这首诗中可以体现作者的那种乐观向上的精神。

师：好。我们要坦然地面对生活，要坦诚地面对生活。

生：我觉得这首诗有一种劝说的口吻。普希金在劝说大家要乐观地面对生活中的困难，碰到困难不要感到忧郁，要乐观地去面对它。

师：好，出口成章！这首诗告诉我们生活中没有风雨躲得过，只有面对才是上策。还有哪位同学想发表一下自己的感受？

生：我觉得普希金他是乐观地看待这种生活的。因为人嘛，不经历风雨，是不会见到彩虹的。虽然现在看不到未来,但他有一种信念。他相信,生活总有一天是一定可以变好的。所以他才有那样的成就。

师:生活就是一条长河,长河虽然有时是弯曲的,但总是向前的,生活的长河总是向前奔流的。

生:我觉得生活中有许多许多不顺心的事,但只要你挺过去了,你就会留下美好的记忆。

师:对于我们孩子来讲,我们的家长、老师都希望我们能无忧无虑地长大,但我们要记住,我们长大的过程中一定要经过"艰难"这两个字。

生:我觉得从字面上可以看出,面对挫折,普希金面对困难表现的是镇定,没有悲伤。他相信,幸福的日子一定会到来。我觉得他心里很……

师:平静,坚强。

生:对。

师:诗人告诉我们,要用我们自己的手,抚平我们自己心灵的忧伤。

生:我读了这首诗,有很多感想。感到普希金虽然在这么不好的生活状况下,但还这么微笑地面对生活。生活可能会给你带来痛苦和忧伤,有时你可能会失败,但你只要努力,就一定会成功。

师:德国诗人有一首诗叫《我的心,你不要忧郁》。诗里这样说:我的心,你不要忧郁,快快接受命运的安排。冬天从你手里夺走的,春天还会还给你。好了,还有没有感想?

生:我读了普希金这首诗,觉得生活中,每个人不会是一帆风顺的。普希金经历过许多悲伤和挫折,当我们经历这些悲伤和挫折时,我们自己要有勇气去面对,不要害怕挫折。因为挫折是通往更美好生活的一个阶梯,是你要进入更美好生活必经的一个过渡的旅程。所以面对挫折,要有勇气去面对它,要有一颗向上、乐观的心,要想着挫折过后生活会更美好。这首诗给我带来很大的启发。

师:好啊!你的演讲是多么精彩!他的话告诉我们:请用你的双肩承担责任!同学们用这么短的时间就把课文读得这么细致,而且口头表达这么优秀,我很高兴。还有没有同学要表达?

生:生活中有许多挫折,可是你只要正确地面对它,它就会过去,会成为让你留恋的日子。

师:其实当眼前都是乌云的时候,我们要透过乌云看到太阳。好,谢谢同学们的各抒己见。现在我们带着这种感受,再读。首先这首诗给我们的启迪就是要乐观坚强!面对生活中的挫折,要咬牙、握拳。下面,我们再来体会这首诗,分角色朗读,男生第一句,女

生第二句。按照大屏幕的提示进行演读。好——（放投影）

　　假如生活欺骗了你（男合：舒缓地）

　　不要悲伤，不要心急（女合：亮丽地）

　　忧郁的日子里需要镇静（男合：沉稳地）

　　相信吧，快乐的日子将会来临（男女合：乐观地）

　　心儿永远向往着未来（男合：平稳深沉地）

　　现在却常是忧郁

　　一切都是瞬息（女合：响亮亲切地）

　　一切都将会过去

　　而那过去了的（男女合：乐观稳重地）

　　就会成为亲切的怀恋

师：下面我们进入第二乐章——《假如你欺骗了生活》。这是中国诗人宫玺的诗。同学们读了普希金的诗以后再读这首诗，（投影：自由朗读）好，现在同学们读起来。

　　假如你欺骗了生活

　　以为神鬼不知，心安理得

　　且慢，生活并没有到此为止

　　有一天，它会教你向他认错

　　大地的心是诚实的

　　孩子的眼睛是诚实的

　　人生只有一步一个脚印

　　才会有无悔的付出无愧的收获

师：同学们想一想，这首诗中哪两个词的含义最值得你去品味？（师示范朗读）

生：我觉得这首诗最后一句中的"无悔"和"无愧"这两个词是值得品味的。因为只有无悔地付出才会有无愧的收获，如果是假的付出的话，收获就不会是无愧的。

师：你的话是从正反两个方面揣摩到的，谢谢！

生：我认为是"欺骗"和"诚实"这两个词。我觉得"欺骗"不仅仅有表面的意义还有深层的含义。因为你如果有愧于生活，就算是"欺骗"。"诚实"呢，我觉得也是很深刻的，诗中说"大地的心是诚实的，孩子的眼睛是诚实的"，它不仅仅是诚心诚意，不说假话，还指用心去对待生活，不能心浮气躁的，还要沉下心来。

师：你的发言叫精彩毕现。

生：我也同意"无悔"和"无愧"。首先说"无悔"吧，因为人生如果是一步一个脚印的话，自己的付出就是完全没有遗憾的、是值得的，所以才能得到一个问心无愧的收获，是自己应得的。

师：生活靠自己的努力，成绩靠自己的双手。

生：我觉得是"神鬼莫测"和"心安理得"。因为不是你干成了任何事都是神鬼不知的、心安理得的，因为凡事都会有破绽，你不要以为你欺骗了生活，生活就不知道，生活就……

师：可是生活还会惩罚你，对不对？

生：对。

师：好，大家继续。

生：这首诗给我感受最深的两个词是"付出"和"收获"。有句话说得好，叫一分耕耘，一分收获。"付出"和"收获"是因果关系。因为你付出了，所以才会有收获。只有你付出了，才会有收获。我觉得这首诗还告诉我们了……我想不起来了……

师：呵呵，不要紧，你的表现已经够优秀了。这位同学从另外一个角度说，没有付出就没有收获。好，那现在老师小结一下。所有同学的发言都能够言之成理，都是结合这首诗进行分析，都有自己的道理。我认为最值得品味的，和刚才两位同学发言是一样的，是"欺骗"和"诚实"。我们看诗的标题《假如你欺骗了生活》，这一定是诗的重点所在。"欺骗"，它的内涵是深刻的，它的含义很广。我们对不起生活，我们糟蹋生活，我们浪费时间，我们自暴自弃，我们逃学，我们无限制地上网，都是欺骗生活。我们要珍惜青春，我们要在"珍惜"两个字上作文章，那么走好自己的路就是要诚实。"大地的心是诚实的"就是整个世界、整个生活的轨迹告诉我们生活需要诚实。"孩子的眼睛是诚实的"就是我们看世界的眼光是纯真的。因此我们要用诚实的脚步走自己的路，要一步一个脚印。只有诚实地劳作、思考，我们才能有无愧的收获。那么这首诗给我们的启迪是什么呢？起码有一个词我们是熟悉的，它是——

生：诚实。

师：对。那么"一步一个脚印"是什么呢？

生：踏实。

师：（投影）这首诗给我们的启迪是要诚实踏实。现在我们进入第三乐章。（投影：第三乐章自由写诗：假如生活重新开头）假如生活欺骗了我，假如我欺骗了生活，生活都要重新开头。那么假如生活重新开头，我们要以什么样的态度对待生活呢？我们需要抒发一下对生活的感怀。现在请每位同学以"假如生活重新开头"为第一句话写诗，写三句诗。当然，如果大家写六句、写八句就更好，开始了！

（生写诗）

师：好了，老师来听一下，欣赏一下你们的诗歌。哪位同学来朗诵你的诗作？

生：假如生活重新开头，我会毫不犹豫地弥补自己的过错，一步一步地面对困难，在孤单徘徊中坚强，失败过后也不会哭，一切都在我的真心实意中改过。望着蓝天，挥一挥手，成功正在向我探头。

师：啊，太好了，太好了。我最喜欢的一句诗是"不会哭"，要看到生活是多么的美好。

生：假如生活重新开头，我的旅伴，我的朋友，仍是一次夜晚无尽的征程，悄悄地把思绪抛在脑后，大家一起举起整齐的双手。

师：他是模仿着我们推荐的阅读诗写的，把它改了，人家是早上走，他是夜晚走。夜晚走更孤单一些啊。（生笑）

生：假如生活重新开头，我的旅伴，我的朋友，走的还是一条坎坷不平的道路，但要把过去的困难抛于脑后，快乐地走向新的旅程。

师：好，还注意了押韵。

生：假如生活重新开头，我的旅伴，我的朋友，迎着晚霞的余光，昂着头，向前走，把我的心声向你诉说。

师：好好，你也是在晚上走的啊。（生笑）

生：假如生活重新开头，我会谨记睁大双眼，不再被生活欺骗；假如生活重新开头，我会一步一个脚印，与诚实为伴，不再欺骗生活；假如生活重新开头，把以往不愉快的泪水留下，带上微笑和幸福，重新开始那明亮而又漫长的征程。

师：她用了反复的手法，这样她的诗就显得丰富了。

生：假如生活重新开头，把昔日的伤痛抛到身后，我的信念，我的希望，插上理想的翅膀，飞向成功的大门。

师：言简意赅，而且意蕴高远，为了理想而放飞自己的思绪。

生：假如生活重新开头，我将抛开一切，尽情洒脱，迈着自信的步子，奔向远方。

师：哦，就是要自信。

生：假如生活重新开头，我的生活，我的未来，将是一个新的开始。将过去的记忆抛在身后，让欢乐陪伴我左右。

师：因为生活重新开头，所以用了一个"新"字。

生：假如生活重新开头，我的黎明，我的黄昏，将会灿烂依旧，把不顺心的挫折抛于脑后，愉快地享受生活。

师：他这个诗中的"黎明"和"黄昏"很有含义啊，表示一天到晚或时光在流逝。行，听老师的好不好？

生：好。

师：老师也有四句诗：假如生活重新开头，新的美景在温馨地招手。我欣喜地拥抱我的时光，把两步当作一步走。

（生鼓掌）

师：好，我们现在来吟诵诗人的诗吧。（投影）

**假如生活重新开头**（节选）

    **邵燕祥**

假如生活重新开头，
我的旅伴，我的朋友——
还是迎着朝阳出发，
把长长的身影留在背后。
愉快地回头一挥手！

假如生活重新开头，
我的旅伴，我的朋友——
依然是一条风雨的长途，
依然不知疲倦地奔走。
让我们紧紧地拉住手！

……

时间呀，时间不会倒流，
生活却能够重新开头。
莫说失去的很多很多，
我的旅伴，我的朋友——
明天比昨天更长久！

（生读诗）

师：好，我们现在一起来，再来诵读这首诗好不好？

（师生共读诗）

师：好，进入诗歌学习的尾声。（投影）老师送给大家两句话：生活就像大自然，总有风雨伴随着我们的生命。因此我们要珍视生命，珍惜青春，珍爱生活。这节课是对大家的一次挑战，同学们读得好，品得好，诗也作得好，谢谢大家！好，下课！

（二）案例点评

这是一节别出心裁的现代诗文教学示范课，给我们带来的启发与思考是多方面的。

在"映潮说课"里，余老师说"《假如生活欺骗了你》的美好创意在于联读"。他这样说：

联读，是从教学的广度与深度出发，从某一篇课文生发开去，找到具有相同主题、相同题材、相同写法或其他相同之处的若干文章进行阅读。这样既可以为这"某一篇"课文找到充足的配读资料，又能让我们体会到各篇联读文章在取材角度、语言表达、情感流露、辞格运用等方面的独到之处。[①]

我们研究"联读扩展"式教学设计，主要是从丰厚教学内容的角度来进行的。

所谓"联读"，是在学生学有余力的前提下，从某篇课文扩展开去，把具有一定相同因素的课内或课外的诗文联结起来进行阅读的一种教学设计手法或教学设计思路。"联读"的目的在于扩展，在于拓宽学生的学习视野，在于给课文的阅读教学增加容量。"联读"的方式有时候适用于长篇课文的教学，但更多的时候适用于精短诗文的教学设计，用"增容"的方式使这些课文在烘托、映衬之中愈加显得精美。

除了"联读"之外，这节课还体现了他曾谈到的"扩读"教学艺术：

扩读，是为了增加课文阅读容量、从课文内容出发"为课文找朋友"的阅读。扩读要求一个"配"字，一个"补"字，它解决的，是为配合课文教学而找到课外美文、课文赏析材料或其他语言材料。

扩读，实际上是教材阅读中的一种板块粘连式的艺术，就是从课内文章出发，从某一角度，为课文找到扩读、比读、衬读、助读的其他文章进行扩展式阅读，就是由此及彼，连类而及，找到主题上、题材上、写法上、内容上、语言表达上具有相同或相异特点的课外材料，在课堂或课外与课文联在一起读，以增加学生的学习兴趣，扩大学生的学习视野，加深学生印象，让学生在有规律的语言现象中理解语言、积累语言和运用语言。

与此同时，余映潮认为，"联读"以及"扩读"教学的设计过程与其说是完成一个教学方案的过程，不如说是一个研究与思考、辛劳与享受的过程。这个过程有三个要点，即优选内容、巧选角度、精选材料。也就是说，这些阅读组合的材料要讲究配对，予以精选，配合默契。

另外，这节课也渗透了余映潮"浅文趣教"的教学思想：

针对有些课文短小、精美、易懂的特点，用"反复"的手法，设计分层推进、逐层深入的美读教学步骤，让课堂阅读活动充满"美趣"。

选取课文中一个小小的"点"，从对课文内容进行"再表达""再创作"的角度，设计一个带有"童趣"的让学生神思飞跃的思维训练活动。

---

① 余映潮. 听余映潮老师讲课［M］. 上海：华东师范大学出版社，2006：73.

或由某课的某点内容散开去,牵连出其他课文中的内容,以形成一个知识的板块;或利用课文本身的语言表达技巧,设计有趣的读写活动,以使学生享受到学习语言、运用语言的"乐趣"。

一首家喻户晓的短诗,在余老师这里之所以能够发掘出可供教学的丰富资源,每个环节的进展都使人感到别有洞天,与他的上述教学设计思想是密不可分的。

我们来看这节课的阅读素材及其教学呈现逻辑:第一乐章《假如生活欺骗了你》,教师先引导学生吟诵诗歌、自由背读,抒发感受;第二乐章《假如你欺骗了生活》,教师组织学生自由朗读后抛出一个问题——这首诗有哪两个词的含义需要细细咀嚼,由此导出学生对诗作主题思想的理解;第三乐章《假如生活重新开头》,让学生以"假如生活重新开头"为题写一段(首)诗作,朗诵展示后,再以大声齐读邵燕祥的《假如生活重新开头》结课。

"联读"也好,"扩读"也罢,抑或是"浅文趣教",有一点是不难看出的,在这三个环节中,每一首诗歌其实所处的地位和作用并不是完全等同的。尽管有"比较""并联""扩展"的意味,但又绝不完全如此,个中关系是微妙的。

还是从《假如生活欺骗了你》这首诗谈起。这首诗歌既有明显的抒情意味,又包含着哲理色彩。教学这一文本,其核心教学价值如何得以体现和提升?余老师抓住了四个字,即这首诗的"情思意蕴"。无论是第一乐章针对原诗的多元诵读、抒发感受,还是第二乐章让学生谈出对《假如你欺骗了生活》的诗眼及其关键词的理解把握,还是最后以"假如生活重新开头"为主题的学生写诗、读诗、齐诵活动,其实都是以原作的"情思意蕴"为聚焦点、引申点而展开的,目的是让学生更好地把握原作的"情思意蕴"并有所深化理解。从这首诗本身看,在感受和理解作品思想情感内涵的同时,它无疑是对学生进行审美情趣培养、陶冶心智情操、丰富思想情感的绝佳文本。因此,在笔者看来,后两首诗歌的存在,与其说是与原作阅读的"并联",不如说是一种映衬,或者更准确地说是深化理解原作的一种推波助澜的载体、平台(严格说来也不是通常所谓的"拓展延伸")。尽管有比较、联并阅读的意味,但仔细分析其课堂流程,它们之间绝不是简单的联并和比较,后两者的地位与属性与原作本身是有差别的。它们的存在,其实是对学习和深化理解原作的一种服务、一种升华。最后一个环节让学生写诗,与其说是一种课堂语言实践、诗歌创作活动,不如说是在学生对诗作"情思意蕴"已有深度、热度的体验把握之后的一次情感绽放,它的根本意义和目的绝不仅仅在于让学生仿写诗歌。

面对这样一首短诗,有的老师或者喜欢简单地反复地朗诵背读,一节课下来总感觉不够丰厚,缺少了什么;有的老师则可能也会采取补充"外援素材"的做法,目的在于

"以文带文",但是往往在具体教学处理上失之理性,喜欢"早出",即用缩短时间的方式在对课文本体有了一些感知理解后就早早离开课文,把主要精力和方向大幅度转向所谓"迁移拓展"。结果呢,课文本身的学习理解不到位,而学生对"外援素材"的感知、相应课外文本与课文本身的关联也缺乏真正理解,以至于搞得不伦不类。仔细研读这节课,不难发现,在诗作朗读的安排上,虽然有反复的读,但每首诗朗读的程度是不一样的。

毫无疑问,对普希金的原作用力最多而且教学方式最丰富。我们来看教学过程的几个朗读片段:

这首诗中有一种旋律,那么旋律是什么呢?那就是作者把深沉的感情和明亮的感受交织在一起(范读)。同学们再读起来。

(在学生读得流畅的前提下,教师的范读意在给学生以明确的提示、引导)

我们再换一种方式……这首《假如生活欺骗了你》是给邻居小姑娘的劝慰,也是谈心。也就是说这首诗是可以用谈心的方式、说话的方式来读的……

(走进人物内心,读出作品字里行间的情感,追求一种高层次朗读)

这首诗是可以用内心独白的方式、用鼓励自己的方式来读的……声音可以细小一些……

(引导学生结合诗歌主题思想来读,既在于把握主题,同时也涉及朗读技巧如声音大小的点拨)

针对原作的朗读,在抒发感受之后,老师又设计了一处具有舞台效果的演读,为诗句标注朗读语气,划分朗读的角色搭配,使得朗读进入更为优美雅致的境界,把学生的情感极大地激发出来。纵观第一个大环节,教师对学生的朗读在形式、方法上进行了有针对性的多层次的指导,显得丰富、灵动。

第二首诗的朗读则经历了学生的自由朗读、再读、大声朗读,三遍朗读之后直接转入对诗歌关键词理解的讨论中。最后一首诗歌,邵燕祥的《假如生活重新开头》,在学生先拟写同题诗作之后进行了齐诵,可以说是课堂的一个注脚。其意义在于作为一只推手,把学生对于诗作情思意蕴的理解与体验推向最高潮,因此在朗读上"一次性处理",而不需要多次反复。

与朗读相对应的是,三个大的环节都凸显了学生对诗情感受的表达:第一大环节要求用简洁的语言表达感受,第二大环节让学生分析揣摩最值得玩味的两个词,第三大环节让学生结合对生活的体会自由写诗,然后展示交流。在学生表达的同时,为了把学生对于诗情的感受、情感一步步向前推进,余老师的评点和反馈也非常到位,可以说是精彩多多。学生尽情抒发自我体悟的同时,老师或优化学生回答,使之更确当、更优美;或深化学生回答，使之更智慧、更深入。在这一过程中，学生自然而然的表达与教师细腻温和的引导默契融合，充分体现了平等对话的精神。

下面是针对第一首诗歌"抒发感受"阶段摘取的老师在学生发言之后的评点语：

生活是这样的无奈，生活是这样的黑暗，但是，黑暗之后一定有光明，这就是信念。

生活顺利是暂时的，生活不顺是永远的。所以我们从小就要看到生活充满不顺的一面。

我们要坦然地面对生活，要坦诚地面对生活。

这首诗告诉我们，生活中没有风雨躲得过，只有面对才是上策。

生活就是一条长河，长河虽然有时是弯曲的，但总是向前的，生活的长河总是向前奔流的。

对于我们孩子来讲，我们的家长、老师都希望我们能无忧无虑地长大，但我们要记住，我们长大的过程中一定要经过"艰难"这两个字。

……

对于来自学生的感受，余映潮的引导评点机巧灵动、充满智慧，这既是评点课文，也是一种关于人生价值的交流，同时也是一种对学生积极情感的引导提升。在相应的教学镜头中，我们更可以感受到师生之间的一种良性互动、和谐共振。之所以能够达到这一境地，和余映潮在教学中善于倾听学生是分不开的。佐藤学曾经有一个形象的比喻："倾听学生的发言，如果打一形象的比喻的话，好比是在和学生玩棒球投球练习。把学生投过来的球准确地接住，投球的学生即便不对你说什么，他的心情也是很愉快的。学生投得很差的球或投偏了的球如果也能准确地接住的话，学生后来就会奋起投出更好的球来。这样的投球般的快感，我认为应当是教师与学生互动的根本。"

在"自由写诗"交流活动中，学生的诗情被激活，一部分学生的诗句写得也较有深度。余映潮此时也和学生一样，适时呈现了自己的写作："假如生活重新开头，新的美景在温馨地招手。我欣喜地拥抱我的时光，把两步并作一步走。"老师用这样一种积极乐观的态度感染着学生，同时与学生对诗歌情思意蕴的把握形成应和、达成共鸣。

三首诗歌，以教材课文解读为重点，配以引用课外诗歌"增容"的方式，由此实现的其实是对课文情思意蕴——渐进的、多维的、深入的理解，进而达成课堂的丰满与厚实。

由此反顾《假如生活欺骗了你》这堂课的教学，它其实不只是诗歌的赏析、鉴赏，也不单纯是诗歌的拓展阅读，更不在于诗歌的模拟写作，而且更是针对诗歌本身情感意蕴、主题思想的理解与表达。所有的教学步骤其实都是为了这一个点而设计、铺展的。为什么要这样呢？因为这与这首诗歌本身的文本特质有着紧密关联。现在我们可以做出一个归结：余映潮这堂课的成功，首先在于教学内容、教学核心价值的定位准确，教了学生学习这首诗最应该学习的内容；与此相伴的是，他选择了最恰切的素材与课文形成搭档，选择了最合适的教学处理方法来适应、体现对其内容的学习。上好一堂语文课，其实这是最重要、最根本的两点。余老师教学艺术的"六化"（强化课型创新、优化教材处理、简化教学思路、细化课中活动、美化教学手段、诗化教学语言），在这堂课中均有不同程度的体现。"六化"的组合，在本质上其实是对以上两点合理化、最优化的处理。

余映潮把自己的教学设计思路归结为"板块式教学"。这节课的三大环节，其实就是余老师所设计的三大板块，板块之间的自然衔接，也体现出余老师教学思路的线条美。不难看出，余老师提出的"板块式教学"特别强调教学的有序性，导学话题与核心问题非常清晰，"教学中的每一个板块都着眼于解决教学内容的某一角度、某一侧面的问题"，课堂教学清晰地表现为"一步一步地向前走"。这里的"一步一步向前走"不是板块的机械叠加与推进，而是充分考虑教学板块的切分与连缀，过渡与照应，考虑板块组合的科学性与艺术性。与此同时，由于板块的有机呈现，"其中必然有让学生充分占有时间、充分地进行活动的板块"，以此保障学生主体性的发挥。由此，有人曾经提出过批评意见，认为"阅读中由于学生个人对课文内容体验的不同，因此感受、理解不同"。学习中学生"常产生许多问题，需要质疑问难"，"遗憾的是板块式教学课例中学生只有回答的份儿却没有问的机会"，应该"培养学生的问题意识，鼓励学生发表不同意见，使学生成为真正的学习的主人"，增加学生"发现问题"的板块。按照这样的批评逻辑，让学生"发表不同意见""质疑问难"似乎就是学生具有"问题意识"、真正成为学习主人的表现，而学生发现和提出问题一定要体现在课堂的某一环节为佳。

通过对"板块式教学"课例的分析，我们发现，它更值得借鉴的一点就是教师巧妙设计学习交流的话题或问题，同时在教学过程中注重灵活细腻地引导。在教师的引导下，学生的表达交流也在随之抬升，从而更多地通过非质疑的方式生成、提出自己的问题与思考。这一点，大家还可以继续研读余老师的其他课例，将获得更深入的认知。

### 思考讨论

1. 请另外选择一个点，对余映潮老师《假如生活欺骗了你》这堂课作出评议。

2. 请你查阅余映潮老师有关"联读"的论述，并结合本章课例及你自己的教学观察，谈谈"联读"需要注意哪些问题，可以有怎样的呈现方式。

3. 你如何评价"板块式教学"？试结合自身观察与理解，谈谈自己的看法。

◆ 扩展阅读

1. 余映潮. 听余映潮老师讲课[M]. 上海：华东师范大学出版社，2006.
2. 余映潮. 余映潮阅读教学艺术50讲[M]. 西安：陕西师范大学出版社，2005.
3. 余映潮. 余映潮创新教学设计40篇[M]. 北京：教育科学出版社，2012.

# 第十二章
# 王崧舟的课堂教学艺术

◆ 导 读

有一位小学语文老师,从1984年参加教育工作以来,一直醉心于小学语文教学改革实践,积极倡导"诗意语文",主张以发展学生的言语生命为核心,深化语文教育改革,促进学生语言和精神的协同发展。他认为,一切优秀的语文教学,都是诗意的语文。他,就是著名语文特级教师王崧舟。本章,让我们通过研讨王崧舟老师执教的《去年的树》一课,领悟他的"诗意语文"课堂教学艺术。

王崧舟,1966年生,浙江上虞人。杭州师范大学经亨颐教育学院教授、全国知名语文特级教师、教育部"国培计划"专家库成员、教育部"领航工程"实践导师。长期在杭州市拱宸桥小学任教并做校长,任浙江省小语会副会长、杭州市小语会会长。在省部级刊物上发表论文360余篇,先后出版《诗意语文》《语文的文化品格》《王崧舟与诗意语文》《语文教师的十项修炼》等专著。开创"诗意语文"教学流派,赴全国29个省份开设观摩课2100多节次、讲座1200多场次。他的语文课先后在中央电视台《实话实说》、中国教育电视台《名师讲坛》《东方名家》等栏目播出。他主持的《小学语文文本解读与案例分析》一书被评为国家级一流本科课程书目,他在中央电视台《百家讲坛》主讲的《爱上语文》系列节目在全社会掀起了一股语文学习热潮。

## 一、教学艺术述要

### (一) 教改探索道路

王崧舟曾以《剑气合一，在语文家园安身立命》[①]为题，对自己的专业成长进行过叙事研究，并引用鲁迅先生"运交华盖欲何求，未敢翻身已碰头""横眉冷对千夫指，俯首甘为孺子牛"的诗句，来形容自己的专业追求。王崧舟把他从教30多年的经历，粗略地分为四个阶段。

第一阶段是"崭露头角"。1984年，王崧舟于诸暨师范学校毕业。参加工作第二年就被评上了绍兴市教坛新秀，1986年担任上虞实验小学教导主任，三年后被任命为上虞百官实验小学副校长。从事教育工作一开始，王崧舟就收集整理总结教育理论。1984年，他收集整理了周一贯先生的《阅读教学法纵谈》，并将其应用在自己的教学活动中，取得了很好的效果。对这些教育理论的学习，极大地提高了王老师的教学水平。

第二阶段是"孤独沉潜"。从1989年开始，有大约六七年的时间，王崧舟不再参与各种公开课评选，教育类的各种奖项荣誉也与他无缘，甚至差点放弃教育事业转行从政、经商。在这几年里，他潜心教学，专心实践教育理论，帮助其他老师专业成长。这些年，他静静蛰伏，等待突变。他疯狂汲取各种知识，翻阅各类书籍，包括教育理论书籍、哲学宗教书籍、文学艺术方面的书、美学类的书，徜徉在书籍的海洋里，乐此不疲。他曾说过，由于这几年的沉潜，肚子里装了上百本书、上千堂课；在平静的底下，生命的能量却不断在灌注、不断有膨胀。

第三个阶段是"一鸣惊人"的阶段。在这一阶段，他以个人名义第一次举办了"王崧舟语文教学艺术展示周"活动；成为全省最年轻的小学语文特级教师，还上了《中国教育报》；他教的《万里长城》一课一炮走红。

最后是"开创流派"阶段。2001年后王崧舟在全国各地举办了上千节观摩课，六百多场讲座，逐渐形成了自己的语文教学风格。之后，以执教《一夜的工作》为标志，正式在小学语文界提出了"诗意语文"教育思想。从此，他走进了诗意语文、诗意课堂、诗意人生。

王崧舟在总结自己的成长经验时说过，这其中既有机遇的因素，更有才情的因素。才情从哪里来？从不断地学习实践、磨课反思中来。他的"磨课"求新求变，努力寻求"千课一面"的破解之道。他举了这样一个例子：为了上好《万里长城》一课，前前后后修改

---

[①] 王崧舟. 剑气合一，在语文家园安身立命 [J]. 人民教育，2006，(07)：41-43.

了12次。他总是自己和自己较劲，喜欢自己和自己过不去，自己的才情就这样汩汩地冒着，语文教学也这样不断地超越。他曾多次执教《枫桥夜泊》，每一次执教都在修改，每一次都在超越。王崧舟从不在课堂中重复自己，每次课都会带给大家新的惊喜。从《万里长城》到《威尼斯的小艇》，从《鸬鹚》到《我的战友邱少云》，从《荷花》到《草船借箭》，从《小珊迪》到《只有一个地球》，就这样不断出新、出奇、出彩。2010年他执教的《与象共舞》课，竟然尝试了"一个人的同课异构"，在语文教育界引起很大的反响。

王崧舟的"修真功夫"的方法非常值得学习。

第一招叫"实录还原法"，就是收集名师的有代表性的课堂实录，然后把实录还原成教学设计，再把教学设计还原成教学理念，以修炼自己在课堂教学中的"硬功夫"（即既有思想"上得了天"，又有技术"下得了地"）。

第二招叫"情境填空法"，就是在观看经典课堂实录时，抓住一些教学细节，把自己的教学设想补充进去，并与大师们的教学处理进行对比思考，以修炼自己的教学机智、通变与智慧。因为"课像是教学具象和教学抽象的统一体，是教学经验和教学思想的统一体，是教学细节和教学范式的统一体"。

第三招叫"微格解剖法"，就是从研究候课、导入、提问、范读、导读、训练、结课、拓展等细节入手来提高艺术水平。

第四招叫"课感积淀法"，就是教师对教学现场的一种直觉，一种当下的把握，一种敏锐而别出心裁的驾驭。课感包括课的节奏感、课的情味感、课的层次感、课的风格感，等等。[①]

在追求"人生境界"方面，王崧舟老师也有独到的体会。做学问有境界，一个人对待职业、对待自己的人生也有不同的境界。王崧舟对待人生有"四重不同的境界"：第一重境界叫"功利境界"（赚钱），第二重境界叫"道德境界"（责任），第三重境界叫"科学境界"（学问），第四重境界叫"生命境界"（享受）。[②] 他认为，到了"生命境界"，上课会是一种享受。什么是享受上课呢？就是彻底打开，就是全然进入，让自己的精神生命永远活在每一个当下，去体认每一个当下对你的意义和价值究竟是什么。王崧舟追求的就是第四重境界，所以他"有境界则自成高格"。

（二）教学艺术追求

王崧舟积极倡导"诗意语文"的理想和信念，主张以发展学生的言语生命为核心，深化语文教育改革，促进学生语言和精神的协同发展。我们认为，"诗意语文"是王崧舟语

---

① 王崧舟. 王崧舟与诗意语文［M］. 北京：北京师范大学出版社，2015：9-12.
② 王崧舟. 王崧舟与诗意语文［M］. 北京：北京师范大学出版社，2015：20-25.

文教学艺术追求的核心。

如何理解"诗意语文"？王崧舟为"诗意语文"做了多方面的诠释。诗意语文的旨归是精神的语文，诗意语文的路径是感性的语文，诗意语文的主体是儿童的语文，诗意语文的根系是民族的语文，诗意语文的场域是生活的语文。① 王崧舟认为，逻辑的、下定义的方式并不能从根本上把握诗意语文，应该把更多的思考由"诗意语文是什么"转向"诗意语文如何是"。对此，他特别强调以下几个方面②：

一是举象。举象就是把语言文字还原成一定的形象、印象、意象。诗意语文的课一定充满着举象，举起的是一个个生动的、活泼的、具体的象。所举之象跟学生的生活体验紧密结合，学生就容易将文本的语言文字转化、积累为自己的东西。比如，在《我的伯父鲁迅先生》这篇课文中对"饱经沧桑"这个词的体会，教师不是简单解释词语的意思，而是引导学生回忆体会究竟什么样子可以被称为"饱经风霜"。这样的由文字表意到与形象生动的画面建立起联系的过程就是"举象"。

二是造境。造境就是在举象的基础之上进一步将语言文字还原为特定的情境、意境、心境。所谓情境就是景象的连续体，形成一种场，一种氛围。人置身其中，感受到的是一种象的叠加，产生共鸣共振之后的那种情绪。比如在《一夜的工作》中有一段文字描述："高大的宫殿式的房子里面陈设却十分简单"。为了让学生体会屋内的陈设简单，王崧舟抓住的词语却是"宫殿"，让学生对"宫殿"这个词展开想象。真实的宫殿中是应有尽有的，然而文中的"宫殿式的房子"是简陋清贫的，只有写字台、台灯和转椅。这样简单的环境描写从侧面表现出周恩来总理崇高的光辉形象。

三是入情。所谓入情，就是置身于语言文字所造的境中，体验其承载的情感、情味和情怀。造境要入情，这个情可能是情绪，也可能是一种情感，也可能是情操、情怀。王崧舟认为语文教育的核心在"情"，他非常在乎文本中的情感线索。因为文字没有情感，就是僵死的符号。语文教师应该给予文字以生命力，用饱含真情的语言唤起学生的情感。比如在《长相思》中，他提出"作者的身在哪里"以及"心在哪里"这两个问题，帮助学生在情感的递进中感受纳兰性德心系家乡的无奈与悲痛。

四是会意。会意就是在特定的情境中感悟并体会文字所包含的意义、意蕴和意趣。对于一些重要的词句段，需要经历一番咀嚼、体验、会意之后，才能真正读出文字的魅力和神韵。比如在《草船借箭》中出现了十一次"诸葛亮说"，前十次是简单的"诸葛亮说"，第十一次却是"诸葛亮笑着说"。作者所突出的"笑"是在"笑"什么，寻找这个答案需

---

① 王崧舟. 王崧舟与诗意语文［M］. 北京：北京师范大学出版社，2015：39-52.
② 王崧舟. 王崧舟与诗意语文［M］. 北京：北京师范大学出版社，2015：79-81.

要读者和作者的文字进行交流。

五是求气。所谓求气就是在特定的情境中探求语言文字的声气、节奏和神韵。语文教学有责任让学生好好读书，注重感性的、一唱三叹的朗读。例如，在《长相思》教学中，王崧舟通过诵读让学生体会纳兰性德的惆怅，用指导性语言引导学生接近文本。朗读既是语文教学的重要手段，也是语文教学的目标之一。

六是寻根。寻根就是在特定情境中开掘语言文字背后的价值取向、精神母题和文化传承。例如，在执教柳宗元的《江雪》时，王崧舟不仅把"独钓寒江雪"的画面当作教学重点，更深挖画面背后的文化根源，体会柳宗元所表达的情怀、志趣等。这些情怀和志趣就是我国文人墨客不断追求的境界，也正是教学过程中所需挖掘的精神内涵。

抓住了以上六点，就等于抓住了王崧舟"诗意语文"语文教学艺术的核心。

## 二、教学案例简析

（一）案例展示

### 《去年的树》课堂教学实录[①]

师：《去年的树》是一篇童话故事。故事的开头是这样写的，谁愿意读一读？

（屏幕出现《去年的树》开头一段）

生：（朗读）一棵树和一只鸟儿是好朋友。鸟儿站在树枝上，天天给树唱歌。树呢，天天听着鸟儿唱。

师：读得真好，谁愿意再来读一读？

生：（朗读）一棵树和一只鸟儿是好朋友。鸟儿站在树枝上，天天给树唱歌。树呢，天天听着鸟儿唱。

师：读得真棒！一棵树，一只鸟；一个唱，一个听。多好的朋友，多好的日子，我们一起美美地读一读。预备，起——

生：（齐读）一棵树和一只鸟儿是好朋友。鸟儿站在树枝上，天天给树唱歌。树呢，天天听着鸟儿唱。

师：鸟儿给树唱歌，可能会在什么时候？

生：可能会在春天，可能会在秋天。

---

[①] 王崧舟，林志芳. 就这样唱给你听——《去年的树》课堂实录与评析 [J]. 小学语文教学. 2013（7）：18-23.

师：可能会在春天，可能会在秋天，他猜想了季节的不同。

生：可能在树孤单的时候。

师：你注意到了人物心情的不同，可能在树孤单的时候，真好！谁还有不一样的猜想？

生：可能在早上，可能在晚上。

师：也有可能。是的，鸟儿给树唱歌可能在春天，可能在秋天；鸟儿给树唱歌，可能在树孤独的时候，也可能在树高兴的时候；可能在早上，也可能在晚上。那么，那么多种可能，你是凭这一段话当中的哪一个词语猜想出来的？

生：我在"天天"这个词语发现的。

师：你的目光真敏锐，没错，就是这个"天天"，一起读——

生（齐读）：天天。

师：再读——

生（齐读）：天天。

师：两个"天天"。我们一起读文章的这个开头，注意读出"天天"的感觉和味道来。

生（齐读）：一棵树和一只鸟儿是好朋友。鸟儿站在树枝上，天天给树唱歌，树呢，天天听着鸟儿唱。

师：正是这样的"天天"，给了我们多少美好的想象，带给我们多少美好的画面。（舒缓的背景音乐响起，屏幕依次出现鸟儿在早晨、晚上、春天、秋天等各种背景中站在树上唱歌的图片，同时呈现文字：鸟儿站在树枝上，给树唱歌。树呢，听着鸟儿唱。）

师：大家看，当太阳露出笑脸的时候——

生（朗读）：鸟儿站在树枝上，给树唱歌。树呢，听着鸟儿唱。

师：当月亮挂上树梢的时候——

生（朗读）：鸟儿站在树枝上，给树唱歌。树呢，听着鸟儿唱。

师：当森林里的雪都融化了的时候——

生（朗读）：鸟儿站在树枝上，给树唱歌。树呢，听着鸟儿唱。

师：当叶子在秋风中飘落的时候——

生（朗读）：鸟儿站在树枝上，给树唱歌。树呢，听着鸟儿唱。

师：迎着风，迎着雨——

生（朗读）：鸟儿站在树枝上，给树唱歌。树呢，听着鸟儿唱。

师：走过春，走过夏——

生（朗读）：鸟儿站在树枝上，给树唱歌。树呢，听着鸟儿唱。

师：这真是一段美好的时光。

（音乐继续，屏幕依次出现鸟儿在夏天、晚上等各种背景中站在树上唱歌的图片，同时呈现文字：鸟儿站在树枝上，给树唱歌。树呢，听着鸟儿唱）

师：你再听，鸟儿站在树枝上，给树唱着优美的歌，树呢？

生：天天听着鸟儿唱。

师：你再听，鸟儿站在树枝上，给树唱着快乐的歌，树呢？

生：听着鸟儿唱。

师：鸟儿站在树枝上，给树唱着夏日小情歌，树呢？

生：听着鸟儿唱。

师：鸟儿站在树枝上，给树唱着晚安小夜曲，树呢？

生：听着鸟儿唱。

师：是的，这是一段多么美好的时光啊！就这样，一天又一天，一日又一日，读——

生（齐读）：鸟儿站在树枝上，天天给树唱歌。树呢，天天听着鸟儿唱。

师：多好的日子，多好的朋友，带着这样的感受，再来读一读这个开头——

生（齐读）：鸟儿站在树枝上，天天给树唱歌。树呢，天天听着鸟儿唱。

师：孩子们，由这两个"天天"，你体会到了什么？

生：他们是形影不离的好朋友。

师："形影不离"这个词用得真好！

生：鸟儿和树的友谊地久天长。

师：哎哟——"地久天长"，感情是那样的深——

生：深厚。

师：好的，我把这个词写下来，你们不妨也在文章的开头批注"深厚"两个字。（板书：深厚）

师：我们再来读一读这个故事的开头，体会他们那段形影不离十分深厚的感情。预备，起——

生（齐读）：鸟儿站在树枝上，天天给树唱歌。树呢，天天听着鸟儿唱。

师：孩子们，读着读着，你的眼前仿佛出现了一棵怎样的树，出现了一只怎样的鸟儿呢？来，打开作业纸，请你展开想象，写一写你脑海中浮现的树的模样，鸟儿的外貌。（板书：写外貌）写的时候，请你用上"特别"这个词语。

（屏幕出示：一棵树和一只鸟儿是好朋友。树长得_____鸟儿呢，长得_____。学生在音乐中想象写话，教师巡视）

师：好，孩子们，请停下手中的笔。大家都知道，森林里会有千万棵树，森林里也有千万只鸟，是吗？那么，这棵树长什么模样，这只鸟又有怎样的外貌呢？谁来读一读你写的这棵树？

生：树长得特别茂盛，郁郁苍苍的，引人注目。

师：写得多好！先概括地写"特别茂盛"再具体地写怎么茂盛。请你再读一读具体的"怎么茂盛"。

生：郁郁苍苍的，引人注目。

（教师板书：茂盛、郁郁苍苍、引人注目）

师：这是树，谁来读一读鸟儿呢？

生：鸟儿呢，长得特别小巧玲珑——

师：（板书：小巧玲珑）"小巧玲珑"这个词用得特别好。

生：（继续）像个小天使。

师：这个比喻真贴切。孩子们，我们看黑板。森林里有千万棵树，然而我们的鸟儿只为这样一棵树唱歌，他长得特别——

生（齐答）：茂盛。

师：郁郁苍苍的，引人注目。

师：森林里有千万只鸟儿，我们的树只喜欢听这只鸟儿为他唱歌，她长得特别——

生（齐答）：小巧玲珑。

师：像个小天使。

师：同学们，借鉴这两位同学的写法，你试着修改一下自己写的树和鸟的外貌，先写"特别怎么样"，然后具体地写"怎么样"。（学生修订作业，教师巡视指导）

师：好的，同桌之间互相读一读。

（学生交流写作练习）

师：孩子们，森林里有千万棵树，而我们的鸟儿只为这一棵树唱歌，他长得特别——

生：茂盛。

师：森林里有千万只鸟，而我们的树只喜欢听这一只鸟儿为他唱歌，她长得特别——

生：小巧玲珑。

师：是的。在千万棵树中遇见这样一棵树，在千万只鸟儿中遇见这样一只鸟儿。这是一段多么深、多么深的缘分啊！当你体会到这一点的时候，我们再来读一读这个故事的开头，我想，你的感受又会不同。

生（齐读）：一棵树和一只鸟儿是好朋友。鸟儿站在树枝上，天天给树唱歌。树呢，天天听着鸟儿唱。

师：可是，孩子们，你一定已经发现了，在我们这个故事的开头，并没有写树的模样，是吗？

（教师擦去板书：茂盛、郁郁苍苍、引人注目）

师：在我们这个故事的开头，并没有写鸟的外貌，是吗？

（教师擦去板书：小巧玲珑）

师：如果故事的开头有了树的模样、鸟的外貌的描写，会带给我们什么感觉？

生：美好的感觉。

生：感觉很具体。

师：是啊，仿佛树和鸟就在我们面前了。但是故事既没有写树长什么样，也没有写鸟儿长什么样，（在"写外貌"前，板书"不"，形成"不写外貌"）读了这样的开头，你又有什么感觉？

生：有点疑惑的。

生：有点不清楚的。

生：有点不生动。

师：是的，这样的文字带给我们的感觉，我们可以用一个词来命名它，就叫平淡。你可以在开头标注"平淡"这个词。（教师板书：平淡）至于平淡还会带给我们什么感觉？你还可以继续往下读这个故事。打开课文，自由地朗读《去年的树》，看看这个故事接着发生了什么，最后的结局又是什么。好，开始。

（学生自由朗读课文）

师：好了，读书的声音渐渐稀落了。看到你们读得这样投入，老师很感动。读完了这个故事，我想大家一定记忆犹新，在我们这个故事当中一共出现了五个会说话的人物，谁还记得是哪五个？不看书。

生：树、鸟儿、大门、树根、小姑娘。

师：说得真好！没错，在我们这个故事当中出现了这五个会说话的人物，他们都会说话，在故事当中他们都说过话。来，让我们一个一个地找，先找一找树和鸟儿之间的对话。找到了，谁来读？

生（朗读）："再见了，小鸟！明年春天请你回来，还唱歌给我听。""好的，我明年春天一定回来，给你唱歌。请等着我吧！"

师：没错，这是他们之间的对话。我们继续找，找鸟儿和树根之间的对话。

生（朗读）："立在这儿的那棵树，到什么地方去了呀？""伐木人用斧子把他砍倒，拉到山谷里去了。"

师：是的，这是鸟儿和树根之间的对话。我们再找，鸟儿和大门之间的对话。

生（朗读）："门先生，我的好朋友树在哪儿，您知道吗？""树么，在厂子里给切成细条条儿，做成火柴，运到那边的村子里卖掉了。"

师：好的，最后是鸟儿和小女孩儿之间的对话。

生（朗读）："小姑娘，请告诉我，你知道火柴在哪儿吗？""火柴已经用光了。可是，火柴点燃的火，还在这盏灯里亮着。"

（屏幕出示四次对话）

师：没错，孩子们，你们看五个人物四次对话，构成了我们这个童话故事最重要的内容。这样，我们一起来读一读这四次对话。好吗？怎么读呢？咱们来分一下角色。

（师生交流商定，一生读鸟儿的话，四个组的同学分别读树、树根、大门与小女孩的话，教师读旁白。师生合作分角色朗读四次对话。）

师：真好，都读得非常好！就是有一个人没读好。知道谁没读好吗？

生：鸟儿没读好。

师：不对，鸟儿读得非常好。

生：小姑娘没读好。

师：小姑娘读得也不错。

生：我觉得树读得不好。

师：你们太谦虚了，树读得非常好。大门也读得很好。

生：树根没读好。

师：树根读得也好，你们就不敢说——

生：旁白读得不好。

师：再说一遍——

生：旁白读得不好。

师：再说一遍——

生：旁白读得不好。

师：再说一遍——

生：旁白读得不好。

（全场笑声）

师：他是实话实说，真，旁白没读好。当然，这也不能怪我，因为我发现我读的提示语，或者说旁白，太简单了。读着没劲儿。你看，是吧！"树对鸟儿说"，怎么说？你再看，"鸟儿说"，怎么说？你再看，"鸟儿问树根""鸟儿问大门""鸟儿问女孩"，就那么简简单单的三个问，你让我怎么读？真没办法读啊！

师：孩子们，你们说什么样的提示语读起来有味道，有感觉啊？

生：给提示语加上形容词和动词会让它更有感觉，更有感情。

师：是啊！你真有经验，怎么加提示语的动词，怎么加提示语的形容词？其实咱们这个单元前面学过的课文就给我们做了非常好的榜样。大家看，前面的那篇童话，叫作什么来着？

生（齐答）：《巨人的花园》。

（屏幕出示：《巨人的花园》有关段落，并指导学生分角色朗读。相关内容这里不再展示）

……

师：没错。孩子们，这些词儿反映的是人物的心情和表情。让我们读这些旁白的时候情绪就出来了。但是，你看看咱们这个故事，"树对鸟儿说"，怎么说的，没感觉。"鸟儿说"怎么说的，没感觉。这样，我们替它加一加。打开作业纸，在这些人物提示语的中间加一加能够反映它的表情和心情的词语。（板书：写表情）（学生练笔，教师巡视）

师：好的，孩子们停下手中的笔。我们先来看一看树跟鸟儿的那一次对话。

（大屏幕出示：

树对鸟儿说："再见了，小鸟！明年春天请你回来，还唱歌给我听。"

鸟儿说："好的，我明年春天一定回来，给你唱歌。请等着我吧！"

"立在这儿的那棵树，到什么地方去了呀？"鸟儿问树根。

她问大门："门先生，我的好朋友树在哪儿，您知道吗？"

鸟儿问女孩："小姑娘，请告诉我，你知道火柴在哪儿吗？"）

师：好，不要着急，让我们重新走进这个故事，在故事当中，我们来好好揣摩、体会他们内心的情感。一棵树和一只鸟儿是好朋友，鸟儿站在树枝上，天天为树唱歌。树呢，天天听着鸟儿唱。日子就这样一天一天地过去，寒冷的冬天就要到来了，鸟儿必须离开这里，到很远很远的地方去过冬。眼看着这么一对朝夕相处、形影不离的好朋友就要分手了，这个时候，树的心情是什么？鸟儿的心情又是什么？

生：树依依不舍地对鸟儿说："再见了，小鸟！明年春天请你回来，还唱歌给我听。"

师：树的心情是依依不舍。（板书：依依不舍）

生：鸟儿难过地说："好的，我明年春天一定回来，给你唱歌，请等着我吧！"

（教师板书"难过"）

师：好的，请坐。一对好朋友就要分手了，一个是那样的依依不舍，一个是那样的难过。是的，这是人之常情，还有不一样的写法吗？

生：树恋恋不舍地对鸟儿说："再见了，小鸟！明年春天请你回来，还唱歌给我听。"

师：（板书：恋恋不舍）鸟儿呢？

生：鸟儿含泪说："好的，我明年春天一定回来，给你唱歌，请等着我吧！"

师：鸟儿含泪说。（板书"含泪"）

师：真好！孩子们，树和鸟儿要分别的时候，一个依依不舍，一个难过；一个恋恋不舍，一个含泪。有了这样的体会，有了这些提示语，我们再来读一读树和鸟儿的对话，我来读旁白，这次我保证能读好。

（师生根据板书，加上提示语，再次合作朗读树和鸟儿的对话，声情并茂）

师：是的，这样一对好朋友，他们分手时依依不舍，就在他们分手的时候，他们之间有了这样一次约定。

（屏幕出示："再见了小鸟！明年春天请你回来，还唱歌给我听。"

"好的，我明年春天一定回来，给你唱歌，请等着我吧。"）

生（读）：再见了小鸟！明年春天请你回来，还唱歌给我听。

生（读）：好的，我明年春天一定回来，给你唱歌，请等着我吧！

师：孩子们，这是一个春天的约定，这是一个心心相印的约定。带着这个约定，树开始了这个冬天最漫长的等待。寒风起了，大雪落了，但是树的心里充满了温暖，因为他的心里有着一个关于春天的约定——

生（读）：再见了小鸟！明年春天请你回来，还唱歌给我听。

生（读）：好的，我明年春天一定回来，给你唱歌，请等着我吧！

师：我们的鸟儿开始了跋山涉水，她飞过了高山，飞过了大河，飞过了原野，飞过了沙漠，她飞得千辛万苦，然而她的心里却是甜的，却是温暖的，因为她的心里一样有着一个关于春天的约定——

生（读）：再见了小鸟！明年春天请你回来，还唱歌给我听。

生（读）：好的，我明年春天一定回来，给你唱歌，请等着我吧！

师：是的，就这样，第二年春天来临的时候，鸟儿迫不及待地从远方飞了回来。她飞呀飞呀，她越过千山万水，她终于到达了这片森林，来到了她的好朋友大树的地方。然而，眼前的这一幕却让他惊呆了。孩子们，此时此刻，鸟儿的心情会是什么样的呢？

（大屏幕出示："立在这儿的那棵树，到什么地方去了呀？"鸟儿问树根）

生："立在这儿的那棵树，到什么地方去了呀？"鸟儿焦急地问树根。

师：你焦急地再问一次。

生："立在这儿的那棵树，到什么地方去了呀？"鸟儿焦急地问树根。

师：是的，她焦急，她不安，因为她的好朋友树不见了。她对自己说，怎么会这样？树啊树，不是说好了我还要回来给你唱歌吗？难道你忘了我们关于春天的约定了吗？

生（读）：再见了小鸟！明年春天请你回来，还唱歌给我听。

生（读）：好的，我明年春天一定回来，给你唱歌，请等着我吧！

师：然而，得到的结果让人揪心，伐木人把树砍倒了，拉到了山谷里去了。鸟儿告诉自己，必须去找，必须找到自己的好朋友，因为我还要为他唱去年的歌。就这样鸟儿飞向了山谷，飞到了工厂，她来到了工厂的大门前。这时，她的耳旁，传来了锯木头的"沙、沙"声，她知道，自己的好朋友树一定会更加危险。孩子们，这个时候，鸟儿的心情又会怎样呢？

生：她心急如焚地问大门："门先生，我的好朋友树在哪儿？您知道吗？"

师：心急如焚哪！（板书"心急如焚"）

师：孩子，你有过心急如焚的时候吗？请体会体会你心急如焚的那份感觉。来，再来读鸟儿的话。

生：（再读，情感加强）她心急如焚地问大门："门先生，我的好朋友树在哪儿，你知道吗？"

师：是的，她心急如焚，她能不心急如焚吗？然而答案再一次令人不愿相信，因为她的好朋友树被切成了细条条做成了火柴。那一刻，鸟儿感觉到自己的世界已经没有了春天，她又一次跌入了那个可怕的冬天。然而，她的耳边又一次响起了那一场关于春天的约定——

（屏幕出示："再见了小鸟！明年春天请你回来，还唱歌给我听。"

"好的，我明年春天一定回来，给你唱歌，请等着我吧。"）

生（读）：再见了小鸟！明年春天请你回来，还唱歌给我听。

生（读）：好的，我明年春天一定回来，给你唱歌，请等着我吧！

师：这个约定一遍一遍地在她心中回响着——

生（读）：再见了小鸟！明年春天请你回来，还唱歌给我听。

生（读）：好的，我明年春天一定回来，给你唱歌，请等着我吧！

师：就这样，带着这个约定，鸟儿继续了她的寻找。她飞呀飞呀，她飞向了村子，飞向了暮色。她来到了小女孩的身边，此时此刻鸟儿的心情又会是什么样的呢？

（大屏幕出示：鸟儿问女孩："小姑娘，请告诉我，你知道火柴在哪儿吗？"）

生：鸟儿伤心欲绝地问女孩："小姑娘，请告诉我，你知道火柴在哪儿吗？"

师：伤心欲绝。（板书：伤心欲绝）孩子，你知道"伤心欲绝"的"欲"当什么讲吗？

生：将要。

师：对，她的悲伤到了极点，甚至觉得自己的气息也要终止了。鸟儿伤心欲绝地问女孩——

生（齐读）：小姑娘，请告诉我，你知道火柴在哪儿吗？

师：孩子们，你们一定不会忘记，鸟儿这一问是这个故事当中的最后一问。来，我们一起替鸟儿做最后一问。鸟儿伤心欲绝地问女孩——

生（齐读）：小姑娘，请告诉我，你知道火柴在哪儿吗？

师：孩子们，我们回头看黑板。真没想到原来在鸟儿、在树的内心有那么丰富的感情啊！当一对好朋友分手的时候，一个是那样的——

生（齐答）：难过。

师：一个是那样的——

生（齐答）：恋恋不舍。

师：第二年春天鸟儿回来寻找她的好朋友——树的时候，她发现树已经不见了。这时，她的内心是如此的——

生（齐答）：急切。

师：当她知道自己的好朋友被伐木人砍倒，拉到工厂里去的时候，她的内心又是如此的——

生（齐答）：心急如焚。

师：当她知道自己的好朋友树已经被切成细条条、做成了火柴的时候，她的内心又是那么样的——

生（齐答）：伤心欲绝。

师：孩子们，从鸟儿的心情当中我们分明能够感受到她跟树之间的那一份感情。这份感情如果用一个词儿来形容的话，那就是——

生（齐答）：深厚。

师：请允许我再写一遍深厚，你也可以在书上再写一遍。（板书：深厚）让我们体会着这样的感情，再来读一读鸟儿的这些对话。我读旁白，你们读人物的对话。

（师生根据板书，加上提示语，再次合作朗读文中的四次对话，声情并茂）

师：通过这样的写，通过这样的读，我们分明感受到了鸟儿和树之间的感情是那样的——

生（齐答）：深厚。

师：然而，在我们这个故事当中，有写树的"依依不舍"和"恋恋不舍"吗？

生（齐答）：没有。

（教师擦去板书"依依不舍"和"恋恋不舍"）

师：有写鸟儿的"难过"和"含泪"吗？

生（齐答）：没有。

（教师擦去板书"难过"和"含泪"）

师：有写鸟儿的"焦急"吗？

生（齐答）：没有。

（教师擦去板书"焦急"）

师：有写鸟儿的"心急如焚"吗？

生（齐答）：没有。

（教师擦去板书"心急如焚"）

师：有写鸟儿的伤心欲绝吗？

生（齐答）：没有。

（擦去板书"伤心欲绝"）

师：什么都没有。我们这个故事根本就没有写鸟儿和树的任何表情和心情。（在"写表情"前，板书"不"，形成"不写表情"）你读这样的文字，感觉是什么？

生：要是有了这些提示语，我就感觉很生动，没有就感觉很无味。

师：无味，是的。这样的感觉就是平淡。我们再写一遍"平淡"。（教师板书：平淡）

师：故事有一个平淡的开头，故事又接着平淡地讲述。故事的结尾是否还会平淡呢？我们来看一看。

（屏幕出示：鸟儿睁大眼睛，盯着灯火看了一会儿，接着，她就唱起去年唱过的歌给灯火听。唱完了歌，鸟儿又对着灯火看了一会儿，就飞走了）

生（朗读）：鸟儿睁大眼睛，盯着灯火看了一会儿，接着，她就唱起去年唱过的歌给灯火听，唱完了歌，鸟儿又对着灯火看了一会儿，就飞走了。

师：孩子们，读完这个故事的结尾，你可能会留心这样一个细节。在鸟儿唱歌之前和唱歌之后，她有一个看起来很简单很简单的动作，前后几乎完全一样的动作，你留心到这个细节了吗？这个细节就是——

生：她唱歌前盯着灯火看了一会儿，唱完歌也盯着灯火看了一会儿。

师：一个字，那就是——

生：看。

师：没错，就是看。一起读——

生（齐读）：看。

师：轻轻地读——

生（轻轻齐读）：看。

师：谁都知道，鸟儿为了这一刻历尽了千辛万苦，经历了那么长时间的等待，现在却只能"看"。静静地看，默默地看，就这样看着，看着，她的眼前仿佛又一次出现了过去的画面——

（舒缓而忧伤的背景音乐响起，屏幕上课件再次播放鸟儿给树唱歌的温馨画面）

师：她想起了，当太阳露出笑脸的时候——

生：（读，声音哽咽）鸟儿站在树枝上给树唱歌，树呢，听着鸟儿唱。

师：她想起了，当月亮挂上树梢的时候——

生（读）：鸟儿站在树枝上给树唱歌，树呢，听着鸟儿唱。

师：她想起了，当森林里的雪都融化了的时候——

生（读）：鸟儿站在树枝上给树唱歌，树呢，听着鸟儿唱。

师：她想起了，当叶子在秋风中飘落的时候——

生（读）：鸟儿站在树枝上给树唱歌，树呢，听着鸟儿唱。

师：是啊，走过风走过雨——

生（读）：鸟儿站在树枝上给树唱歌，树呢，听着鸟儿唱。

师：越过春，越过夏——

生（读）：鸟儿站在树枝上给树唱歌，树呢，听着鸟儿唱。

师：可是这一切再也回不来了，他分明记得自己站在树枝上给树唱优美的歌，树呢？

生（读）：听着鸟儿唱。

师：她分明记得自己站在树枝上给树唱着快乐的歌，树呢？

生（读）：（含泪地）听着鸟儿唱。

师：他分明还记得自己站在树枝上给树唱着夏日小情歌，树呢？

生（读）：听着鸟儿唱。

师：他分明还记得自己站在树枝上给树唱着晚安小夜曲，树呢？

生（读）：（声音哽咽）听着鸟儿唱。

师：可是这一切再也回不来了，再也回不来了。留在鸟儿面前只有这样的画面——（大屏幕回到灯火的画面）

师：她看啊看，她看到了什么？

生：看到了灯火。

师：是的，她还看到了什么？

生：看到了她的好朋友树。

师：是的，她看到了树，那已经是去年的树了，此时她的心里有多少话想对好朋友树说呀！孩子们，拿起你的笔写一写鸟儿最想对树说的话，写一写她内心的真情告白。写的时候，请你用"树啊树"开头。

（学生在音乐声中练笔写话，教师指导巡视）

师：孩子们，停下手中的笔，有没有写完都不重要，重要的是在你提笔的那个瞬间，你完完全全化成了故事中的那只鸟。为了这个春天的约定，为了给自己的好朋友唱起去年的歌，鸟儿历尽了千难万险经历了千辛万苦。但是，留在她眼前的只有这盏用朋友的身躯化成的灯火，这一刻鸟儿有多少话要对他说——

生：（朗读小练笔）树啊树，你能听到我唱歌吗？去年的那首歌。来世再到那片森林里去，让我找到你，好吗？现在灯火烧得更旺了，我和你的友谊地久天长。

师：写得真好！这是多么深情的话语，她盼望着有来世，再为自己的好朋友唱歌。（板书：深情）对着灯火，对着去年的树，鸟儿真想说——

生：（朗读小练笔）树啊树，还记得去年在你孤单时我为你唱的歌吗？还记得去年我给你唱的小夜曲吗？还记得去年我给你唱的儿歌吗？但是，这一切都是如此短暂啊，希望你还记得我们经过的点点滴滴，记得我们是好朋友。

师：写得真好！三个"还记得吗"让我们永远怀念那一段美好的时光。（板书：怀念）对着灯火，对着去年的树，鸟儿真想说——

生：（朗读小练笔）树啊树，我们去年不是约好的吗？你怎么可以就这样忘记呢？虽然你已经变成今日的灯火了，但这段友情永远留在我们的心中。

师：是的，看起来似乎有那么一点点的责备，然而谁都知道，责备的背后是多么深厚的感情啊！（板书：责备）对着灯火，对着去年的树，鸟儿真想说——

生：（朗读小练笔）树啊树，我的好朋友，我以后再也不能唱歌给你听了，这是我唱的最后一首歌。你听，你在听吗，再见了，我会永远记得你！

师：是的，因为不舍，永远记得。（板书：不舍）

师：孩子们，你们写得多么感人又多么真切！我们在鸟儿的内心独白当中，感受到了她的——

生：（自由应答）深情

师：感受到了她的——

生：（自由应答）怀念

师：还稍稍感受到了她的——

生：（自由应答）责备

师：感受到了她的——

生：（自由应答）不舍

师：是的，面对着灯火，面对着去年的树，鸟儿的内心有那么多的话，让我们再一次强烈地感受到了，鸟儿和大树之间的那一份感情，那就是——

生：（自由应答）深厚。

师：（板书：深厚）然而，谁都知道，故事并没有写鸟儿深情的话语，也没有写鸟儿怀念的话语，更没有写鸟儿责备的话语，不舍的话语。（边说边擦掉黑板上相应的词语）

如此深厚的感情，在我们这个故事当中却不见一个字，不见一句话。出现在我们眼前的只有这样一个简简单单、平平常常的动作，那就是——

生：（自由应答）看。

师：轻轻地读。

生（轻轻齐读）：看。

师：淡淡地读。

生（淡淡齐读）：看。

师：平平地读。

生（平平齐读）：看。

师：多么普通的一个字眼，多么平常的一个细节，甚至让我们感觉有点枯燥，有点乏味，但故事就是这样写的。看着，看着，鸟儿就唱起了去年的歌。假如大树在天有灵，他听见他最要好、最思念的朋友唱起了去年的歌，他的心情又是什么样的呢？

生：他会有一点自责，他会怪自己没有等到好朋友来。

师：是的，他会有那么一点点内疚。

生：他会有点责怪人类把他砍倒了。

师：也许吧，但是他拧不过自己的命运啊。

生：他会有点自豪，为了自己有这样一个朋友。

师：自豪，是的。他会欣慰，他会自豪，他的内心虽然伤感却也会感到温暖。

生：他可能有点担心，如果没有来世，就无法遇见这么好的朋友了。

师：其实他无须担心，当鸟儿为他唱歌的那一个瞬间，我相信一切担心都已经不复存在了。因为这样一首歌，在大树的心目当中，不会随着时间的流逝而流逝；在鸟儿的心目当中也不会随着岁月的老去而老去。这是一首超越了时间的歌，这是一首永恒的歌。孩子们，带给我们这首永恒的歌的故事，就叫作——（教师指课题）

生（齐读）：去年的树

师：孩子们，我们看《去年的树》。它没有写外貌的句子（擦去板书"不写外貌"），它没有写表情的词语（擦去板书"不写表情"），它也没有写心理的言语（擦去板书"不写心理"），请问，是作者不会写外貌吗？（生：不是）是作者不会写表情吗？（生：不是）是作者不会写心理活动吗？（生：不是）作者明明会写，为什么不写？

（教师板书：在三个"平淡"与三个"深厚"之间画出空白框）

生：可能这篇课文就是一篇平淡的课文。

师：你还固执地认为它就打算平淡到底。

生：可能作者想让我们自己琢磨。

师：有这种可能。

生：作者想让我们自己思考，自己来感受这一种感觉。不写出来，自己想的可能更加有趣，更加伤感，更加漂亮。

生：可能是作者为读者留下的想象空间。

师：真好。孩子们，你们看到这个留下的框了吗？（手指板书）这是一个巨大的空白，这是一个巨大的空间。是的，它不写表情，它不写外貌，它不写心理，它给我们留下了多么丰富的、无限的想象的空间。（在框内板书：想象）正是留下那么多的想象空间，这个故事才留给了我们这样一份巨大的语文的魅力——用最平淡的语言调动人们的想象，表达最深厚的感情。让我们永远记住这个故事——

生（齐读）：去年的树。

师：下课。

（二）案例点评

诗意语文首先必然是充满语文味儿的，它是对语文教育理想境界的一种追寻，是对语文教育本色和本真的一种深刻自觉和回归。品评王崧舟这节课，我们可以感觉到浓浓的语文味儿。

"语文味儿"是什么？王崧舟曾有过这样的论说："'语文味'就是守住语文本体的一亩三分地。语文的本体是什么？显然不是语言文字所承载的内容，即'写的什么'，而是用什么样的语言形式来承载这些内容，即'怎么写的'。语文要学的就是'这个'，语文味所指的就是'这个味'。具体来说，语文味表现在'动情诵读、静心默读'的'读味'，'圈点批注、摘抄书作'的'写味'，'品词品句、咬文嚼字'的'品味'。"可以说，在《去年的树》这堂课上，王崧舟关于"语文味"的阐释都得到了充分的体现。

《去年的树》鲜明呈现着作者新美南吉简洁素朴的文风，淡淡的文字萦绕着淡淡的忧伤，背后却又有着超越忧伤的强大力量。王崧舟的教学正是紧扣这一点，聚焦于文本的言语特征，也是这个童话最大的"语文味"所在——"用最平淡的语言调动人们的想象，表达最深厚的感情"。显然，执教者在教学过程中并未止步于学生对文本内容的理解与感悟，而是逐渐把教学重心落在了聚焦文本的言语形式之上。这是从总的方面体现"语文味"。

就具体的操作来看，王崧舟整堂课"读味""写味""品味"可谓三位一体，有机交融。整个教学设计实际上分为简单、清楚的三个环节：

（1）通过创设情境，品读"天天"，进入文本，让学生体会鸟儿和树之间深厚的感情。

（2）通过添加提示语后再朗读，品读文本主人公之间的对话，体会情感，让学生在语言实践中学习语言文字的运用。

（3）通过抓关键词"看"，品读结尾，体悟永恒，体会文本语言的言外之意。

通过前面几个环节的层层铺垫，进而引导发现文本表达的语言秘密：用最浅近的语言表达最深厚的感情。

王崧舟认为，阅读活动的首要和根本就是要引导学生感悟、把握、领会优秀文本的"秘妙"。"文本秘妙"，就是王国维所指出的"字字为我心中所欲言，而又非我之所能自言"的语文现象。简单地说，就是"人人心中有、个个笔下无"的文字创意，它或表现为某种精准、妥帖的语言形式，或表现为动人的情感、独特的思想、深刻的哲理、精深的文化，或表现为语言形式和内容的高度融合。反观《去年的树》的教学，可以看出王崧舟在细读文本之后，对文本的"秘妙"之处有着深刻、准确的拿捏，找到了课文教学适切的抓手。因此，取得良好的教学效果也在情理之中。

纵观整个教学流程，"品味"贯穿全程，而"读味""写味"交织穿插其中，可以说是脉络清晰而不乏匠心。在教学中，王崧舟主要通过创设三次情景使朗读训练声情并茂、饶有趣味：

（1）反复读开头的句子，读出"天天"的味道，体会树和鸟儿的深厚情谊。

（2）反复读树和鸟儿的约定，体会鸟儿信守承诺。

（3）再次反复读课文开头，深刻体会昔日鸟儿和树的深厚情感。

三次朗读训练都与内容理解紧密结合，绝非简单重复，而是逐层深入，显得朴实而厚重。三次朗读训练后各自跟进一次小练笔，写鸟儿想对树说的话，在"逐渐升温"的基础上，促使学生与文本深度对话，用一种特殊形式表达其内心感受。

三读三写，呈现了"学习语言文字运用"的具体化。这样的课堂，语文味自然十分浓厚，也体现了王老师对"诗意语文如何是"的相应主张。

而在课堂三次练笔之后，王崧舟三次将学生的感受一一列举在黑板上，又三次一一擦去，在灵动的板书艺术背后，更有明确的教学目的，其目的就是要引导学生感受这"不写"的"秘妙"：当黑板上只留下三次书写的"平淡"与"深厚"还有一个大大的空白的框，孩子们已不难理解课中让其对文本加以想象、补白的作用，同时也会对文本的"秘妙"之处、这"平淡到底"的深情（用最浅近的语言表达最深厚的感情）有更为深入的理解。

如此基于"品味"的"读味"与"写味"的紧密结合，可以说是教学艺术至真至纯的一种自然流露。

从王崧舟《去年的树》的教学中，我们还可以管窥童话文本解读及其教学实施的有效方式：

例如，多形式地充分朗读童话。童话语言优美、明快、反复，是非常适合朗读的文学体裁之一。新课标特别强调要加强朗读，强调在老师指导下的有针对性的朗读。王崧舟在这节课上对学生的朗读指导形式既多元也有所侧重，可以说是很充分、很到位的。

再如，感悟童话，强化体验。童话是文学，虽然包含着一定理性因素，但在本质上是感性的。对童话的解读应以感悟体验为基础。直奔理性分析或者着眼于理性分析，是不可能让学生真正体验童话魅力的，也违背儿童的思维与情感特点。在这节课上，王崧舟通过引导学生"解读关键词领悟作者意图""解读提示语感受留白魅力""解读拓展点，激发奇特想象"等几个步骤，让学生走进文本的意境，通过必要的填补想象来激起学生的感悟，激发其内在的情趣，在感性的体悟中品味童话故事的耐人寻味，同时也培养了学生的发散思维，激发了学生的想象力。

王崧舟在其著作《语感教学法》中曾谈到，当前的一些语文课堂教学，存在理性泛滥的征象，忽视了学生是一个个有感情的、活生生的、有知觉的、有想象能力的、有灵性的人，忽视了理性与感性的协同发展。从这堂课也可看出，教师在引领学生会意达意的过程中，教师本身的语言也富有感染力，以"诗意"催生了学生的学习热情。正是有了这样的统摄，学生在课堂上对语言的理解与运用也能很快地跟进并与老师一同进入角色。

当然，课无完课。对王崧舟的这堂课，人们在由衷赞叹的同时也提出了一些质疑。譬如：这节课的合作探究学习体现在哪里？学生一直在老师的牵引下跟着老师的思维走，老师会不会显得强势了一些？老师是不是成了最美的一道风景，挡住了学生生长的气息？还有老师提出，这堂课存在着一些教学错位。比如，话语方式的错位。教学中师生对文本的探讨应首先基于对文本独立生命和本体意义的尊重，而这堂课教学话语方式的错位破坏了文本的独立生命……看来，还需要对一些问题做出深究。这种深究绝非简单的吹毛求疵，更不是对名师名课的否定，而是一种对"好课"永不停步的严谨追求。

### 思考讨论

1. "诗意语文"主张以发展学生的言语生命为核心、促进学生语言和精神的协同发展，结合本节课的教学设计及其流程片段，对此加以分析。

2. 查阅2013年第4期《教育研究与评论（小学教育教学）》刊登的邱凤莲文章《〈去年的树〉教学的三重错位——与王崧舟先生商榷》，就有关问题谈谈你的看法。

◆ 扩展阅读

1. 王崧舟. 诗意语文——王崧舟语文教育七讲 [M]. 上海：华东师范大学出版社，2008.

2. 王崧舟，林志芳. 诗意语文课谱——王崧舟十年经典课堂实录与品悟 [M]. 上海：华东师范大学出版社，2011.

3. 王崧舟. 王崧舟与诗意语文 [M]. 北京：北京师范大学出版社，2015.

# 第四编

# 语文名师的成长之路

# 第十三章
# 赵谦翔的成长之路

### 导　读

在四十余年不断涌现的一代代备受关注的语文名师中，赵谦翔无疑是很独特的一位：本因擅长俄语而走上教师岗位，却成了屈指可数的著名语文特级教师；本来只是个两年制的"早产"高中毕业生，却被选调到了省级重点中学和国家级升学示范型中学做高中教师并战绩辉煌、声名远扬；从农村中学挣工分的民办教师起家，最后成为了地处首都的顶尖级大学的附属中学的教师，并再次使所教班级学生实现了素质与升学的双赢。"教绿色语文，享诗意人生"，研究赵谦翔老师的成长道路和课堂艺术，可以从中获得多种启示。

> 赵谦翔，1948年2月生，吉林省吉林市人。1968年高中毕业，1971年开始当教师，先后在吉林市永吉五中、毓文中学教高中语文。1993年被评为特级教师，2000年调入清华大学附属中学，2008年退休，2017年受聘加入广东青澜山学校任首席语文教师。曾荣获"全国优秀教师""全国十杰中小学中青年教师"等称号，享受国务院政府特殊津贴。担任东北师范大学兼职教授、首都师范大学硕士生导师、北京师范大学特级教师国家级培训项目首席专家兼主讲教授、中国教师教育视频网首席专家、中国教育学会中学语文教学专业委员会学术委员会委员。代表著作有《赵谦翔讲语文》《赵谦翔：绿化语文》《赵谦翔与绿色语文》等。

## 一、成长经历述要

（一）成长之路简介

从1971年春下乡插队期间开始做"民办教师"，到2008年在清华附中退休，再到退休后这些年，赵谦翔四十多年的从教生涯和人生道路可以划分成五个阶段：土城子公社中学时期，永吉五中时期，毓文中学时期，清华附中时期，退休以后。这每一个阶段，都是一段不凡的历程，留下了他自强不息的成长与奋斗的足迹。

1. 土城子公社中学时期（1970—1980）：幸运从教，崭露锋刃

赵谦翔1968年从吉林铁路中学高中毕业后，即随着当时知识青年"上山下乡"的洪流插队到吉林省永吉县土城子公社五家子二队劳动。1970年春，公社中学按照上级要求要开设俄语课，一时缺少教师。当地十里八乡的人们都知道五家子二队有个知青"俄语说得呱呱的"，于是他便被抽调去做民办教师。这是赵谦翔走上教书育人岗位的开始。虽然跟他一起下乡的知青因为时刻都在准备返城，谁也不屑于在农村当挣工分的民办教师，但已经认定一辈子就当农民的赵谦翔还是非常感激并珍惜这样一个机会，下定决心"一定要把12年党教给我的知识全部奉献给贫下中农子女"①。短短一学期，他便赢得了学生的真诚爱戴。极佳的口碑也感动了有关领导，于是破例将他和同为知青的妻子一起推荐到县里的"五七师范"去进修。8个月的培训结束以后，两人都从民办教师转为公办教师。

2. 永吉县第五中学时期（1980—1988）：发愤图强，恶补学业

1980年9月，赵谦翔被选调到了永吉县第五中学教高中语文。这所学校位于永吉县城，属于省级重点中学。让一个仅仅读过两年高中的"老高二"毕业生到这样的学校当高中教师，并且教从来没有教过的语文，这是信任，也是挑战。他深谙"要给学生'一碗水'，教师就得有'一桶水'"和"没有真才实学，敬业就是一句空话"的道理，他还是为自己上学太少、不是科班出身以及"知识的贫乏"而"耿耿于怀。"②于是，他贪婪地"恶补"学业，强化知识，夺回被"文革"浩劫所耽误的青春。从1983年开始，他用整整五年的时间参加中文函授学习，先在吉林教育学院读专科，两年后接着读东北师范大学的本科，1988年顺利毕业并获得文学学士学位。

这几年的生活是极清苦的。他一家四口挤在一个与马舍为邻的一间半大的房子里面，

---

① 赵谦翔.赵谦翔与绿色语文[M].北京：北京师范大学出版社，2015：4.
② 赵谦翔.赵谦翔与绿色语文[M].北京：北京师范大学出版社，2015：5.

"地仅容膝,在昼犹昏",但赵谦翔并没有为这些艰难所困,而是克服一切困难沉浸在"俄语温故知新,《离骚》倒背如流"的自学情境之中,[①] 就像他读到的书中的颜回、宋濂一样忘情地享受着学习的快乐。参加函授学习那五年,他给自己定下了严格的规矩:在校期间,全心全力地教课带班;回到家里,全心全意地钻研学业。这种安贫乐道的态度以及奋发图强的精神,不仅很快弥补了他参加工作前没上过大学的专业缺憾,而且也养成了终身勤勉严谨的行为习惯和自强不息、追求卓越的人生品格。

3. 吉林市毓文中学时期(1988—2000):革故鼎新,挑战灰色

1988年,赵谦翔调回到了他出生的吉林市,在毓文中学做高中语文教师。这是一所具有悠久历史和光荣传统的学校,直属吉林市教育局,是吉林省政府命名的"首批办好的重点中学",也是国内升学示范型学校。初到毓文中学,赵谦翔接任高二理科班的语文课并担任班主任。两年后,他带的这届毕业班高考语文成绩"战果辉煌"。他的班主任工作经验总结《倾注深沉的爱,感化学生的心》也在全市中小学德育工作会议上一炮打响。由此,赵谦翔受到了从市到省两级有关方面的充分关注和嘉奖,短期内获得了"优秀教师""优秀班主任标兵""劳动模范""拔尖人才""优秀共产党员"等多种荣誉,并且被评为"全国模范教师"。

面对接踵而来的这一项项奖励和荣誉,赵谦翔不仅没有陶醉和止步不前,反而开始了对以往的反思和超越。受当时声浪渐高的以推进素质教育为基本内容的教育改革形势的感召以及对新理论的学习,赵谦翔反思以前十多年的语文教学实践,发现原来起早贪黑的陪读,口若悬河的灌输,牺牲节假日的奉献,其实正是典型的"唯考是图,唯分是图,唯升学马首是瞻,唯题海战术是求"的应试教育。学生变成"考生",自己变成"考匠",双方沦为"考奴"。从语文教学的目标和素质教育的要求考量,这都是舍本逐末、缘木求鱼、南辕北辙。于是,他从心底发出"再也不能那样活"的呐喊,决计向过去挑战,走出这种"教死书""死教书""教书死"的"灰色语文"的泥淖,寻求"绿色语文"的道路。

赵谦翔在毓文中学先后开展了两轮改革:

一是1993年到1996年自发尝试的"扩展式语文教学"改革。就是删掉当时使用的教材中还留存的那些包含着"极左"思想倾向的文章,而补充进具有时代气息的新鲜时文,尤其是把《唐诗鉴赏辞典》和《宋词鉴赏辞典》作为语文补充教材,不仅引领学生读背经典诗词,研读专家的鉴赏文章,而且还激励学生尝试创作旧体诗词。这一实验课题1995年11月验收时获得很大成功,学生的旧体诗写作受到与会专家和教师的赞赏。这个后来被赵谦翔自称为"戊戌变法"的教改实验尽管只是个"小小改良",但在赵谦翔的整个教

---

① 赵谦翔. 赵谦翔:绿化语文 [M]. 北京:首都师范大学出版社,2011:4.

育生涯中却是个"拨乱反正"的分水岭，标志着他的语文教学在挑战"灰色"开创"绿色"中的第一次胜利，开始把语文教学从应试教育的桎梏中解放了出来。赵谦翔自己也从"应试教育的急先锋"变成了"语文教改的过河卒。"①

二是1996年至1999年的"语文教育与人的发展"改革实验。这个被列为全国哲学社会科学"九五"规划国家重点课题"面向21世纪中国基础教育课程教材改革研究"子课题的改革实验，1996年秋季开始在赵谦翔担任语文课老师并为班主任的两个文科实验班上进行。在上一轮实验创造的古典诗文鉴赏课的基础上，赵谦翔又开创了三种新的课型：创造性阅读课、班会感悟课和《东方时空》课。这里的创造性阅读课，与已经开设的古典诗文鉴赏课并列，也叫当代文学精品课。就是把余秋雨、余光中、周国平、王小波等当下学生比较关注和喜爱的文学、文化名人的作品引入课堂。班会感悟课，也叫主题班会感悟课。就是把班会和语文课结合起来，把"学做人"与"学作文"统一起来。每次班会一个主题，激励学生围绕主题"心动""笔动"和"行动"，让语文走进心灵。《东方时空》课，就是把当时中央电视台的名牌节目《东方时空》引入语文课堂，通过组织学生集体收看中央电视台的《东方时空》节目，引导他们关注天下大事和社会民生，并且把自己的感悟写出来。与前期的"扩展式语文教学"相比，这项被赵谦翔自称为"辛亥革命"的实验取得了更令人瞩目的成绩：1998年辽宁省教委特批两个实验班提前参加全国语文高考，学生人均成绩107.7分，比该校应届毕业文科重点班高出0.7分；1999年高三毕业生正式参加高考，语文平均成绩提高到122分。实验班的升学率更是辉煌，两个班一共90人中有89人考上大学，2人考入北京大学，1人获得吉林省文科"状元"；在荣获吉林市市长奖励基金的10名学生中，实验班占7名。实验班的成功，不仅表现在"升学率"遥遥领先，"成人率"也同样骄人。1997年1月2日中央电视台《东方时空》报道了实验班的事迹。1998年11月26日课题通过验收。赵谦翔执教的汇报课《感悟苏东坡》上学生的出色表现，充分地展示了"在语文教学中实现人的发展"这一实验目标所达到的高度。

因为这两轮改革以及所取得的辉煌成绩，赵谦翔被评为吉林省特级教师、"全国十杰中小学教师"，并享受国务院政府特殊津贴。

4. 清华大学附中时期（2000—2008）：超越自我，全面绿化

2000年8月，赵谦翔被清华大学看中，把他从吉林调到了首都北京，在清华附中做语文教师。52岁的他非常珍惜这个人生路上的重大机遇，用"病牛喜遇春光好，不用扬鞭自奋蹄"的诗句自励。他谢绝学校领导的关照，毅然挑起两个班的语文课兼重点班班主任的担子。2014年后，他不再当班主任，却在原来两个重点班外，又增加一个普通班的语

---
① 赵谦翔. 赵谦翔：绿化语文 [M]. 北京：首都师范大学出版社，2011：6.

文课。在这里，赵谦翔继续沿着他已经开启的"绿色语文"的道路前进，并且受"自强不息，厚德载物"的清华精神的感召，不断超越自我，追求更高的境界，他的语文教学得到了新的升华。

在清华附中，他主要实施了两项改革：开发"绿色文言"教学，开创"绿色阅读"。

所谓"绿色文言"教学，就是坚决摈弃那种曾经长期流行的只为应对考试，由教师详析细讲词法句法、学生死记硬背课文以及单纯追求文白对译的"注入式"教学，而是从养成文言语感和获得文章所蕴含的艺术和人文精华的目的出发，继承"我们祖先当年学习语言行之有效的""诵读"和"涵咏"这种"没有受过污染的、原汁原味的、纯天然的"方法，也即朱熹概括的"熟读精思"的原则，使学生对所学文言文达到"其言皆若出于吾之口""其意皆若出于吾之心"的境地。① 此项也是参加人民教育出版社新研发的以"高一文言、高二文学、高三文化"为体例的重点高中实验教材（周正逵主编，分别为《文言读本》《文学读本》和《文化读本》）的实验，与当年开展的"扩展式语文教学"中的"绿色诗歌"一样，取得了学生不仅"悟得透"而且"写得出"的效果。高一结束之后，当要求学生运用文言写一篇教材学习心得的时候，习作中只有1/3的语言不太合乎文言规范，有1/3的已符合要求，另有1/3的不但规范而且生动，完全具有了文言的味道。其中也不乏精彩的作品，表明了赵谦翔"绿色文言"教学的功效。

所谓"绿色阅读"，也叫"绿色散文鉴赏"，是为促进学生更好地读书而开创的一门语文"校本"或"班本"课程。赵谦翔认为，"我读故我在"。语文学习应当"'读'占鳌头"，必须阅读大量的经典作品。但在长期应试教育泥淖之下的"灰色阅读教学"存在着"数量少"与"内容狭"的问题。语文教学被封闭在教科书和教学参考书内，学生的课外阅读被弃置不顾，由此也导致他们思想情感的不健全。所以，在"绿色作文""绿色文言"之外，他再创立一门"绿色阅读"，将课外读书与课内教学挂钩，通过它进一步"绿化"学生的精神世界。

"绿色阅读"选取深圳育才中学严凌君主编、商务印书馆出版的《青春读书课·人文读本》为教材。这是一套受到多方高度赞赏的多卷本系列读本。赵谦翔将其中的部分篇目拿到课堂上教学生读，收到了很好的效果。比如，"毕淑敏的《精神的三间小屋》和王国维的三个境界，唤醒了弟子们建设精神家园的热情。德国雅斯贝斯的《做一个精神贵族》，激发了弟子们'大学生该追求什么'的严肃思考，从而走出了只为就业谋生而升学的误区，走进了追求真理的境界。埃及陶菲格·哈基姆的《思想的诞生》，提醒弟子们注重养成良好的思维习惯，从而为写作绿色作文提供了根本保证。肖潇的《母爱的较量》使弟

---

① 赵谦翔. 赵谦翔：绿化语文［M］. 北京：首都师范大学出版社，2011：46.

们在人与狼的'母爱'比较中反思人性的缺陷,从而树立起'爱球主义'的绿色人生观。"[1] 为激励学生的读书热情,赵谦翔把他开创的这门课也取名为"青春读书课"。

"绿色阅读"不只是要让学生"读好书",而且还要使学生"好读书"。赵谦翔摒弃了以往肢解文本,只图"求同"以及满足于获取句法章法知识的"灰色阅读"的做法,强调整体感悟、涵养人文,注重读者与文本和作者的对话。他还特别发明了一种变师生间"口耳授受"为"心心交流"并且让学生充分抒发个人独特感悟的方法。这就是课堂上让学生书写"三精"(精诚、精炼、精彩)牌"一言心得"。[2] 因为学生有自己对读物的独立阅读与深刻感悟,所以每篇读物的教学后都有较多符合这"三精"要求的作品问世。这就指向了写作,实现了读写融合。

清华八年,是赵谦翔的语文教学得到全面"绿化"的时期,他"绿色语文"的教学思想日臻完善并在实践中得到了检验和升华。2003年,赵谦翔清华附中第一届实验班学生毕业参加高考,不仅语文成绩名列前茅,五科总成绩也远远超出重点大学录取线,有10人考进清华,1人考进北大,超额完成预定指标。"绿色文言"和"绿色阅读"两项教改实验取得的巨大成功,充分表明"教语文和学做人是统一的,应试升学和素质发展是双赢的"这一"绿色语文"基本理念的科学性和可行性。

5. 退休以后(2008 至今):陶醉绿色,诗意生活

2008 年 7 月,赵谦翔在清华附中退休。作为自诩为"语文教改的过河卒"和"中国最爱教语文的一位老师",赵谦翔没有把退休看成他教书育人的终结点,相反当成他"绿化"语文的新开端。在他看来,杏坛耕耘,不仅是事业,而且是生活,甚至是生命。"绿化"语文,也绝不是苦差,反而是乐趣,而且是诗趣。"教绿色语文,享诗意人生"。如今,年过七旬的赵谦翔,"已进入至高无上的乐业之巅"[3],虽然退休,却依然活跃在语文教学的第一线。用学生给他的临别赠言中的话说:"纵然是秋霜落满头,您绿色不改常依旧。"[4] 近十年来,在受聘北京十一学校、清华大学附小、深圳爱为书院、广东清澜山学校、北京稻香湖学校等校做指导教师外,赵谦翔还频繁奔走于全国各地各种语文研讨会或培训班,为师范院校学生和在职教师们上公开课、作报告,播撒着"绿色语文"的种子。2017 年 1 月在为哈尔滨来京培训的一个小学语文教师班上公开课后,他即兴抒写了一首题为"痴情绿色语文课堂"的诗。

---

[1] 赵谦翔. 我的 2004 阅读:金秋作伴读书好 [N]. 北京:中国教育报,2005-1-6(7).
[2] 赵谦翔. 赵谦翔与绿色语文 [M]. 北京:北京师范大学出版社,2015:24.
[3] 赵谦翔. 赵谦翔:绿化语文 [M]. 北京:首都师范大学出版社,2011:11.
[4] 赵谦翔. 我的 2004 阅读:金秋作伴读书好 [N]. 北京:中国教育报,2005-1-6(7).

### 痴情绿色语文课堂

一上课堂，痴情如狂。音高八度，气贯玄黄。
身化火炬，点燃心房。师生共燃，教学相彰。
一上课堂，痴情如醉。经典诗文，陶冶晚辈。
古今中外，言雅意贵。含英咀华，提升品位。
一上课堂，痴情如迷。熟读精思，恪守不移。
读练语感，思悟文奇。写抒独见，功在良习。
一上课堂，痴情如癫。育人为本，咬定青山。
工具握紧，人文保全。芬芳桃李，绿化杏坛。

如此痴情，难怪他总是自评为"最爱教语文的老师"。

"接天莲叶无穷碧，映日荷花别样红"。五十多年的教学生涯，尤其是四十年"绿色语文"的求索，赵谦翔早已把语文教育变成了一首激情燃烧的诗。

（二）分析与借鉴

纵观赵谦翔五十余年的教育人生，能给人很多思索和启示。其中之一，是什么能够让他从一个"文革"期间的下乡知青成长为一位名扬京师、享誉全国的著名高中语文特级教师？

首先有两点不可忽视：

一是良好的家庭背景。赵谦翔算是出生在一个知识分子家庭的。他的爷爷、奶奶都识文断字，父亲是吉林铁路中学业务很突出的语文教师并曾被评为"全国铁路系统优秀教师代表"。父亲在"文革"期间被打成"反动学术权威"使得赵谦翔也曾受株连，但父亲的正面影响无疑是巨大的。赵谦翔成为语文教师可以说就是在"子承父业"。同时，赵谦翔的兄弟姐妹也给予了他充分的正能量：二哥是全国农业系统劳动模范，二姐是全国工业系统劳动模范。他们曾经跟这位小弟不经意间的一句"天安门上见"，没准也成了当时还"一名不闻"的赵谦翔努力前行的动力。

在赵谦翔的所有家庭成员中，给予他最多支持、配合和帮助的，还是跟他一同下乡又并肩耕耘杏坛、陪伴他28年的妻子。这位当年不顾世人冷眼和家人反对，毅然决然嫁给一个没人敢爱的"双料黑五类狗崽子"的女子，不仅始终与赵谦翔相爱相助、同舟共济，把爱事业和爱丈夫融为一体，支撑着他们的家庭度过各种困难，而且在自己生命的最后时刻，用最清醒的理智和壮烈的牺牲把心爱的丈夫推上了事业的巅峰。[①]

---

[①] 赵谦翔. 赵谦翔与绿色语文 [M]. 北京：北京师范大学出版社，2015：13-16.

二是不息的进取精神。赵谦翔一再说他是一个"元气不佳、底气不足"的人。这话有一定道理，因为他"不足月"高中毕业生这个第一学历实在不高。为此，虽然他一开始当教师就赢得了学生的真诚爱戴，但他从不故步自封、自我满足，而是发奋努力、不断超越。在永吉五中工作的时候"贪婪地'恶补'知识"，一口气连续拿下中文大专及本科学历自不必说，就是到了1990年突然"时来运转"连连获奖，面对纷至沓来的光环，赵谦翔依然没有止步。不仅不止步，反而开始对过去的语文教学进行反思。当他发现原来的教学大多竟然是在"灰色语文"的泥淖中蹒跚时，便响亮地提出"绝不甘心做'考试匠'"。而到"九三变法""九六革命"等一个个改革都取得巨大成功，成就和声望已达高峰后，他依然大声宣言："我的全部志向，就是今天的我要比昨天的我强，明天的我要比今天的我好。"并且提出了"我学故我在，我思故我在，我行故我在，我新故我在"的维新纲领。2000年调入清华附中以后，赵谦翔更以"自强不息，厚德载物"的清华精神自励，悉心感悟、拓展深化，在更高层面上将已有的改革推进一步。

这两点，是基础，是动力，为赵谦翔事业的成功提供了强大的基础保障。但我们认为，促成他教师专业成长达到后来的高度，还有更重要的两点：

一是执着的教师情怀。赵谦翔在很多场合都讲，他是中国最爱教语文的人。爱教语文课，这当然源于他爱学习、爱读书，喜欢含英咀华、咬文嚼字，并且善于用文字、用诗歌来抒写自己的思想和情感；但更突出的，还是爱孩子，愿意和学生在一起，喜欢这份能够向孩子的心田播撒知识和希望的事业，并且矢志不渝。赵谦翔曾有三次调动与升迁的机会：一次是发挥文艺特长去县剧团做编剧，另一次是已内定为县教育局局长"第三梯队"人选，第三次是为改善家庭的贫困窘境出国做翻译。但他最终都放弃了这些机会，下定决心把教师当到底，一心一意教语文。

赵谦翔对学生的爱、对语文教学的爱是统一在一起的。有这样一个现象，从吉林毓文中学到清华附中，赵谦翔的每一轮教学改革实验，都是在他做班主任的班上进行的。也就是说，教语文课和当班主任，已构成了赵谦翔教师职业不可分割的两项内容。"如果不当班主任，谦翔就失去了一半的人生价值；如果不教语文课，谦翔就失去了另一半人生价值。""对赵谦翔来说，班主任工作和语文教学是一而二、二而一的关系；对于赵谦翔的教改实验来说，语文教育与人的发展是一而二、二而一的关系。"[①]所以，赵谦翔的语文课，就不是单纯的知识传授、技能训练的语文课，而是立足于实现人的发展的语文课；其"绿色语文"教学的改革，就不只是"为高考"，而是更要"为人生"，为学生的终身发展负责，全面地履行教书育人的职责，"把教书的呐喊当作欢歌，把育人的耕耘当作舞会"。对于已经从事的教师职

---

① 王鹏伟. 我眼中的赵谦翔——《赵谦翔语文素质教育探索》序 [J]. 语文教学通讯，2000（24）：4-5.

业，赵谦翔不仅爱得坚定，而且爱得深沉，这些都成为他"绿色语文"的有机组成部分。

二是顽强的自我坚守。赵谦翔成长为一代名师的过程不是一帆风顺的，他在改革中遇到的也不全是掌声和鲜花，而是也曾遭遇坎坷和荆棘。面对各种困难和阻力，赵谦翔表现出坚定的信念、顽强的毅力和极强的抗挫折能力。他曾坦言："教改成功固然离不开领导支持和专家赞助，但最根本的保障还在于我们要'养心态'：不惧人言，自强不息"，以平和的心态和应有的自信与勇气沉着应对各种非难和指责。1993年，他的"扩展式语文教学"刚刚开始，就有人说这是"不务正业""标新立异""追名逐利"……但这并没有阻挡住赵谦翔坚持改革的步伐。他依然"胆大妄为"地将较多反映时代气息的新鲜时文和唐诗鉴赏辞典拿来作为教材，直到两年后课题验收大获成功。1996年，他的"绿色作文——《东方时空》感悟课"实验开始，"这一大刀阔斧的改革，彻底打破了'两耳不闻窗外事，一心只读圣贤书'的封闭式教育，给实施语文素质教育带来了取之不尽、用之不竭的源头活水。而这种绝无先例的变革，也自然激起了校内校外上上下下的许多怀疑嘲讽乃至明枪暗箭"。当时又正值赵谦翔工作负担超重，而妻子病情危重的困难时期，但他咬紧牙关，顶住压力，排除种种非议，终于使"在语文教学中实现人的发展"课题的这个核心项目顺利通过专家鉴定，获得了非常高的评价。

执着的教师情怀、顽强的自我坚守，都基于一种品格，这就是"专一"。这一点，正是赵谦翔最可宝贵的品质。作家刘震云说："不聪明也不笨的人一辈子就干一件事，千万不要再干第二件事。"① 这话对于经常自喻"天生一笨鸟"的赵谦翔来说也许最为恰切。"独钟杏坛好"②，赵谦翔平生也就只干一件事。尤其是 1980 年调到永吉五中以后，虽然工作的学校换过几个，但高中语文教师的岗位再没有变过。这一点，与赵谦翔相熟、同为吉林省著名特级教师的张玉新在他主编的《天南地北语文人·东北卷·赵谦翔专辑》的按语中，中肯地评说："作为从东北走出的著名的语文人，他值得学习的地方恰恰在于：至今他只做了一件小事——教语文；这件小事他做了 40 多年，终于把小事做成了大事。"这个说法是准确的。起点并不高的赵谦翔最后能够成为著名的高中语文特级教师，就在于他的这种专一与专注。他用"十年磨一剑"的精神，专情于他最热爱的语文教学事业，终于构建了"绿色语文"的教学体系，把语文课由"谋取升学的敲门砖"变成了"完善人生的健身器"，实现了考试升学与提高素养的双赢。在这个过程中，赵谦翔自己也从"应试教育的急先锋"转变为"语文教改的过河卒"。尽管这些年为探求语文教学的科学化，一批又一批有见地的语文教师提出了较多类似于"绿色语文"这样名称的概念，创立了较多冠之

---

① 刘震云. 三人行，必有我舅 [EB/OL]. [2021-09-19]. https://www.sohu.com/a/516766036_121124705. 访问日期：2024-10-2.

② 赵谦翔. 赵谦翔与绿色语文 [M]. 北京：北京师范大学出版社，2015：30.

以"××语文"的流派,但赵谦翔倡导的"绿色语文"差不多是最早的,具有开创性的意义。尤其是他立足于"在语文教学中实现人的发展"的宗旨以及坚持"纯天然的、可持续发展的"的立场,符合语文教学的要义,对于探求语文教学的规律、寻求语文教学的科学道路,做出了重要的贡献。其实,不论是"本色语文""本土语文""生命语文"还是"真语文""新语文""正道语文"……其间并无太大差异,无非都是要表明只有这个"××语文"才更体现了"工具性与人文性的统一"这一语文课程最根本的特点,才是语文教学的应然状态,才最具"语文味儿"。相比而言,赵谦翔的"绿色语文"不仅提出的更早,而且理念更为简明,操作更为简单,成绩更为突出。

2005年,赵谦翔曾对自己的成长之路进行过一个总结,他概括出在工作和生活中应该遵从的五点道理:(1)要经常动笔、笔耕不辍;(2)要持之以恒,不投机取巧;(3)要耐得住寂寞,不怨天尤人;(4)要诗意地生活,不斤斤计较;(5)要敬业、乐学,自强不息。[1]这都是最可宝贵的经验,自然更值得每一位教育工作者尤其是语文教师记取。

## 二、教学案例简析

(一) 案例展示

### 《己亥杂诗(其五)》教学实录[2]

时间:2017年7月

地点:呼和浩特

师:各位老师、各位同学,大家好!刚才主持人介绍了我很多头衔,其实我就是一位最爱教语文的老师。我希望各位同学也是最爱学语文的学生。(课件出示课题)

师:这节课,我们学习龚自珍的《己亥杂诗(其五)》。我刚才听有同学说,这首诗你们已经学过了。既然学过了,咱们就"温故而知新"吧。

(展示课件:《己亥杂诗》背景)

师:《己亥杂诗》是组诗,它的写作背景就是己亥年,中国天干地支纪年法里的一个年份,换算成公历就是1839年。1839年的下一年就是1840年,都知道吗?鸦片战争,中国被帝国主义的枪炮打开了大门。1839年,龚自珍辞官南归。注意:不是"贬官",是"辞官"。他是改革派,朝廷里保守派太多,京城他干不下去了,于是辞官南归。后又北上

---

[1] 赵谦翔. 赵谦翔与绿色语文 [M]. 北京师范大学出版社, 2015: 29-32.
[2] 赵谦翔. 绿色语文,诗意课堂: 赵谦翔绿色语文12例 [M]. 北京: 开明出版社, 2021: 32-47.

接取家属，往返途中作诗 315 首，结集为《己亥杂诗》。诗集中的呼唤、批判、期望，反映了诗人高度关怀民族命运的爱国激情。这是整个诗集的主题。咱们一起读一遍课件。

（生读课件《己亥杂诗》背景）

师：很好。我们今天还要温习一首《己亥杂诗》。

（展示课件）

## 己亥杂诗（其一二五）

九州生气恃风雷，万马齐喑究可哀。
我劝天公重抖擞，不拘一格降人才。

师：这首学过吗？小学应该就学过。来，一起读一遍。（生齐读，有学生读"喑"为 ān）

师：那哪是 ān 呢？万马齐"喑"（yīn）。有人没学过，就读成 ān 了；学过再读成 ān，那你原来怎么学的？喑，就是喑哑、沉默、不说话的意思。万马齐喑，就是一声没有。再来一遍。（生再齐读）

师：前两句诗就写出了当时清朝末年整个中国的形势。"九州生气恃风雷"，"恃风雷"就是依靠风雷，"风雷"就代表革命。现在靠风雷却没有风雷，于是"万马齐喑究可哀"。因此龚自珍就呼唤老天爷重新振作起来，给我们大清"降人才"，还"不拘一格"，各种人才都要降下来。这不显然爱国吗？

师：这诗是学过的，我们学过了诗，既得会欣赏，还得会运用，在你的生活中运用，这诗才算没白学。不是学了诗，背诵了名句，到考试时候填空，得了分数就"拜拜"了，那个学习就不行。比如说，"我劝天公重抖擞，不拘一格降人才"，我把它改一下，来一个名句新用，现在我说"九州开放起风雷"。"开放"是什么时候？不是 1949 年，是 1978 年，改革开放，懂吗？你们都是哪年生的？隔着老远了啊！1978 年改革开放，"九州开放起风雷"。最近党中央又有个提法，要把改革开放进行到底。不改革开放，我们中国是没有希望的！懂吗？"九州开放起风雷，万马奔腾向未来。"不是"齐喑"了，现在是大好形势。在这种形势下，龚自珍的这两句诗照样有用："我劝天公重抖擞，不拘一格降人才。"所以我把龚自珍的诗改写成这样四句，就是新的应用。请大家齐读一遍。

（展示课件）

## 名句新用

九州开放起风雷，万马奔腾向未来。
我劝天公重抖擞，不拘一格降人才。

（生再读一遍）

师：好了，这个意思就是："大国梦"已实现，"强国梦"追正酣，聚人才是关键。引用原诗名句，表明这个思想。你看，多精彩啊！一会儿咱们学新的诗，就轮到你们名句新用了。

（展示课件）

大国梦已实现，强国梦追正酣，聚人才是关键。

师：本节新授《己亥杂诗（其五）》，一起来读。

（展示课件）

## 己亥杂诗（其五）

浩荡离愁白日斜，吟鞭东指即天涯。
落红不是无情物，化作春泥更护花。

（生齐读）

师：有人把"斜"读成"xié"了。现在一般情况下"斜"读"xié"，但这里必须读"xiá"，因为押韵啊。xiá 韵母是什么？去掉声母 x，它的韵母是 ia。"涯"的韵母也是 ia，"花"呢是 ua。韵母相同或相似，这就叫押韵。只要读诗，就把韵脚读响亮，慢慢你也就会押韵了。懂吗？连读三遍，不要再读 xié 了。（生连读三遍）

师：好了，咱们看着下面提示语诵读，没问题吧？预备起——

（展示课件）

## 己亥杂诗（其五）

浩……吟……。
落……化……。

（再读，展示课件）

## 己亥杂诗（其五）

……斜……涯。
……物……花。

师：你们学过了？好了，现在咱们要解释几个词。先看课件中涂上绿色的字，什么叫"吟鞭"？

生：马鞭。

师：马鞭？马鞭就是"鞭"，"吟"呢？（学生说不上来）请坐吧，好像你没学过似的。

（大家笑）

生：吟，就是甩。

师：（作惊愕状）吟鞭，就是甩鞭？我的天哪，那个字偏旁是"口"啊，拿口甩啊？（大家笑）甩鞭子拿手甩，怎么能拿口甩啊？（大笑）谁知道，快救救她俩。

生：吟，是吟诗；鞭，是马鞭。

师：合起来？谁的马鞭？

生：龚自珍的马鞭。

师：诗人龚自珍的马鞭。

生：诗人龚自珍，挥着马鞭吟诗。

师：这才明白。吟，口字边，吟诵诗篇的吟；鞭，是马鞭。吟鞭，就是诗人的马鞭。再看"即天涯"，"即"什么意思？一起说说。（生：就，就是）是这个意思吗？你那马鞭一指"就是"天涯，你是孙悟空啊，指一下就过去了？"即"是动词，到。即天涯，就是到天涯那边去。诗人的马鞭向东一指，意思是就出了北京的东直门，然后到天涯去，因为他的家乡在浙江、江苏一带。诗歌的语言精练，这里有省略。

师：然后看红色的字。先看"白日斜"，白日一斜，是什么时候？对，黄昏的时候、傍晚的时候。但我们一般看傍晚的太阳是白的吗？红的或者是黄的，对不对？一般不是白的。但是他这里就没有说"夕阳红"，他说"白日斜"，这跟什么有关，你们知道吗？（生：跟早晨有关）怎么跟早晨有关呢？是晚上、傍晚，傍晚的太阳可以红、可以黄，他这块儿却说白，这个色彩跟诗的什么有关？社会背景。也跟抒发的情感有关，因为是离愁，懂吗？离愁的心情，得拿白的东西跟它衬托，白是冷色调，红是暖色调，红彤彤，表示喜悦。我们现在说"最美不过夕阳红"，没有说"最美不过夕阳白"的。所以这个"白日"的白，不是轻易下的。诗人写诗，他是要服从自己表达感情的。同样的夕阳，有这个颜色那个颜色，我要表达这个情感，我就要用"白日"，这就叫"一切景语皆情语"。这句话是国学大师王国维的名言，一般中学生都知道。那么我们鉴赏诗歌时就根据这个原理："白日"是写景的，表达的感情是"离愁"。

师：然后第二个词"浩荡"。"浩荡"是大是小？（生齐：大）那肯定是大。那这个"浩荡离愁"，显然就不是谁跟谁之间的离愁。随便说，谁跟谁之间的离愁？比如说，父母与子女，情人之间等，那离愁，也就那么一点呗。现在这一"浩荡"，就不行了，这是什么愁？

生：忧国忧民。

师：对，忧国忧民之愁。他在北京待不下去了，他的一腔抱负不能实现，所以他离别的时候是浩荡离愁。

师：接着再来看"落红不是无情物"。"落红"的字面意思是什么？

生：落花。

师：对，落花。花呢，赤橙黄绿青蓝紫，有很多颜色。红是代表色，不管什么花，都可以用"红"来代表，"落红"就是落花。在这首诗里"落红"不是落花，而是暗喻人。暗喻什么人？

生：诗人自己。

师：是诗人自己。还得是什么样的诗人？

生：辞官回家的诗人。

师：为什么他辞官回家，他就叫"落红"呢？他怎么不叫盛开的"红"？

生：因为他离开京城了。

师：离开官场了，对吧？

师：这就跟刚才的背景和他的命运联系起来了。如果你正在当朝做官，显然不是"落红"，那就是盛开的花朵，正红的时候。现在"落红"了，只能暗喻辞官归乡的诗人。

师："化作春泥"暗喻什么？

师：那个自然的花落到地上，最后是化作春泥的。花瓣腐烂以后，到春天了，就和雨水结合起来，花瓣就化作春泥了。那既然"落红"是那样的诗人，现在"化作春泥"，暗喻了什么？

生：诗人即便辞官回乡，但仍会关心国家的前途和命运，依旧牵挂着国家。

师：你把"更护花"都说出来了，好！因为你学过了。咱们现在研究：刚才"落红"是辞官回乡的诗人，那么他变成了"春泥"，暗喻着他怎么的了？他由"官"变成了什么？

生：由"官"变成了"平民"。

师：对，由官变成平民了。所以别着急。

师：接着，"更护花"暗喻什么？

生：虽已弃官归家，但仍旧关心国家的前途和命运。

师：关心国家的命运和前途，总的来说没错，因为他是爱国嘛。但问题现在是，他护的是"花"，在上面是"落红"，他也是"花"。他落下来，现在化作春泥后，他护的是什么"花"？来年的是什么花？新的花，对吧？那新的花应该指什么呀？

生：爱国的人才。

师：对，爱国的人才。懂吗？所以，不能笼统地说啊。

师：他化作了春泥，呵护明年春天"新的花朵"，那就是"新的人才"。这些人才被他扶起来以后，再去报效祖国。所以，别越级，直接就大帽子一扣"爱国""爱国"的，这不行。龚自珍后来做了什么，知道吗？他当老师，办书院，培养人才，所以这个"更护花"就更具体了。

师：所以"更护花"暗喻呵护贤才来报国。别着急说"更护花"就是报国，他得呵护贤才，"我劝天公重抖擞，不拘一格降人才"，老天给我们降人才当然好，老天不降我自己培养，是这个意思。

师："落红不是无情物，化作春泥更护花。"虽然脱离官场，依然不甘沉沦，始终要为国家效力。为国家效力，就是培养人才嘛，他当官时可以有作为，现在不做官了，做百姓了，作为一个书院的先生、一个思想家为国效力，这首诗最精彩的就在这里。

（展示课件）

落红不是无情物，化作春泥更护花。

（虽然脱离官场，依然不甘沉沦，始终要为国家效力的献身精神。）

师：下面比较鉴赏。

（展示课件）

试看春残花渐落，便是红颜老死时。（林黛玉）
零落成泥碾作尘，只有香如故。（陆游）
落红不是无情物，化作春泥更护花。（龚自珍）

师：第一个，你们肯定不知道。《红楼梦》知道吧？林黛玉的诗句："试看春残花渐落，便是红颜老死时"。这个"落红"跟"红颜"相关了。落红呢，红已落过了，红颜就老了。老了就是死了。懂吗？"红颜"是什么？

生：青春绽放的时候。

师：红颜，一般特指女子，年轻的女子。有时候也可以指年轻的男子，但一般说年轻的男子是"朱颜"，偶尔也说"红颜"。显然，林黛玉写这个，我们就要琢磨了，一会儿怎么概括，你们自己琢磨啊。第二，陆游的这个诗句，你们读过吗？没读过也行："零落成泥碾作尘，只有香如故。"

师：妥了，又是"落"，还变泥了。花落了，落到了路上，在那个车辙沟里，被来往的车给碾成了尘、碾成了泥，这就是落红的命运。但是"只有香如故"。虽然都被碾成泥了，但香气还跟原来一样，未减！这"香"就值得我们研究了，怎么还如故呢？

（展示课件）

黛玉"落花"：○○○○的☆☆
陆游"落花"：○○○○的☆☆
自珍"落花"：○○○○的☆☆

师：现在请你们来概括，在你们本子上填这个空。黛玉"落花"，其实象征了什么样的人？四个字。陆游的"落花"，象征着什么样的人？四个字。龚自珍的一样。这是对比啊。现在就在你们的本子上写。前面四个字，后面两个字，后面的两个字是名词，前边两个字应该是形容词，按照这个格式写。

（学生写，3分钟后）

师：谁愿意说说自己的？都写出来了，还不愿读吗？有没有主动要求的？还不够勇敢，那我就来点名吧。刚才谁最早写出来的？是不是你？来，我念一个你们听听。（师念生的文字）第一个林黛玉的诗：美貌褪去的女子。红颜是美貌，老死就是褪去吗？美貌褪去了就叫老死？这也太狠了吧？美貌用得不到位啊！陆游：才华尽失的人才。零落成泥碾作尘，"香如故"还是才华尽失？香气还保存着，"才华尽失"，能行吗？最后龚自珍：辞官还乡的诗人。那当然是"辞官还乡的诗人"，"化作春泥更护花"刚才咱们都分析了，你得把本质说出来，不到位啊！（又请一生回答）

生：林黛玉：青春逝去的红颜。陆游：无私爱国的战士。

师：这位同学显然知道陆游这个人是个爱国者，那他那"香气"是什么？

生：也像龚自珍一样，当时朝内有很多求和派，他是主战派，他受到了许多的反对，但他依然保护国家的……

师：（打断）你就说"香"代表什么吧？

生：就是对国家的爱国之情，还有誓死保护……

师：（打断）你不要说了，简洁就是美。就是爱国之情依然如故，没有变，是不是？（生：是）

师：说最后一个，龚自珍的。

生：忧国忧民的休官。

师：啥叫休官？退休的官？没有那么说的。（大家笑）这小伙子答得不错！有点意思。（转向另一生）我发现你最爱发言，来，说说你的。

生：林黛玉——青春已过的女子，陆游——留下美名的人才，龚自珍——辞官回家的国人。

师：国人？国家的老百姓？这个中心词不太好。有没有再想表现一下的？我给你们机会了。没有？没有就拉倒了啊。听着啊，林黛玉，看来你们是不太熟悉啊，林黛玉的这首诗从哪来的呢？就是她著名的《葬花词》，葬花什么意思？（生：埋葬花）埋葬花，其实就比喻埋葬谁啊？（生齐答：就是埋葬林黛玉自己）

师：对，就是埋葬她自己。林黛玉说了，今年花落了，我来埋葬你；他年我要死了，谁来埋葬我呢？所以，这个"老死"你不能说是"褪去"了，就是红颜、美丽的少女死了，老都不算，就是死。这个"花渐落"就是红颜死了，美丽的少女死去了。懂吗？"零落成泥碾作尘"，这几个同学说得还行。已经"碾作尘"了，但是"香如故"。"香如故"就可以说他有爱国情怀，他那个高尚的情操不变，至死不改！屈原就是这个精神，到陆游这里，还是这个精神。"春泥更护花"咱们都分析了，你再说"辞官归乡"就太表面化了。

来吧，我概括一下，你们看看啊。（师读课件）

（展示课件）

> 黛玉"落花"：青春夭折的美女。
> 陆游"落花"：九死不悔的忠臣。
> 自珍"落花"：舍己报国的志士。

师：黛玉"落花"，青春夭折的美女。"夭折"比"死去"合适，不该死时却死了，叫"夭折"。"青春夭折的美女"，红颜嘛，林黛玉就很漂亮。

陆游"落花"，"九死不悔的忠臣"。"九死不悔"这话是《离骚》里面的，"亦余心之所善兮，虽九死其犹未悔"。我追求那美好的东西，让我死九次我也不后悔。所以，陆游继承了屈原的伟大的爱国精神。他是个忠臣，你给我碾作尘了、打击我了、官也给我撤了，但是我也忠于国家。

龚自珍的"落花"，舍己报国的志士。"美女""忠臣""志士"，中心词不一样，不一样的人。所以我们不要一看到"落红"，就觉得它都是一个意思。在具体的诗句中，我们要精准地把握它。

师：好了，只要你刚才做了填空，现在一对比，就知道你的差距了。"化作春泥更护花"，诗人是这样说的，也是这样做的。他回乡第二年，鸦片战争爆发，他多次给驻防上海的江苏巡抚梁章钜写信，希望参加幕府，去当参谋，报效祖国。他已经变成平民了，现在国家危亡了，他就请缨上战场。可惜不久后去世于丹阳书院，就是他当老师的地方，年仅50岁。不得志啊！

（展示课件）

诗人是这样说的，也是这样做的。鸦片战争爆发后，他多次给驻防上海的江苏巡抚梁章钜写信，希望参加幕府，报效祖国。可惜不久后逝世于丹阳书院，年仅50岁。

师：现在拓展鉴赏。"落红不是无情物，化作春泥更护花"，诗意的特指，就在这首诗里。龚自珍写它就想表现，虽然辞官为民，仍要舍己报国。他写诗的具体目的就是这个。但是我们学诗还可以拓展，怎么拓展呢？这两句诗的诗意就可以泛指：只要有"情"在，没用的东西也可以变成有用的。"落花"没用了吧，它"护花"就有用了。所以这首诗在今天我们就可以广泛地用在这种情况下：只要有某种情在，没用的就可以变成有用的。明白这意思了吧？

（展示课件）

> 落红不是无情物，化作春泥更护花。
> （诗意特指：虽然辞官为民，仍要舍己报国。）
> （诗意泛指："有情"使"无用"变"有用"。）

师：请引用"落红不是无情物，化作春泥更护花"写一段话。先引诗，再说事也行；

先说事，再引诗也行；说事中间引诗也行。反正得引用这句诗，并且你说的那件事还得符合这诗的意境。现在就写，写好后把你写的那张纸撕下来，一会儿我要。谁也不用署名，我就要你的作品，不要你的名。因为一会儿我要点评，万一点评到谁的不好，谁也不知道是你的，你就跟大伙一块儿笑，懂不懂？（大家笑）万一你写得好，我就把你叫起来，大家给你鼓掌，你看好吧？所以谁也不伤面子，想怎么写就怎么写，开始啦。（学生写作，老师边巡视，边收学生的作品）

师：我现在开始点评。第一个交的同学，我得先读他的。这位同学写了四句诗，第一句："凤凰于飞九天外。"凤凰飞到九天外了，凤凰啊，不是一般的鸟啊。第二句："与君为别莫念挂。"我跟你离别了，不要牵挂。第三、第四句："落红不是无情物，化作春泥更护花。""挂"和"花"也押韵，非常好！虽然"挂"是仄声，"花"是平声，但问题不大，古体诗可以这样。我再念一遍，你们就给他鼓掌："凤凰于飞九天外，与君为别莫念挂。落红不是无情物，化作春泥更护花。"请作者站起来！（一学生站起来，大家鼓掌）

师：请坐。不简单啊！我刚才请教了他，因为我不知道背景，读不懂"凤凰于飞九天外"，他有个好同学出国了，这可以啊，"九天外"啊。"与君为别莫念挂"，是说现在咱们分手了，你出国了，我在这里，隔着千里万里，隔着几大洲几大洋的，不要牵挂。为啥呢？"落红不是无情物"的"落红"指我，你出国了，到外国去了，只身一人，很孤单，那么我这个"落红""不是无情物"，将来化作"春泥""更护花"。我在学习上帮不上你，我可以在别的方面帮助你。这是鼓励他的朋友、安慰他的朋友。应该说意思还不错。不过，你是他的好朋友，你就是"落红"了？（大家笑）你哪能"落红"？他飞了，你该飞也得飞，别落啊。但用意很好，这么短时间吟出一首诗来，希望你继续努力，当一个诗人。

师：下边我不挑了。（读学生纸条）"落红不是无情物，化作春泥更护花"，他虽然因为能力问题被老师辞去班长一职。（大家笑）被老师"辞去"不对，被老师什么？撤掉！"辞"是主动的。到底是你不干了，还是老师不让你干了？这词用得不合适啊。

师：（继续读）"他虽然因为能力问题被老师辞去班长一职，但他依然关心班集体，积极参与班集体的建设，并听从干部的指挥，为班集体贡献出了一份属于他自己的力量。"这个是谁的？大家给他鼓掌。如果这是件真事的话，这个同学也不简单：不当班长就不当班长呗，从自己角度尽力呗，非得当官吗？能干啥干啥。这是一件正能量的事，不错。

师：看这篇——（读学生纸条）"诗人龚自珍辞官还乡后，又北上迎接家属。"这要干什么？这怎么又回到背景上去了？"在他归乡后，他在故乡的一所小学里当老师。"（大家笑）古代也有"小学"，古代的"小学"学的内容就是识字啊那些东西，跟咱们现在的小学不一样。"默默地为祖国培养人才，这正是对他写的诗句'落红不是无情物，化作春泥更护花'的最好诠释。"还是说龚自珍呢！（大家笑）这不算拓展啊。刚才说的要求你没明白。像刚才那两个同学似的，讲的同学出国、讲的班长，得把诗的意境迁移了才行。这篇文章不及格。

师：看这篇——"一片荒地，若无人开垦，它始终是荒地。假如有人去把它开垦，这片土地将会带来无穷的财富。这不就是'落红不是无情物，化作春泥更护花'吗？"（大家笑）行不行？可以的。咱们刚才不是说"无用变有用"吗？没有用的荒地，将来一旦有人开垦，它就会变成有用的、无穷的财富。但在这里谁是"落红"？谁是"无情"的那个东西？这个有情的那个人没说明白。大意还行。

师：看这篇——"在一家医院门口，有一个被弃的病婴，一个好心的光棍收留并抚养，治好了孩子的先天疾病，用尽心血供他念书。这个病婴长大后成才，报效父亲，报效祖国。成为养父的骄傲，真是伟大！正所谓'落红不是无情物，化作春泥更护花'。"那个被养的弃婴有报效祖国之情，所以"化作春泥更护花"。

师：看这篇——"落红不是无情物，化作春泥更护花。即使学业没有成就，也不要气馁，要坚持自己的理想，不断奋斗，就能为社会做出贡献，报效祖国。"学业没有成就，要具体些，什么学业没有成就？可能考大学没戏，但你可以考什么？（生：职高）对，职高。国家不能都是工程师，还得有技术员、有工匠，现在缺这个。所以你不能干那个，可以干这个，只要你有情在。什么情？报效祖国的爱国情！

师：看这篇——"辛弃疾年轻时曾当兵抗金，而且组建过一支强有力的军队，晚年时他专写表现爱国志向的诗，希望朝廷抗金。他的《破阵子·为陈同甫所赋》，体现了'落红不是无情物，化作春泥更护花'。"这篇大体也行。辛弃疾是爱国的，年轻时当过兵，后来志向没有实现，就通过写诗词表现爱国情。他举了个例子，你们学过这首词？没有啊，那这个同学更厉害了，自己学的。但严格来说，"化作春泥更护花"，怎么个"护花"法？他写词就"护花"了吗？其实，古人写诗词，就是为了抒发自己的情感。但"护花"得是培养人才了，得有什么具体措施才行。

师：最后一篇："南宋诗人陆游虽在朝廷不得志，遭谗被贬，依然心系家国，正如同'落红化泥'，却依然献身'护花'，效忠于国家，不忘国之忧患。"他犯啥错误了？（生不语）他把那诗拆成白话了，他没说"落红不是无情物"，但他说"如同'落红化泥'，却依然献身护花"。这不是你的话吗？让你引那首诗，很明确的要求啊！不要把那诗化成自己的话来说。

师：（又发现一个纸条，问一个学生）这是你的？我把你这篇说说。（读）"'落红不是无情物，化作春泥更护花'，即便飘落的花朵，它仍然会舍己为人，想着为其他的花提供养分，历史上这样的花也有许多，陆游、辛弃疾为宋代国家的危亡不断操劳，戚继光、郑成功为明清国家统治也奉献出自己的力量，现在回顾当今……"怎么"现在回顾当今"？

（大家笑）今天回顾今天？他一激动写错了。（接着读）"展望未来，这样的'落花'仍然在不断涌现，为当今的强国梦奉献着自己，为实现中国梦不断努力。我们无法现在就开始无限奉献，但我们应努力为将来做铺垫。"给他鼓掌！（生鼓掌）他跟别人不太一样，他先把那诗引完了以后，就举出了历朝历代好几个啊，陆游、辛弃疾、郑成功等，非常好！最后还有一句"我们无法现在就开始无限奉献，但我们应努力为将来做铺垫"。他意思是"将来我也当爱国的人"，没有说必须写自己如何，而他却写出来了，这就更加可贵。

师：不错，多数同学都理解了。我读了他们的，你们自己对照自己的，就知道自己写得如何了。来吧（出示课件"讲评结束语"），你看我举三个例子：

（展示课件）

（1）文艺会演你的节目没选上，但可以做后勤工作，让别人的节目演得更好。"落红不是无情物，化作春泥更护花。"

师：没选上，你是"落红"；你帮助别人，就是"护花"。日常生活常有的吧。

（展示课件）

（2）考研落榜，你不能成为科研型人才，但可以深造技术，做行业工匠，把科研成果转化为生产力。"落红不是无情物，化作春泥更护花。"

师：知道吗？现在国家宣扬"大国工匠"，看过这节目不？大国工匠很厉害的。

（展示课件）

（3）老人退休，不能在工作岗位施展才华，但可以带好孙子，让儿女的工作更加精彩。"落红不是无情物，化作春泥更护花。"

师：这更常见了，尤其现在生俩孩儿，更照顾不过来了。爹妈这"落红"，就服务吧。（笑）

所以结论就是这句话：走进诗，陶冶情操；拓展诗，美化生活。

（展示课件）

走进诗，陶冶情操；拓展诗，美化生活。

师：这首《己亥杂诗》原先你们学过一次，今天我们又学了一次，应该说比原来深入了。原来有些字词都没理解到位，现在都懂了，那在无形中我们就陶冶了情操。然后拓展诗，就把这首诗引入了生活当中，美化生活。这样，我们就可以落实德国哲学家海德格尔说的"人类的本质就是诗意地栖居在大地上"。什么叫"诗意地栖居"？艺术的、美的、非功利的。我们现在一想问题就是"钱""好处""实惠"。实惠要有，好处也要有，但只有这些，没有诗意，我们就和禽类、兽类画等号了。所以我们学诗，不只是为了考试，更是为了"走进诗，陶冶情操；拓展诗，美化生活"。

（展示课件）

> 拼却老红一万点，换将新绿百千重。

师：这是杨万里的一首诗，也有"落红"，看见没有？"拼却老红一万点，换将新绿百千重。"你们知道这句诗是说谁吗？我引这句诗，是要说我呢。我就是"老红"，我退休了，我不就是"老红"吗？我今年六十九了。我主张绿色语文，所以我"拼却老红一万点，换将新绿百千重"，我就希望你们学好"绿色语文"。啊！你们的校服还是绿色的。（大家笑）通过学绿色语文，不仅学语文知识，更提升语文能力，同时也学会做人。所以我们就是绿色的诗歌鉴赏。

师：好了，同学们，课就讲到这儿。下课。同学们再见！谢谢你们！

生：老师再见！（掌声）

（二）案例点评

这是赵谦翔退休第十年应邀出外讲学教的一堂初中语文课。赵老师一再自称是"最爱教语文的老师"，始终徜徉于"敬业、乐业、新业"的事业巅峰之中。所以，虽已退休多年，他的课也是常教常新的，包括"绿色语文"的主张也与时俱进有了新的内涵——在坚持教语文、教做人水乳交融的绿色语文本性的基础上，还加上了强调立德树人使命的"红色导航"，以期培养德智体美劳全面发展的"金砖人才"。因此，这一时期的课与以往的课相比，除了继续保持工具性与人文性的统一外，还比较明显地注意了思想教育的渗入，重视教材文本中优秀传统文化、革命文化和社会主义先进文化的挖掘。所以，这堂《己亥杂诗（其五）》的教学任务就设计为两点：其一、红色导航——读懂诗人，强化爱国精神；其二、绿化语文——精思诗意，诗化现实生活。整堂课教学的指导思想，就是"诗意栖居，植根心底"，"教学的过程，就是要打破'唯考是从，唯分是图'的僵化教学模式，把海德格尔'人类的本质就是诗意地栖居在大地上'的美学原理，落实到语文课堂，植根于学生心里"。[①]

在创设诗意课堂、充分彰显绿色语文的特质之外，本课一个最大的亮点，就是突破了以往较多语文课总是在课文内和学生既有知能程度下滑行的低效状态，教出了语文课应有的高度。《己亥杂诗（其五）》是晚清龚自珍的一首七言绝句，很短，也比较浅，全诗只四句，后两句还是脍炙人口的名句，不只一般成年人耳熟能详，小学生也都背得出。但就是这样的课文，并且还是学生以前已经学过的课文，却整堂课环环相扣，内容饱满，跌宕起伏，新意迭出，不仅过程精彩，而且学生有实实在在的收获。

这节课有这样三个特点：

---

① 赵谦翔. 绿色语文，诗意课堂：赵谦翔绿色语文12例［M］. 北京：开明出版社，2021：31-32.

一是课堂结构清晰，逻辑性强。

全课一共六个环节：（1）交代《己亥杂诗》全集的写作背景；（2）温故知新，重读《己亥杂诗（其一二五）》；（3）新授《己亥杂诗（其五）》；（4）比较鉴赏；（5）拓展鉴赏；（6）学生写学习后的"一言心得"，教师点评学生习作并总结。这六个环节内在联系很紧，都指向对诗歌本意也即诗眼"护花"的理解与感受。上课伊始，对《己亥杂诗》创作背景的介绍后指出："诗集中的批判、呼唤、期望，反映了诗人高度关怀民族命运的爱国激情"，这就为紧跟着重温《己亥杂诗（其一二五）》以及后面领会《己亥杂诗（其五）》的主旨先作了铺垫。重温《己亥杂诗（其一二五）》后"名句新用"改写原诗并强调"聚人才是关键"，既是前面教学的自然归宿，也是为下面开始新授诗歌的教学设计了最恰切的导语。《己亥杂诗（其五）》是一首托物言志之作，所以第三个环节对这首诗的教读在完成认读、背诵、疏通诗句之后，重点活动就是对"落红""化作春泥""更护花"三个词语分别"暗喻什么"进行解说。因为有了前面两个环节的铺垫，答案就不用教师多讲学生也能明白。第四个环节的比较鉴赏，第五个环节的拓展鉴赏，很清楚就是对第三个环节的补充、强化和提升，这里不用多说。最后一个环节要求学生引用"落红不是无情物，化作春泥更护花"写读后感，通过写作来检查学生对课文的阅读理解情况，既是教学反馈，也实现了从学习到应用的迁移。这样六个环节，不仅保证了教学过程的完整，而且环环相扣，由师生共同完成教学任务。

二是教学内容丰厚，信息量大。

课上有几个环节是一般语文课上所没有的，比如诗歌讲读后的比较鉴赏、拓展鉴赏，以及让学生在小纸条上当场写学习感受。如前所述，因为所教课文太短太浅，如果只是就这首诗教这首诗，势必课堂容量不足，不仅学生"吃不饱"，教学效率低，作为公开课也显得内容单薄而使其示范、示教意义打了折扣，因此需要补充和添加内容。为此，在引导学生读背、讲解本诗以外，还增加了一些项目。但这些环节绝不只是为了使学生课上有事干，也不是为了显示教师自己的渊博与高明，而还是为了本诗的教学，是要将课文的教学引向深入，使课文的作用得到更充分的发挥。这节课最出彩的，也正是这几个环节。特别是比较鉴赏一项，将《红楼梦·葬花吟》中的"试看春残花渐落，便是红颜老死时"、陆游《卜算子·咏梅》中的"零落成泥碾作尘，只有香如故"拿来与本诗的"落红不是无情物，化作春泥更护花"一同研读，通过对比发现虽然都是落花，都是用落花来暗喻自己，但因为抒情主人公身份、境况的不同，所寄予的情思与形象就有所不同：林黛玉的落花，代表"青春夭折的美女"；陆游的落花，指的是"九死不悔的忠臣"；龚自珍的落花，则暗喻"舍己报国的志士"。这就不仅扩展了知识，增长了学识，而且超越一般性的理解而真正进入了鉴赏的高度。在这种比较、辨别、揣摩中咬文嚼字、含英咀华，更细心地体味诗人的内心世界，充分地感受诗歌的魅力。还有下课前作结时对杨万里"拼却老红一万点，换将新绿百千重"诗句的引用，同样起到了这种作用。

三是注重细节，强化对词语的揣摩与品味。

教什么的要会什么。教绿色诗词鉴赏的赵谦翔自己也是会写诗填词的。他深知古典诗歌创作中诗人们"炼字""炼句"的艰辛，更懂得鉴赏诗歌时"咬文嚼字""含英咀华"的重要，所以他的古代诗歌教学一向把"披文入情""熟读精思"作为基本原则，重视引领学生品味语言，揣摩、领悟诗中词语的精确含义与精妙用意，体味语言文字的魅力。这节《己亥杂诗（其五）》的教学也是这样。这本来是一堂"炒冷饭"的课，即对学生已经学过的课文的教学，但当上课时发现"万马齐喑"的"喑"字还有读错的、"吟鞭"的意思还不懂的时候，便还是用较多的时间对诗中学生有疑惑的词语逐个进行了解说，如"吟鞭""即天涯""白日斜""浩荡""落红"等。他的解说不是浮泛的字面解释，而是结合一般生活经验尤其是深入诗歌的情感世界，所以透彻、深刻，令人恍然大悟、深以为然。不仅弥补了学生从前学习的缺漏，也增强了教学的"语文味儿"，提升了课堂的精彩度。与当下较多被"教参"捆绑停留于"读、背、抄、写"的浅尝辄止的诗词教学不同，这样的讲解能够让学生深切地感受到传统经典的美好和诗歌语言的力量，达到了语文课应有的高度。

顾明远先生要求"教书育人在细微处"，于漪老师说语文课要"抓住关键词语重锤敲打使之溅出思想的火花"，赵谦翔的这节课就是这样做的。

### 思考讨论

1. 赵谦翔对"绿色语文"是如何下定义的？"绿色语文"的改革具体包括哪些内容？
2. 试比较赵谦翔"绿色语文"与黄厚江"本色语文"的异同。
3. 观摩赵谦翔《归园田居（其一）》或其他课堂教学录像，还原其教学设计并写出教学评议。

### 扩展阅读

1. 王鹏伟. 我眼中的赵谦翔——《赵谦翔语文素质教育探索》序［J］. 临汾：语文教学通讯，2000（24）：4-5.
2. 赵谦翔. 绿色文言教学概说［J］. 人民教育，2004（11）：36-38.
3. 赵谦翔. 赵谦翔与绿色语文［M］. 北京：北京师范大学出版社，2006.
4. 赵谦翔. 赵谦翔讲语文［M］. 北京：语文出版社，2007.
5. 赵谦翔. 绿色语文，诗意课堂——赵谦翔绿色语文12例［M］. 北京：开明出版社，2021.

# 第十四章 程翔的成长之路

◆ 导　读

　　论及语文名师的成长之路，程翔算是令人惊羡的一位。他19岁从高等师范专科学校毕业就当语文教师，29岁评上高级教师，31岁成为特级教师，35岁就"鲁军进京"，从泰安的一所普通中学调入北京大学附属中学做教师并很快担任副校长。他是山东省教学能手、全国优秀教师、享受国务院"政府特殊津贴"、人教版高中新课程语文教材编写组成员，并兼任全国中语会学术委员会主任、北京市语文学会副会长。受邀讲学足迹遍及全国。他的治教格言"教有学理的语文，当有骨气的教师，做有灵魂的教育"一经传开便脍炙人口。那么，这样一位似乎顺风顺水的领军人物一路是怎样走来的？他的那些已经成为经典的"课堂作品"又是什么样的？本章我们就试做研究，以期获得满意的解答。

　　程翔，男，1963出生，济南长清人。1980年9月至1982年7月在泰安师范专科学校中文系上学；1986年9月至1989年7月在华东师范大学中文系进修。1982年8月至1998年10月在泰安市第六中学任教，先后任教研组长、教务副主任、副校长、校长；1998年11月到2012年1月在北京大学附属中学任教，曾任副校长；2012年2月至2023年8月在北京市第一零一中学任教，任副校长；现为陕西师范大学文学院教授。在《语文学习》《中学语文教学》《语文建设》《课程·教材·教法》《教育研究》《中国教育学刊》《教育科学研究》《文学遗产》《人民文学》《中华读书报》《光明日报》等多种报刊发表论文及创作近百篇，出版《语文课堂教学的研究与实践》《播种爱心》《程翔与语文教学》《论语译解》《说苑评注》《我的课堂作品》《长在语文课堂》等近20种著作。

# 一、成长经历述要

（一）成长之路简介

1. 初当语文教师

程翔 1982 年泰安高等师范专科学校中文系毕业后分配到泰安六中担任语文教师，那时候他不到 20 岁。泰安六中领导和老师的鼓励、关怀让程翔很快适应了教师工作。他积极参与教学、命题和阅卷等工作。这时他已表现出较强的教学能力。1984 年，程翔参加泰安地区教学比赛，这是他首次参加教学比赛，执教的篇目是《在马克思墓前的讲话》，获得一等奖。当时只有 21 岁的他在讲授这一课文时充满激情而且构思独特。五分钟让学生默读课文之后，让学生谈是否喜欢这篇课文，结果只有三位同学说喜欢。这是一个很难面对的局面，教学的篇目学生竟然不喜欢，教师设置这样的问题好像是给自己挖了一个陷阱。然而这是程翔早就预料到的，他就是要将一篇学生不愿意阅读的课文，最后上成学生爱读的课文，把一篇容易上成政治课的文章上得"语文味"十足。这显示了他的魄力和高超的课堂驾驭能力。然而，他虽然以第一名的成绩获得泰安市青年教师讲课大赛一等奖，却没有资格参加全省的比赛，这让他很失落，在一定程度上影响了程翔的教学积极性。他曾尝试考研究生，并积极复习，但是没有考上；曾有机会调动工作，但是最终也没有成行；他还曾钻研地方志，并出了一本《泰安名人纪略》。这段时期他未将注意力真正转移到语文教学上来。最后，他学会了释然。程翔在《海边的对话》一文中说到："徐老师说'大海教会了我心胸宽广，愈是睿智的人，愈有宽广的胸怀，这是成就一番事业的精神基础'。"[①] 在经历了起伏波动后，留在语文讲台上的程翔迎来了事业的转折点：1988 年山东省中青年教师教学基本功大赛上，他获得了一等奖。专家、同行的肯定和鼓励给了他信心，他坚定了做一名优秀语文教师的信念。

从程翔的成长中可以看出，一个人走上语文教师这一岗位，并不等于就进入了语文教师这个角色。成为语文教师不是一步到位的，而是一个复杂的过程，有时还会经历挫折。但是，最初对于教育、学生的热爱，对于语言、文学的热爱，会支撑我们克服困难，摆脱彷徨，真正地成为一名语文教师。

成为语文教师，首先要有教师的职业归属感。教师的职业归属感就是教师因对教育事业的深深热爱，从而产生的对该职业的依恋。程翔对母语有着深厚的情感，认为汉语是世

---

① 程翔. 语文人生 [M]. 北京：人民教育出版社，2003：271.

界上最美的语言，语文就是从母语的角度给学生奠定一个文化的底子。他将语文教育当作自己生命的一部分。正是怀着对教师职业的热爱、对母语的深厚感情，程翔全心全意地投入到语文教学和研究中，不断实现自身的提升。由此可见，成为语文教师，需要从心态和方法上入手，正确认识教师成长的阶段性，端正心态，才能够根据自身实际选择属于自己的成长方式，从而缩短成长为一位优秀语文教师的周期。

成为语文教师，除了要热爱教育这一职业，还要热爱学生。程翔十分热爱自己的学生，他曾在其著作《路在脚下延伸》中提到："从事语文教育，真正让我感到幸福的是看到学生的成长，是学生与自己情感、心灵上的沟通，是学生对自己的信任和鼓励。"[①] 这份对学生的由衷喜爱和九年的班主任经历，让他明白了教师要尊重学生，懂得保护学生的自尊心，懂得用道理启发孩子，学会做孩子的知心人。同时，也让他认识到教育的价值，开始懂得教育的真谛和规律，为其教育思想中对塑造学生人格的认识奠定了基础。

2. 成为语文名师

1988年，山东省举办第二届中青年语文教师基本功比赛，程翔代表泰安参加比赛。他参赛时执教的课文是《荷塘月色》。为了讲好这一课，他看遍了所有关于《荷塘月色》的馆藏资料。他曾写信向《朱自清研究资料汇编》的主编朱金顺先生、北京大学的季镇淮先生请教，也曾经打电话向华东师范大学的朱自清研究专家陈孝全先生请教。功夫不负有心人。这次比赛，程翔执教的《荷塘月色》一课博得满堂彩，获得了上课、语文知识测试和写作三项综合一等奖及上课单项第一名；他执教《荷塘月色》的录音带立即被抢购一空。从那以后，听课的人多了，外出讲课的机会也有了，这促使他更加深入地钻研语文教学。比赛之后，当时程翔所在学校的校长找他谈话说："程老师，我想把你培养成魏书生式的人物。"这句话让程翔心中有了在语文教学上干一番事业的冲动。

1989年，程翔经过刻苦努力在华东师大中文函授班本科毕业。同时在省教研室的支持下开始进行语文单元教学实验。他坚持把自己的改革置于先进的教育思想理论的指导之下。从孔夫子到陶行知、从夸美纽斯到布鲁姆教育思想中的精华，他都如饥似渴地学习、吸收，拿来为自己的教学改革实践服务；对国内著名语文教师，如于漪、魏书生等人的成功经验，他都坚持博采众长，潜心研究，继承发展。实验取得了巨大成功：他所在的学校在泰安市属三类学校，学生入学成绩较差。经他执教之后，学生的成绩明显提高，各种语文竞赛获奖也最多。他教学生"怎样做人"，教学生抵制社会上的不正之风，培养学生高尚的道德品质，许多学生在日记中表达了自己在程老师教育下健康成长的心声。三年一轮的实验非常成功，在此基础上他总结出了"四步骤多课型语文单元教学实验基本模式"。

---

① 程翔. 路在脚下延伸[M]. 北京：中国青年出版社，2010：82.

之后，山东省教委下发文件在全省范围内推广他的这项实验成果。他撰写的《语文单元教学实验总结》发表于《河北师范学院学报》1993年第2期，后被中国人民大学报刊资料复印中心《中学语文教学》全文转载。这期间，他还多次参加教学比赛，成绩突出。1992年，该项实验通过省级鉴定验收，并被山东省教委定为向全省推广的教改成果之一。

1991年，他获得省级教学能手中学语文学科第一名，被授予"山东省教学能手"称号；同年8月，他执教的《孔乙己》一课获得"全国首届中青年语文教师课堂教学观摩会"一等奖。1992年，他被选为山东省青年教师语文教学研究会会长，同年被选为山东省中学语文教学研究会理事、苏鲁皖语文教学研讨会理事。这些荣誉让程翔小有名气，到全国各地讲课开会的机会多了起来，有机会见到刘国正、章熊等著名语文教育专家，也有机会参加省教研室组织的教改实验。名师的指导、实践锻炼和教研活动，让他不断成长成熟，并开始探索课堂教学艺术的规律。

1993年，他由中教二级破格晋升为中教高级，同年被评为"全国优秀教师"。1994年被评为"泰安市专业技术拔尖人才""泰安市青年科学家""泰山区十大优秀共产党员标兵"，并被山东省人民政府授予"特级教师"的称号。从1982年参加工作，到1994年被评为特级教师，程翔只用了12年的时间。年仅31岁的程翔是当时全国语文特级教师中最年轻的。同年，山东教育出版社教师出书基金会出版了他的专著《语文教改探索集》。1994年7月21日，《中国教育报》在头版显著位置，以"教坛升起一颗新星"为题发表了介绍程翔老师先进事迹的长篇通讯。该文的发表在全国引起了较大反响。

### 3. 成为学者型名师兼校长

1998年11月，因工作关系程翔老师离开了山东，到北京大学附属中学任教。之后，程翔的教育思想慢慢趋于成熟，对语文教育教学有了深刻的认识和独特的见解，成为了一名学者型的名师。他的研究从学生本位出发，涉及教师、教材、阅读和写作等多领域，在中学语文阅读教学、作文教学及课堂教学艺术、教材建设、考试改革、课程改革等方面都取得了突出成绩。1999年程翔出版了《语文课堂教学的研究与实践》，论述了他对导入、提问、语言和应变等教学艺术的摸索成果，阐述了对课堂阅读教学本质和阅读教学内容的认识，改变了传统的研究方法，重视教师的引导，形成了自己的教学艺术和阅读教学思想。程翔1993年发表于语文教学通讯的《语文课堂教学艺术谈》、1994年出版的《语文教改探索集》正是他对教学艺术的初步认识。

2005年，程翔开始《〈说苑〉译注》的写作，这是他研究古典文献的开始，是创新的里程碑。这一时期，程翔提倡教学是为了让学生提升，提出了"培育学生心中的太阳"的观点，先后出版了《课堂阅读教学论》《一个语文教师的心路历程》。同时，在拥有丰富实践经验和深厚理论修养的基础上，继续深入科研，将理论和实践结合起来，不断地充实自己，开始涉及古典文献学领域，奠定了自己的文化底蕴。2009 年出版的《〈说苑〉译注》具有里程碑的意义。该书花了他将近五年的时间，字数接近百万，意味着程翔主动承担起发扬中国传统文化的重任，将中国传统文化融合在教学中，这是他形成"语文教师要成为文化人"观点的重要因素。2010 年《〈论语〉译解》的出版，标志着程翔在古典文献学领域的研究更向前一步。深入接触中华原典文化，全身心投入传统文化核心区域，从文化的角度看待语文教学，对其自身文化素养的提高和教育思想的完善具有重大的影响，是其人生又一个里程碑。此时，程翔在教育和教学方面达到了更高的水平，提出了"用生命拥抱教育"的理念，研究涉及阅读教学、作文教学、课堂教学艺术、教材建设、考试改革和课程改革等多个领域，并在《程翔与语文教学》一书中进行了系统的阐述。

到北大附中以后，程翔继续教语文，并先后担任校长助理、副校长。凭借较强的领导能力，为北大附中的发展出谋划策。2012 年 2 月，程翔调入北京一零一中学任教，并任副校长。这之后，程翔在为教职工做实事的基础上着手实现自己的理想。他读了许多教育著作，包括古今中外教育史、教育家传记、教育学、心理学等，加上自己的思考，逐步形成了自己的办学思路。比如，他改变了以学生考试成绩为主衡量教师实绩的考评办法。他认为，暂时捉不住老鼠但能认真捉老鼠的猫也是好猫。他把教师的平时表现与学生成绩的比例变成动态的评价指标，因人因事不同而灵活掌握，不让任何一位教师的积极性受挫。他从善如流，闻过则喜，同时严格自律、自省、自警、自励。他要求自己必须深入到教师中去，深入到学生中去，注意自己的言谈举止，争做教师学生的表率。当副校长后，他坚持不脱离教学，经常深入课堂听课，并与教师座谈听课感受。在教学和参与学校管理之余，程翔也经常到各地做公开课，对中学语文教师进行培训。在程翔的眼里，校长只是一个职业，并且首先是一名业务上的领导，其次才是行政领导。在他看来，作为一名校长，必须将学生的需要放在首位，如果脱离了学生，只能成为一个"欺骗家"。

（二）分析与借鉴

程翔说：一个中学教师如果对自己要求高的话，首先，要做好中学教师工作，能把课教好，让学生喜欢他、爱戴他。其次，他能领导一方学校，使学校能够有正确的办学思想，培养一支优秀的教师队伍，培育杰出人才。如果他做到了这一点，我们就可以称他为教育家。再次，他应该有学者的风采，具备学者的素养，有自己的学术阵地。最后，他要有一点儿文学创作，特别是对语文教师来说。这是他对一名中学教师的较高层次的要求。作为一名成功的语文教师，不仅要教学，还要治学、创作，还要有一定的领导能力。程翔在上述几个方面均有建树，他做到了，而且做得很好，为中学语文教师树立了榜样。下面将以程翔的成长历程和言论为基础，分析程翔的成功给语文教师的启示。

1. 重视读写并善于思考

程翔老师是一个非常重视读写的人。他有两个口号："要做教育家，不当教书匠""堂堂正正做人，认认真真做学问"。他一直与书为伴，将读写与研究相结合。他认为，每一个教师都要力争做到出口成章，下笔成文，说和写是教师的"绝活""硬功"。

程翔的迅速成长，并不是偶然的，而是与其求学期间读写基本功的积淀有着很大关系。首先，程翔喜好读书。他曾说过："语文教师应该是一位杂家，天文地理，三教九流都应该有所了解。""凡是优秀的教师无一不是学识渊博的人，欲使自己具有丰富渊博的知识，就要多读书。"[①] 其次，他爱好写作，在学生时代就对写作怀有浓厚的兴趣，写过散文、小说、剧本。他曾参加泰安市语文教师征文活动，其散文《黄河情，儿女的情》获奖。他也曾把马昭的长篇小说《醉卧长安》改编成电影剧本寄给山东师范大学的宋遂良老师。他还写过一部电影剧本《息壤》，还在《儿童文学》《少年文艺》《美文》《中国校园文学》等报纸、杂志上发表过一些散文。程翔善于将读书写作与教学、研究相结合。每准备一篇课文，他都竭尽全力购买书籍、搜集资料、潜心阅读，课堂上的感人之处、高潮之处，都是他博古通今的见证。高中语文练习中的短文《愚公谷》出自《说苑·政理》，程翔发现其译文有误，就找来《说苑》的相关材料核实。谁知这竟然激发了他对《说苑》的浓厚兴趣。他搜集、购买了大量资料，经过5年的深入研究，完成并出版了近百万字的学术专著《说苑译注》。

程翔曾说："对于读书、做学问是我自己所向往的；学识渊博的人，是我所羡慕的。参加工作，当了语文老师，我还一直保持着比较旺盛的求知欲。"当被问到"正在成长中的教师，如果还想做点事情、思考点事情的话，您对他们有什么建议"这一问题时，程翔回答："作为一般教师，我们首先要认认真真地备课、上课。我最近一直在讲，一线的语文教师要注意积累自己的课堂作品。每年能够有一至两篇，这样工作十年就有十篇、二十篇，让课堂作品来引领自己，提高专业发展水平。"[②]

程翔老师还是一个善于独立思考和探究的人。遇到疑点时，他绝不盲从，而是通过不断地思考、探究和佐证来解决疑问。他注重资料佐证，常常查找资料来证明对错。1991年他参加"全国首届中青年语文教师课堂教学观摩会"比赛时，执教的课文是《孔乙己》。他在备课时曾到一所学校图书馆查看了所有能找到的关于《孔乙己》的分析文章，对一些文章或有的专家的报告，正确的就吸收，可疑点绝不盲从。他有自己的主见，自己的思考，这正是他做学问的一个可贵的品质。他在结语中说："孔乙己在笑声中出场，在笑声

---

① 程翔. 语文教师业务素质谈 [J]. 语文教学通讯，1994（3）：40-41.
② 李节. "特级教师不是我人生的奋斗目标"——特级教师程翔访谈 [J]. 语文建设，2011（10）：4-9.

中度日，在笑声中死去。他活着的时候，别人侮辱他、损害他；他盲目地挣扎了一辈子，被别人践踏，自己也践踏着自己。这个可悲的下层小知识分子啊，他的人格、尊严、价值被剥夺得干干净净。"这正是程翔在大量的阅读和深入思考的基础上才能得出的对于孔乙己这一人物形象的独到分析。语文新课标颁布之后，教师们纷纷学习和实施，但是程翔老师在学习之余还敢于指出它的不足。他认为，语文课应创设情境，将学生引入教师创设的情景与氛围中，激发学生感情的共鸣，使学生受到熏陶和感染。

重视独立思考，不等于不重视他人的意见。程翔在对待独立思考和他人意见方面的观点，很值得借鉴。他认为，人有主见是完全应该的。然而，坚持主见和虚心听取别人意见，二者之间并不矛盾。但他一开始不懂这个道理。他自己辛辛苦苦准备的课，被别人批评一番，接受不了，总想争辩几句。一位老教师告诫他："别人提意见是对你好，不接受可以，但总要虚心听。你和他争辩，他以后就不会再给你提了。没人给提意见，你还能进步吗？"这话令他深思并开始反思："自我改造是一件很痛苦的事情，能够在痛苦中磨炼自己收获是多方面的。一个人真正的成功，不能单单是专业技术上的成功，还必须在做人上成功，一个教育工作者更应该全面发展。明白了这个道理，我就无论谁的意见也都听得进去。"从那时开始，他严格要求自己，不仅要业务上进步，同时还要在为人处世上成熟起来。无论是多么优秀的学者，都需要前辈的教导和同辈人的帮助。"三人行，必有我师焉。"当认识到自己某种能力欠缺的时候，就要特别注意借助外部条件来提高自己，以增强自觉意识。一个人的成长就是不断接受别人的意见并通过自己的思考不断取得进步的过程。

2. 理解语文并关注学生

作为一名语文教师，首先要理解语文。程翔指出："语文学科本身的特点和规律对教育教学具有一定的制约作用，它提供教育教学的切入点和支撑点。"[①] 语文的基本教学内容是不同类型的文章。文章各有体裁，不同体裁的文章又各有其构成规律。不同的文体有着不同的语言风格。诗歌的语言凝练含蓄，读起来富有韵律感和节奏感；小说的语言多为散句，句式上比较灵活；而戏剧的语言融合了多种文体的语言特征，带有综合性特点。此外，文章体裁不同，语体色彩也大相径庭。文学作品运用多种修辞手法，读起来妙趣横生；非文学作品言辞准确，精当简洁。程翔老师指出，在阅读教学中不同的文章可以采用不同的教法，适合朗读的就多朗读，适合讲解的就多讲解。

程翔认为，语文课要有灵魂，语文教师要有激情，带领学生走进文本，用自己的情感和心灵与作者对话、与作品中的人物对话。他反思自己刚参加工作时，教学指导思想是让

---

① 程翔. 程翔与语文教学 [M]. 北京：中国人民大学出版社，2011：338.

学生佩服自己，为此引经据典以显示渊博，插科打诨以显示幽默，但对学生语文基础知识的掌握不够重视。后来，他逐渐意识到，语言文字是语文课的"抓手"，离开了对语文基本能力的学习，只顾课堂的表面热闹，就等于背弃了语文课的本色。有人认为，程翔是继名师于漪、欧阳代娜之后活跃在语文教坛上的"情感派"代表人物，这可能是因为程翔老师的课多运用朗读，注意调动学生的情感的缘故。但是，程翔不认可这一说法。在他看来，语文本身富有情感特点，如果教师不能调动学生的情感，那他的课是不成功的。任何语文教师上课都应该感情充沛，这不是风格，也不是特点，而是基本要求。多年来，程翔老师在语文教学领域一路探索，一路收获，在教学实践中形成了以饱满激情著称的艺术风格。这一艺术风格是建立在他对语文教育的热爱和正确、深入地理解语文学科特点的基础上的。

作为一名语文教师，还要时刻关注学生。为了能将学生带进语文课堂，程翔对每一次教学都精心设计，并时刻以学生的反应为教学调整的风向标。在阅读课堂上，程翔老师带领学生们对文本进行"由表及里""言意统一"的鉴赏分析。在教授《琵琶行》描写音乐的那部分内容时，他便巧妙地设计了三个教学环节引领学生依次走进了文本世界构成的三个层次：为了让学生初步感知这段文字的整体内容，他首先引导学生共同品读了琵琶女弹奏乐曲的全过程。即进入了文本的外在形式层，体会语言节奏和情感节奏在文字间的跳跃和律动：从"转轴拨弦三两声"到"低眉信手续续弹"；从"轻拢慢捻抹复挑"到"大珠小珠落玉盘"；从"间关莺语花底滑"到"凝绝不通声暂歇"；从"银瓶乍破水浆迸"到"四弦一声如裂帛"。此中，琵琶女弹奏音乐的节奏经历了一个由舒缓到激越，由欢快到艰难，由连续到间歇，由高昂到低沉的复杂变化过程。在这跌宕起伏的节奏变化中，处于"潜势"状态下的琵琶女凄苦的人生际遇被凸现出来，诗人情感的节奏也在哀怨凄婉的琵琶曲中曲折波动。正是这种由语言节奏构成的情感渐进的艺术秩序，使文本内容产生了一种震撼人心的艺术效果。通过对这段内容的品读，学生在朗朗上口的语言节奏中融入了境界，与作者、与文本中的人物展开了心灵对话，情感也随之起伏绵延。

为了进一步让学生们体验文本中浓郁的悲剧氛围，程翔老师接下来带领学生对这部文学作品的"再现层"展开了分析。他和学生共同沉浸于笼罩整个文学作品的悲凉格调，共同领略了文学作品"一切景语皆情语"的艺术境界。《琵琶行》在开篇时，一个"秋"字足以表明弹奏乐曲的情景是凄楚苦闷的；而"醉不成欢惨将别"一句，一个"惨"字向读者传达出作者此时的心境也是惨淡郁结的；而分别之时，一轮明月浸泡在江水之中，冷月无声，这一意象的出现，使诗人淤滞于心的郁闷之情与琵琶女哀怨的乐声以及周旁冷落凄清的环境氛围产生了强烈的艺术共鸣，文本中浓烈的悲剧色彩也随之加重了。

教师的使命就是让学生聪明起来，因而提高学生的思维品质是语文教师的重要任务。

中学生的思维充满了奇幻色彩，语文课如果缺乏了学生天真烂漫的"异想天开"，那才是语文教学最大的悲剧。在阅读课堂上，程翔老师总是能恰到好处地运用各种教学手段带领学生展开想象的翅膀，在思维的天地间任意翱翔，或借题发挥，触类旁通；或浮想联翩，纵横驰骋。刘勰在《文心雕龙》中所说的"寂然凝虑，思接千载；悄焉动容，视通万里"，正是他在激发学生想象思维方面追求的艺术境界。程翔老师善于在阅读课堂上利用"补白艺术"来激发想象，开启情智。接受美学理论家伊瑟尔认为，文本是一个"召唤性结构"，其中存在着大量不确定的"空白点"等待读者用想象去填充，与文本进行对话。填充对话的过程就是意义生成的过程，就是读者以自己独特体验对文本意义进行再创造的过程。阅读课上，程翔老师就经常利用文本的这种空白结构来培养学生的思维能力，点燃他们头脑中充满激情的智慧火炬，从而使文本的阅读活动由一种"实板理解"的模式转化为一种独具生命力的"弹性理解"机制。在教授《卖炭翁》一课时，他有效调动起了这篇文章中的空白点来唤醒学生的想象思维。在讲到"夜来城外一尺雪，晓驾炭车辗冰辙"一句时，他先让学生用词语来描绘雪势之大，学生们有的说"鹅毛大雪"，还有的说"大雪纷飞""大雪茫茫"。接下来，他又让学生们把老汉发现天降大雪之后的情景通过想象编织成一个小故事，同学们对此很感兴趣。

3. 教师的素质和学者的本领

程翔有一篇题为"教师与学者"的文章，将教师与学者的关系概括为两种："纯教师和纯学者的关系"和"既是教师，又是学者的关系"[①]。在程翔看来，一个优秀的教师，同时也应该是一个学者；语文教师要研究语文"学理"，成为专家型教师。

程翔一再强调，教师要遵守教育的学理。2015 年 5 月 27 日上午，由中共海淀区教工委、海淀区教委主办的"程翔语文教育教学实践研讨会"在北京一零一中学举行。大会主题是："做有灵魂的教育，教有学理的语文。"程翔现场展示李商隐的《锦瑟》教学课。课后，程翔老师向 600 多位教育专家、官员、一线教师作了题为"探索学理观照下的语文教学之路"的报告。程翔说："我曾经有过缺乏学理的语文教学经历，仅凭热情，根据好恶、感觉和经验教学，教学缺少理论修养，有时面对学生质疑，心里发虚。"[②] 为了寻求语文的学理，程翔研读过符号学、解释学、叙事学、心理学等各类学术书籍，为他的课文讲解、阅读课、写作课奠定了丰厚的基础。研讨会上，程老师回顾了自己在语文教学中探索学理的思考、研究与实践。他认为，中学语文教学属于教育范畴，所以语文教学必须遵循教育

---

① 程翔. 程翔与语文教学［M］. 北京：中国人民大学出版社，2011：352.
② 转引自杨桂青. 教有学理的语文——访北京一零一中学副校长、特级教师程翔［N］. 中国教育报，2015-05-20（9）.

的原理和法则；语文教学又属于教学与课程的范畴，所以必须体现教学论与课程论的原理和法则。他认为，"语文"不仅仅是一种交际工具，其内涵十分丰富。语文教学的任务包括培养学生热爱母语的感情，奠定运用母语进行听、说、读、写的知识基础和能力基础，还有对学生的心灵、精神、人格成长产生积极影响。他认为，母语是一个民族的精神家园，是一个民族的整体记忆，丢掉了母语就找不到回家的路。

程翔认为，语文教师的专业价值体现在"课堂作品"上。这里的课堂作品，不是简单的教学设计，而是代表教师最高教学水平并取得了明显教学效果的教学设计、教学实录、教学论文或教学视频，是包含教师和学生的情感以及教师的独到研究的作品。有没有积累"课堂作品"的意识，直接反映了教师有没有职业的觉醒。教师具有了职业的觉醒，才能认识到教学的意义，才不会产生职业倦怠。就像作家的作品和艺术家的作品一样，应该是独特而且富有匠心的。程翔自己说："我教《荷塘月色》，是 1988 年参加山东省的比赛，获得一等奖。1989 年我在《语文学习》上发表了一篇文章，即《〈荷塘月色〉主题探》。20 年之后，我又在《语文学习》上发表了第二篇文章，是《〈荷塘月色〉主题再探》；此外，针对《荷塘月色》的艺术手法、结构特色，我又发表了好几篇文章。现在我可以这样说，国内关于《荷塘月色》的分析文章，很多我是看过的。这个文章我能够把它全篇背下来，无论什么时候、什么地方，我不用备课，我拿起来就能教，这就形成了课堂作品。"[①]

除了遵守教育学理，语文教师还要好好研究关于语言的理论。程翔认为："语文教育姓'语'，语文的'核'是语言文字，语文教学要促进学生语言文字符号意识的觉醒。语文教师要好好研究各种关于语言的理论。"[②] 对于语言的理论，程翔做了多方面的研究，他对语文的文化学角度的研究成果突出。对程翔而言，文化是语文教育的"春水"，它能让人保持心灵的浸润和情感的充沛。他钟爱中国传统文化，从孔孟那里体会到了中华民族的优秀精神传统；他曾开设《中国传统文化经典研读》选修课，培养学生对国学的兴趣。他说："对于国学，或者传统文化，我确实很钟爱。我觉得一个中国语文老师，必须对传统文化有深入的了解甚至研究。有了这样一个基础，你才有资格说是教母语的。对于传统文化，第一要了解它的基本内容，了解诸子百家、四书五经；第二要对传统文化精神有基本了解。"除了《〈说苑〉译注》，程翔还注译过《论语》，这些成果都充分体现了他的文化追求和学术建树。他说："把握语文教育的本质，如果不能从文化学的角度来理解、建设语文教育，就难以真正地提高语文教育质量，更难从全球一体化的高度上审视汉语教育。"[③] 一个教师要爱好语文，爱好文化，自身能够树立独立的人格、积极健康的精神，才能去影

---

① 李节. "特级教师不是我人生的奋斗目标"——特级教师程翔访谈 [J]. 语文建设，2011（10）：4-9.
② 杨桂青. 教有学理的语文——访北京一零一中学副校长、特级教师程翔 [N]. 中国教育报，2015-05-20（9）.
③ 程翔. 一个语文教师的心路历程 [M]. 北京：清华大学出版社，2009：16.

响学生。程翔指出:"语文教育就要从语言与文字的角度,给学生奠定一个文化的底子。汉语教育即是从汉语言与汉字的角度给学生奠定汉文化的底子。"① 比如教苏轼的《赤壁赋》,一般的讲法是就文本来教,疏通文字,交代写作背景,指出苏轼的豁达等。而程翔没有仅仅就这篇文章来教,而是回归到传统文化,从中国传统知识分子的心灵之路的角度来教。苏轼原来是在皇帝身边,皇帝对他非常欣赏,后被贬为黄州团练副使,出现人生的重大转折。怎样面对这种转折?程翔先讲起历史上著名文人在这种人生关头的选择。比如,战国时代楚国诗人屈原被贬之后,"大发牢骚",写下《离骚》,抒发自己的怀才不遇;唐代诗人白居易被贬江州,"痛哭流涕",岸上一闻琵琶曲,引来"江州司马青衫湿"。可以说,在苏轼之前,文人们面对仕途转折、人生落魄,往往在心灵上化解不开。程翔认为:"苏东坡把儒、释、道三家打通了,冲破了封建制度对知识分子心灵的包围,真正走向了心灵的解放。什么得与失、进与退、名与利,都看透了,'胜故欣然,败亦可喜'。余秋雨写《苏东坡突围》,主要是写苏轼从一帮小人的包围中突围。实际上,苏轼比较好地解决了中国传统知识分子的心灵突围问题。"程翔自觉地传承知识分子的传统,并把它呈现给自己的学生。

一名理想的教师,其知识结构应包括多个方面,其中广泛深厚的文化科学基础知识、扎实精深的专业学科知识都是教师知识结构中的重要方面。这就要求教师不但对所教课程有精深的认识,还应有广博的知识。所谓"精"就是要"知得深",对专业知识不仅知其然,而且知其所以然;所谓"博"就是要"知得广",能触类旁通,具有相关学科的有关知识。作为今天的老师,这一点尤为重要。程翔老师在语言、文化方面的深入钻研,让他能够高屋建瓴地引领学生品析文章,能够引导学生更深入地学习语文,培养他们对祖国语言文化的热爱。

## 二、教学案例简析

(一) 案例展示

### 《爱莲说》教学实录②

(师生互动,活跃课堂气氛,导入新课)

师:这节课我们学习《爱莲说》。老师先给大家范读一遍。

---

① 程翔. 一个语文教师的心路历程 [M]. 北京:清华大学出版社,2009:19.
② 程翔.《爱莲说》教学实录 [J]. 临汾:语文教学通讯,2019 (1):18-21.

（师范读）

师：现在，我们请一位同学读一遍课文。谁来？

（一生读。师生鼓掌）

师：你读得很好，没有出现任何错字错音，而且节奏也把握得很好。还有谁来读一读？

（另一生读）

师：同学们听出问题没？

生："陶后鲜有闻"的"鲜"应该读三声。

生："噫"不读一声，应该读四声。

生："甚蕃"的"蕃"应该读二声。

生："亵玩焉"的"亵"读 xiè。

师：这个字不太好写，怎么识记比较好？

生："亵"是把"衣"字拆开，中间加了个"执"字。

师：同学们在练习本上写一写，注意偏旁部首、间架结构。

（生练习，师巡视后板演指导）

师：现在，我们一起来读课文。题目、作者、正文一起读。

（生齐读）

师：请你到黑板上把题目和作者写下来。

（一生板书）

师：发现问题的同学请举手。哦，你发现什么问题了？

生："颐"字的书写笔顺不对。

（师板演指导，生练习本上练习）

师：汉字是有字理的，不能随便写。学语文就是要通过规范的训练提高语文能力和语文素养，包括书写能力、阅读能力、写作能力、思维能力等。好，再来看作者的名字。"敦"是什么意思？

（生沉默）

师："敦"有"忠厚""诚恳"的意思。大家笔记下来。"颐"又是什么意思呢？

生：坚定不移。

师：不对哦！遇到这种情况，同学们应该查字典解决哦！

（生查字典）

师："颐"有两个意思：一个是"颊、腮"；另一个是"保养"。"颐和园"的"颐"就是"颐养"的意思。好，在前面阅读的基础上，下面我们主要做两件事：第一件是"译"，第二件是"问"。现在,同学们两人一组合作翻译课文,有问题就画出来互相讨论解决。

(生合作翻译,师巡视指导。3分钟后师引导生交流翻译情况)

师:好,你来给大家翻译一下?

(生不看原文翻译)

师:你没有看原文,这么厉害呀!哪位同学发现问题了?

生:第一句"水陆草木之花"没有翻译出来。应该翻译为"水生的和陆地上的草本木本植物的花"。

师:很好。翻译文言文,的确不能有遗漏。还有谁发现了问题?

生:"自李唐来,世人甚爱牡丹"中的"甚"没有翻译出来,应该是"特别"的意思。

师:很好。"甚"是一个表示程度的副词,也可以翻译成"很"。请批注。

(生批注)

生:还有,"可远观而不可亵玩焉"中的"远观"也没有翻译出来,可以翻译为"远远地观赏"。

师:非常好。请你把这一句完整地翻译一遍。

生:这一句的意思是"可以远远地观赏,不可以摘下来在手中把玩"。

生:还有,"予谓菊,花之隐逸者也;牡丹,花之富贵者也;莲,花之君子者也"这句,他只说了"菊花是隐者"。

师:那该怎么翻译呢?

生:应该翻译为"我认为,菊花是花中的隐士;牡丹是花中的富贵者;莲花是花中的君子"。

师:你为什么要这样翻译呢?

生:因为"谓"是"是"的意思,所以要翻译为"菊花是花中的隐士;牡丹是花中的富贵者;莲花是花中的君子"。

师:同学们看看,这个句子在句式上有什么特点?"……者也"是什么句式?

生(杂):排比句,拟人句,判断句……

师:"……者也"是一种典型的文言判断句式,可翻译为"……是……"。"谓"在这里可翻译为"认为"。请做好批注。

(生批注)

师:同学们,学会倾听,抓住关键词捕捉核心信息是一种很重要的学习方法和能力。刚才,老师的问题是:"这个句子在句式上有什么特点?'……者也'是什么句式?"这两个问题的关键词是"句式",而不是"修辞手法"或"表达技巧"。回答"比喻句""拟人句"的同学在这方面要加强训练哦!请同学们继续发言。

生："不蔓不枝"的意思是"不纷乱地生长"。

生："宜乎众矣"翻译得不是很准确，应该翻译为"应该有很多人"。

师：是哪一个词要翻译成"应该"？

生："宜"。

师：很好，很准确。请同学们继续。

生："香远益清"应该翻译为"香气飘得越远越清香"。

师："莲之爱，同予者何人？"怎么翻译？

生：喜爱莲花的人，除我以外还有谁呢？

师："除我以外"？哪个字可以翻译成"除"？

生：应该是："和我一样喜欢莲花的人还有谁？"

师：这次对啦！是哪个词翻译成了"和我一样"？

生："同予"。

师：请做好笔记。"同予"就是"和我一样"。"予"在这里是什么意思？

生："我"。

师：前面出现过吗？

生：出现过，"予谓菊"。

师：很好。在这里"予"是什么词？

生：名词。

师："我"是名词吗？"你""我""他"是什么词？

生：代词。

师：请做好笔记。"予"是代词。这一遍翻译，我们解决了很多细节性的问题。下面，同学们再结合刚才解决的问题，重新把课文翻译一遍。还是两人一组，互相翻译并指正。

（生翻译，师巡视指导）

师：是不是又发现问题了？有问题的同学请举手。

（生纷纷举手。师引导学生发言交流）

生："陶后鲜有闻"中的"鲜"可以翻译成哪个字？

生："鲜"是"少"的意思。

师：请同学们举几个成语的例子。

生（杂）："鲜为人知""鲜克有终""寡见鲜闻""寡廉鲜耻"……

生："中通外直"为什么要翻译成"它的茎和干是直的，是通的"，而不翻译成"正直的品性"？

师：你提出了一个很好的问题。谁来回答一下？

生："中通外直"字面上的意思是"它的茎和干，中间是贯通的，外面是笔直的"；引申义是"喜欢莲花的人，喜欢它正直的品格"。

师：莲花有正直的品性吗？它又不是人。

生：作者这是借莲花写君子，是借物喻人，是把君子比作莲花，借莲花的枝干写君子的正直品性。

师：课文中只有"中通外直"用了引申吗？

生："出淤泥而不染"把"淤泥"比作污秽，是说君子身处污秽中也不会被污染。

生："濯清涟而不妖"是说君子有自己的品德，从来不骄傲。

师：这句的字面意思是什么？

生：用清水洗涤而不妖艳。

师：引申义是什么？

生：君子有非常高尚的品行但不刻意彰显。

师：你的理解很到位。同学们还有问题吗？

生：我认为"不蔓不枝"的意思是"不过度依赖他人，不趋炎附势，有自己的主见"。

师：你为什么会这样理解呢？

生：因为"不蔓不枝"的字面意思是"不往旁边长枝干"。换句话说，就是"自己走自己的路，不被外界干扰"。

师：谁还来说说对这句的理解？

生："不蔓不枝"就是有自制力，自己该生长在哪儿就生长在哪儿，不疯狂生长。

师：你说的还是引申义，咱们先说字面意思。有一个词叫"枝枝蔓蔓"，是什么意思？

生：杂乱无章。

师：对。同学们见过牵牛花吗？牵牛花总是互相枝枝蔓蔓地缠绕着，攀附在别的东西上往上爬。同学们现在懂"不蔓不枝"了吗？

（生举手发言）

生：不愿意依附。

生：不当寄生虫。

师：同学们开始读懂这篇课文了，非常好！当然，"不蔓不枝"还可以翻译为"不旁逸斜出"，指"植物应该按照它本来的样子集中生长，不旁逸斜出；作为人，也不应有丝毫杂念，想一些乱七八糟的东西"。同学们，文中还有没有其他句子有引申义？

（生纷纷举手）

生："香远益清"这句字面意思是"香味儿飘得越远越清幽"，作者是在借莲花写不仅自身要拥有优秀的品质，还要把自己优秀的品质向外传播出去，发扬光大。

生："出淤泥而不染"的本义不是"君子跳进泥坑不会被污染"，君子不是小猪佩奇，不会跳进泥坑。

（生笑）

师：那你是怎么理解的呢？

生：我认为"淤泥"是指古代官场污浊的政治生态。

师：那作者当时的处境是——

生："众人皆醉我独醒，举世皆浊我独清。"

（掌声响起，师竖起大拇指）

师：你真不简单，这话是谁说的？

生：屈原。

师：请同学们做好批注。这里的"淤泥"指"恶劣的生活环境，包括政治环境"。现在，请同学们用一句话概括《爱莲说》这篇课文的主旨。哪位同学来概括一下？我叫一位没有举过手的同学，就你来。

生：抒发了作者的感叹。

师：有点笼统，具体一点。

生：喜欢莲花的人很少。

师：作者写这篇文章，不仅仅是因为喜欢莲花吧？好像还另有深意。这个深意就是通过莲花表现一种——

生：精神。

师：这种精神就是我们刚才分析出的引申义。《爱莲说》作者通过拟人化的写作手法，表达了对莲花品格的赞叹，也希望自己成为像莲花一样的人。这样的人是什么人呢？用课文中的词来概括。

生：君子。

（师板书"君子"）

师：《爱莲说》是作者借莲花表达自己的人格追求——对君子人格的追求。这就是这篇课文的主题指向。现在，同学们是不是又有问题了？

生：我有一个疑问，先写"菊，花之隐逸者也；牡丹，花之富贵者也"，接着写"莲，花之君子者也"，是不是在反衬莲花呢？

师：你太棒啦！谁还有问题？

生："出淤泥而不染"是在说当时的官场很黑暗，作者很厌恶，也非常抵触这黑暗的官场。

生：老师，我还有一个问题。我认为，作者写牡丹是在写唐朝的富强。可是，这样写怎么反衬莲花呢？

师：同学们，现在我们来看刚才这两位同学的问题。既然是以莲花写人，那作者为什么还要写牡丹和菊花呢？

生：用这两种花来反衬莲花高尚的品质。

师：那文章中是怎么反衬的呢？

生：牡丹是唐朝人的最爱，牡丹在当时象征着富有和高贵。

师：那菊花呢？

生：文中，作者说"予谓菊，花之隐逸者也"，说明在作者看来菊花象征着因厌恶官场而选择归隐的那类人，如陶渊明。

生：莲花"出淤泥而不染，濯清涟而不妖"，说明莲花是一种非常纯洁、正直的花。它虽然出自很污浊的环境，但依然很纯洁，就像作者一样。作者是在表达自己要像莲花一样，虽然身处恶劣的环境，但要始终品行正直、纯洁。

师：同学们，喜欢菊花的是谁？

生：陶渊明。

师：陶渊明喜欢菊花，实际上是喜欢什么？

生（杂）：喜欢自由，向往闲适，热爱自然……

师：官场污浊，陶渊明就跑到田园里，隐居起来。他这是——

生：洁身自好。

师："菊，花之隐逸者也"，菊花是花中的隐士。隐士的特点是回避什么？

生（杂）：回避世俗的纷乱，回避矛盾，回避现实……

师：好。牡丹象征富贵，很多人都追求富贵，是这样吗？

生：是。

师：那莲花呢？

生：莲花是君子。

师：君子既不怎么又不怎么？

生：既不富贵也不像菊花一样洁身自好。

师：那君子像什么呢？

生：像莲花。

师：像莲花一样怎么样？

生："出淤泥而不染，濯清涟而不妖。"

师：官场污浊，作者是怎么做的？

生：直面污浊的官场。

师：对。用现在的话说，就是"敢于担当，善于担当"。请做批注。

（生批注）

师：好。牡丹象征富贵，就是有钱有势、大富大贵，周敦颐追求这些吗？

生：不追求。

师：他追求什么？

生：他追求有担当、不图名利的君子品格。

生：周敦颐认为躲避不是解决问题的办法，而且还要做君子而不是贪财谋利的人。

生："牡丹之爱，宜乎众矣"说明喜欢牡丹的人很多。人们都在追求富贵，作者却在追求有担当的君子人格，不隐居，不追名逐利。这才是君子的人格。

师：说得太好啦！你也来说说。

生：我认为，作者写了三种不同的人对待生活的态度："菊花"选择了逃避；"牡丹"选择了接受；"莲花"选择了用自己的品性去改变。这三种花分别象征逃避者、接受者与改变者三种不同处事方式的人。周敦颐喜欢莲花，他要用自己美好的品性去改变身处的世界——污秽的世界。

师：你的理解层次更高了。还有谁想说说？

生：我认为，作者写莲花用了"托物言志"的表现手法，写的是作者对理想人格的追求。

师：同学们的理解和发言越来越深入到位了。作者写菊花和牡丹是为了衬托莲花，这种写作手法很值得大家借鉴。现在，我们来看他说的"托物言志"和"对理想人格的追求"。作者为什么不直接说自己想做君子，非要绕着弯儿弄出个菊花和牡丹呢？谁来说说？

生：有菊花和牡丹作反衬，莲花的人格会显得更加高尚。

师：直接写就不能凸显莲花人格的高尚吗？理由不充分。你举手了，你来。

生：我认为，应该是周敦颐可以不喜欢归隐，不喜欢大富大贵，但他要尊重人，直接写相当于骂人。

（生笑）

师：理由也不充分。"不戚戚于贫贱，不汲汲于富贵"就是陶渊明说的。又有同学举手了，你来。

生：我认为，课文中作者写三种花时的情绪不同，写莲花时是赞美的情绪，写牡丹时是反感抨击的情绪，写菊花时是对陶渊明很惋惜，认为陶渊明也应该和他一样。

师：请坐。看来，同学们的思路出了问题，请回到"托物言志"上来。

生：课文题目是"爱莲说"，所以作者要从莲花入手来写他的追求——想做有君子人格的人。

师：有点儿道理，但文题可以改呀！你举手了，你来。

生："爱莲说"中的"说"是一种文体，这种文体通常都采用"托物言志"的手法来写。

师：你说得很有道理。"说"的确是一种文体。《爱莲说》的作者运用了文学的手法。这种文学的手法就是"托物言志"。

（师板书"托物言志"）

师：文学之所以为文学，就在于它往往不直接表达作者的情感态度，而是借助意象来表情达意，课文中的牡丹、菊花、莲花就是这样的意象。同学们课后阅读文学作品，也要把握文学作品的这一特征，通过文学形象，包括意象，把握文学作品的表面意思，读出其文字背后的深层含义。

（师板书"表面意思"和"深层含义"。生笔记）

师：最后一个难点也解决了。现在，请同学们有感情地读一遍课文。

（生齐读课文）

师：好，这节课就上到这儿。今天的课后作业是：找出文中带"之"的句子，解释"之"字的意思，并再举一例。好，下课！同学们再见！

生（齐）：老师，再见！

（二）案例点评

《爱莲说》是中学语文课文中的经典篇目，程翔老师的教学也是语文教学的经典范本。在执教《爱莲说》一文时，程老师利用了先读后译再提问这样三步走的形式进行文本解读。第一步解决了字音和节奏等问题，第二步通过引导学生交流、翻译，并对课文的句式以及重点字词的引申义进行了解释，第三步通过引导学生交流发言掌握了对课文的主旨和主题导向，落实到托物言志的表现手法上完成了从"表面意思"到"深层含义"的过渡。这个课例，很好地诠释了他在授课中所说"学语文就是要通过规范的训练提高语文能力和语文素养，包括书写能力、阅读能力、写作能力、思维能力等"的观点。以下总结几个较为突出的特点：

首先，注重培养学生的语文能力。对于书写能力的培养，程翔老师强调"汉字是有字理的，不能随便写"。在本课的教学中，程老师提示了"袤""颐"的字形特点，并且让学生在练习本上书写，提示注意偏旁部首、间架结构、笔顺等。每个字或词的理解和解释都清楚明白、毫不含糊，他要从语言与文字的角度给学生奠定一个文化的底子。在阅读能力培养方面，《爱莲说》这一课的教学，一开始就是从课文的阅读展开的。程老师首先进行了示范朗读，以便学生对于文本的字词读音语调节奏都有一个整体的感知和把握。接着学生进行第一次阅读和第二次的阅读，通过阅读进入文本的学习。之后，程翔老师带领学生进行最后的齐读。阅读一直贯穿于教学的始终。

其次，注重培养学生自主学习的习惯和能力。程老师在教学中不失时机地提醒学生查字典、做批注、记笔记，非常重视学生学习方法的获得。在翻译课文时，程老师让学生参与，循循善诱，课例中多次出现"你为什么这样翻译""谁来回答一下"这样的引领性的问句。他先引导学生解决字词理解和书写等问题，之后转到字词的引申义上面。通过对于引申义的明确，过渡到文言文的托物言志的表现手法上来。教学任务基本都是学生自主完成的，教师重在启发、引领，仅在必要时进行点拨。

最后，注重培养学生的思维能力。程老师在课堂上通过和学生之间的问答，帮助学生寻求事物之间内在的逻辑关系。他鼓励学生独立思考，但当学生的思路出现偏差时又给予及时引导。如何引导学生是一门大学问，如果没有对文章的具有一定高度的理解，教师是无法胜任"学生思维的引导者"这一角色的。程老师在该文的教学中，引导学生分析反衬和托物言志的写法，学习文章借助意象来表情达意的写法，引导学生透过表面意思理解深层含义。在学生体会到"作者写了三种不同的人对待生活的态度"时及时给予肯定，在学生思考为何不直接写莲花而写菊花和牡丹这一问题出现偏差时引导学生调整思路。教师就像学生在思维的大海中航行的领航人，有了这一领航人，学生才能大胆地思考而不迷失方向。

另外，程翔老师还注重对学生精神的引领，对人格发展的涵养。在教学中，程老师并没有直接告诉学生文章的主旨、也没有宣讲自己对于文章的理解，而是通过对莲花等意象和托物言志手法的分析，适时点拨，让学生自己去体会，最终学生能自己体会到周敦颐"想做有君子人格的人"，也让学生的精神受到了一次洗礼。这正如德国著名哲学家雅斯贝尔斯（K.T. Jaspers, 1883—1969）说的："教育的本质就是一棵树摇动另一棵树，一朵云推动另一朵云，一个灵魂召唤另一个灵魂。"

◆ 思考讨论

1. 语言和文化在语文教学中占有重要的地位，作为一名语文教师，如何才能让语文课堂抓住语言这一根本而且不失文化的底蕴？

2. 请结合程翔的成长道路进行思考，如何才能成为一名研究型教师。

◆ 扩展阅读

1. 程翔. 语文人生 [M]. 北京：人民教育出版社，2005.
2. 程翔. 一个语文教师的心路历程 [M]. 北京：清华大学出版社，2009.
3. 程翔. 路在脚下延伸 [M]. 北京：中国青年出版社，2010.
4. 程翔. 程翔与语文教学 [M]. 北京：中国人民大学出版社，2011.
5. 程翔. 语文教师业务素质谈 [J]. 语文教学通讯，1994（3）：40-41.
6. 李节. "特级教师不是我人生的奋斗目标"——特级教师程翔访谈 [J]. 语文建设，2011（10）：4-9.

# 第十五章 孙双金的成长之路

### 导 读

孙双金老师凭借丰厚的教育教学成果，曾获得"全国教育系统先进工作者""全国德育先进个人""全国十大明星校长"等称号。他创立的"情智语文"自成一派，在全国具有广泛影响。孙双金老师是如何成长为全国著名语文特级教师的？他为何以及如何提出"情智语文"的？通过讲述孙双金的成长之路，或许可以找到能够借鉴的经验。通过典型案例分析，能够更好地把握孙双金的教育教学思想。

孙双金，男，1962年出生于江苏丹阳，"情智语文"创立者，现任南京市北京东路小学校长、南京师范大学博士生导师。著名语文特级教师、江苏省第一批中小学正高级教师。曾荣获全国师德先进个人、全国首届十大明星校长、江苏省十大杰出青年等称号，任江苏省小学语文研究会学术委员会主任，享受国务院政府特殊津贴。事迹收入《江苏教育名人录》《中国当代教育名人录》和《全国小学语文名师精品录》。在省级以上刊物发表200多篇文章，出版了《孙双金语文教学艺术》和中华名师丛书《美丽课堂》等专著。他自成一派的"情智语文"在全国广有影响，应邀赴全国各地讲学近500场。"情智语文"是孙双金的教学主张与教学风格。"情智语文"的提出得到小学语文界的广泛关注，《中国教育报》《人民教育》《中国小学语文教学论坛》《江苏教育》等众多主流媒体均作了相关报道。

## 一、成长经历述要

（一）成长之路简介

1. 初入职时力求站稳讲台：苦练基本功

孙双金上初二时，学校调来一位年轻漂亮的女教师。学生们都很开心能够由这位漂亮老师教物理。一天在教"作用力和反作用力"时，学生们怎么也不明白下面的桥墩怎么会对上面的桥面有反作用力，就和她争论起来。这位女教师急得满脸通红，但就是讲不明反作用力来自何方。学生就要求教导主任换一位有真才实学的老师。这使得少年的孙双金心里萌生了一个念头：将来我当老师的话，一定要把知识讲得清清楚楚、明明白白，绝不允许自己急得满脸通红，而学生仍然是稀里糊涂。这可能是孙双金第一次萌生当好一名教师的念头。

1981年暑假，18岁的孙双金丹阳师范学校毕业后，怀着对未来无限的憧憬和希望走上了小学教师岗位。

刚走上工作岗位，孙双金追求上好每一节课，以便在丹阳师范附小尽快扎下根。为了这个追求，孙双金起早摸黑，备课批改。周末，他以校为家，默默钻研；节假日以家为校，读书备课。一天，孙双金走进课堂，一抬眼看到校长已端坐在教室后面。孙双金在怦怦的心跳中艰难地上完了这节漫长的课。从此，孙双金把每堂课都当作公开课来上，找资料，钻教材，选教法⋯⋯功夫不负有心人，终于有一天，校长听完孙双金上的《游击队歌》后，非常满意，逢人就夸。

因为孙双金是师范生科班毕业，于是公开课的任务就交由他来承担。一次，在正式公开课之前，要先进行一次试教课，采取的是无学生的"空试教"方式。整个试教过程问题百出。时常刚讲几句，校长就打断说："停下来！这里不应该那样提问，应该这样问⋯⋯"对于这节试教课，听课老师们指出了诸多关键问题：教学语言平淡，没有起伏和高潮，不能激发学生的情感，拨不动学生的心弦，等等。

这堂问题百出的"空试教"对孙双金的刺激很大。他原本是作为优秀师范生留在附小的，曾作为300名师范生的代表开了公开课而且效果不错。孙双金逼着自己静下心来反思：优秀教师的语言应该充满魅力，我行吗？优秀教师应有深厚的文化底蕴，我的底蕴厚吗？优秀教师应当有丰富的人文情怀，我具备吗？优秀教师应当具备扎实的教学基本功，我有吗？这些问题的答案都是否定的。生性好强的孙双金下决心要锤炼自己的基本功：字要端正秀丽，话要标准动听，要有演员的表演素质，要有导演的创造才干。

孙双金生在吴方言和北方官话方言交界处的丹阳。丹阳地方方言极其复杂，同一市内人，北边人讲话，南边人就听不懂。不仅 z、c、s 和 zh、ch、sh 不分，连 j、q、x 也区分不了。孙双金没有安于现状，而是迎难而上。为了练好普通话，孙双金给自己订了一个"三条腿走路"的计划：

一是听广播向播音员学习。一句一句地跟着广播学，模仿播音员的发音，纠正自己错误的发音。

二是从字典和语法书上寻找普通话的规律。孙双金很快掌握了大量的正确读音，提高了普通话水平。

三是练朗读。讲一口标准的普通话只是教学语言的基础，教学语言还应该要传情生动。孙双金给自己定下了每天雷打不动的两节"必修课"。在校园内，每天早晨迎着晨光就开始吟诵唐诗宋词，美文佳作。字正腔圆地读，激情澎湃地诵，入情入境地吟。晚上跟着学校一台破旧的留声机学习朗读。

孙双金在办公室黑板上开辟出一块练字栏。临柳体金戈铁骨，仿欧体圆润端庄。让写字好的同事给予点评。

孙双金的办公桌上、枕头边上堆满了古今中外的文学名著、教育名著。中秋佳节，孙双金独坐桌前，徜徉在教育书籍的海洋里。新春佳节，拜见长辈和亲友后，孙双金闭门读书，沉浸在《红楼梦》的虚幻中。

在练就过硬基本功的道路上，孙双金留下了一个个坚实的足印。

2. 成长为成熟教师：在公开课中锤炼教学艺术

1985 年的秋天，来自省内各大市的教学骨干聚集在大礼堂，听取孙双金的古诗教学。他详教《春望》，略带《闻官军收河南河北》，一悲一喜，一详一略，形成鲜明的对比，给学生以强烈的情感震撼。这节《春望》成为孙双金第一堂赢得广泛声誉的公开课。

反思这堂课成功的原因，孙双金总结了以下三点：

一是深入把握教材。为了深入把握诗歌内容，孙双金参阅了十多本书籍。研究杜甫沉郁顿挫的风格，查阅杜甫的生平事迹，梳理时代背景，揣摩对这首诗歌鉴赏分析的文章。为了吟好这首诗还专门闭门练读了两天。

二是教学设计采取大处着眼，小处着手的思路。对比式教学是大处着眼，而何处讲解、设问、吟诵，又何处留下空白是小处着手。

三是入情入境的渲染、描述、吟诵。孙双金认为情感是诗歌的生命，也是课堂教学的法宝。在课堂上打动、感染学生的是情，震撼学生的依然是情！

1988 年底，江苏省举办首届青年语文教师大赛，孙双金作为镇江市代表参加省级比赛，执教《小溪流的歌》。他采取画板画的形式，根据学生的回答，在黑板上依次画出枯树桩、小村庄、小河、海洋。课文学完，黑板上出现了一幅色彩鲜艳的小溪流彩色图画及相关文字。这节课获得了一等奖。

对于这节课,《江苏教育》给予这样的评价:"孙双金老师在讲台前风度翩翩,光彩照人。他出众的才技、缜密的思维以及和学生特有的默契,把教学活动引入了艺术的殿堂,听他的课是一种艺术享受。"《江苏教育》把孙双金的课提升到艺术的高度,这引起孙双金追问自己:艺术是什么?艺术是音乐,艺术是画面,艺术是构思,艺术是语言,艺术是情感,艺术是魅力,艺术是享受。语文教学是一门综合艺术。从此,孙双金开始聚焦研究语文教学艺术。

潜心研究教学艺术,使孙双金在1989年参加全国首届中青年教师教学大赛中又荣获一等奖。从此,孙双金走向了全国语文教学的大舞台。但很快他发现同一篇课文的教学设计,在这个地方上得很生动,但到另一个地方就上得很沉闷,甚至很吃力。孙双金陷入了深深的苦恼中,迟迟找不到问题的答案。他开始谢绝讲学邀请,重新静心反思,潜心学习,在课堂实践中探索,在理论研读上思索。

经过闭门沉寂,孙双金发现他所追求的仅仅是教师自身素养的教学艺术,局限于研究教师与教材,而忽视了对学生主体研究。孙双金开始研读关于学生主体研究的书籍。走进儿童,研究儿童学习的规律和特点,让孙双金的教学艺术又走入了新的天地。

1999年下半年的开学第一周,五年级一位教师对孙双金说,有些传统性教材没有什么意味,比较难教,希望就《落花生》这一课能上节示范课。孙双金采用借班的方式,开展以学生为主体的探讨式教学。他运用问题教学方式,在课的最后设计了"实话实说"栏目,以"现代社会,你是想做落花生式的人,还是想做苹果式的人"为话题,让学生展开辩论。由于课的前半段,孙双金已经带领着学生进行了探讨和思考,铺垫了情绪氛围,因此学生情感的闸门不断被开启,智慧的火花不断被点燃。这节课得到师生的认可。

《落花生》这节课由之前的严谨转为洒脱,从关注预设的教案,走向关注课堂的生成。

孙双金专项研究过课堂教学艺术的特征,着重论述了语文课堂教学的形象性、情感性与独创性;研究过钻研与处理教材的艺术,这是教师最重要的基本功;研究过设计教学主线的艺术,读、问、讲、评的艺术,教学评价语言的艺术,以及设计教学细节的艺术、"教学空白"的艺术、引导学生质疑问难的艺术、情感教学的艺术;等等。孙双金将其对教学艺术的研究成果凝练成了专著《孙双金语文教学艺术》,在《孙双金教学思想与经典课堂》《孙双金与情智教育》等著作中也有专项的论述。孙双金对教学艺术的研究成果既是对自身实践经验的理论提炼,也是对所阅读理论的实践转化。

3. 成长为优秀教师:形成了稳定的教学风格

孙双金对教学艺术的锤炼,对其教学风格的形成具有重要作用。形成稳定的教学风格是孙双金教学艺术趋于成熟的标志。对教学风格有意识的追求与沉淀,取决于教师个人的内在自觉。教学风格是在一堂堂语文课的实践、反思、建构与超越中形成的。

孙双金的教学风格，在不同的阶段有不同的变化。刚开始时，孙双金追求华丽、精致的教学风格。在这个阶段他更多关注的是如何让自身的基本素养赢得掌声与认可。随着教学经验的增长，孙双金对教学的认识逐步深入。他认识到，教是为学服务的，学生精彩才是课堂的成功。教师要有把自己隐藏起来的意识和艺术，把学生推到课堂的中心，让学生闪闪发光。教学风格不是教师个人的精彩演绎，不是通过教师单方面的活动所能显示出来的。教师需要与学生融为一体，与学生的发展融为一体。

听过孙双金课的教师，从不同的角度对其教学风格给出了不同的标识，如情感派、豪放派、大气潇洒、风趣幽默等。2013年，孙双金在《和青年教师对话梦想人生》一文中谈到自己喜欢和追求的教学风格是"大气潇洒"。"大气，更侧重于整体与大局。大气，是指大的手笔、视野、气度、情怀、智慧与布局。潇洒，更多地指向于教学过程，指向于教学气质，意味着教学过程收放自如，教学环节流光溢彩，教学智慧闪闪发光。"[①]

2016年，孙双金在《大气洒脱情智共生——我的教学风格与课堂文化追求》一文中，专项论述了自己的教学风格。此时他对自己教学风格的追求是"大气洒脱，情智共生"[②]。这是孙双金内在的自觉追求，也是其风格的真实写照。大气洒脱是一种境界，是从关注预设的教案，走向关注生成的课堂，是课堂教学能力炉火纯青的体现。

孙双金一直在有意识地追求自己的教学风格，并且抓住了教学艺术这个"牛鼻子"。他认为，语文教学是"一门涉及音乐、画面、构思、语言、情感、魅力、享受等丰富内涵的综合艺术。研究教学的艺术，提升艺术的境界，教学风格的形成也就在这个过程中自然而然地实现了"[③]。孙双金将自己的风格凝练为三个特点：

一是亲切而撩人心智、动人心魄。情感是孙双金教学风格的核心。孙双金认为，在课堂上，情能打动、感染和震撼到学生，深入学生的内心。因此，他在课堂上总会想办法去拨动学生情感的心弦，力求用"亲切"的风格调动学生的情绪。

二是幽默而耐人寻味、发人深省。孙双金在课堂上的幽默使得师生能在一种非常融洽的气氛中交流彼此的思想和看法。这种幽默是有智慧的、有含金量的，是能够启发学生思维的。

三是别致而引人入胜、催人奋进。孙双金认为，一节成功的课例，体现着教师对美的独特感受，对教材的个性化解读。由于学生基础与教学功能定位不同，教师需要不断探索创新，才能成为文本和学生的知音。

---

[①] 孙双金，彭荣辉. 和青年教师对话梦想人生 [J]. 福建教育，2013（40）：11-13.
[②] 孙双金，曹海永. 大气洒脱 情智共生——我的教学风格与课堂文化追求 [J]. 小学教学研究. 2016（01）：24-28.
[③] 同上。

孙双金深信，稳定的教学风格是教师成熟的标志。教师的教学风格，会深刻地影响着他的课堂，并深刻影响着学生的心灵。随着教学风格的逐渐稳定，孙双金认为，"以情感人，以智育人"，是其教学风格最鲜明的特色。一个以"情"为纽带、以"智"为核心的"情智语文"教学构想，在孙双金的脑海里逐渐明晰起来。

4. 成长为专家型教师：凝练明确的教学主张与教育思想

从教十多年后，孙双金开始思考如何形成自己的教学主张。孙双金认为，清晰明确的教学主张一般是在多年教学实践中形成的，比较成熟的教学见解和观念，比教学风格更上位，更接近于教学思想。①

在《名师的特征》一文中，孙双金认为，教学主张是"教师在长期的教学实践基础上产生的见解，蕴含着教师对教学规律的深刻把握，对教学对象的精深理解，对教学追求的理性概括，它凝聚了教师的教学理想、教学情感和教学信念"②。这是孙双金对教学主张的理解，也是其自身教学主张凝练的路径。

2003年，孙双金已经从教二十多年，在一次公开课后，他第一次提出"情智语文"的教学主张。孙双金邀请成尚荣等专家学者来听其《二泉映月》的公开课。在执教两课时之后，孙双金谈了"情智语文"以及为什么提出"情智语文"的教学主张。成尚荣对孙双金的"情智语文"教学主张给予高度的认可和充分的鼓励。自此，孙双金对于追求和完善自己的教学主张，更加坚定了。

"情智语文"得到小学语文界的广泛关注与认可，《中国教育报》《人民教育》等众多期刊媒体均作了相关报道，孙双金也对"情智语文"开始进一步梳理、提炼、深化与拓展。后来，孙双金从"情智语文"走向"情智教学"，从"情智教学"走向"情智教育"，慢慢地建构"情智管理""情智课堂""情智课程""情智校园"等理念，逐步形成了较为完整的教育理论与实践体系。

孙双金认为，教育的最终目的是培养情智和谐的人，"情智语文"就是以此为出发点的。"情智语文就是充分发掘语文课程的情感和智慧因素，调动教师的情智才能，营造积极的情智氛围，追求学生情智共生、情智和谐发展的语文。情智教学是着眼于发展学生情感潜能和智慧潜能的教学。它着力于唤起学生沉睡的情感，点燃学生智慧的火花，让学生情感更丰富、更真挚，让学生智慧更灵动、更丰厚。"③

对于语文教学，小学语文界提法很多，如"诗意语文""简单语文"等，孙双金为什

---

① 孙双金. 名师的三重境界 [J]. 小学语文教师，2019（12）：1.
② 孙双金. 名师的特征 [J]. 小学语文教学，2016（36）：56.
③ 孙双金. 情智语文理论与实践的研究（上）[J]. 小学教学参考，2007（Z1）：22-25.

么要专门突出"情智"呢？他认为有这几个方面的原因：(1) 有情有智是人的本质特点，科学精神和人文精神的融合，是现代人的两大特征，缺一不可。(2) 有情有智是语文学科鲜明的特点。(3) 有情有智是语文教学的必然要求，教学需要激发情感，需要启迪智慧。(4) 有情有智是儿童世界对成人世界的呼唤。有情有智，情智共生，是儿童发展的需求，是语文教学的呼唤，是语文学科的特点，是现代人的特征。[1]

"情"与"智"是情智语文的个性，这里面包含三方面内容：一是"情感"问题。情要从文本中生发，教师带着和作者一样的情感"披文入情"，引导学生走进作者的情感世界。二是"智慧"问题。智要从文本中来，在反复研读文本后生成智慧。在读中生疑，在思中生问，在问中生智。三是"情与智"的关系问题。情与智是互相促进、相互转化、共同发展的关系。情能促智，情能生智，同样智也能生情。[2]

对于"情智语文"的外显特征，孙双金老师凝练出了"四小课堂"的提法，即小脸通红、小眼发光、小手直举、小嘴常开。这是孙双金梦中常常出现的上课情景，也是其一直追寻的课堂状态。

情智语文课堂教学的一般模式是：(1) 入境：启动情智；(2) 感悟：生成情智；(3) 交流：发展情智；(4) 表达：展现情智。[3] 在入境启动情智阶段，让学生进入学习情景，诱发学生启动情智，让学生以良好的心境体验文章情感。在感悟生成情智阶段，要充分利用学生已有的情感经验，来推动学生对课文语言的品赏，并在品赏中使已有的"原始情感"得以发展，乃至升华。在交流发展情智阶段，让学生在情趣盎然的学习氛围中思考文字的内涵，感悟语言的魅力。教师可采用各种交流形式，让学生展示情智。比如辩论式交流、倾诉式交流或拓展式交流。在表达展现情智阶段，教师要不断地调动学生的理性思考，不断提高学生的表达能力。可以让学生进行迁移性表达，表达想象、表达感受等。

早在 1995 年，孙双金在其发表的论文中明确地谈了他的"语文好课观"，用十六字表述：书声琅琅，议论纷纷，高潮迭起，写写练练。孙双金说他是在听专家报告时，突然萌生了这一观念。之后站在学生主体角度去思考，在随课堂听课时，孙双金陡然闪现充满生命活力的好课标准。他通过实践"情智语文"阅读教学，进行总结与梳理，凝练出自己的四条教学观：(1) 让教学富有画面性或场景性。可以通过教学语言描绘出画面，也可以通过电教手段呈现出画面，还可以引导学生合理想象出画面。(2) 紧扣语言"披文入情"。可以通过咬文嚼字品意蕴、层层剥笋探情思、上下关联悟真情等方式开展。(3) 课堂要向学生的问题敞开。要让学生学会提问、勇于提问、喜欢提问，然后再让学生提有质量、有

---

[1] 孙双金. 情智语文理论与实践的研究（上）[J]. 小学教学参考，2007（Z1）：22-25.
[2] 同上.
[3] 同上.

价值、有深度的问题,即所提问题要有助于理解文本的核心或深层意义,这样学生才能真正走进文本。(4)教学是挑起矛盾冲突的艺术。教师要能捕捉到隐藏在文本中的各种矛盾冲突,还要能够调动学生在发现这些矛盾冲突中,启迪智慧,深化情感体验。① 总之,"心中有情,目中有人,脑中有智,手中有法"②,这是"情智语文"的特征。

孙双金的课程观主要体现在他所建构的"12岁以前的语文"。课程内容主要由"三大石块"组成:第一块是国学经典,第二块是诗歌经典,第三块是儿童文学经典。

孙双金提出的"情智教育",其最高理念是"情智交融,和谐共生"。情智语文有两大追求:其一,追求在最佳的时间教给学生最好的语文,解决教什么的问题;其二,追求用最好的方式让学生乐学语文,解决怎么教的问题。③ 对课堂状态的描述,除了"四小课堂"外,孙双金还提出了"登山课堂"。情智课堂是"登山课堂"④,要攀登"三座大山":知识的高山,思维的高山,情感的高山。

在追求教学主张的过程中,孙双金遇到了重重困难与种种困惑,也会感到挫败与沮丧。幸运的是,成尚荣先生与导师杨九俊先生总是不断地给予孙双金鼓励和点拨。2009年,孙双金入选了江苏省教育厅打造的首批"人民教育家培养对象"。导师组组长杨九俊作为导师勉励他们要有教育追求:"要寻找属于自己的句子"。他曾评价孙双金说:"孙双金的'情智语文'就是属于自己的句子,就是自己个性化教学主张的表达。"首批"人民教育家培养对象"培训班结业后,孙双金成为了第三批"人民教育家培养对象"的导师,又得以有机会跟着杨九俊先生学习了五年。在这十年中,孙双金学习杨九俊先生的情怀、思想,还有研究方法。这促使孙双金教学主张和实践更加有效,并逐步形成较为深刻的教育思想。

(二)分析与借鉴

从孙双金的成长经历,可以发现其实现专业成长、成就专业梦想的很多密码。比如,同伴互助,协作团队优秀,工作群体和谐,善于借助所在群体中的优势丰富自我。但这些都只是重要的外在因素,更重要的还是他自身的内在追求与坚定的毅力。解析孙双金的成长之路,可以带给我们以下几方面的启示。

1. 自我追求:名师成长的内在动因

孙双金出生在农村,生活空间是有限的,接触到的杰出人物同样也是有限的。在学生

---

① 孙双金. 我的语文教育观 [J]. 语文世界,2011 (4):7-8.
② 孙双金. 情智语文理论与实践的研究(下)[J]. 小学教学参考,2007 (10):18-20.
③ 孙双金. 情智语文的追求 [J]. 基础教育参考,2010 (03):36-37.
④ 同上。

时代，孙双金认为，了不起的人物就是学校的老师。所以，成为一名教师，就成了孙双金少年时心中的梦想。

初中时，漂亮的物理女教师因给学生讲不清反作用而急得面红耳赤，最后只能被换掉。这件事让孙双金心里暗下决心，以后自己当老师一定要能够给学生讲清楚，做一个优秀教师。事如所愿，孙双金进了师范院校，并在此期间得以有机会大量读书积淀自己。

毕业后，孙双金被分配到江苏省丹阳师范学校附属小学。同年调入附小的，还有一批"文革"前的师范毕业生。他们专业能力扎实，教学经验丰富，是各个学科的教学骨干。在这强手如林的群体中尽快立足，赢得大家的认可，成了孙双金入职教师岗位后的第一个梦想。于是，孙双金主动向身边的优秀教师学习：学习陈宏发老师漂亮的粉笔字，学习王冰峰老师极其工整的美术字。在自己办公室的黑板上开辟出一块练字栏，写完就请陈老师和王老师来点评。陈茹芳老师班队工作经验丰富，深受学生喜爱、同事好评，孙双金就向陈老师讨教。孙双金不断地充实和提升自己。两三年的工夫，在附小就完全站稳了脚跟，还成了学校公开课教学的"专业户"。

练就扎实的基本功，站稳了脚跟，孙双金又萌生第二个梦想：成为一名优秀教师。为了提高教学技能，孙双金开始研读于永正、贾志敏等名师案例。一个环节一个环节地细致研读。对自己的课堂采取微格方式，细致打磨每个教学环节与教学细节。在对细节的极致追求中，一堂堂优质课逐步诞生。

打磨好课堂教学艺术，并在全国上公开课后，孙双金另一个梦想又萌发了：成为一名语文特级教师。自此，他又一头扎进了语文教育研究的书海中。他曾反复研读朱作仁的《小学语文教学法原理》中关于课堂教学艺术的章节不下五遍。案头常放着魏书生的专著、苏霍姆林斯基的《给教师的建议》、叶圣陶的文集等作为重点研读的书籍。品读大师，极大地提升了孙双金的理论素养与文化视野。

在成为特级教师后，于永正老师曾对孙双金说过这么一句话："小孙啊，特级教师也是分层次的，有一般特级教师，有著名特级教师。你想做什么样的特级教师呢？"于老师的话又促使孙双金有了新的追求。新的梦想与追求在远处不断地召唤着孙双金，他享受着这幸福的追梦旅程。

2. 读万卷书：名师的深厚底蕴是书堆起来的

纵观孙双金的阅读与成长历程，可以发现名师的底蕴真的是书堆起来的。正如孙双金自己所说的，他课堂成功的奥秘之一就是"读万卷书，课外练功"。只有认真阅读了古今中外教育家的思想后才能逐步形成自己的教育思想。

孙双金心中一直都有一个坚定的信念：我做语文老师，一定要做最好的语文老师！因此，孙双金一直如饥似渴地读各种书籍，总是会去揣摩，去实践，将书上的精华内化为自己的教学底蕴。根据自己的阅读与成长经验，孙双金曾在《今日教育》上给教师开出了阅读书单[①]：第一是专业类书，第二是文学类书，第三是心理学类书，第四是美学类书，第五是哲学类书，第六是兴趣类书。这也是孙双金自己阅读史的一个缩影。孙双金曾在《人民教育》发表文章——《成功，就是比别人多读一本书》。他认为，教师应该是一位博览群书的"杂家"，又应该是一位熟读本专业书籍的"专家"。

孙双金小学与初中阶段是在"文化大革命"中度过的，基本没有学到什么。高中两年也没有机会读多少书。但爱看书的天性一直根植于他内心。读师范两年，他的课余时间基本上是在图书室里度过的。他的枕边总放着几本喜欢的书，睡觉前总要看一会儿。

《阅读和欣赏》是孙双金在师范读书期间和刚开始工作时常读的期刊。对于像孙双金这样很少听到、看到名师讲学的人来说，这期刊无疑是雪中送炭。一期期地读下来，他的阅读和欣赏的品位和水平在潜移默化中得到了提高。工作后，孙双金专门订了《阅读和欣赏》，这使得孙双金走上了阅读欣赏的快车道。

1992年暑假，苏州实验小学特级教师庄杏珍到孙双金的母校丹阳师范学校讲学。庄老师把《红楼梦》中400多个人物分析得头头是道，这使得孙双金领悟到庄老师能成为著名特级教师的奥秘，那就是得益于极其深厚的文学底蕴。孙双金暗下决心，开始研读《西游记》《水浒传》《三国演义》《红楼梦》等文学名著。即使过春节，拜完年后他就立马躲在家里读《红楼梦》。

孙双金还研读教育类的书籍。苏霍姆林斯基的《给教师的一百条建议》他读了不下七八遍了，孙双金每读一遍总有新的感悟，且是百读不厌！从孔子的《论语》到朱子的论著，从陶行知的平民教育到叶圣陶的语文教学，从大教育到语文学科，步步打通。

孙双金徜徉在文学、教育、美学、哲学等各类书海里，经历着迷惘、惊喜、沉思与豁然。这为孙双金各个阶段的突破与发展奠定了深厚而扎实的功底！

3. 上万堂课：名师成长的实践基石

孙双金对教学艺术的锤炼，对教学风格的追求，对教学主张的凝练，对教育思想的深化，都是在各种形式的公开教学实践中逐步实现的。

师范第二年实习前夕，学校要选拔两位同学上公开课。经过层层筛选，孙双金成为登台执教者。在丹阳师范附小执教了《雨中》，并取得成功，给师生留下较好的印象。

1981年，工作第一年，学校领导让孙双金担任学校大型公开课教学。在试教时，全校教师集中在教室内听孙双金"空试教"。一双双审视的目光叫孙双金心中直发虚，试教

---

① 孙双金. 我喜欢追问[J]. 今日教育，2013（Z1）：60-61.

课失败了，但他却没有因此气馁，而是在失败中汲取经验：台上十分钟，台下十年功，自己需要更加刻苦扎实地练习基本功。

为了站好讲台，孙双金开始苦练基本功。迎着朝霞诵读唐诗宋词，晚上伴着收录机字正腔圆地练习普通话。办公室黑板上辟出练字栏，每天一诗，练习粉笔字。办公室的同事人人成了孙双金的书法老师。孙双金从现代汉语中寻找中国汉字的读音规律，从同行清秀的楷书中揣摩汉字的间架结构。渐渐地，孙双金的朗读得到了认可，粉笔字得到了赏识。课堂上，孙双金常用自己的录音作为教学资源，甚至也常有其他老师借用。之后的公开课上，孙双金的字也常是被称赞一项内容。1988年，孙双金参加丹阳市、镇江市、江苏省青年教师课堂教学比赛，一路拔得头筹。1989年，孙双金又代表江苏省参加全国首届中青年教师阅读教学大赛，获得一等奖。在一次次的公开课中，孙双金不断得到新的成长。

4. 研究探索，理性提升：名师成长的必由之路

孙双金之所以能取得如此之多的成果，很重要的原因就是他一直走在研究探索、理性提升的路上。从教第二年起，他就接受学校的教改任务，承担"作文素描"的试验任务，并进行"三位一体，同步改革"的科学实践，均取得显著成效，在市内外被推广。他的实验报告曾几次在省级以上的研究会上被研讨交流。为了上好一节试验课，孙双金既当编剧、导演，又当演员、观众。多少个夜晚，躺在床上绞尽脑汁地设想素描的内容；多少个白天，为修改教案而伤透脑筋。用他的话说是"五年的实验，为我的教学撒下了灵性的种子，打下了勤奋执着的精神底色"。在教学研究中发展，这是所有教师成长的"最佳路径"。

教师要成为教育家，一个重要的标志是要有自己的思想。孙双金一直是教育的思考者。孙双金比较喜欢追问，爱思考，不喜欢人云亦云，喜欢追问真相，喜欢追问规律，喜欢追问本质。[①] 这究竟是孙双金的天性，还是后天在读书中涵养成的，他自己也说不清。但这样的性格陪伴了他几十年。这让孙双金走上研究与探求之路，让他始终能够保持自己独立的思想。

作为语文教师，面对语文教育中出现的种种问题，孙双金想要有所贡献，便计划以校为本，建构小学语文教育新体系。2009年暑假，孙双金组织学校的语文教师，聘请学者专家，编就了一套语文校本教材。该教材以国学经典、诗歌经典和儿童文学经典为三大板块，作为现行语文教科书的重要补充，建构12岁以前小学语文教育的课程体系。2009年《人民教育》第21期发表了孙双金的文章：《13岁以前的语文——重构小学语文教育体系》(后改为"12岁以前的语文")，引起了全国小学语文界的广泛关注，被一些学者专家

---

① 孙双金. 12岁以前的语文——我的教学主张 [J]. 江西教育，2014 (Z5)：17-18.

称为是"小学语文教育的一场变革"。

孙双金渴望成功,在平时的教学中不断地尝试与探索。在40年的从教历程中,孙双金身上发生了很多小故事。这些小故事中蕴含着孙双金成长的哲理。它们是孙双金从教历程中的一粒粒珍珠,像一个个台阶垫起了孙双金教育的高度,照亮了从教前行的道路,帮助孙双金攀登一个个高峰,走向高远。

## 二、教学案例简析

(一) 案例展示

### 放慢学,让童心遇见诗心
——五上《山居秋暝》教学实录①

**一、学习"暝"字,理解诗题**

师:同学们,看板书,什么字?

生:"日"。

师:一个"日"右边有一个秃宝盖,秃宝盖下面再加一个什么?

生:"日"。

师:又是一个"日"。在"日"的下面有一个"六",这个字读什么?

生:暝(míng)。

师:"暝"字有两个太阳,左边一个太阳,右边秃宝盖代表山,太阳落到了山下,下面的"六"代表人家居住的房屋。这时的太阳已经紧紧挨着居住的房屋了。这个"暝"是什么意思?(生说)

师:说得真好。日落、天色将晚的时候,也就是我们通常讲的傍晚时分。这个"暝"就是指傍晚时分。那么"暝"前加一个字(板书:秋暝)就是——

生:秋天的傍晚。

师:交代了时间是秋天的傍晚。那么秋天傍晚前面又加一个"山"字,"山秋暝"谁连起来解释?

生:山中秋天的傍晚。

师:给他掌声。山中秋天的傍晚是"山秋暝"。我在中间再加一个字"居",(板书:山居秋暝)什么意思?

---

① 孙双金,姜树华.放慢学,让童心遇见诗心——五上《山居秋暝》教学实录及评析[J].小学教学设计·语文,2021(07):33-38.

生：居住在山里看到了秋天傍晚的景色。

师：给他掌声。你们现在都居住在哪里啊？

生：杭州。

## 二、谈论王维，聚焦诗人

师：很多人都想居住在北上广这样的一线大城市中，他为什么要居住到山里呢？这个想居住在山里的人是谁呢？

生：王维。

师：谁知道王维？来介绍一下他。

生：王维被称为"诗佛"，因为他的很多诗歌里面带有佛味。

师：这信息很重要，王维被人称为"诗佛"。唐朝的大诗人很多，有诗仙——（生答），有诗圣——（生答），有诗佛——（生答）。

师：你还知道哪些？

生：王维在晚年十分信佛，他被称为田园派诗人。

生：我知道他精通诗、书、画、音乐等，存诗400多首。

师：王维是一个全才，不仅诗作得好，画也很好，是山水画的代表人物。

生：我知道王维生于701年，死于761年，字摩诘。有一句话这样评价：李白是天才，杜甫是地才，王维是人才。

师：给他掌声。他说了一个很重要的概念，王维是诗佛。（板书：诗佛）什么样的人才能被称为"诗佛"？你奶奶信佛，她能被称为"诗佛"吗？

生：不能。有两点，一是诗作得多，还有一点是他精通佛教。

师：不仅诗作得多，还要写得好，要精通佛教，这样的人称之为"诗佛"。更重要的是他的诗中有"佛味"。那么"诗佛"的诗到底有什么"佛味"呢？我们先看看王维以前写过的诗。跟着老师读一读。

生：空山不见人，但闻人语响。

生：中岁颇好道，晚家南山陲。

师：他在中年的时候特别信奉佛教，到晚年就住到了山里去。

生：羡君栖隐处，遥望白云端。

师：我不羡慕你住在北京，我也不羡慕你住在杭州，王维羡慕人住在哪里？

生：住在山里。

## 三、调动体感，体会"清新"

师：哦，像一个隐士一样住在山中，坐在那里悠闲地看着天上飞来飞去的白云。这就是"诗佛"王维。我们一起走进今天这首诗《山居秋暝》。

师：谁来给我们朗读一下这首诗？（一生读）

师：孙老师也给大家读读。（示范朗读）集体朗诵一下。

（生齐读）

师：我们先走进这首诗的第一句——空山新雨后，天气晚来秋。秋天的山林突然下了一场新雨，在这样的山林中行走，你有什么样的感觉？

生：神清气爽的感觉，脑子中的烦恼一下子都没有了。

师：给他掌声。空气是那样清新，给人神清气爽的感觉。

生：周围的景物在雨后非常优美。

师：树叶被雨水刷得干干净净，青翠欲滴，多么迷人。

生：有一种与世无争的宁静感。

师：那我们就带着这样的宁静、舒爽、心旷神怡的感觉把这一句读一读。

生：（齐读）空山新雨后，天气晚来秋。

师：一场新雨把空气洗得干干净净，空气是多么清新！（板书：清新）

### 四、想象画面，感悟"清幽"

师：诗人被这样迷人的山景迷住了，久久不愿离去，在其中徜徉、漫步、徘徊。走啊，走啊，天黑了，明月升起来了。诗人又看到了怎样的画面呢？

生：（齐读）明月松间照，清泉石上流。

师：你仿佛看到了什么样的画面？

生：我仿佛看到了一轮明月挂在天空上，它非常明亮，非常纯洁。泉水流经身旁有"哗啦哗啦"的声响，非常悠闲。

师：她看到了明月的纯洁，也听到了泉水的叮咚声响。

（生说）

师：是呀，大家看到皎洁的明月挂在天空，从松间看去若隐若现。那斑斑驳驳的月光洒在石板路上，忽隐忽现。还听到了那泉水从自己的脚下流淌，传来叮咚的声响。这就是苏东坡称赞王维的诗，叫"诗中有画"（板书）。

师：王维的诗有一个鲜明的特点，就是非常鲜明的画面感。读了他的诗，我们眼前就会浮现出一幅幅画面。这就是一幅典型的画面——"明月松间照，清泉石上流"。

（生齐读）

师：如果我是诗人，我把王维的诗改了，你们听我改完后的诗句和王维的诗有什么不一样。"明月当空照，清泉石上流。"你感觉有什么不一样？

生：原本是"松间照"，从松树间照下来，我脑子中感觉有那种斑斑驳驳的影子，十分美丽。如果是"当空照"，那么松树一下子就没有了，也就没有了那种斑斑驳驳的感觉。

师：掌声。"当空照"看不到松林，看不到若隐若现的月光，这是她体会的。

生：如果是"明月松间照"的话不仅可以写出明月，也可以写出松树，周围不是十分空旷，比较有情趣。

师："当空照"的时候，月亮明晃晃的，没有任何的遮挡，而在"松间照"，你就会感觉到这个环境特别怎么样？

生：如果是"松间照"，就会感觉到这个环境非常幽静。我还有一个想法，这个月亮透过松树，光线洒落到清泉上面，这样在脑海中有一幅特别美的画面。

师：给她掌声！她说在松间看明月，那种斑斑驳驳，那种若隐若现，那种恍恍惚惚，置身于这样的松林当中看明月，特别幽静。说得真好！和"明月当空照"的感觉那是不一样的。如果说一场新雨让山林特别清新，那么这一轮明月就让人感受到特别"清幽"。

（板书：清幽）

师：这个月的13号正好是阴历的九月十五，那天我散步回来，走在小区的道路上，抬头一看，哎呀，一轮橙色的月亮挂在天空中，被乌云遮住了一小半，露出了它的大半个脸，特别美。我一看还以为是太阳出来了呢，于是我就在小区的路上欣赏。路上没有任何遮挡，月亮慢慢升起，那真叫"彩云追月"。后来，我走进了小区幽静小路中，透过树木的空隙再看月亮的时候，忽隐忽现，斑斑驳驳，此时我感觉到我的小区是多么的幽静、清幽。当然，那天没有下雨，小区的石板道上没有泉水流动。而王维不仅能看到"明月松间照"，还能听到"清泉石上流"。那真是人间仙境。我们再来读一下。

生：（齐读）明月松间照，清泉石上流。

**五、比较品味，领悟"清纯"**

师：一场新雨特别地清新，"明月松间照"环境格外地清幽。那么这首诗当中仅仅只有景吗？还有没有人呢？我们来看一看第三句。

（生齐读第三句）

师："竹喧归浣女，莲动下渔舟"是什么意思？谁来解释一下？

生：竹林中传来了洗衣女的喧闹，那是洗衣的女子归来了。

师：哦，先闻其声再见其人。

生：之所以莲花都动了，是因为有小舟在航行。

师：看到了那莲叶在轻轻地摇动，诗人想到那是捕鱼的渔民们回来了。听到竹林中响起了喧闹的声音，知道是浣洗衣服的姑娘们归来了。先闻其声后见其人，先见其动后见其人，写得特别美，我们一起来齐读。

（生齐读）

师：诗人为什么用这个"喧"字？为什么用这个"动"字呢？如果也让你做一个小诗人，不用"喧"不用"动"，你可以用什么词呢？前后四人讨论一下。

生：竹闹归浣女，莲开下渔舟。

师：你为什么用这个"闹"？

生：就是有声音，有一些喧闹。

生：竹调归浣女，莲颤下渔舟。

师：你很独特。什么"调"？

生：音调的调。

师："竹调归浣女，莲颤下渔舟。"怎么解释？

生：竹子中传出了一声声曲调。

师：你的想法很独特，有意思。再来。

（生说）

师：你们说了这么多的词语，和王维的"竹喧归浣女，莲动下渔舟"比一下，你更喜欢哪一个？

生：我认为王维的比较好。因为这些洗衣服的女孩子在喧闹玩耍。"莲动下渔舟"就是在轻轻地摆动，有一种意境美。

师：她说得特别好。她从"喧"字听到了那洗衣女孩归来时欢乐的银铃般的笑声。你从"喧"字中还听出来洗衣归来的女子什么样的声音？

生：我听到了洗衣姑娘们喧闹玩耍欢快的声音。

师：你感觉到这是一群什么样的姑娘？

生：我感觉这是一群仙女一样的姑娘。

师：给他掌声。这样的想象真好！

生：我听到她们洗衣服时用手拨起的水声，我认为她们是一群心灵手巧的姑娘。

师：是心灵手巧的姑娘，是无忧无虑的姑娘，是淳朴美丽的姑娘。月亮照下来，这些姑娘踏着月光，在月光下欢声笑语，嬉嬉闹闹。山里的姑娘是多么淳朴、多么质朴呀！如果用一个词概括一下这群姑娘，你会用什么词？上面空气是清新的，环境是清幽的。那这群姑娘是怎么样的呢？

生：清纯的。

……

师：这一群姑娘是这样的质朴、这样的淳朴，是多么"清纯"。（板书：清纯）王维看到了"空山新雨后"，看到了"明月松间照"，看到了"竹喧归浣女，莲动下渔舟"。看到了这么美的景，这么淳朴的人，他心里产生了什么想法呢？我们齐读最后一句。

### 六、结合背景，深悟"清雅"

生：（齐读）随意春芳歇，王孙自可留。

师："春芳"是什么意思？

生："春芳"就是指春天的芳香。

生：春芳已经流逝了。

师：是的，春天的美好景象已经消逝了。那么王维对于春天流逝是什么态度呢？他前面用了一个词叫"随意"，"随意"是什么意思？

生：无所谓。

师：你随意地流吧，你走吧。春天走了就走了吧！

生：我觉得是随便。

师：你随便走吧，这就叫"随意春芳歇"。我们一起读。

（生齐读）

师：王维为什么对春天美好的芳华走了不在意呢？

生：因为我认为他想留在这里，留在这里就会有很多个春夏秋冬。

师：春天走了有什么季节？（夏）夏天走了有什么季节？（秋）现在就是——秋天。秋天美不美？美在哪里？空山——（新雨后），天气——（晚来秋）。明月——（松间照），清泉——（石上流）。竹喧——（归浣女），莲动——（下渔舟）。你看秋天的景色不也是很美吗？春天走了就走了吧！秋天的景色有新雨，有明月，有松林，有清泉，有竹子，有青莲，有浣女，有渔民，这些都在陪着"我"。所以"随意春芳歇"。读下面第二句"王孙自可留"。

（齐读）

师：这一句话是从《楚辞》中的话改编过来的。原来《楚辞》中的一句话是："王孙兮归来，山中兮不可以久留。"一起读。

（生齐读）

师：因为在那个年代好多人做隐士跑到山里去，为了把隐士给召回来，诗人就写了一首诗，劝解他们不要留在山里，山里有虎狼豺豹，山里的环境也不好，你们快回来吧！所以说："王孙兮归来，山中兮不可以久留。"我们再来一起读。

（生齐读）

师：诗中说"不可以久留"，但是王维把它改成"王孙自可留"。"王孙自可留"是什么意思？

生："王孙"指贵族的意思，王维自己还想留在这里。

师：春天的芳华你随意消逝吧，我就想留在这里，不想回去当官。王维为什么不想回去当官，却想留在这里呢？有谁知道？

生：因为在这里十分悠闲自在。

生：因为官场里有许多小人会诽谤你，让你的大志沉沦消逝。

师：官场是那样混乱，尔虞我诈，小人诽谤，他实不愿意再过那样的生活了。

生：这里有许多的浣女、渔民，环境很美，而且很多人都愿意住在这里。

师：哎呀，王维再也不想回到官场过那种尔虞我诈、污浊的生活，他就想留在这清新的山林之中，清幽的明月之下，清纯的山民之中。他想留下来过什么样的生活呢？你能不能也用一个词语概括一下？

生：隐居的生活。

师：看看上面是"清新""清幽""清纯"。

生：我认为他想过清闲的生活。

生：我认为他想过清净的生活。

生：我认为他想过清隐的生活。

师："清闲""清净""清隐""清美"，我再给同学们一个词语——"清雅"。（板书：清雅）一起读。

（生齐读）

师：是呀，王维给我们创造了一种宁静美，一种清新、清幽、清纯、清雅的人间仙境。让我们再把这首诗一起朗诵一下。

（生齐读全诗）

### 七、吟唱积累，品味升华

师：诗的第一句第一个字就是——空（板书：空）。这种环境用一个词语来形容一下，你觉得王维给我们创设了一个怎样的境界？用"空"组成一个词。

生：我认为应该是一种空灵的境界。

师：给她热烈的掌声。（板书：空灵）王维作为"诗佛"，在他的诗中往往充满了空灵的境界和空灵的氛围。他的空灵不是虚幻的，他以"清新""清幽""清纯""清雅"而落实了他的空灵。王维对"空"字有着格外的情怀，他的好多诗句有"空"字。我们读读。

（生齐读）

人闲桂花落，夜静春山空。

山路元无雨，空翠湿人衣。

峡里谁知有人事，世中遥望空云山。

师：好诗总有人给它谱曲，你听。（播放歌曲《山居秋暝》，学生老师一起吟唱，把课堂带进了诗歌的意境）

师：不仅那些有"空"的诗句充满了空灵，那些没有"空"的诗句仍然充满了空灵的境界。你听。

（教师配乐示范朗读《竹里馆》）我们一起朗诵。

（生齐读《竹里馆》，师生全都沉浸在空灵美妙的情境之中）

师：王维通过明月、清泉、竹林、松间给我们创设了一种超凡脱俗的高洁境界，"此中有'深'意，欲辨已忘言"。

（二）案例点评

《山居秋暝》所蕴含和传达的"佛心"对十多岁的孩子来说是难以体会与感受的。孙双金通过探索、体验、感受、想象与品味等多种手段，带领着学生一步一步"登山"，抵达诗心。整堂课，学生品读"诗味"，体验"诗境"，领悟"诗心"。学生始终站在课堂的中央，孙老师始终在学生身旁守望着，伴着微笑、期待与赞赏。

（1）聚焦诗题，讨论诗人，感受诗意

品读诗味是诗歌教学的重要内容。孙双金从诗题"山居秋暝"入手，让学生从诗题中意会特定时空。从字源学的角度，带领学生品赏"暝"字，理解其字意"傍晚时分"。这时学生开始感受到诗意。然后通过逐步加字，让学生逐步领会到诗题所传达出的僻静、清凉、悠然的感觉："秋暝"，秋天的傍晚；"山秋暝"山中秋天的傍晚；"山居秋暝"，居住在山里看到了的秋天傍晚的景色。

孙双金抛出问题"这个想居住在山里的人是谁呢？"引导学生从关注环境到关注居住在这个环境里的人，即王维。对作者的介绍也意在突出诗味。从王维的称号"诗佛"、名号"摩诘"以及相关诗句引领学生聚焦诗人，讨论诗人，来感受诗人与诗句的诗味。王维的诗画印证了"诗佛"的心境。这奠定了学习本诗的氛围和情感基调。佛性的"诗味"洋溢在教室，荡漾在学生的心中。

（2）层层递进，体悟诗境

体悟诗境是诗歌学习的重要路径。孙双金通过多种方法引领学生由体感到想象，再到品味，最后到感悟，层层递进地体悟诗境。具体来说是按照以下四步来逐层推进的。

第一步调动体感，体会"清新"。首先是让学生朗诵整首诗歌，初步整体感悟。接着带领着学生走进诗的第一句。"秋天的山林突然下了一场新雨，在这样的山林中行走，你有什么样的感觉？"，通过这一问，激发学生结合生活经验来讨论诗句所传达出的感受：空气清新，树叶青翠欲滴，弥漫着一种与世无争的宁静感。然后，让学生带着这份宁静与心旷神怡的感觉齐读后两句。最后，水到渠成将学生的感受聚焦凝练为"清新"二字。

第二步想象画面，感悟"清幽"。孙双金首先设计一个引导想象画面的问题：诗人被这样迷人的山景迷住了，久久不愿离去，在其中徜徉、漫步、徘徊。走啊，走啊，天黑了，明月升起来了。诗人又看到了怎样的画面呢？孙老师让学生齐读"明月松间照，清泉石上流"，讨论仿佛看到怎样的画面，引出苏东坡对王维诗歌的评价：诗中有画。然后，采取改诗句的方式，将"松间"改为"当空"，让学生体味有什么不一样，从而引导学生更加深刻地感受"松间"所传达的意境。最后，孙双金向学生用诗意的语言描述了自己亲身经历的类似的情境。自此，孙老师引领着学生在诗词改写对比中感受到第二个关键词"清幽"。

第三步比较品味，领悟"清纯"。孙双金带着学生品味第三句，由第二句关注所写的景转到品味第三句所写的人。通过换字游戏，来感受原句"喧""动"的妙处。学生由"喧"讨论出"闹""调"等字，由"动"引出"摇""摆""颤"等字。学生沉浸在换字游戏中，并品味着山中生活的朴实、率真与无忧无虑。"竹喧""莲动"增添了几分生活的情趣，显现出山里人家的"清纯"。通过换字对比，孙双金带领学生感受浣衣女子们充满生活的情趣，提炼出第三个关键词"清纯"。

第四步结合背景，深悟"清雅"。孙双金让学生齐读最后一句来揣摩：看到了这么美的景，这么淳朴的人，诗人心里产生了什么想法呢？将通过想象画面感悟清幽的美景，比较品味领悟清纯的山里人家，转向深悟诗歌所要传达的内心追求。品读"随意""春芳歇"，感受对春天美景逝去的淡然，因为秋天的景色有新雨，有明月，有松林，有清泉，有竹子，有浣女，有渔民。"王孙自可留"改自《楚辞》中的："王孙兮归来，山中兮不可以久留。"孙老师让学生体味王维再也不想回到官场过那种尔虞我诈、污浊的生活。对于山中的生活，学生总结出"清闲""清净""清隐""清美"的特点，孙老师据此凝练为更为精准的"清雅"一词。诗中传达了一种宁静美，呈现了一种清新、清幽、清纯、清雅的人间仙境。学生带着这种感受朗诵整首诗，再次深切感悟。

这四步教学设计，顺着诗句逐步展开，推进学生对"诗境"的深入体悟。每一步都有明确的抓手，想画面，品美景，悟深情。从初步感知到比较领悟，学生对诗词意境的理解渐入佳境。

（3）循循善诱，品悟诗心

诗歌所要表达的情感、情怀与情思，是诗歌阅读要通达的诗心。孙双金将《山居秋暝》诗心落在"空"字上。在赏景悟情的基础上，孙老师抓住诗词开头的"空"字，让学生描绘诗人王维创设了一个怎样的境界，进而体会到空灵之感，再回到课堂伊始时对王维诗佛的认知。至此，学生对这种空灵感受是清新、清幽、清纯与清雅的。王维对"空"字有着特别的情怀，他的好多诗句有"空"字。孙双金引导学生结合王维的其他诗句来佐证这种空灵，如"人闲桂花落，夜静春山空"，"山路元无雨，空翠湿人衣"，"峡里谁知有人事，世中遥望空云山"。

课堂最后，师生通过吟唱，品味升华这种空灵感。空灵的音韵，空灵的歌声，师生全都沉浸在空灵美妙的情境之中。"空山"并不是一无所有，而是有着"明月""清泉""竹林""松间"等美景，能让精神世界得到满足。在这里并不会感到孤单，一切都是可以互动的朋友。学生透彻地感受着"诗佛"眼中景与诗中情。孙双金耐心且智慧地引领着学生抵达诗心。

### 思考讨论

1. 在语文教学中，如何培养和发展学生的文本解读能力？

2. 结合孙双金对"情智语文"提出、发展、深化与完善的历程，思考语文教师如何凝练和实践自己的教学主张。

### 扩展阅读

1. 孙双金. 情思激荡高潮迭起：孙双金情智教育语文课堂12例［M］. 北京：开明出版社，2021.

2. 孙双金. 孙双金与情智教育［M］. 北京：北京师范大学出版社，2015.

3. 孙双金. 孙双金教学思想与经典课堂［M］. 太原：山西教育出版社，2005.

4. 孙双金. 聚焦艰难学《长征》，感受红军豪迈情——《七律·长征》（六上）教学［J］. 小学语文教学，2022（Z1）：81-85.

5. 孙双金. 诗教文化视野下的组诗教学漫谈［J］. 福建教育，2022（01）：45-48.

6. 孙双金. 紧扣文体特征，聚焦人物形象——《穷人》（六上）课堂实录及教学反思［J］. 小学语文教学，2021（28）：16-23.

# 第十六章 薛法根的成长之路

◆ 导 读

著名语文特级教师薛法根是如何从一名普通的中师毕业生成长为全国语文模范教师和"苏派语文教学"的杰出代表的呢？让我们沿着他的成长足迹，研究和品味他的成长历程，从其不断学习、不断探索和不断超越自我的求索足迹中，读懂薛法根的专业成长之路，进而探究做一位名师的内在要求和成长规律。

薛法根，男，1968年生于江苏吴江，江苏省小学语文特级教师，正高级教师，现任苏州市吴江区程开甲小学校长、吴江区组块教学研究室主任。曾获全国模范教师、江苏省先进工作者、江苏最美教师、江苏省首届名教师、苏州市教育名家、江苏省有突出贡献专家等荣誉称号。从教30多年来，扎根乡镇教育，坚守教学一线，将一所普通的弄堂小学建成了知名的教育集团，探索了一"带"一"路"的集团化办学模式，实现了成员学校优质均衡的一体化发展。他的语文课"教得轻松、学得扎实"，形成了"清简、厚实、睿智"的教学风格。原创小学语文组块教学，主张"为发展言语智能而教"。主持完成国家社科基金项目等6项课题，获江苏省教学成果奖特等奖及国家基础教育教学成果奖二等奖等奖项。创造了200多个经典课例，成为"苏派"教学的杰出代表。

## 一、成长经历述要

（一）成长之路简介

对于薛法根的成长之路的介绍，主要从以下五个方面进行概述。

1. 求学阶段：初步奠定教师所必需的品质、能力与专业精神

薛法根从小就梦想做一位受人尊重的教书先生。因为在桃源乡下，村里识字的只有会计和教书先生。而教书先生教人识字读书，调节纠纷，句句在理，无人不服。

薛法根读小学时有一位代课老师钮才良，小学毕业，普通话带着方言，但写得一手好字。在农闲时，钮老师就帮村民们写字。在操场上一溜排开，在各种家具和农具上写上各家各户的名字，作为记号。场面很有气势，很让人自豪。于是薛法根便偷偷地模仿钮老师的字，在奶奶的衣橱面板上用黄泥巴来写，或者偷偷捡起老师扔掉的粉笔头，在木板上模仿练习。在小学阶段，薛法根的毛笔字就已经写得很像样了。薛法根认为一个好老师，一定要有一点绝招，能够让孩子们敬佩不已，对孩子产生潜移默化的影响。

初中时的施之寿老师，薛法根对其所教的知识都忘记了，但其教过的歌还记得，一直留在童年的记忆里。因为施老师唱歌的声音软软的，甜甜的，让人听了很舒服。薛法根虽然五音不全，老走调，但也禁不住全身心跟着歌唱起来。因此薛法根认为，一个好的教师，能够留给孩子的，不是冰冷的知识，而是人世间最美好的情感记忆。在初中毕业前夕填写志愿时，薛法根毫不犹豫地填写了江苏省新苏师范学校。

薛法根的父母是地地道道的农民，不识字，但他们的淳朴、善良与勤奋对薛法根产生了潜移默化的影响，并成为薛法根的精神底色。勤奋是母亲给予薛法根的最珍贵的财富。在小学和初中阶段，薛法根起早贪黑地用功学习。这让薛法根懂得"只要肯做事，总会有收获"。只要肯做事，能做事，到哪儿都会招人喜欢，这也是薛法根以后踏实做事的精神源泉。

一次，薛法根的姑父到苏州城里办事，打算留宿在宿舍。当薛法根将这一想法告诉看管宿舍的倪老头（大家对其一种亲切的称呼）后就被赶了出来。但此后倪老头便向学校申请，让薛法根协助他管理宿舍。因为留宿的人当中，只有他没有隐瞒留宿的事情。中师三年，薛法根看了三年的门，做的也大都是琐碎的杂事，看似浪费了大好时光，但在窗台守护的日子里，薛法根读书、练字、作画、打杂，让其内心变得简单而朴素，这成为其教师生涯中一笔持久的财富。正是由于三年的"打杂"，学业成绩中等偏上的薛法根，获得了无锡高等师范学校的面试机缘，并成功入学。无锡师范学校政教处的老师继续让薛法根协

助管理宿舍。五年的师范生活，忙碌地"打杂"，让薛法根养成了总是以饱满的热情做好别人不愿意做的小事的习惯。五年的师范生活铸造了薛法根勤勉做事、真诚做人的精神底色。

中师所学的课程内容，或是已忘记，也或者是已转化为其学识与素养，唯一能够给薛法根留下印象的是教课程的老师。薛法根对语文教材的解读功夫，得益于大专时的冯应侯老师。他让学生自行研读课文，并写不少于800字的评述。教语言基础知识的程庄宝老师严格要求学生讲普通话，纠正了薛法根发音上的问题。在程庄宝老师的督促与鞭策下，从不自觉到自觉，最后到自在，连在家里都说普通话，薛法根练就了普通话的基本功。由此薛法根老师认识到语文教师的职责，就是让学生养成良好的语文习惯。

在无锡高等师范学校，薛法根的书法受到了书法家陆修伯老师的指导。每个周三下午他都到陆老师的书法室练字。陆老师让薛法根读帖，默记字的间架结构，并对薛法根的每幅作业都给予指点和示范。陆老师的和善与淳厚，让薛法根后来更加深刻地理解了导师庄杏珍所说的"课品如人品"。正如字如其人，练字就是练自己。虽然没有成为书法家，但练字的经历让薛法根明白保持一份真诚的热爱喜悦，无论成功与否，都可以获得快乐和幸福。

专业课中，薛法根对教育心理学学得最好。中师时，任教的蔡建清老师，上课轻松幽默，也没有考试，消除了同学们的畏惧心理。大专时，任教的张百川老师，学术造诣让学生肃然起敬。这使得薛法根之后的语文教学实践，走向了基于教育心理学原理的科学之路，并善于将复杂的问题变得简单明了。例如他提出的组块教学就来源于心理学的启示。毕业前夕，周元老师任教的教育统计学，让薛法根在之后的语文教学中，学会用数据说话，用事实证明。这让薛法根在教学生涯中，能够有效运用教育科学的尺子，一直走在教学的正路上。

在师范阶段学习什么样的课程，就奠定了成就什么样教师的基础。林林总总的课程流淌在薛法根成长的历程中，融为其做教师的核心素养。师范教育留给薛法根的不仅仅是学科知识，更重要的是作为一名教师所必需的品质、能力与专业精神。

2. 入职初期：在模仿中练就教学基本功

1988年，薛法根从无锡师范学校大专毕业，进入吴江市盛泽镇中心小学，成为一名三年级的语文老师。虽然学校各项硬件条件不好，但同事们踏踏实实的敬业态度感染着薛老师。学校的每位教师内心都有一个信念：每个孩子都有做好孩子的愿望，每个孩子都有学好的可能。正如农民对土地的深情以及对庄稼的信任，他们深信作为教师应无限相信每个孩子都有成为好孩子的可能，才能在内心深处扎下教育的信念，才能具有真挚的教育情怀，才能产生教育的智慧和力量。这段经历消除了薛老师初登讲台时的高傲与急躁，让他静下心来，安然地过着教书育人的日子。

1989年10月，在吴江市盛泽镇中心小学、吴县东山实验小学与昆山蓬朗中心小学三所学校的交流活动中，薛法根执教了人生的第一节公开课《喜鹊》。因为薛法根在乡间常常见到喜鹊，对文中喜鹊的描写读来深有感触。但城镇的孩子对喜鹊的了解仅仅停留在书本、图片或电视上，缺乏那种自然的亲切感，就很难在朗读时读得入情入境。在一周的备课准备中，薛法根一直在留意小河边、田野中是否有喜鹊的身影，树梢上是否有喜鹊的巢。由于过度用心甚至出现耳边响起喜鹊叫声的幻觉。但最终也未能找到这样的上课素材。于是在课堂上，薛法根老师便采取描述儿时情景的方式，并示范朗读，成功将学生带入了乡村的田野中。在薛法根创模的情景中，学生读得声情并茂，获得了听课老师们的一致好评。由此薛法根老师更加明白，只要集中所有的心思，专注于所要解决的教学问题，就一定会有不止一种的解决办法。教学需要全身心地投入，才能慢慢渗出教学灵感来。因为这堂成功的公开课，教研员周建华老师交给了薛法根"视听训练"的研究任务。

在此后的两年实践研究中，薛法根选择学生喜闻乐见的各类故事、美文，内容新鲜，形式活泼多样。学生经过视听训练，对语言特别敏感，善于观察和倾听，善于想象、思考和表达。由此，薛老师认识到专业化训练的重要性。在"视听训练实验"中，薛法根树立了强化"语文教学要着力于学生的语文能力训练"的意识，"训练"在薛老师的课堂教学中扎下了根。

1990年11月，薛法根作为学校教改实验的志愿者，上了一堂景物描写课《织女塑像》。由于与学生无法有效互动，上成了一节失败的写作教学课。华东师范大学出版社杜殿坤和上海师范大学吴立岗教授给出建议，让薛法根开展"写实作文题"的研究。在二位导师的理论指导下，薛法根确定了"素描作文教学"的研究课题。薛法根学习吴立岗从苏联引进的"素描作文教学理论"，琢磨"素描作文教学的代言人"贾志敏老师的每一堂录像课，从中提炼出教学的技巧与要领。薛老师在自己的班级里模仿贾志敏老师的课，细心体会每个教学细节的精妙之处，揣摩点拨、激励、评价的艺术。渐渐地，薛老师上课有了底气，学生在课堂上也慢慢地有了灵性。薛法根将优秀教师的成功经验和专家学者的理论移植到自己的教学中，在反复实践中消化，转化为自己的实践经验，生长出自己的教学见解。

1993年，在泰兴举办的江苏省"教海探航"征文颁奖会上，薛法根应邀上了一堂素描作文课《奇妙的魔术》。这堂课上得非常成功。这是薛法根"素描作文教学"三年验证性课题研究的成果。之后，薛法根又构想了"课内素描作文、课外循环日记"作文教学新思路。

薛法根的教学功底在模仿中逐步练就。他将名师的教学经验和专家学者的理论移植到自己的教学中来，在反复实践与研究中逐步消化，最终形成自己的教学实践经验，并从中摸索出属于自己的教学见解，生发出实验创新的课题。薛法根在模仿、借鉴、融化的过程中，开始凝结出自己的教学智慧之花与教学实践之果。对于刚刚踏进教学与研究大门的薛法根来说，移植优秀的和成功的科研成果，进行验证性的实验研究，既可以体验教学与研究的过程，又可以夯实研究的基本功，从而缩短从教的适应期。

3. 领悟语文教学的要义：形成自然朴实的教学风格

1994年9月，在苏州市首届小学语文骨干教师高级研修班上，薛法根开始师从导师庄杏珍。和庄老师在一起的日子，薛法根总能找到一种成长的感觉。无论是闲聊，还是谈论语文的事，庄老师总有那么一些新鲜话，让薛法根听了是那么地入心。庄杏珍提出的"语言的形象与形象的语言"，即引领学生凭借语言获得形象，进而发展富有形象的语言，这对薛法根理解语文教学的要义具有提纲挈领的意义。庄老师对薛法根的严格要求，让其经历了一次次化蛹成蝶的阵痛与快乐。

1993年，庄杏珍老师应邀到盛泽给青年教师作指导。薛法根作为青年教师的代表上了一节《十六年前的回忆》。第一次有特级教师来听课，薛法根准备得格外用心。课堂的最后一个环节是让学生写一段对李大钊的学习感言。薛法根担心学生当堂写不好，就让学生回家后提前准备。在课堂上，不到两分钟学生就纷纷举手。学生的感言写得激情澎湃，将教学推到了高潮。这正合薛法根的心意，心里不禁有点自喜。在评课时，庄老师一针见血地指出这是做了"伏笔"，短短两三分钟怎么可能写得完？即便是老师也需要几分钟的思考时间。庄老师一针见血地戳穿了薛法根提前预写的"小把戏"，并指出上课不能作秀，做人不能作假。这让薛法根脊背上直冒冷汗，由此认识到：真实，是课堂教学的生命！在公开课与比赛课上，预先渗透式的做法是一种变相的作假。这种作假虽赢得了喝彩，但其实是教育的悲哀，也是教师的悲哀，更是学生的不幸。此后，薛法根在课堂上力求真实地教，学生能够真实地学。在专家面前暴露自己真实存在的问题，在专家与同行的指点下，薛法根对语文教学的理解越来越深入透彻。

庄老师深入骨髓的针刺式评课，时常会让薛法根感到芒刺在背。但正是这刺骨的疼痛，让薛法根时刻警醒自己。每次在庄老师家备课，庄老师都让薛法根先讲给她听。讲得不对的地方，她立刻问："你想干什么？"通过一连串的顶真的追问，让薛法根从自以为是中清醒，认识到自己的不足。正是严格的庄老师时时在身边追问，防止了薛法根陷入自鸣得意的浅薄而不自知。在求学、求教的成长路上，庄老师的这种"严格"，让薛法根对语文教学的理解越来越深入透彻。

1996年4月，薛法根在常州上《她是我的朋友》的课，有一位女生每次都要抢着回答。薛法根有一次刚刚问完问题，其他同学正准备思考，她又举着手嚷道："我知道，我知道!"这影响到了其他同学的思考。薛法根随口说了句:"我知道,就你知道!"那位女生立马放下了手,低着头,似乎偷偷流了眼泪。薛老师也曾想弥补这个过失,但由于赶着上课进程,也没有来得及安抚。庄老师知道这个小插曲后,给薛法根打来电话,并顺势提到这个问题,严肃地说:"有的错可以改正,也可以原谅;有些错却不可以犯!课品如人品啊!"由此,薛法根认识到如果一个老师的课堂失去了人文关怀,也就失去了人格魅力,那么课堂也就没有了生命力,也没有了感染力。

在庄杏珍老师的严格要求下,薛法根备每节课都不敢有丝毫的大意,反复琢磨每一个细节,预设课堂上可能发生的各种意外。唯如此,在课堂上才能更从容自如。在庄老师的引领下,薛法根任何时候上课都力求从教学的本真出发,从学习语文的规律出发,始终保持语文教学的本色。语文课堂不仅要磨炼教学技艺,更要锻炼人格品质。在长期的教学磨砺中,薛法根逐渐形成了自然朴实、幽默大气的教学风格。

4. 在教学课题研究中凝练教学观:为言语智慧而教的组块教学

"组块设计",1997年便出现在薛法根脑海里,经过"嫁接",从心理学的记忆单位转化为语文教学设计方法,进而成为一种有效的语文教学模式。

1997年,班里有一位同学,课文前背后忘,记性差。薛法根从《阅读心理学》中看到"组块原理",便试着将这个原理迁移到这位同学身上。他将课文中的词语进行归类,3~4个词语为一类,每次默写3~4组词语。果然这位同学可以记住了。薛法根感觉到了"组块设计"的有效性。这是在词语教学上的成果,随后薛法根开始琢磨是否可以将其运用到阅读教学中,进行"组块教学"。

1999年薛法根执教公开课《螳螂捕蝉》,便采取了"组块状"的方式,呈现3~4个板块内容,目标集中,内容简要。教师教得轻松,学生学得扎实。组块教学在初步尝试成功后,薛法根开始将其提炼为普适的教学方法。

薛法根于2000年提出了"组块教学"的实验构想。组块教学即以培养语文运用能力为主线,将零散的训练项目整合成综合的语文实践板块,让学生在生动活泼的语文实践活动中获得充分、和谐的整体发展。薛法根通过三轮研究课题,推动了组块教学的深层变革。

第一轮课题研究是从2001年到2005年。2001年,"小学语文组块教学"立项为江苏省教育科研"十五"规划青年专项课题。薛法根运用组块原理,建构了语文组块教学的基本模式,提出了"三个走向"的教学主张,形成了语文组块教学的操作方法。第二轮课题研究是从2006年到2010年。2006年,"智慧解放理念下的组块教学研究"立项为江苏省教育科研"十一五"规划重点课题。薛法根将研究重心逐步转移到教学内容的研制和教学策略的选择上,形成了"组块设计,智慧教学"的理念。第三轮课题研究是从2011年到

2020 年。2011 年,"关联理论视域中的组块教学研究"立项为国家社科基金"十二五"规划教育学一般课题。薛法根运用语用学关联理论,阐释学生言语智能形成机制,提出语文组块教学的核心主张,即为言语智能而教。

这三轮课题研究分别从"教学论、课程论、语用论"三个不同的视角,力图解决语文教学的三大问题,并提出了破解之道:

一是目标的"言语性"。发展言语智能,指向"言语实践"是语文教学的正道。

二是内容的"结构化"。围绕"言语智能",将学生的语文经验与教材的语文知识进行整合,形成以能力为内核的内容结构,促进学生言语认知结构的改善。

三是活动的"板块式"。将结构化的语文内容转化为具有聚合功能的活动板块,让语文教学活动设计从"线性"走向"块状"与"网状",促使学生多方面发展。

为了让语文组块教学能够成为耳熟能详的教学方法或语文思想,薛法根赋予它丰富的实践内涵和通透的学理阐释。通过三轮课题研究的深耕细作,推进了"组块教学",实现语文教学内容结构化、方法科学化、过程最优化。

历经 20 多年的教学实践与深度思考,薛法根认为"为言语智能而教"是组块教学核心理念。这是薛法根对语文教学的理性认识。语文组块教学就是基于组块原理,将零散的教学内容整合、设计成有序的实践板块,引导儿童通过联结性学习和自主性建构,获得言语智能的充分发展和语文素养的整体提升,并建构具有组块特色的语文课程,实现语文教学的科学化。

**5. 在抱团发展中:不断获得新的突破**

从"组块"到"组块教学",薛法根走了 20 多年的研究之路,一路上始终有一群志同道合的教师给予鼓励和支持。薛法根认为组块教学是一件值得一群人做一辈子的事情。这需要团队持久的凝聚力。

作为团队的领衔人,薛法根深知首先需要做强自己,才能更好地引领团队。薛法根始终扎根教学一线,将组块教学的理论和教学实践融为一体,不断推陈出新。

2015 年,薛法根启动了"苏式课堂"研究课题,将叶圣陶"教是为了不教"的教学主张,融入组块教学实践中,形成了"苏式课堂"样本。一是形成了"苏式课堂"核心思想:教是为了不教,学是为了再学。二是提炼了"苏式课堂"的主要观念:①师生观。"学生是我们的小朋友",师生是彼此平等、相互信赖、共同成长的师友关系。②教材观。"教材无非是个例子",用教材教学生,充分发挥教材的育人功能。③教学观。"帮着学生学",将种种意外转化为教学推荐的资源,捕捉学生的状态,并作出恰当的反馈。④ 评价观,促进学生的改变。课堂教学要让学生的人生经验和学习经验都能有所提升。三是实现了"苏式课堂"的结构变革。课堂结构要契合学生的学习节律。第一,长与短。生成阶段，需要体验知识的形成过程，应放慢；整理阶段，在较短的时间即可获得结构化知识；运用阶段，需要充分的时间创造性地解决问题。根据所学知识的阶段，合理地安排时间段落。第二，直与曲。课堂教学聚焦核心目标，给予学生探究的曲折过程。第三，线性与块状。线性的课堂结构，环环相扣；块状的课堂结构，板块间相对独立又彼此关联。"苏式课堂"的系列实践，让组块教学有了实践经验，更接地气。薛法根的组块教学伴随着"苏式课堂"，走出了弄堂小学，走向了更为广阔的实践天地，为更多教师理解和运用，并不断得以推陈出新。

2009年，"薛法根语文名师工作室"成立。为了让工作室的学员突破自己，薛法根和工作室的学员一起磨课。每次磨课都要经历"刮骨疗伤"的阵痛，根除教学中的"陈规陋习"，获得"化蛹成蝶"的成长。在一轮轮的磨课中，学员逐渐丰厚了学识，凝聚了自己的教学主张。在研究团队中，薛法根力求每个学员形成自己的独特性与唯一性。这也让组块教学的研究之路越走越宽。

对组块教学的研究从薛法根一个人到有了核心团队，并各又带出新的教学团队。2012年，吴江区成立了"小学组块教学研究室"，开启了组块教学研究的新阶段。早在2004年，组块教学就走进了广西桂林市象山区，并有多所小学陆续加入。2015年，象山区成立了组块教学象山工作站，在该区域15所小学整体推广组块教学实验。组块教学在象山区取得了区域推进的示范效应，并进一步辐射到周边区域。

2014年，江阴市教育局成立"组块教学工作站"，44所小学采用组块教学模式。围绕着指向核心素养的分类统整教学，经过6年三轮研究，组块教学创新了江阴市小学语文教学的实践理念和变革路径，成为改革的区域范本。

此后，逐步有12个省、自治区、直辖市的170多所小学加入组块教学实验。2016年，全国组块教学实验联盟成立，薛法根组块教学的影响与推广实现了从局部省份到全国范围的跨越。

（二）分析与借鉴

通过解析薛法根的专业成长之路，可以获得教师专业发展多方面的有效经验。

1. **专业支持：教师成才的基石**

教师的专业成长如果没有专业的学术支持，就只能处于低水平的徘徊状态，面对问题，往往只能在外围兜圈子而无法实现实质性的突破。薛法根一直在积极地寻求专业的支持，这让他一直走在语文研究的正道上。

1989年，在开展"视听训练"的实践研究时，薛法根采取科学的视听方法和系统的视听训练，让学生从原始朦胧的状态中走出来。1990年，在开展"素描作文教学"的研究时，薛法根寻求了杜殿坤教授和吴立岗教授的理论指导，并对贾志敏的教学实录进行模仿并揣摩其成功的经验。导师庄杏珍老师的严格要求，纠正了他在教学上的很多小偏差，使薛法根明白了不能上假课，要锤炼自己的人格品质，"用心"教学，"课品即人品"。这让薛法根逐步形成了自然朴实、幽默大气的教学风格。在形成和完善组块教学的过程中，薛法根借鉴了心理学、语用学等专业理论，让组块教学有了学理根基。

薛法根从专家学者那里获得了专业支持，如高校的课程与教学论专家王荣生、吴忠豪、张华、张翔等，科研院所学者与研究员成尚荣、彭刚、王一军等。薛法根聆听专家的讲演，和他们展开深度的对话，从中获取学术的支持。

薛法根坚持从大量的教育教学文献的专业阅读中，从专家学者中，从教师团队中，寻找可以借鉴和运用的思想、方法与技术，有效地促进了自己的专业发展。

**2. 人格：教学风格的品质基石**

薛法根的教学风格是清简的，这是在他的内心生成并生长起来的。薛法根教学风格的清简，是其内心世界的投射与聚焦。没有内心的清简，就不可能有教学的清简。清简是薛法根的心境，是薛法根的人格特质。

薛法根童年在农村的生活体验，在其人格中沉淀了下来，让他擅长于把教育和田野、庄稼自然联系起来。薛法根的人格深处有着农民的朴素。用他自己的话来说："农民相信每一棵庄稼都能生长、都能结出饱满的果实，绝不会抱怨庄稼长得慢、结得少，而只会从自身寻找原因。"农作物有自己生长的规律，不能急躁。薛法根认为，教育也有类似这样的清晰、简单规律，不应把教育搞得玄虚和繁杂。农作物总会结出果实，这是对庄稼的信任。因此，薛法根对孩子的信任也是同样的朴素与真诚。薛法根觉得教师就应像农民那样，为孩子的成长献出自己的青春年华。薛法根在他的人格深处烙上了农民那种简单、素朴的情怀，但其中又有着深刻而严格的逻辑，让教学简明起来。这让他的语文教学充满简单之美。

在与专家、学者零距离的学习过程中，薛法根的人格里积淀了感恩的品德。他从恩师庄杏珍那里学到了："课品如人品""课堂无小事，事事育人""缺失人格魅力，就可能彻底缺失魅力""课前要煎熬课上才轻松"。他说庄老师给了他智慧和品格。在他清简的教学风格中，可以看得到庄杏珍老师自然、朴实、幽默大气的影子。他所形成的教学风格是对恩师最好的感恩。

**3. 在多读多写中钻研：教师成长的助推器**

优秀教师的成长都是在多读多写的钻研中获得的。薛法根坚持从繁琐的教学事务中，见缝插针地挤出时间读书。读书是薛法根日常生活与教学工作中的第一精神需要。教师一般很难有整块的时间用于读书或写作，因此对细碎时间的利用就非常重要。薛法根随身携带的包里常放着教育书刊，随时翻阅。当读到新鲜独到的言论，就默默地念记，并将感想随手写下来。闲暇时常翻翻《读者》《青年博览》等杂志。当读到哲理性的文章时，就将它与教育教学联系起来。这使得薛法根能够变换视角，"另眼"看教育，从中能够有新的发现与启示。正如薛法根这样，教师应该是一个具有自觉的教育意识的人，眼中所见皆可成为教育。教师如果善于思考，久而久之，便会拥有自己的教学思想。在教师漫长的职业生涯中，应该随时随地多读书，在阅读中提升自己的教学判断力与思考力，不断叩问自己内心的声音，不断寻找教育的智慧。

除了在多读中钻研，还需要在多写中钻研。在《江苏教育》的"教海探航"征文活动中，薛法根经历了许多个论文获奖与发表的"第一次"。这有力地促进了薛法根的专业写作能力。1991年初夏，《江苏教育》主编马以钊来薛法根学校调研整体改革实验。在马主编的鼓励下，薛法根参加了杂志社举办的"我的追求"征文活动，写了第一篇参赛文章《愿做春泥更护花》，获得了二等奖。这是薛法根从教以来得到的第一个大奖。1995年，薛法根又获得省"教海探航"征文一等奖。"教海探航"活动给予了薛法根进取的力量，为薛法根的成长提供了舞台。在这个舞台上，薛法根得到了锻炼，获得了专业成长。

迄今为止，薛法根有200多篇教学论文刊登于《人民教育》等教育期刊，并先后出版了《薛法根教学思想与经典课堂》《现在开始上语文课：薛法根课堂教学实录》《做一个大写的教师》《薛法根教阅读》等9本专著，主编《智慧教育故事》《小学语文名师文本教学解读及教学活动设计》《名师助你读·小学生全阅读读本》等教学用书。这些研究成果是薛法根专业成长的见证，也是推动薛法根进一步发展的助推器。

4. 常教常新：不做重复的自己

薛法根时时告诫自己：不要重复昨天的自己！即便教同一篇课文，也力求每次能够有新的发现，能够有新的创意。面对不同的学生，处在不同的环境，拥有不同的心境，教学状态也就有所不同，力求常教常新。

2008年，薛法根教过三次《番茄太阳》[①]。第一次在南京，薛法根将教学重心落在"这是怎样一个盲童明明？"学生从文中描述明明的语段中，读出其品质特点。但这个教学重心只停留在对人物形象的感受上，未能深入到文本深处，没有让学生读出作者隐藏其中而没有说出来的意义。这就脱离了文本的主题"心中有了快乐，光明无处不在"。学生缺少思维的深度与情感体验的厚度，只是停留于学生原有的阅读理解水平。第二次在广州执教时，薛法根将着眼点放在了"番茄太阳"这个核心词语上，紧扣"番茄太阳"名字的含

---

① 薛法根. 不做重复的自己 [J]. 语文建设，2010 (10)：67-68.

义，引导学生层层深入地揭示其中的丰富含义。围绕着题眼，学生的理解力、感悟力得到了新的发展。第三次在杭州上课时，学生以为这是虚构的故事，脸上露出不屑的神情。所有的精美设计一下子都失去了意义。薛法根引导学生设身处地体验：假如你是一个盲童，虽然你失去了一双眼睛，但是你还有一双手，你可以用手摸一摸黄瓜、番茄，你能感觉到它们吗？那双手，其实就成了你的眼睛啊！虽然你失去了一双眼睛，但是你还有一对耳朵，你可以用耳朵倾听这世界上奇妙的声音。这时，耳朵就成了你的眼睛！转换了一个思维的方式，从另一个角度来体验，薛法根因势利导，缘学而教，"点亮了学情"。同样的课文，不同的学生，充满了智慧的挑战。唯有不断寻求新的突破，才能不断获得新的超越。

5. 广泛合作：才能走得更高

教师的专业成长离不开团队的共同发展，团队建设是专业成长的必然途径。薛法根研究团队将研究点聚焦在"为什么教？""教什么？""怎么教？"这三个核心问题上。不仅关注教什么、学什么，还不断追问为什么教、为什么学，让语文教学回到原点。带着这些本质性的思考，研究团队以促进学生语文能力发展为核心，致力于构建出以言语交际功能为主线的语文组块式课程及教学内容序列，探索便教利学的语文教学之路。

薛法根认为，研究团队不能局限在一所学校、一个地区，研究成果也不能局限于一个班级、一所学校或者一个地区，而应该有更加广泛的运用范围，要经得起验证性的实践检验。薛法根研究团队所作的项目研究，与全国各地的多所学校、多个地区进行合作推广，并建立了广泛的研究联盟和学术研究共同体。以"组块教学"为主题，探索课堂教学策略，以提升教师的专业素养，打造出研究品牌。本着"合作互助、共赢分享"的原则，通过难题互助、优势互补、资源互享、人员互动等方式，促进多层面深度交流，实现共赢发展。

薛法根工作室与浙江湖州盛新凤语文名师工作室、南京李琳名师工作室等，结成研究联盟，主办了"让语文成为儿童存在的家"高层论坛和"运用型"课堂专题培训等活动，一次次的头脑风暴，撞击出智慧火花。

研究团队中的每一名教师，都积极地将研究成果通过课堂教学展示、论文发表、专题讲座、带教指导等方式广为传播。这让薛法根研究团队在更加广阔的空间里进行深入的持续研究，并不断获得更大的发展空间。

薛法根将自己的研究放到了更加广阔的研究舞台上，经受众人的检验，留下的才是真正的精华。在开放与合作中，薛法根真正实现了高水平的专业发展，走出了一条具有自身特点的发展之路。

## 二、教学案例简析

（一）案例展示

体会与表达人物的内心<br>
——《军神》课堂实录①

板块一：识字读文，梳理内容

师：今天我们学习《军神》。课文中有5个生字，谁会读？

（出示，生读）

沃克 土匪 绷带 由衷 堪称

师：沃克是一个德国人，是一个——

生：医生。

师：他不是一般的医生，是军医，上过战场，救过伤员，所以他对一般的病人比较严厉。

写"沃"字的时候要注意，"夭"上面第一笔是撇。"衷"，中间是"中"，上下合起来是"衣"。"衷"本义是内衣，引申为内心，所以"由衷"就是——

生：出自一个人的内心。

师：我们要说真心话，如果心口不一致，就是——

生：言不由衷。

师："堪称"是什么意思？

生：可以称为。

师："堪"是可以的意思。比如说，一个医生医术高超，可以起死回生，这个医生堪称——

生：神医。

师：如果一个军人在战场上带兵打仗，百战百胜，就堪称——

生：军神。

师：或者——

生：战神。

师：课文中，"军神"这个词出现在这个句子中，请你来读一读。

---

① 薛法根. 体会与表达人物的内心——《军神》课堂实录及反思 [J]. 小学教学（语文版），2021（09）：4-8.

（出示，指名读）

沃克医生惊呆了，大声嚷道："你是一个真正的男子汉，一块会说话的钢板！你堪称军神！"

师：这篇课文写沃克医生发现一个病人是军人，后来发现他堪称军神。请打开课本，轻声读，在重要的语句下做记号。

（生阅读、圈画）

师：沃克医生是怎么发现这个病人是一个军人的？

生：这个叫刘大川的病人受的伤很严重，但是他仍从容镇定。沃克是一个军医，太了解军人受伤的样子了。

师：刘伯承的眼睛被子弹打中，肉都已经烂了。一般的人受这么重的伤会怎么样？

生：一般人会痛得哇哇大叫，甚至晕过去。想到自己要失明，会十分害怕，十分绝望。

师：这个病人伤势严重却从容镇定。沃克为什么后来称他为军神呢？

生：刘伯承说"眼睛离脑子太近，我担心施行麻醉会影响脑神经。而我，今后需要一个非常清醒的大脑"。手术时，他虽然很痛，但是一直在数医生的刀数。

师：第一个要点，手术前，他怎么样？

生：不打麻醉剂。

师：拒绝使用麻醉剂。第二个要点呢？

生：手术时，他一直在数刀数。

师：多少刀？

生：七十二刀。

师：还有补充吗？

生：他一直强忍着剧痛，数了七十二刀。

师：现在谁能连起来说说，为什么称他是军神？

生：刘伯承在手术前拒绝使用麻醉剂，在手术时一声不吭，手术后还能准确地说出沃克医生割了七十二刀。

师：这种毅力不是一般人具备的，他是军人中的——

生：军神。

生：沃克医生看见军神刘伯承的伤势——（师：一开始叫"刘大川"，还是个病人）沃克医生发现一个叫刘大川的病人伤势严重，一只眼睛已经被子弹打烂了，但他从容镇定，所以断定他是军人。手术前，他拒绝使用麻醉剂，手术中一声不吭。（师：痛得汗如雨下，却一声不吭）手术中痛得汗如雨下，他却一声不吭，还数沃克医生割了多少刀，数出来七十二刀。最后沃克医生称刘伯承为军神。

师：刘伯承的行为超乎常人，是常人做不到的，是一般的军人做不到的，他堪称军神。

**板块二：关注态度，角色朗读**

师：在这个故事中，沃克医生看到这个病人的时候，发现他是军人的时候，最后称他为军神的时候，态度是一样的吗？

（生摇头）

师：把描写沃克医生态度变化的词语圈画下来。

（生圈画，师板书）

冷冷地　愣住　惊疑　柔和　生气　吓了一跳　惊呆　慈祥　肃然起敬

生：沃克医生刚开始冷冷的，当病人承认他是军人的时候沃克医生的目光柔和下来。

生：当察觉病人的伤情时，沃克医生蓝色的眼睛里闪出一丝惊疑。

生：当沃克医生称刘伯承是军神的时候，脸上浮现出慈祥的神情，知道他是刘伯承的时候肃然起敬。

生：手术时刘伯承拒绝使用麻醉剂，沃克医生很生气。当病人说出手术割了七十二刀的时候，沃克医生惊呆了。

生：当病人说他一直在数沃克医生割的刀数的时候，沃克医生吓了一跳。

生：第9自然段，沃克医生一针见血地说……

师："一针见血"是什么意思？

生：用简洁的语言说出事情的重点。

师：病人说自己是邮局职员，沃克医生马上一针见血戳穿了他的谎言——你骗我，你根本不是邮局职员，而是军人。文中沃克医生两次愣住，第一次是——

生：第7自然段，沃克医生站起身，熟练地解开病人右眼上的绷带，他愣住了。

师：伤势严重，眼睛都要烂掉了。第二次呢？

生：第14自然段，当病人拒绝使用麻醉剂，说他今后需要一个非常清醒的大脑时，沃克医生再一次愣住了。

师：（指黑板上词语）沃克医生看见一个叫刘大川的病人，态度是——

生：冷冷地问。

师：当他解开绷带，发现病人伤势那么严重的时候，他——

生：愣住了。

师：不但愣住了，而且还——

生：有一丝惊疑。

师：怎么会受这么重的伤！识破这个病人原来是一个军人的时候，他的目光——

生：柔和下来。

师：当沃克医生听闻病人要求不使用麻醉剂的时候，他——

生：十分生气。

师：听了病人的解释，他——

生：再一次愣住了。

师：动完手术，听到病人数了七十二刀，沃克医生——

生：吓了一跳，惊呆了。

师：最后沃克医生的表情变得——

生：十分慈祥。

师：当沃克医生知道这个人就是川中名将刘伯承的时候，他——

生：肃然起敬。

师：沃克医生对刘伯承的态度是不断变化的，是因为他的内心也在不断地变化。现在请同桌分角色朗读对话，叙述部分一起读。老师有一个要求，对描写沃克医生态度变化的语句，要读出不同的语气。

（生练读）

师：谁愿意试一试？（两生举手）我再请一个同学帮你们读旁白。其他同学边听边用笔画一画，看看读的同学哪些地方语气读到位了，哪些地方语气还不够。（生朗读后互评）

师：角色朗读就是要读出人物的语气，这种语气藏在沃克医生对刘伯承的态度描写当中。用一个字描述，一开始，就是——

生：冷。

师：接着，一个字——

生：柔。

师：然后，一个字——

生：气。

师：往下，一个字——

生：惊。

师：接下来，一个字——

生：吓。

师：吓了一跳，对吧？等他知道病人是刘伯承的时候，一个字——敬，肃然起敬。这就是沃克医生的表现，他的态度是在不断地发生变化的，他的内心也是在变化的。

**板块三：反常之处，体会内心**

师：这个男同学在朗读的时候，他的语气可以用课文中的一个词来概括——

生：平静。

师：对了，平静。从第一句到最后一句，他读的语气都没有改变。刘伯承外在的表现是平静的，那么他的内心是否也是平静的呢？我们来看看课文中这个句子。

（出示，生读）

病人微微一笑，说："沃克医生，你说我是军人，我就是军人吧。"

师：刘伯承承认自己是军人了吗？（生：没有）否认自己是军人了吗？（生：没有）被沃克医生识破身份，刘伯承和一般人完全不一样，他慌乱了吗？（生：没有）害怕了吗？（生：没有）在这样的危急关头，刘伯承表现出了一种军人特有的品质。从平静的回答中，我们可以用一个词读懂他的内心——

生：处变不惊。

师：换一个词——

生：临危不惧。

师：我们再来看一句，判断一下他的内心是否平静。

（出示，生读）

病人平静地回答："沃克医生，眼睛离脑子太近，我担心施行麻醉会影响脑神经。而我，今后需要一个非常清醒的大脑！"

师："平静地回答"，和一般人一样吗？

生：不一样。

师：在不一样的地方，我们就要问个"为什么"。谁知道他为什么这样说？

生：因为他想更好地为国效力，所以他不想使用麻醉剂，怕影响脑神经。

师：为国为民，他还要继续带兵打仗，很好！还有补充吗？

生：我觉得他此时内心没有丝毫害怕，下决心不用麻醉剂。

师：死都不怕，更不用说痛。这叫勇敢，这叫无畏。这就读到人物的心里去了。我们再来看一句，谁来读？

（出示，生读）

病人一声不吭，他双手紧紧抓住身下的白床单，手背青筋暴起，汗如雨下。他越来越使劲，崭新的白床单居然被抓破了。

师：这里要问个"为什么"。

生：他和一般的军人不一样，特别坚强。他临危不惧，连死都不怕，这点痛当然也不怕。

生：他身经百战，小苦小痛不算什么。（师：挖眼睛里的烂肉，是剧痛，是大苦）他一直在数医生的刀数，就是为了保持清醒，不让自己晕过去。

生：他心里只有一个字——"忍"，一定要忍住痛，忍住不晕过去，要是晕过去了，沃克医生就不能继续做手术了。

师：说得真好！靠什么"忍"？这不是一般的意志。

生：靠的是钢铁般的顽强意志。

师：沃克医生说刘伯承是"一块会说话的钢板"。刘伯承在手术过程中始终表现得那么平静，因为他有钢铁般的顽强意志，所以他面对变化——

生：处变不惊。

师：面对危险——

生：临危不惧。

师：面对疼痛——

生：勇敢无畏。

师：他和一般军人不一样在——

生：具有钢铁般的顽强意志。

师：所以他被称为——

生：军神。

师：行为表现背后是他的内心世界。现在我们一起来读一读这几句话。

（生齐读）

师：我们在阅读的时候一定要注意人物的表现，这种表现可能是人物的语言，也可能是人物的神态。我们再来读读第22自然段沃克医生对刘伯承的赞叹。

（生齐读）

师：请记住这个伟大的名字——

生：（齐）刘伯承。

### 板块四：情境仿写，表达内心

师：优秀的读者就是要从人物的语言、动作、神态描写中读出人物的内心。我们不但要成为优秀的读者，还要学会像作者那样写。怎么写？要表现一个人物的内心，就要通过他的语言、动作、神态描写出来。现在我们来做一个练习。

（出示）

内心"焦虑"——还有3分钟车子就要开走了，小红还没有来。小明……

师：同学们，小明内心焦虑吗？他会有怎样的表现？他会说什么、做什么？他的神态会怎么样？请想象一下，写两三句话，限时3分钟。（生写，师巡视指导）

师：可以写动作，也可以写语言、神态；可以用一种描写，也可以用两种……

生：还有3分钟车子就要开走了，小红还没有来。小明急得像热锅上的蚂蚁。

师：用了一个比喻"像热锅上的蚂蚁"，后面可以加上一个动作——团团转。

生：还有3分钟车子就要开走了，小红还没有来。小明不停地嘟囔着："快啊，快啊，怎么还没来？怎么还没来？"他一边跺着脚，一边看着车子的方向，生怕车子开走了。

师：他描写了几个方面？

生：有语言描写，还有动作描写。

师："跺着脚"，你们着急的时候是不是也会跺脚？非常好。

生：还有3分钟车子就要开走了，小红还没有来。小明跺跺脚，抓抓耳，头上时不时冒出一颗颗豆大的汗珠，心里想："小红为什么还不来？太慢了吧？车子开走了小红怎么办啊！"

师：可以稍微修改一下——"时不时冒出"可以改成"不停地冒出"；"心里想"可以改成"自言自语"。

生：还有3分钟车子就要开走了，小红还没有来。小明眉头紧皱，急得直跺脚，一直东张西望，嘴里还不停地说："怎么还不来呀？怎么还不来呀？"

师：重复一下真是太好了。现在请大家用1分钟时间修改，可以把刚才同学们写得好的词句，借鉴到你写的话中来。（生修改）

师：刚才我们初试身手，现在再比一比，看谁写得好。

（出示）

内心"感动"——王老师背着小明走了几公里的山路，赶到了医院。经过治疗，小明转危为安。他……

（生写作、交流、互评）

师：抓住人物的语言、动作、神态表现，揣摩人物的内心世界，就能成为优秀的读者；通过人物的语言、动作、神态描写，表现人物的内心世界，就能够成为优秀的作者。

（二）案例点评

1. 采取组块教学，达成体会与表达人物内心的教学目标

采取组块教学的方式，是薛法根教学设计一直以来的主要设计方式。为了达成让学生体会与表达人物内心的教学目标，薛法根设计了四个板块的内容。这四个板块围绕着教学目标，环环相扣，层层深入。

第一个板块是"识字读文，梳理内容"。此板块通过识字学词、读文、问答三个环节，让学生初步理解沃克医生"识别出军人"与"赞叹军神"的原因。薛法根引导学生在识字

学词的基础上，抓住"病人—军人—军神"这一称谓的变化线索，来梳理与把握课文的主要内容。通过追问为什么刘伯承被称为"军神"，让学生抓住文本的关键语句，提炼出要点：一是手术前不打麻药，二是手术时数刀数。这是异于一般军人的，让学生意识到为什么被称为"军神"。称谓变化这个解读点精准地抓住了文本解读的关键点，让学生看到了沃克的心理活动变化。识字学词环节的"沃克、土匪、绷带、由衷、堪称"五个词，也不是随意选取的，而是围绕着沃克医生识别出军人和赞叹军神这个解读点设计的。学生在掌握关键字词内涵的同时，深刻理解了沃克为什么将刘伯承称为"军神"，这是深入理解文本的关键前提和基础。

第二个板块是"关注态度，角色朗读"。此板块引导学生关注沃克医生手术前后态度的变化，聚焦一连串描写神情的词语，从中体会沃克内心变化，教会学生"焦点阅读"。通过角色朗读，引导学生将人物的内心变化通过语气表达出来，教给学生通过语气体会心理活动的阅读方式。教师设计了一个核心问题：沃克医生看到这个病人的时候，发现他是军人的时候，最后称他为军神的时候，态度是一样的吗？让学生把描写沃克医生态度变化的词语圈画出来，透过沃克医生态度的变化体会其内心变化。然后，让学生分角色朗读，揣摩态度中所蕴藏的语气：冷—柔—气—惊—吓，再次体会沃克医生内心的变化。

第三个板块是"反常之处，体会内心"。刘伯承外在的表现是平静的，那么他的内心是否也是平静的呢？教师抛出这个问题让学生讨论，通过关注刘伯承的行为表现，认识到其内心是平静的，具有钢铁一般的意志。通过讨论让学生明白沃克医生说刘伯承是"一块会说话的钢板"的原因。刘伯承在手术过程中始终表现得那么平静，因为他有钢铁般的顽强意志，所以他面对变化，临危不惧；面对疼痛，勇敢无畏。他和一般军人不一样的地方在于具有钢铁般的顽强意志，所以他被称为军神。引导学生从刘伯承的行为表现关注其背后的内心世界，再次让学生感知到刘伯承之所以被称为"军神"的原因。

第四个板块是"情境仿写，表达内心"。此环节的目的是让学生学习如何从人物的语言、动作、神态描写中写出人物的内心。前面几个环节主要是让学生从人物的语言、动作、神态描写中读出人物的内心，为本环节奠定了基础。教师设置了两个情境，让学生分别传达出内心活动是"焦虑"和"感动"。通过教师的引导，让学生掌握如何通过对人物的语言、动作、神态的描写，写出人物内心的写作能力。

2. 通过"焦点阅读"，体会文字背后的心理活动

阅读教学的核心任务在于教学生"学会阅读"。为了让学生掌握体会人物内心的阅读方法，薛法根采取了"焦点阅读"法。焦点阅读，是一种探求文本逻辑意义的阅读方式，关注的是文本的深层意义，是一种深度阅读。《军神》通过刘伯承的故事要传达的是一种

革命精神。要让学生认同这种价值观，需要让学生进入人物内心。薛法根通过焦点阅读让学生理解和认同沃克为什么称刘伯承为"军神"。焦点阅读的要义在于聚焦在一个核心点上。这样，教的内容便相对集中，学生也学得较为透彻。一个文本的阅读，可以有多次焦点阅读。薛法根集中设计了两个焦点阅读，分别是板块二的关注态度，角色朗读和板块三的反常之处，体会内心。第一次焦点阅读，聚焦在关注沃克医生对刘伯承态度的变化上。此板块关注沃克医生手术前后的态度变化，聚焦一连串描写神情的词语，从中体会沃克的内心变化。第二次焦点阅读聚焦在刘伯承面对手术不打麻药、数刀数，内心异常平静等异于常人的表现上。每次焦点阅读设计，都是从不同的视角带领学生进入文本，获得相应的阅读能力。

3. 抓住"变"与"不变"，读出人物的内在品格

为了让学生能够真正体会到刘伯承"军神"的品质，薛法根抓住了沃克医生态度前后的变化与刘伯承始终保持平静的不变进行对比阅读，打开了学生思维的切入口。选择典型的语句让学生揣摩，并引导学生结合自身的经验进行反思。比如，有的人平时打针时都不敢看针头，而刘伯承面对这样的处境，外在的表现与内心都是平静的，通过这种比较教会学生从人物表现的反常之处追问"为什么"。水到渠成，学生就能读出沃克医生和刘伯承将军的真实内心，即揣摩出人物的心理品质或精神品格。教学须有"法"，教给学生破译文本秘密的有效读法，才能让学生越读越聪明，越读越想读。

4. 读写融会贯通，落实学生的语文实践能力

薛法根不是直接给出读写知识，而是将读写知识蕴含在学生的语文实践过程中，让他们自然而然地获得。前三个板块重点在落实对焦点阅读方法的掌握，即从人物的动作、语言、神态等把握人物的内心，领悟其精神品格。后一个关于写的板块也是围绕着同一个核心知识点，训练从人物的动作、语言、神态传达出人物的心理活动。围绕着具体的情境任务，在限时写作中训练学生的表达技能，且是反复训练，以期熟能生巧。学生读写能力的增强，是靠学生有质量的读写实践，而不仅仅是懂得读写知识。能力要靠"练"，迁移所学的读写方法，将其积淀成为读写的智慧与技能，最终实现独立学习。

◆ 思考讨论

1. 根据薛法根对组块教学的解读与实践案例，请你谈谈组块教学有效的合理性在哪里？

2. 薛法根的课堂结构基本上是由读写两个部分构成，请你谈谈读写如何更好地相互促进，以达到学生读写能力的提升。

◆ 扩展阅读

1. 薛法根. 为言语智能而教：薛法根与语文组块教学［M］. 北京：教育科学出版社，2014.
2. 薛法根. 现在开始上语文课：薛法根课堂教学实录［M］. 北京：教育科学出版社，2014.
3. 薛法根. 薛法根与组块教学［M］. 北京：北京师范大学出版社，2021.
4. 薛法根主编. 新教师不可不知的110个怎么办［M］. 南昌：江西教育出版社，2020.
5. 薛法根. 语文学习任务群的内涵解读与实践建构［J］. 人民教育，2022（Z2）：23-25.
6. 薛法根. 理性思维：做负责任的表达者——"思辨性阅读与表达"任务群的内涵解读［J］. 语文建设，2022（08）：4-9.

# 附录
# 更多卓有成就的语文名师简介

在教材中,我们已经介绍了16位语文名师的教育理念、教学经验以及他们高超的教学技艺。其实,值得研究的中小学语文名师远不止这16位。自20世纪改革开放以来,全国各省市涌现的有较大影响的语文名师数以百计。正是这些名师和他们精彩的课堂,构成了我国语文教育界的一道靓丽风景。这里,我们通过调研和查询整理,再列举80位语文名师的简介资料,作为开放性的教材供教学时查阅和研究。

对此,补充以下几点说明:

1. 所选80位名师,仍然只是全国众多语文名师的一小部分。我们的选择标准是:具有一定的教学思想或主张,课堂教学广受好评,在全国范围内有一定影响,适当兼顾不同的教学风格、流派和不同的地域。虽然我们想尽可能把最有影响的名师选出来,但由于我们手头的资料有限,加之各人的看法不同,所选一定会有遗珠之憾,这里特表歉意。

2. 这80位名师的排列,以出生时间为序。其中个别名师可能已经离世,但由于我们掌握的信息有限,未能注明去世时间,请给予谅解。

3. 每位名师的简介,碍于字数限制,很难面面俱到,对于某一方面的成绩,比如教学和教研成果、获奖、社会兼职等,一般只挑重要的数项列举。

3. 所选名师依据的材料,有一些来自网络和相关教育文献,编辑时虽经过反复和多渠道求证,但仍难免会有疏谬,祈望批评指正。

**斯霞**(1910—2004)

女,浙江诸暨人。1927年毕业于杭州女子师范学校,先后在浙江多所学校任教。1932年,到中央大学实验学校小学部(南京师范大学附属小学前身)工作,直至1995年退休。1960年,被评为全国"三八"红旗手,出席了全国文教群英会。1978年,被评为江苏省首批特级教师。先后创造和总结出"字不离词、词不离句,句不离文"的小学语文随课文分散识字教学法和"以语文教学为中心,把识字、阅读、写话三者结合起来"的小学语文教学法,在全国产生了广泛影响。出版有《我的教学生涯》《斯霞教育经验选编》《斯霞文集》等著作。

**沈蘅仲**(1919—2016)

男,江苏海门人。上海市中学语文教学界的泰斗级人物。1940年毕业于上海国学专修馆。自1941年起曾先后在上海南洋中学、建设中学、上海工农速成中学(上海交通大学附属中学前身)等校任教,1987年于上海交大附中退休。1956年被评为上海市优秀教师,1978年被评为上海市首批特级教师。曾兼任全国中学语文教学研究会常务理事、上海市语文学会理事、上海市中学语文教学研究会副会长等职。他的著作《语文教学散论》(曾获上海市哲学社会科学著作奖)、编著《知困录——中学文言文备课札记》《知困录——中学古诗词备课札记》(获全国优秀教育图书奖)曾是几代语文教师学习、运用的案头书。

**林炜彤**(1920—2024)

男,江苏如东人。早年曾在通州师范学校、上海光华大学学习。后在上海、南京、杭州等地任中学教员。新中国成立后,在杭州二中任教。兼任过浙江省中学语文教学研究会副会长等职。语文特级教师。曾自编教材进行阅读、写作分科教学试验,在语文教学界产生了一定影响。主要教学主张:知识、技能、思想相辅相成;把语文课上得"实而活";让语文教学课内与课外比翼齐飞。出版有《语文教育论著与研究》等著作。

**时雁行**(1920— )

男,河北河间人。1950年代初任赤峰中学、承德师范学校语文教师,1952年3月调入北京师范大学附属中学从事语文教学工作。1986年被评为特级教师。任第一届、第二届北京市语文教学研究会理事长。一贯坚持文道统一,把分析文章的艺术形式与体会它们的思想品德统一起来。在文学作品的鉴赏教学方面有独到见解,效果卓著。出版有《语文教学耕耘集》《怎样文道统一地进行语文教学》等著作。

**霍懋征**(1921—2010)

女,山东济南人。1943年毕业于北京师范大学数理系,毕业后留任师范大学第二附属小学(即今北京第二实验小学)工作,担任语文、数学教学并兼班主任工作。1956年被评为全国首批特级教师。曾受到周恩来、温家宝等党和国家领导人的接见。周恩来称她为"国宝",温家宝称她是"把爱心献给教育的人",薄一波为她题词"一代师表",刘延东称她为"教育大家"。霍懋征是"爱的教育"的倡导者和实践者。她认为"没有爱就没有教育"。主要著作有《小学语文教学经验谈》等。

**黎见明**（1921—1991）

男，四川武胜人。1945年毕业于西南联大国文系，先后在武胜师范、武胜高中、重庆一中任语文教师。20世纪50年代参与语文教学文道结合的探索；80年代倡导"中学语文导读法"。主张从"创新、进取、想象、综合、选择、批判、敏捷"七个方面培养学生的自学能力和创造能力，取得了明显的教学效果，在全国产生较大影响。出版有《语文导读》等著作。

**袁瑢**（1923—2017）

女，江苏南通人。曾任上海实验小学校长，全国小学语文教学研究会副理事长，上海市小学语文教学研究会会长等职。她在半个世纪的执教生涯中形成了"细、实、活、深、严"的袁氏教学风格，取得了骄人的教学成绩，被誉为"共和国语文大师"。她与斯霞、霍懋征一起被称为"中国小学语文三大名师"。出版有《袁瑢语文教学三十年》等著作。

**潘凤湘**（1924—2016）

男，江西兴国人。1955年毕业于江西师范学院后，进入南昌市第二中学从事语文教学工作，直至退休。语文特级教师。曾兼任江西省中小学语文教学研究会第一届至第三届副会长。20世纪60年代，就开始探索和研究语文教学方法，进行语文教学改革。70年代末创建"语文教读法"。此后不断改进和完善这一教学方法，在全国产生广泛影响。出版有《我的教读法》等著作。

**颜振遥**（1925—1998）

男，江苏灌云县人。1950年毕业于山东大学中文系。毕业后分配到东北师范大学附属中学任教，曾被该校教育科学研究所聘为兼职研究员。1980年调到江苏省淮阴地区教育局，1982年调到成都大学中文系，再调到四川省成都成人教育学院。他在语文教学方面的最大贡献是从1981年着手准备、1983年正式开始的"初中语文自学辅导教学实验"。这一实验及其创建的"初中语文自学辅导教学"体系在全国产生较大影响。出版有《初中语文自学辅导教学概论》（合著）等著作。

**张孝纯**（1926—1992）

男，河北省丰南县人。1945年入北平燕京大学教育系学习。新中国成立前夕参加教育工作，先后在北戴河、昌黎等地任教。1955年调河北省教育厅教研室任语文组长。1961年后又调到隆尧一中、邢台一中、邢台八中等校任教。从1983年开始，他带领邢台八中的两位青年语文教师开始进行"大语文教育"实验。这一实验在语文教育界产生了广泛影响。他的"大语文教育"思想已为越来越多的语文教育工作者所接受。"大语文教育"理念成了新时期语文教育改革的一项重要成果。

**丁有宽**（1929—2015）

男，广东潮州人。小学语文特级教师。潮州市浮洋区六联小学教师，曾任全国小学语文教学研究会理事、广东省小学语文教学研究会副理事长。1979年获全国劳动模范称号，1985年获全国五一劳动奖章。他长期坚持在农村进行小学教育和语文教学改革试验，提出了"性灵语文""爱心是根，育人为本"和"面向全体，偏爱差生"等教育主张，创立了独具一格的"读写同步，一年起步，系列训练，整体结合"的综合训练型教学新体系。出版有《我与顽童》《丁有宽与读写导练》等著作。

**徐振维**（1932—1994）

女，江苏宜兴人。1952年毕业于复旦大学中文系。先后在西安市第二女中、第三中学以及上海市五四中学任教。1977年调任上海市教育局教研员。主持了上海市"课时分段，扩大阅读"语文教改实验，获得较大成功，在全国语文教育界有较大影响。曾先后担任国家教委中小学语文教材审定委员会委员、全国中学语文教学研究会副会长。1986年被评为特级教师。1988年开始，担任上海市H版中小学语文教材执行主编。出版有《徐振维教学文集》等著作。

**刘朏朏**（1934— ）

女，北京人。北京月坛中学特级教师。1949年4月参加中国人民解放军，1955年回北京师范大学女子附属中学复学。1957年考入北京师范学院中文系。毕业后，一直从事中学语文教学工作。1977年，她与爱人高原（原北京师范学院教授）提出了新的作文教学思路，并开始在月坛中学进行实验。这一改革实验的方案，后来被命名为"作文三级（即观察—分析—表达）训练体系"。三级训练体系的总体设想是：以辩证唯物主义的认识论为指导，以学生作文的心理发展规律为制定训练序列的依据，以提高学生作文的基本能力为目标，进行作文教学的改革实验，以期将训练学生作文与教育学生做人统一起来，有效地提高学生的作文水平。这一训练体系曾在国内外产生过广泛影响。

**蔡澄清**（1934—2022）

男，安徽宿松人。1954年毕业于安庆师范学校。毕业后，一直在芜湖一中担任语文教学工作。1963年华东师范大学中文系函授毕业。20世纪50年代末开始语文教学改革探索。80年代之后，用长达近20年的时间，探索和研究"语文点拨教学法"，使这一传统的教学方法融入时代新鲜血液，并使之系统化和理论化。出版有《中学语文点拨教学法》《蔡澄清：点拨教学法》等著作。

**张富**（1935—　）

男，江西临川人。南昌三中语文特级教师，全国优秀教师，全国五一劳动奖章获得者，全国教育系统劳动模范。从 1958 年开始致力于以开发学生潜能为中心的教改实验，经过 40 年的探索，创建了以"四分"（分评价级，分组结对，分学课和习课，分读、做、改、批四步）"三度"（加大密度、提高速度、注重适度）为主要内容的教学模式，被称为"张富教学法"，在语文教育界有较大影响。出版有《张富中学语文教学法新探》等著作。

**陆继椿**（1937—　）

男，江西丰城人。中学语文特级教师。1959 年华东师范大学第一附属中学毕业，留校当语文教师。1963 年以大学本科同等学力资格进入华东师范大学中文系，在古典文学专业学习两年。从 1979 年开始，他根据著名教育家刘佛年关于"中小学语文教学一条龙，初中语文要过关"的设想，开始探索中学语文教学科学化，创立了"分类集中分阶段进行语言训练"的教学体系，并陆续编写出相应的实验教材，由华东师范大学出版社出版。他提出的"一课有一得，得得相联系"的教学主张，在语文教学界有较大影响。出版有《语文教学新探——"双分"教学的理论与实践》等著作。

**洪宗礼**（1937—2023）

男，江苏镇江人。1960 年毕业于扬州师范学院。长期从事中学语文教学和语文教材编写工作。提出"五说"语文教育观和"双引"教学法。主编经国家审定通过的三套推荐全国使用的一类语文教材。主编国家"十一五"出版规划的重点图书十卷本《母语教材研究》，出版《洪宗礼与母语教育》等专著 24 部，出版文集 8 卷。全国教育系统劳动模范、江苏省特级教师、江苏省有突出贡献专家。代表性著作为《洪氏语文》。

**陈钟梁**（1937—2011）

男，广东番禺人。20 世纪 50 年代末毕业于上海师范学院中文系，长期从事语文教学实践与研究。曾执教中学语文多年，系我国第一代特级教师。先后担任区教研员、上海市光明中学校长、上海市教委教研室副主任、华东师范大学兼职教授、全国中学语文教学研究会副理事长及学术委员会副主任。他主张，语文教学要在"真"字上做文章，要体现语文的特点。认为语文教学的问题表面上是在教学层面，实际却在语文层面。所以，语文教师的工夫应下在对课文的钻研上，重要的是要通过诵读"熬"出语文的"汁"。语文课评什么，关键是四点：出发点在理念，观察点在学生，核心点在目标，归宿点在效果。

**吴心田**（1937—2019）

男，山东淄博人。1958 年毕业于上海师范学院中文系，长期从事中学语文教学和语文教研员工作，曾兼任中国教育学会中学语文教学专业委员会（以下简称中语会）。常务理事，山东省中语会副会长兼秘书长。主持过山东省"四步骤多课型单元教学""以训练为主课堂教学模式"等大型教改实验，发表语文教学研究文章 100 多篇。在语文教学和教研方面，旗帜鲜明地强调要追求提高教学效率和学以致用，坚持语文工具观和训练观，强调要重视语言教学。出版有《吴心田语文教育思想与研究》《初中语文名篇导教手册》等著作。

**贾志敏**（1938—2019）

男，上海市人。有 42 年的语文教学生涯。曾任上海市金苹果学校小学部校长。他的课堂教学形成了"以学生为主，以训练为主，以激励为主"的风格。在作文教学中形成了"高、趣、真、活、实"的特色。主张寓注意力教育于无意之中，寓自信心教育于评价之中，寓习惯培养于细节之中，寓想象力培养于教学之中，寓做人教育于作文之中。1992 年，上海电视台录制的电视系列片《贾老师教作文》，1994 年上海教育电视台录制的作文教学系列片《锦上添花》相继在许多省市播出，获得良好的社会效果。1999 年中国唱片公司上海分公司又录制了《贾老师教小学生作文》的光盘，引起了海内外的关注。

**陈日亮**（1939—2024）

男，福建闽侯人。福州一中语文特级教师，曾任福建省语文学会会长，当选第六、七、八、九届全国人民代表大会代表。80 年代率先提出语文教学必须"得法于课内，收益于课外"的语文教改主张。长期坚持以注重规范、掌握方法、训练习惯、培养语感为主要目标的教学改革。被中国教育学会中学语文教学专业委员会列为新时期"在全国语文界产生了广泛而深远影响"的 17 名语文教育改革家之一。出版有《我即语文》等著作。

**支玉恒**（1939—2023）

男，河北省张家口人。1959 年于河北省体育学校毕业后在小学教体育课，年近四十岁改教语文。多年来致力于小学语文教学与研究，其教学以新、实、活、深、巧见长；课堂教学设计富有创意，风格清新独特。他曾到全国各地巡回示范教学，深受好评。其教学录像经中国教育电视台播放后，在全国范围内产生了很大影响。教学著述颇丰，多篇论文获全国或省级优秀奖。出版有《琢玉》《欣赏与评析》《支玉恒阅读教学方法集萃》等专著。

**钟德赣**（1940—2022）

男，湖南平江人。语文特级教师。曾任广东省顺德市教研室主任，全国中语会单元教学研究中心理事长。"五步三课型反刍式语文单元教学法"（简称"反刍式语文单元教学法"）创始人。"五步三课型"，指每个单元分为总览、阅读、写说、评价、补漏五个步骤，每个步骤再分为自练、自改、自结三种课型。这种单元教学法在长达 30 年的实验过程中，不断改进，并逐步向全国推广，在语文教学界产生了一定影响。出版有《钟德赣中学语文反刍式单元教学法》等著作。

**顾德希**（1940—　）

男，北京人。1963年毕业于北京师范学院（现首都师范大学）中文系。一直在北京四中担任语文教学工作。全国优秀教师，北京市普教系统师德楷模，北京市有突出贡献专家，享受国务院特殊津贴，北京市教育学院和北京师范大学中文系兼职教授。他在中学语文教学方面的成就，主要体现在两个方面：一是对阅读能力定位及其层级的研究；二是对语文教学与信息化结合以及相关课程、教材、教法改革的实验研究。主要论著有《归元返本，面向未来——语文专家顾德希教学文集》。

**胡明道**（1941—　）

女，湖北武汉人。1959年武汉六中高中毕业后留校任教。语文特级教师，"学长式教学"创始人。主张教师应以"学长"身份组织课堂，提出了"无障碍的心灵沟通，易实践的方法指导，深层次的潜能开发，强效应的人格事例"的教学原则。她的课堂教学刺激、灵动、有趣、和谐，呈现出"知能情意整体化，文本解读体验化，活动内涵问题化，探究学习过程化，方法指导实践化"的教学风格。出版有《听胡明道讲语文》等著作。

**王俊鸣**（1941—　）

男，河北新城人。1967年毕业于北京大学中文系。特级教师。毕生致力于中学语文教学工作，曾任教于北京市第十二中学。享受国务院政府特殊津贴，曾被评为"全国先进工作者"。对语文教学的价值、任务和方法有独到见解，以教会学生"自能读书，自能作文"为宗旨，探索出"五子"（选例子、指路子、做样子、给场子、挂牌子）课堂教学法及文章"整体观"和"诸因互解律"、读写思维训练等行之有效的教学方法。出版有《语文教学的价值观与方法论》《唐诗通解一百首》《唐宋诗词难点解读》《论语新说》《让学生获得语文智慧》《请你一起学作文》（四册）等著作。

**王立根**（1943—　）

男，福建福州人。福州三中退休教师，全国著名语文特级教师。曾任全国中语会常务理事，福建省语文学会会长、名誉会长，福建师大文学院、福建教育学院客座教授。他的教学方式开放灵活，尊重学生个性，被学生称为教学风格独特的教师。北京音像出版社出版过他的教学讲座录像带。2000年3月《人民教育》杂志专节介绍了他的作文教学。他培养了许多写作尖子，在省内外刊物发表文章400多篇。出版有《作文智慧》《老根说字》《高中语文教与学》《浅近文言文百篇注释》《我说语文》等著作。

**靳家彦**（1944—2023）

男，河北徐水人。语文特级教师，曾任天津市南开小学校长。在课堂教学上，他倡导"语思统一、口书并重、内外相通、以读为本"，突出"以学生为主、以自学为主、以读书为主"，努力做到"文品、人品、师品"三者完美统一。代表课《跳水》《田忌赛马》《有这样一个小村庄》等多次在中央电视台和地方电视台播放。在教育科研上，他一直致力于小学语文教学科学化的研究，构建了"导读式"教学模式。先后出版《小学语文导读法》《导读式教学新探》《导读原理与艺术》《导读理论与实践》等专著18部。曾被国家授予"人民教师"奖章，是享受国务院政府特殊津贴的教学专家。

**张化万**（1946— ）

男，江苏扬州人。1963年毕业于杭州师范学校，1963—1990年任职于杭州市天长小学，之后在杭州市上城区教师进修学校工作。1981年开始创设"谈天说地""玩玩说说""科学实验作文"等新课程。倡导"把玩进行到底"，在书中学生活，生活中学语文。1986年获评特级教师。兼任浙江省特级教师协会副会长，全国小学作文教学研究会副会长，杭州市小学语文研究会副理事长，浙江省小学语文名师工作室首席导师。教学视频《张化万小学作文教学》《张化万小学阅读教学》《中国名师——张化万小学语文教学专集》等深受一线教师欢迎。出版有《我的语文人生》《现代小学写话与习作教学》等著作多部。

**黄玉峰**（1946— ）

男，浙江绍兴人。复旦大学附属中学特级教师。兼任上海市写作学会副会长、上海语文学会理事等职。他深耕教坛四十余载，形成了独特的教育理念与系统的教学方法。主张语文教育就是不断完善致力于"人"的教育。在课堂教学上，大胆整合教材内容，大胆运用专题教学，如诗经专题、唐诗宋词专题等，取得了较好的教学效果。出版专著《人是怎么不见的》《说李白》《说杜甫》《说苏东坡》以及散文集《黄生养雀记》等。

**滕昭蓉**（1946— ）

女，苗族，湖南麻阳人。1964年高中毕业，先后任教于凤凰县箭道坪小学、吉首市民族师范学校附属小学。小学语文特级教师。曾获全国五一劳动奖章，获全国先进工作者、全国三八红旗手等称号。从1983年起，首创并开展"童话引路"小学语文教学实验。该项实验以听童话为先导，激发儿童的学习兴趣；以说童话为纽带，把听说读写联结起来；以读童话为基础，逐步扩大阅读范围；以写童话为形式，提早进行作文训练，效果十分显著。1990年，该实验被评为湖南省教改成果一等奖。出版有个人专著《童话引路》。

**史绍典**（1947— ）

男，湖北天门人。特级教师，曾任湖北省教学研究室副主任，湖北省基础教育课程改革专家指导小组成员、办公室主任，湖北省中小学教材审定委员会审定委员，教育部中南高校师资培训中心（华中师大）国家级培训导师，湖北教育学院兼职教授，湖北大学文学院硕士研究生导师，教育部基础教育课程教材发展中心"语文新课程推进项目组"核心成员，中国教育学会中学语文教学专业委员会副理事长，湖北省教育学会中学语文专业委员会理事长。出版有《语文永远是语文》《听老典说语文》《语文与生活》《语文教学案例研究》《中学语文高效创新教学研究》等著作。

**黄亢美**（1949— ）

男，广西柳城人。广西壮族自治区特级教师，南宁师范大学教授，全国优秀教师。曾任广西基础教育课程改革专家指导委员会小学语文学科组组长，全国字理教学研究中心理事长。多次应邀在全国多个省市讲学和上课，广受欢迎。从教40多年，潜心字理教学研究与实践。先后发表教研文章250余篇，出版《小学语文字理教学手册》《小学语文教师基本技能》等著作近20本。

**王栋生**（1950— ）

男，南京人。1982年毕业于南京师范大学中文系。南京师范大学附属中学语文教师，江苏省特级教师，南京市名教师，著名杂文作家，《新语文读本》编委。他认为，语文教学的基本目标是"让学生喜欢语文课"。语文教学要重视培养学生的人文意识，既要给学生传统的精华，也要给他们最新的东西。作文要打破过多的清规戒律，让学生自由地表达，表达自己的真情实感。出版有《不跪着教书》《前方是什么》《致青年教师》等著作。

**张国生**（1950—2022）

男，河北邢台六中特级教师。早年师从张孝纯先生，参与"大语文教育"思想的创立与实验，是继张孝纯之后"大语文教育"流派的代表人物。曾主持全国教育科研规划课题、河北省教育科学规划课题、中央电教馆课题。发表教学论文100多篇及大量数字化软件作品。独立研发的"大语文课件"，观念超前，境界开阔，资源丰富，训练扎实，在语文教育界具有广泛影响，被誉为"中国语文课件之王"和"中国语文课件第一人"。出版专著《大语文教育论集》等。

**姜兆臣**（1951— ）

男，辽宁东港人。丹东师范专科学校毕业，进修大学本科。特级教师，东港市实验小学校长。从1987年开始，他在东港市实验小学进行了"韵语识字，尽早阅读，循序作文"教学实验。该实验具有识字效率高、读写能力强、见效快、易操作等突出优点，获"全国汉字识字教育国际研讨会特等奖"，由中央教育科学研究所向全国推广。中央电视台、省市电视台以及上百家报纸均作过报道,引起较大反响,也引起不少海外媒体和学者的重视。出版有《姜兆臣小学教学科学高效探索》(合著)和《幼儿韵语识字》等著作。

**高万祥**(1954— )

男,1982年苏州大学中文系毕业,先后在张家港市的梁丰中学、张家港市第一中学等多所中学任教。语文特级教师,全国优秀教师,《中国教育报》首届"十大推动读书人物",苏州市首届名校长。多年来,他致力于语文教育改革,借鉴苏霍姆林斯基教育思想办学,注重人文特色,成绩显著,在当地乃至全国产生了广泛影响。先后在省级以上报刊发表文章250余篇,应邀在北京、上海、广东、湖南、福建、四川及江苏等地做教育演讲200余次,受到同行的高度评价。出版有《语文的诗意》《在日记中成长》《相约星期一》《我的教育苦旅》《高万祥与人文教育》《优秀教师的九堂必修课》等著作。

**谭青峰**(1954— )

男,湖南衡阳人。衡阳县樟树乡中心小学教师,语文特级教师。曾获国家劳动部颁发的创新能力培训师资证书。2014年,他申报的《农村初中"享受语文"教学研究》获教育部基础教育首届国家级教学成果二等奖。发表《农村中学语文教学模式创新》《试论中小学创新教育的构件建设》等教研论文40余篇,出版有《初中语文教育创新概论》《语文快乐享受的青草地》等著作。

**曹勇军**(1957— )

男,山东人。南京市第十三中学语文教师,江苏省特级教师,江苏省基础教育领域首批正高级教师,江苏省劳动模范和优秀教育工作者,江苏省中语会副理事长,南京市中语会会长,南京市首批名师工作室主持人,兼任南京师范大学硕士研究生导师。长期致力于课程理念、选修课教学、作文教学智慧、语文实践性知识、校本课程开发、教师专业化发展等课题研究。应邀在全国各地开设讲座和观摩课,宣传推动语文课改。出版有《语文的表情和眼光》《语文,我与你的故事》《高三10班在六楼》《中美写作教学对话十五讲》《叩开高中语文选修课程之门》等论著。

**肖家芸**(1957— )

男,安徽师范大学附中语文特级教师,2003年作为人才被引进华东师大第二附属中学任教。现任华东师范大学上饶实验中学校长,兼任全国思辨教育研究会副会长。曾获全国语文课堂教学大赛和全国语文教改实验综合展示一等奖。教学业绩为《中国教育报》等多家媒体报道,被多家语文重点期刊推为封面人物。主持全国教育科学规划重点课题"语文活动式教学实验",组建全国中语会语文活动式教学研究中心。发表教学研究论文400

余篇，出版有《肖家芸讲语文》《肖家芸的思辨作文课》等十余本论著。

**黄厚江**（1958— ）

男，江苏盐城人。江苏省苏州中学语文教师、副校长。基础教育首批国家教学名师，全国中语会理事、学术委员会副主任、教师发展中心副主任，全国三新作文教学研究会理事长，全国中学语文教学首批学术领军人物，全国优秀语文教师。苏州大学硕士生导师，南京师范大学语文教学研究中心研究员。"本色语文"的主要倡导者。享受国务院特殊津贴，独立获得两项省级教学成果特等奖和一项国家教学成果奖。出版有《用语文的方法教语文》《语文的原点——本色语文的主张与实践》《作文课的味道——听黄厚江讲作文》《阅读课的姿态——体式教学的说法和课例》等论著。

**冯为民**（1958— ）

男，江苏东台人。毕业于江苏第二师范学院（原江苏教育学院）中文系，1981年走上教坛。其语文教学重视培养学生的语文素养，开发其创新潜能，引导学生树立"我要学、我能学、我会学、我乐学"的理念。《语文教学通讯》（高中版）《中学语文教学参考》《语文教学与研究》封面人物，特级教师、正高级教师、全国优秀教师。现任南京第二十九中教育集团语文学科副巡视员。主要著述有《探索发现文集》《在坚守中成长》等。

**程少堂**（1959— ）

男，湖北武汉人。1983年毕业于湖北大学中文系。1983—1990年，在航天系统子弟学校任高中语文教师。1990—1992年，在华中师范大学教育系读研究生。1994年被评为广东省南粤教坛新秀。曾任深圳市教育科学研究院中学语文教研员，全国中学语文界首届十大学术领军人物，粤教版新课标高中语文教材分册主编，享受深圳市政府特殊津贴。2001年，首次提出"语文味"教学主张。2015年3—7月，在《新课程研究》期刊先后发表《语文味教学法：一种新的教学语言》（上、中、下），出版专著《语文味教学法》等。

**程红兵**（1961— ）

男，出生于厦门，祖籍安徽六安。教育学博士、特级教师、特级校长，享受国务院政府特殊津贴。曾任上海市建平中学校长、深圳市明德实验学校校长，后任金瑞学校总校长和金茂教育研究院院长。自1982年大学毕业以来，一直从事高中语文教学。他认为，语文教学既要传授知识、培养能力，更要培养学生的健康人格。"语文人格教育"是程红兵语文教育理念的核心。曾荣获全国五一劳动奖章，被评为上海市市级骨干教师带教导师。主要著作有《程红兵与语文人格教育》《听程红兵老师说课评课》《程红兵讲语文》《做一个自由的教师》等。

**褚树荣**（1961— ）

男，浙江宁海人。1981年宁波师范专科学校中文科毕业，先后在宁海县多所中学及宁波中学做语文教师，2003年开始在宁波市教育局教研室做高中语文教研员。系浙江省首批正高级教师，浙江省首批特级教师工作室负责人，宁波市有突出贡献专家，全国中语会学术领军人物，全国课堂教学大赛资深评委。担任浙江省新课程学科组专家，兼任宁波大学、浙江师范大学、浙江大学教育学院硕士生导师。从事语文教学与研究40年，参加过国家教材编写、高考命题。出版有课堂研究系列专著10余种，发表教学文章300余篇。代表著作有《褚树荣讲语文》《叩问课堂：语文教学慎思录》。

**韩军**（1962— ）

男，山东临邑人。1981年德州师专中文系毕业后被分配到临邑师范学校任教，1998年调清华大学附属中学任教。在全国语文教育界较早提出"人文精神"的概念，2000年发表《"新语文教育"论纲》，1994年评为特级教师。曾获全国教育系统劳动模范、人民教师奖章、曾宪梓教育基金一等奖等荣誉称号，享受国务院政府特殊津贴。《教师之友》杂志核心作者，《中国教育报》首届"十大读书人物"，主持全国语文教育论坛"韩军在线"；首都师范大学硕士生导师。在全国各地上公开课、讲学数百场，在《语文学习》《中学语文教学》《中国青年报》《中国教育报》等报刊发表论文近百篇，代表著作《韩军与新语文教育》。

**陈军**（1962— ）

男，江苏江都人。上海市特级教师、特级校长、正高级教师，上海市名校长名教师培养工程"陈军语文教学工作室"主持人。曾任上海市闸北区教育学院院长，后调任市北中学校长。全国优秀语文教师、上海市先进教育工作者、上海市劳动模范。主要兼职：中国教育学会中学语文教学专业委员会副理事长，教育部中学校长培训中心特聘教授，上海市基础教育课程改革专家委员会委员，华东师范大学、上海师范大学基础教育特聘教授。曾长期师从蔡澄清先生，研究和实践中学语文点拨教学法，形成了"重积累、重推断、重表达"的教学思想与实践体系。出版有《陈军讲语文》《语文教学点拨艺术丛谈》等十多种著作。

**霍军**（1962— ）

男，甘肃张掖人。特级教师，首届陇原名师，甘肃省第一批中学正高级教师。1981年天水师范高等专科学校中文系毕业后分派至阿克塞哈萨克族自治县中学任教，1991年调酒泉中学，2022年退休后受聘广东东莞清澜山学校。曾获国家级教学成果二等奖、全国诗歌教学观摩示范课一等奖，入选教育部"十四五""国培计划"专家库。应邀赴多地讲学，多次担任全国性语文教学研讨会公开课授课嘉宾。倡导"读写一体"，主张"有我"的语文教学及立足于"作品中心"的文本解读方法。发表论文近百篇，出版有《自我的故事》《教师如何读经典》等著作。

**唐江澎**（1963—  ）

男，陕西洛南人。1979年高中毕业一年后开始在家乡洛南县中学当高中语文教师，1994年应聘江苏省锡山高级中学。2006年任锡山高级中学校长直至2023年退休。特级教师，正高级教师，第十三届全国政协委员。现任江苏省锡中教育集团总校长，香港中文大学（深圳）当代教育研究所所长，中国教育学会副会长，教育部基础教育教学指导委员会副主任委员。先后被评为"中国长三角最具影响力校长""全国教育改革创新杰出校长"。在校本课程开发、语文教材编写、语文教学改革诸领域有精深研究与实践，获国家基础教育教学成果一等奖。独创的"语文体悟教学法"被《人民教育》专栏介绍；其专著《唐江澎与体悟教学》列入教育部师范司编"教育家成长"系列丛书。

**张玉新**（1963—  ）

男，吉林通化人。1985年毕业于四平师范学院中文系，曾在东北师范大学附属中学任教19年。吉林省语文特级教师，吉林省首届科研型名师，吉林省高中语文教育专业委员会秘书长。现为吉林省教育学院高中部语文教研员、教授。多年来，以中学语文课堂教学为主阵地，形成快节奏、大容量、灵活多变的教学风格。曾被《吉林教育》《长春教育》《中学语文教学》《中学语文教学参考》《语文教学通讯》等杂志作为封面、封二人物介绍。发表各种论文50余篇，出版有《张玉新讲语文》《张玉新与原生态语文教学》《高中语文教育评价》等著作。

**吉春亚**（1964—  ）

女，江苏人。北京小学语文特级教师。她的教学既有"语文味"，又不乏诗情画意。应邀赴全国各地做示范课，举办讲座数百场次，广受好评。《中国小学语文教学论坛》封面人物。主持或参与过"语文思维训练"等6项省级课题，曾荣获全国小语会科研成果评比一等奖等多项荣誉，发表文章近百篇。出版有《吉春亚讲语文》《吉春亚语文课堂实例》《吉春亚经典课堂与创新设计》等著作近20种。

**邓彤**（1965—  ）

男，安徽宁国人。教育学博士，语文特级教师，正高级教师，上海市黄浦区教育学院干训部主任。中国教育学会中学语文专业委员会青年教师发展研究中心副主任，中国语文报刊协会写作教学专业委员会学术委员会副主任，北京大学语文教育研究所特聘研究员，教育部"国培计划"专家库成员。曾获全国语文教学大赛一等奖，被评为全国优秀教师。任上海市语文名师基地主持人、上海市黄浦区语文名师工作室主持人。担任《中学语文教学》等多家杂志专栏主持人。出版有《红楼梦导读》《邓彤讲语文》《整本书阅读六项核心技术》《红楼梦整本书阅读》《写作教学密码》《微型化写作教学研究》《语文深度学习》等著作。

### 薛瑞萍（1965— ）

女，安徽人。合肥市第62中学小学部语文教师。曾获合肥市优质课评比一等奖，合肥市优秀教师。她曾大力推广儿童阅读。在她的教学中，教课本顶多只用一半时间，剩下的时间，她会带着孩子们诵读经典和教材之外的美文。《中国教师报》曾在头版头条用整版的篇幅对其进行了宣传报道。她还应邀赴全国各地讲学，以讲座的形式和各地同行交流教学及读书心得。出版有《小学语文教学案例与阅读引导》《薛瑞萍读教育理论》《我们班的阅读日志》等十多种著作。

### 郑逸农（1965— ）

男，浙江江山人。1987年毕业于浙江师范大学，中学语文特级教师。曾获评全国中语会"十佳教改新星"，《语文教学通讯》封面人物。浙江师范大学语文课程与教学论专业特聘教授、研究生导师。"非指示性"语文教育的提出者，并就此做了十多年的研究和探索，在国内产生了一定的影响。其研究成果"非指示性语文阅读教学实践与研究"获浙江省第二届基础教育教学成果一等奖。主要论著有《"非指示性"语文教育初探》《中学生学习策略》等。

### 孙建锋（1965— ）

男，江苏徐州人。现就职于深圳市福田区教育科学研究院。特级教师，全国优秀教师，中学高级教师，国家级骨干教师。香港中文大学特聘讲师，井冈山大学客座教授。曾致力于对话教学研究，是小学语文对话教学的先行者与开拓者之一。在教学实践中他构建了一系列对话教学理论。曾应邀到全国各地上课、讲学百余场。课堂教学扎实、灵活、创新，常常能把课上到学生的心里，给听课教师强烈的震撼与深刻的启迪。出版有《发现语文——孙建锋对话教学》《孙建锋经典课堂与创新设计》等著作。

### 马文科（1965— ）

男，宁夏人。银川市第六中学高中语文教师，正高级教师，先后被评选为宁夏回族自治区首批"骨干教师"，自治区首批"塞上名师"，"全国百名优秀班主任之星"；《语文教学通讯》"封面人物"。享受银川市政府特殊津贴。被聘请为宁夏大学人文学院教育硕士生导师、浙江师范大学教育学院博士生导师。在全国首次提出"走心语文"教学理念，出版专著《"走心语文"的说法与做法》。2019年9月，教育部"国培计划"办公室、浙江省师范大学、宁夏回族自治区教育厅教研室联合举办了"马文科教学思想研讨会"。

**余党绪**（1966— ）

男，湖北襄阳人。上海师范大学附属中学副校长。他强调语文教学要体现"语言的魅力、文学的韵味、文化的视野"。在课堂教学中，善于挖掘教学材料的文化背景与文化内涵，让学生既得到语文知识，又得到精神上的滋养与情感上的熏陶。他引导学生读书，引导学生观察社会，关注文化。在批判性思维品质培养、整本书阅读方面作出了积极贡献。他还积极探索"研究性学习"实施渠道，本着稳健积极的原则，开设研究性学习课程。主要著作有：《祛魅与祛蔽——批判性思维与中学语文思辨读写》《走向理性与清明——整本书阅读之思辨读写》《经典名著的人生智慧》等。

**董一菲**（1966— ）

女，黑龙江人。任教于牡丹江市第二高级中学。中学语文特级教师。"诗意语文"的倡导者之一，首届全国中语会十大学术领军人物，首批国家级骨干教师，首届全国中语会十大教改新星。获第五届语文杯全国大赛一等奖，东北三省"十佳语文教师"。多家中学语文期刊封面人物。在南京师范大学、吉林师范大学、哈尔滨师范大学、牡丹江师范学院兼职硕士研究生导师。出版有《紫陌红尘拂面来》《董一菲讲语文》《仰望语文的星空》《雪落黄河静无声》《千江有水千江月》等著作。

**罗晓辉**（1967— ）

男，重庆潼南人。成都市教科院语文教研员、语文学科主任，成都市第七中学原语文备课组组长。兼任四川师范大学特聘教授、四川省中语会学术委员会副主任、中国高等教育学会语文教育专业委员会理事。1989年四川师范大学中文系毕业后回潼南中学任教，后调江油中学、成都七中、成都市教科院等单位。主张"严格遵循学理，深入理解学情"，追求并践行"自由与个性地表达"。不论是上课、评课，还是他所创立的文本解读理论、课型划分理论，都在语文教育界有较大影响。主要著作有《文本解读与阅读教学讲谈》《方法与案例：语文经典篇目文本解读》《追求更高品质的阅读教学——中学语文名师课例深度剖析》《罗晓晖论语课》《罗晓晖诗词课》《高考作文经典材料"百变通"》《论语译释》等。

**李卫东**（1968— ）

男，山东人。曾被评为山东省中学语文"十佳教师"、山东省教学能手，获首届"语文报杯"全国中青年语文教师课堂教学大赛一等奖。在全国各地作教学报告、上公开课百余场次。后调入首都师范大学附属中学任教。现为正高级教师、北京市特级教师，任北京教育科学研究院基础教育教学研究中心副主任。兼任北京市教育学会语文教学研究会理事长、中国教育学会中学语文教学专业委员会副理事长、中国教育战略学会教育教学创新分会副会长。出版有《李卫东讲语文》《二十年后，叩问语文之道》《语文课堂的多维观察》

等著作。

**史建筑**（1969— ）

男，山东人。语文特级教师。曾在山东滨州北镇中学任教，后调北京市第十一中学担任语文学科首席教师。曾获山东省高中语文优质课比赛一等奖、全国中学语文课堂教学大赛一等奖、全国读写训练课教学大赛特等奖、全国青年语文教师展示课大赛一等奖、全国中学语文创新作文教学大赛一等奖等，被全国中语会和《语文教学通讯》读者群评为全国中学语文"十佳教改新星"；被全国中语会授予"全国优秀语文教师"称号。先后在全国十几个省市执教公开课、讲学上百节次。出版有《语文单元学习现场》等著作。

**孙立权**（1969— ）

男，辽宁新民人。著名语文特级教师。1995年毕业于东北师范大学中文系，同年分配到东北师范大学附属中学任语文教师。现为东北师范大学附属中学语文首席教师，正高级教师，东北师范大学文学院特聘教授，硕士研究生导师。教育部"国培计划"专家库成员，教育部"国培计划"——示范性教师工作坊主持人。在全国各地执教公开课上百节，作专题报告数百场。1999年开始实施"语文教育民族化"教改实验，实验成果获得国家级教学成果二等奖、省级教学成果一等奖。出版有《孙立权语文教育札记》《启迪灵性的语文学习方式》等著作。

**干国祥**（1969— ）

男，浙江上虞人。"南明教育"发起人之一。曾从事山村中小学语文教学等工作15年。加盟新教育实验后，主持新教育实验课程研发，是"晨诵·午读·暮省""读写绘——儿童早期读写综合课程""农历的天空下——古诗词晨诵之旅"等十余个新教育原创课程的总设计。2010—2016年率团队赴鄂尔多斯东胜区打造罕台新教育实验小学，研制出全新的"全人之美"课程系统。"南明教育"成立并创建旗下学校后，担任总校长。2004年，与魏智渊、王开东一道提出了"深度语文"的主张。出版有《生命中最好的语文课》《理想课堂的三重境界》《破译教育密码》《深度语文的思与诗》《一本书就是一座山》等著作。

**袁卫星**（1970— ）

男，江苏人。原苏州市相城实验中学语文教师、副校长，现任深圳市新安中学（集团）副校长，高中部党委书记、校长。中学语文特级教师、正高级教师，广东省中小学名师工作室主持人。2021年获广东省基础教育教学成果特等奖。曾获全国优秀语文教师奖、全国语文教师教学业务大赛"四项全能"奖。出版有《生命课》《生命教育》《听袁卫星老师讲课》《做一个理想教师》等10余部著作。

**丁卫军**（1970— ）

男，南通市通州区育才中学语文教师。正高级教师，江苏省特级教师，江苏省教学名师，全国优秀语文教师，全国中语学术先锋人物，全国首届中语教改新星。"简约语文"的倡导者和践行者。苏派作文教学研究中心（初中）副主任，江苏省初中语文名师工作室主持人。在全国二十多个省市讲课三百余场，受聘担任北京大学等十多所高校、教研机构国培班、省培班主讲导师。出版有《小丁教语文》《丁卫军教写作》《走向内在的丰富和诗意：简约语文课堂》《简约语文公开课》等著作。

**武凤霞**（1970— ）

女，河南人。中师毕业后，曾在河南滑县一个偏远的农村小学任教。现为江苏省无锡市东林小学校长，江苏省小学语文特级教师、正高级教师、全国模范教师。《语文教学通讯》《小学教学》封面人物。应邀到20多个省市做观摩教学或做关于语文教学、班主任、教师专业发展、校长工作艺术等专题讲座800多场，受到广泛好评。发表教育教学文章200多篇，出版有《武凤霞讲语文》《教育的生命底色》等专著。

**张艳平**（1970— ）

女，甘肃白银人。特级教师、陇原名师、中小学正高级教师。1990年参加工作，1997年开始当语文教师，2007年被选拔至甘肃省兰州实验小学任教，2006年拜著名小学语文特级教师于永正为师。系教育部首期中小学领航名师、教育部"十四五"国培计划专家库成员。曾获"全国首届经典诗文课堂教学大赛"特等奖、甘肃省基础教育成果特等奖。其"小学语文'童行'习作教学体系的构建与实施"获2022年基础教育国家级教学成果二等奖。专著《孩子，你是自由的作家》入选国家新闻出版署推荐书目。

**周益民**（1970— ）

男，江苏海门人。南京市琅琊路小学语文教师，全国著名特级教师，儿童阅读推广人。他着眼于"母语、儿童、文化"整体建构，致力于践行"诗化语文"教学探究。他认为，语文课是学习者接近、理解文字，感受文字魅力，逐步形成能够独立听说读写的"言语能力"的一门课；语文承载着人类文化和生活经验，面对正处在童年阶段的孩子，教师应该以快乐、自由来填充语文课堂。出版有《周益民讲语文》《儿童的阅读与为了儿童的阅读》《回到话语之乡》《故事、儿童和作家的秘密》《静悄悄的课程建设》《造梦课堂——创意语文13节》等专著。

**曹永鸣**（1971— ）

女，黑龙江人。特级教师，哈尔滨市花园小学语文教师，党总支书记兼校长，哈尔滨市小学语文学科带头人。曾获全国模范教师、黑龙江省第四届现代园丁奖、哈尔滨市第五批有突出贡献的中青年专家等荣誉称号。全国五一劳动奖章获得者。曾代表黑龙江省参加"全国第三届青年教师阅读教学观摩活动",获一等奖。先后应邀到全国十几个省市示范讲学,获得普遍好评。领题研究"小学语文对话式板块教学",取得了较好的成绩。著名小学语文特级教师靳家彦在《让课堂焕发出生命的活力——曹永鸣"对话式板块教学"评析》一文中对其予以高度赞扬。出版有《小学语文对话式板块教学》《曹永鸣与种子教育》等著作。

**张祖庆**(1971—  )

男,浙江人。全国著名特级教师,曾任浙江省杭州市拱墅区教师进修学校附属中学常务副校长。中学高级教师,中国教育学会名师讲师团特约讲师。《语文教学通讯》《小学教学》等杂志封面人物。应邀在全国10多个省市上公开课,获得一致好评。所教《亚马逊河探险记》《詹天佑》《月球的自述》《我盼春天的荠菜》等课被制成光盘在全国发行。获"全国多种风格教学观摩比赛"特等奖等多项奖励。出版有《张祖庆讲语文》《给语文教师的建议——如何从新手走向卓越》《从课堂到课程——教师转业成长12讲》《光影中的创意写作:46节电影作文课》等10余部著作。

**肖培东**(1972—  )

男,浙江温州人。浙江省特级教师,2000年被评为浙江省教坛新秀。语文教学浙派代表人物之一。他的课堂教学体现如下特点:紧扣文本,注重诵读,在诵读中培养学生的语言感悟能力;围绕一个主问题,从心所欲地灵活调动各种教学手段,引导学生深入文本思考、探究;尊重学生的精神劳动成果,培养学生的思维能力和学习兴趣。出版有《我就想浅浅地教语文》《语文,深深浅浅之间》等著作。

**王开东**(1972—  )

男,安徽人。1998年毕业于安徽师范大学中文系,"深度语文"流派核心成员,全国"名师育名师"首届骨干班成员。江苏省教育厅首届基础教育成果一等奖获得者,《教师博览》2009年第10期封面人物。应邀赴全国二十多个省市讲学,广受欢迎。主张以理想的教育实现教育的理想。首创"三有六让"式的课堂教学方式("三有"即"有趣、有情、有理";"六让"即"目标让学生清楚,疑问让学生讨论,过程让学生经历,结论让学生得出,方法让学生总结,练习让学生自选")。发表教育教学文章400多篇。出版有《非常语文课堂》《教育:突破重围》《深度语文》《教育:非常痛,非常爱》《高考不怕写作文》《我行我素教语文》等著作。

**熊芳芳**(1972—  )

女,湖北荆州人。曾执教于苏州市新区一中、深圳市盐田高中。系首届全国中语"十佳教改新星",《中学语文教学参考》和《语文教学通讯》封面人物。多次在全国各类课堂教学竞赛中获得一等奖,录像课曾在中国教育电视台西部教育频道"走进新课程"栏目播出,课堂教学实录光碟在全国发行。应全国各地邀请交流教学经验、讲课30多场次。2003年7月在《中学语文教学参考》发表《生命语文》一文,首次公开提出"生命语文"的概念并深入实践。她认为,"生命语文"即让语文进入生命,内化为深厚的文化底蕴和丰富的人格内涵。这一概念在语文教育界有一定影响。出版有《生命语文》《高考大作文》《语文不过如此》《语文审美教育12讲》等著作。

**王君**(1972— )

女,重庆人,语文特级教师。先在重庆当地任教,后到中国人民大学附属中学、清华大学附属中学任教。曾获教育部首届国家级教学成果二等奖。多次获得全国课堂教学大赛一等奖。自2005年以来,首倡"青春语文"教学理念,在全国有广泛影响。创建教研平台"语文湿地"。出版有《王君与青春语文》《听王君讲经典名篇》(上下卷)《青春课堂:王君与语文教学情景创设艺术》《王君讲语文》《青春之语文——语文创新教学探索手记》等10余部著作。

**魏智渊**(1973— )

男,陕西乾县人。笔名铁皮鼓,毕业于陕西省教育学院,任新教育实验教师专业发展项目主持人,新教育实验网络师范学院教务长。体制外语文名师。曾历任小学、初中、高中教师,现从事教师专业发展课程研究及开发工作。其教育理念在网络和一线教师中广为传播,影响较大。出版有《语文课》《高手教师》《教师阅读地图》《苏霍姆林斯基教育学》等多部著作,在教育类报刊发表文章百余篇。

**管建刚**(1973— )

男,江苏人。江苏省特级教师,全国优秀教师,全国"十大推动读书人物"。长期以来,以作文教学为语文教学的突破点,以"文心"技巧为作文教学的第一要务,培育学生写作上的发表意识、读者意识、真话意识和作品意识;以写作兴趣和写作意志为作文教学的核心要素;以讲评课为作文教学的第一课型;倡导先写后教,以写定教,顺学而教,老师应该是学生作文的把脉人、处方人;以作文教学为突破点,融入整个作文教学活动的大面积阅读;倡导学生在写作的指引、指向下的高品质阅读,发动一场指向"写作"的阅读教学改革。出版有《不做教书匠》及作文教学系列:《我的作文教学革命》《我的作文教学故事》《我的作文教学主张》《我的作文训练系统》《我的作文教学课例》《我的作文评改举隅》等著作。

**郭初阳**(1973— )

男,杭州人。1996年毕业于今杭州师范大学中文系,曾执教于杭州市翠苑中学、杭州市外国语学校等。教学主张和风格独特。有人用"中学语文界新生代领军教师""当今语文教育界的新锐""体制教育的反思者"等术语来定义郭初阳。他所执教的《套中人》《沉重的时刻》《弟子规》《愚公移山》等课,在语文教学界产生过广泛影响。曾获全国教学大赛冠军。在语文教育界,他与吕栋、蔡朝阳被合称为"浙江三教师"。出版有《言说抵抗沉默》《郭初阳的语文课》等著作。

**连中国**(1976— )

男,山西太原人。北京市第四中学语文高级教师,特级教师。北京师范大学文学院兼职导师。曾获"语文报杯"全国课堂大赛一等奖。其语文教育理念和育人实践被《光明日报》《中国教育报》《北京青年报》《三联生活周刊》等报道。出版的教育教学专著有:《唤醒生命》《语文课》《语文课Ⅱ》《语文课Ⅲ》,并出版《连中国人本语文教学智慧》系列音像制品。

**王林波**(1976— )

男,陕西人。陕西师范大学附属小学副校长,特级教师,中学高级教师。曾被评为全国小学语文十大青年名师,全国百优教师。全国小学语文名师工作室主持人,全国小语会青年教师研究中心委员,陕西师范大学硕士生导师。《小学教学》《小学语文教学》封面人物。陕西省教育学会学术委员会专家,陕西省中小学幼儿园教师培训专家库首批专家。曾获全国第七届青年教师阅读教学大赛一等奖及最佳教学设计奖,全国第五届小学语文教师素养大赛特等奖,全国目标教学大赛一等奖。发表文章220余篇,应邀上课、讲座一百多场次,代表著作《上好小学语文课——在思考与行动中润泽课堂》。

**蒋军晶**(1978— )

男,浙江人。浙江省特级教师,正高级教师。获"2014年度浙江省教育年度影响力人物""2015年全国教育改革创新教师""2016年小学语文全国十大青年名师""全国有重要影响写作名师""2017年全人教育奖提名奖"等称号和荣誉。注重教学方法创新,主张语文教学目标要指向"体验、表达、策略、思考"。其研究课和观摩课在全国及省内多次获奖。是"群文阅读"和"班级读书会"等教学形式的积极倡导和实践者。出版有《指向语文要素:蒋军晶统编版小学语文古诗词教学设计》等著作。

# 第二版后记

本教材自2018年出版以来，已连续多次印刷。据出版社反馈，此教材受到一线教师、学生和众多读者的普遍好评，被认为是一本结构新颖、内容全面，实用性较强的好教材。然而，语文教学在不断地改革与发展，我们对语文名师名课的认识也在不断深化与提高。为了适应不断发展的形势，反映最新的研究成果，我们对本教材又进行了一次比较全面的修订。本次修订，在继承第一版优点的基础上，做了如下一些修改和补充：

一、更新部分名师案例。主要体现在，适当降低了老一代名师的比例，增选了几位中生代名师。同时，随着名师人选的变动，对相关名师所在的章节也进行了调整。

二、强化了名课评介的内容。第一版中对名师教学理念和教学经验的着墨较多，而对每位名课优课的评介相对不足。本次修订，强化了名课评介的内容。具体体现在：①教材导论部分增加了对什么是名课及如何赏析名课的论述。②第一版中对名课的介绍，有的选用完整的课例，有的只选用名课的片段。此次修订，尽可能都用完整的课例。③第一版中选用的名课，有的代表性不是很高。此次修订，尽可能选用每位名师最具代表性的经典课例。

三、为贯彻教材编写方面的思政教育要求，在教材内容，主要是案例的选择和评析方面，融入了较多思政教育的元素或素材。

四、于书稿主体内容之后，增加一个附录，简要介绍更多的语文名师，为教学内容的扩充、扩展或更换提供了方便。

五、补充了课件等融媒体内容。

本次新撰和修订内容的分工如下：

武玉鹏负责导论、第一、三、四、五、六、七等章节的修订；郭治锋负责第二、十三等章节的修订，孙贞锴负责第九、十等章节的修订，白花丽负责第十四章的修订，黄金丽负责第十五、十六两章的撰写。另外，白花丽、孙贞锴合作完成了第八、十一、十二章的修订，武玉鹏、郭治锋、黄金丽合作编写了附录部分。

书稿完成后,郭治锋老师和我先后多次统稿,特别是郭老师在校对校样和统稿中出力尤多。编写团队特别制作了配套的教学课件,任课教师可根据需要联系出版社询要。

北京大学出版社陈静编辑对本次修订工作自始至终给予多方面的关心和指导,在此表示感谢!

武玉鹏

2025 年 2 月